Wege durchs Land

Werner Berg und die Volkskunst

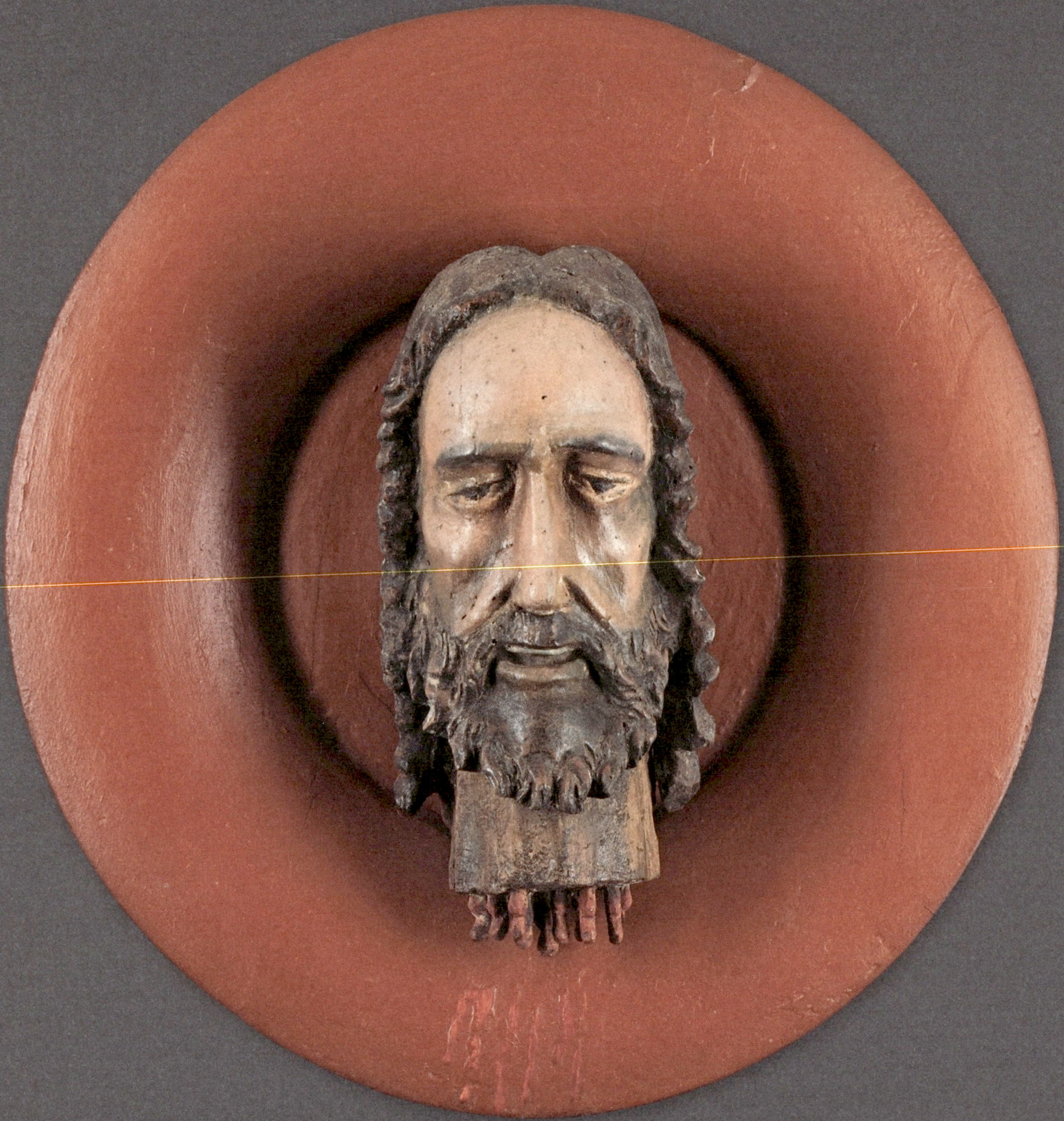

Harald Scheicher

Wege durchs Land

Werner Berg und die Volkskunst

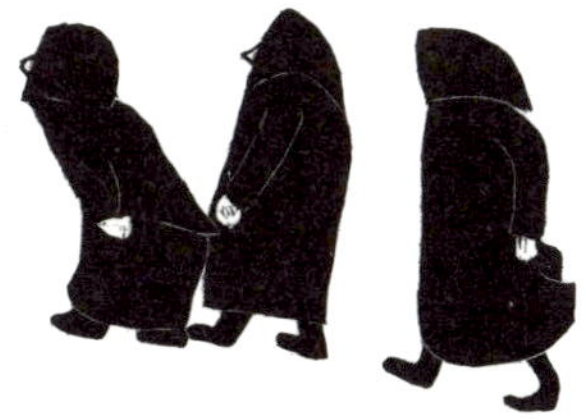

HIRMER

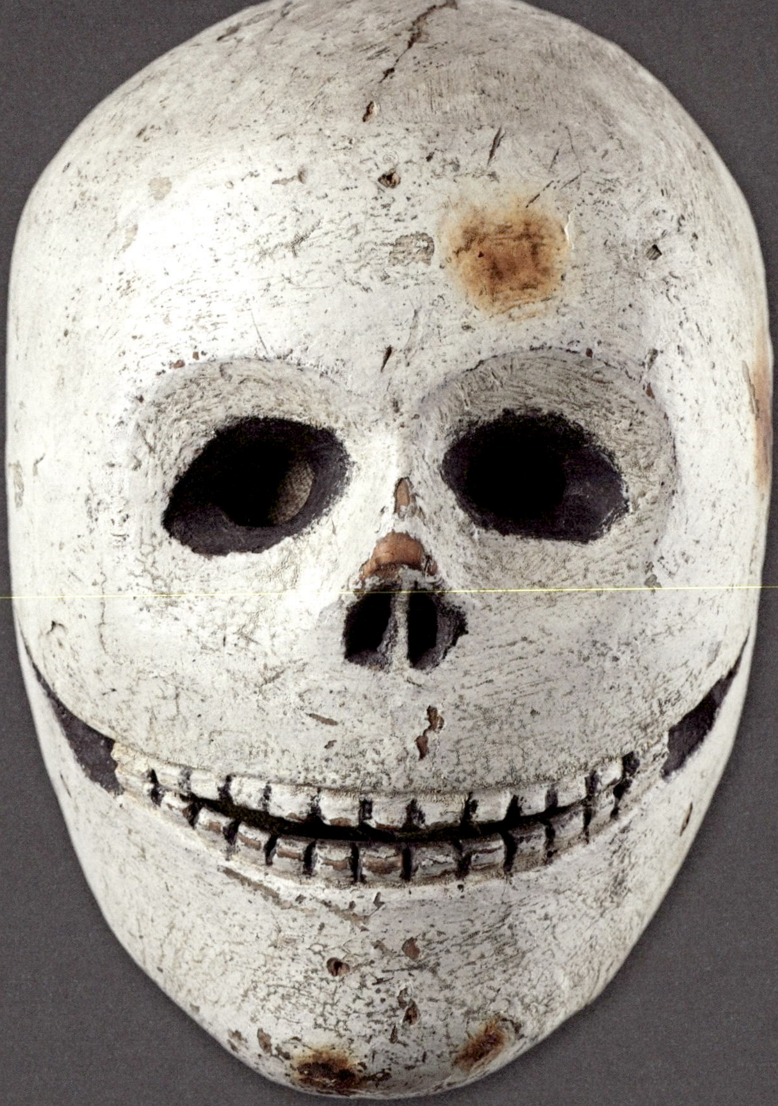

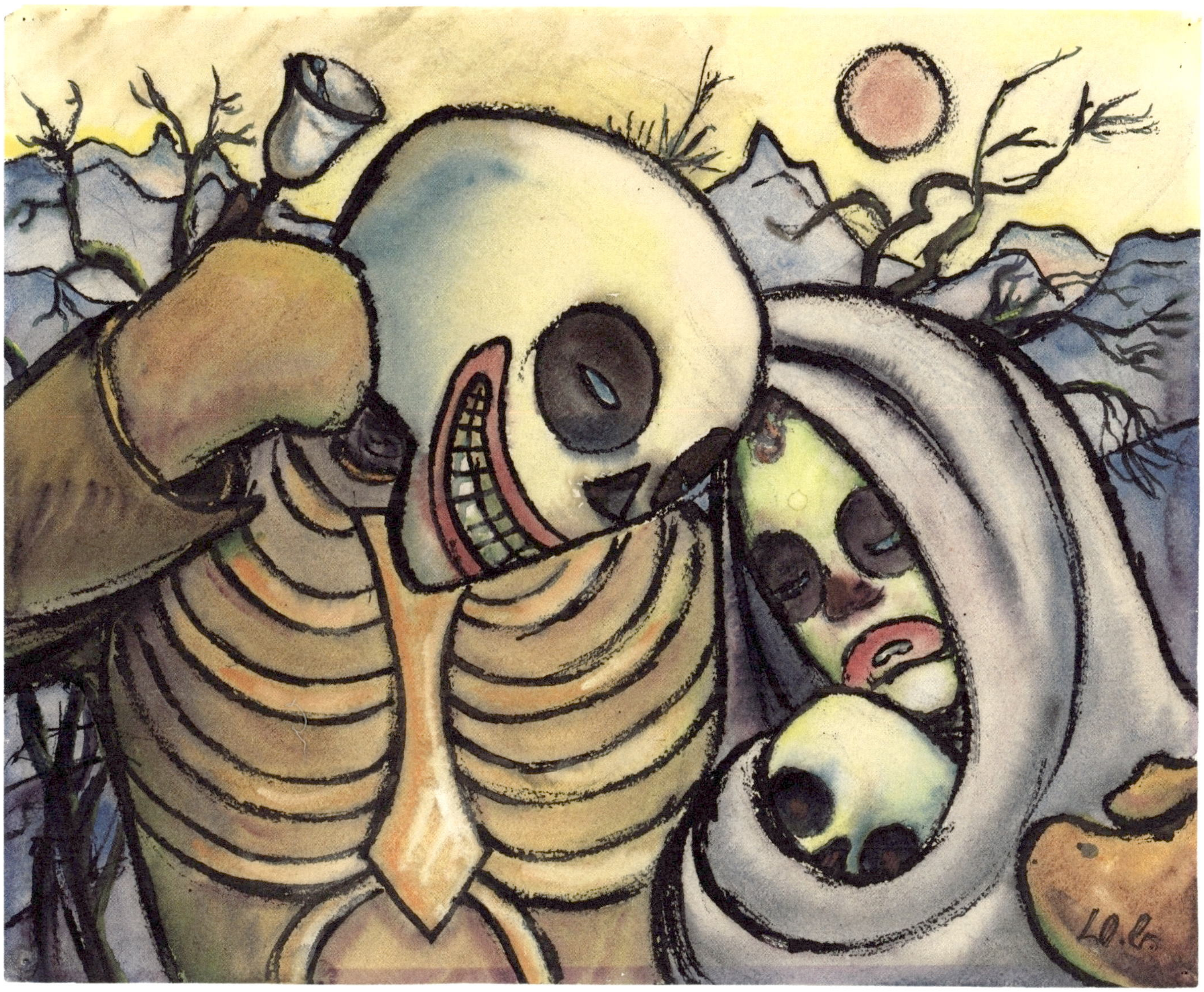

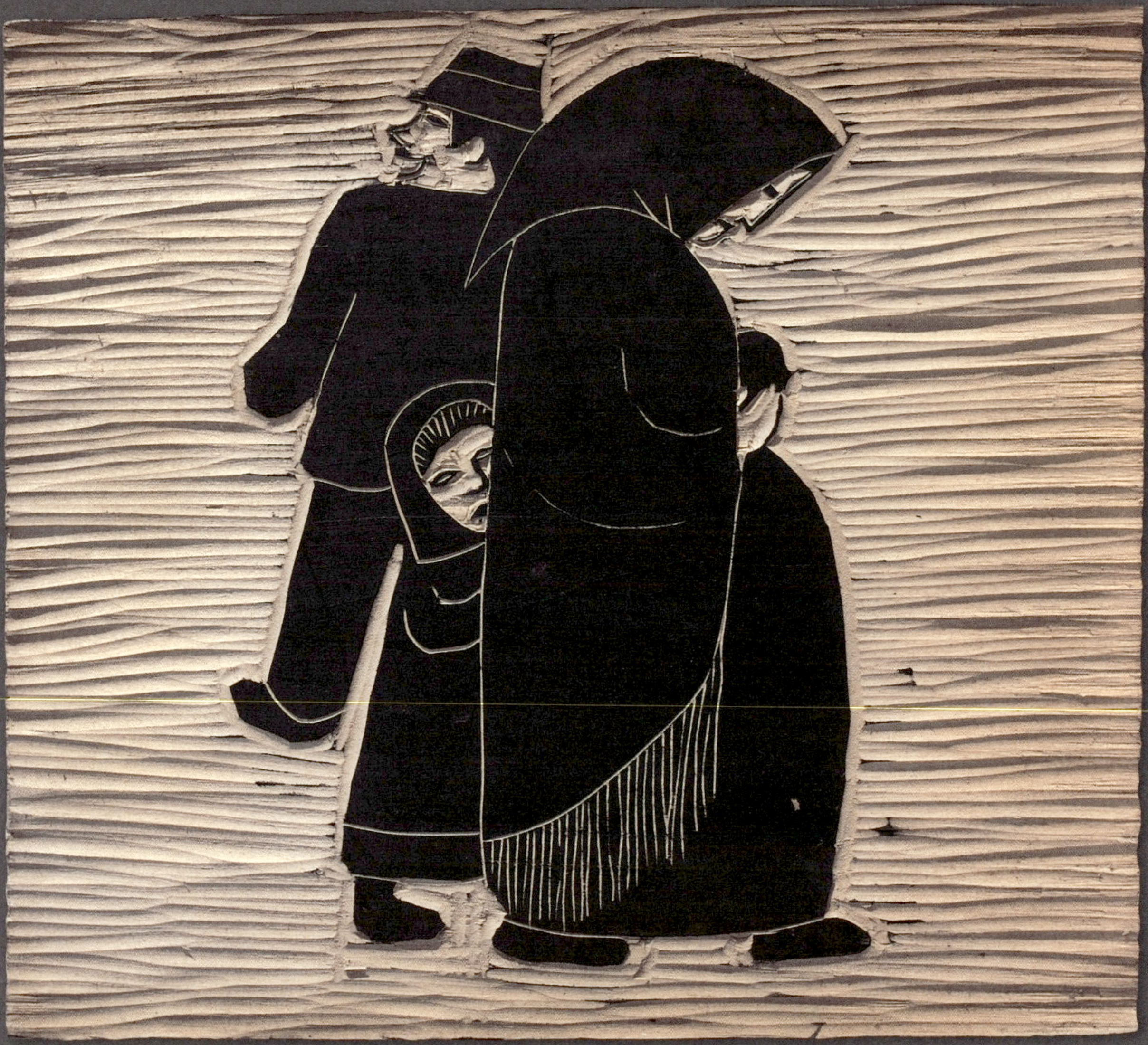
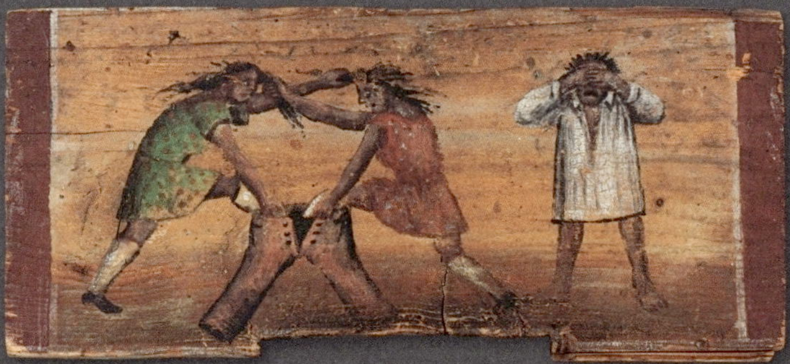

Inhalt

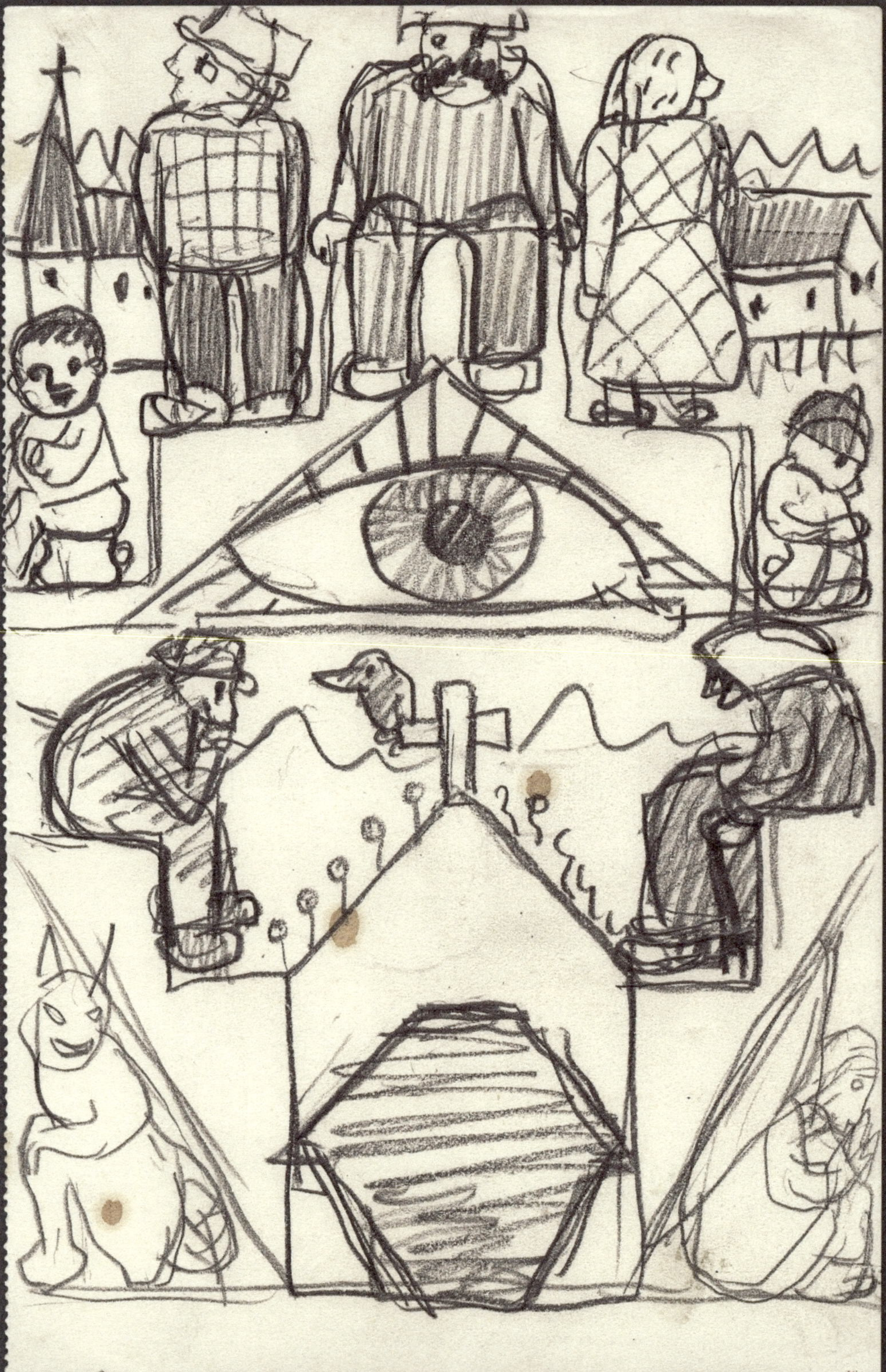

Vorbemerkung

In den vergangenen Jahren haben große Ausstellungen des Werner Berg Museums den Einfluss der Begegnung mit Emil Nolde und den Stellenwert des Bundes Neuland für den künstlerischen Beginn Werner Bergs aufgezeigt. Nun steht die zentrale Bedeutung, die der Kontakt mit der Kärntner Volkskultur für den Künstler gehabt hat, im Mittelpunkt des Interesses. Die vielen Anregungen aus der bäuerlichen Alltagskunst seiner neuen Umgebung ermöglichten es Berg, bereits in den allerersten Jahren in Kärnten eine ganz eigenständige, unverwechselbare künstlerische Position zu finden.
In konzeptioneller Zusammenarbeit mit dem Landesmuseum Klagenfurt ist es gelungen, viele der den jungen Maler begeisternden Objekte aufzufinden und diese zusammen mit den davon inspirierten Werken Bergs zu zeigen.

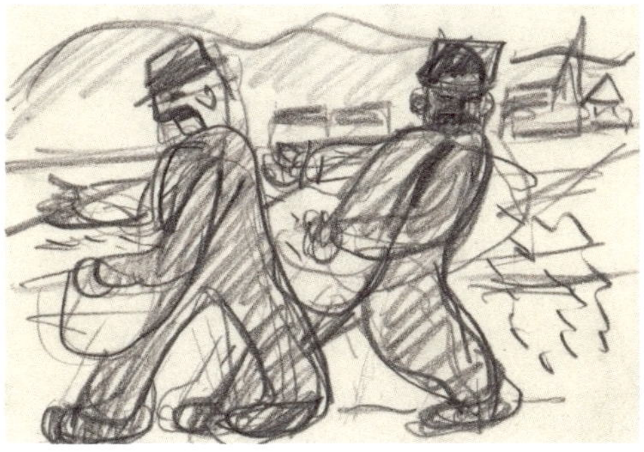

WERNER BERG
BAUERNLEBEN, 1933
GUTE UND SCHLECHTE SAAT, 1933

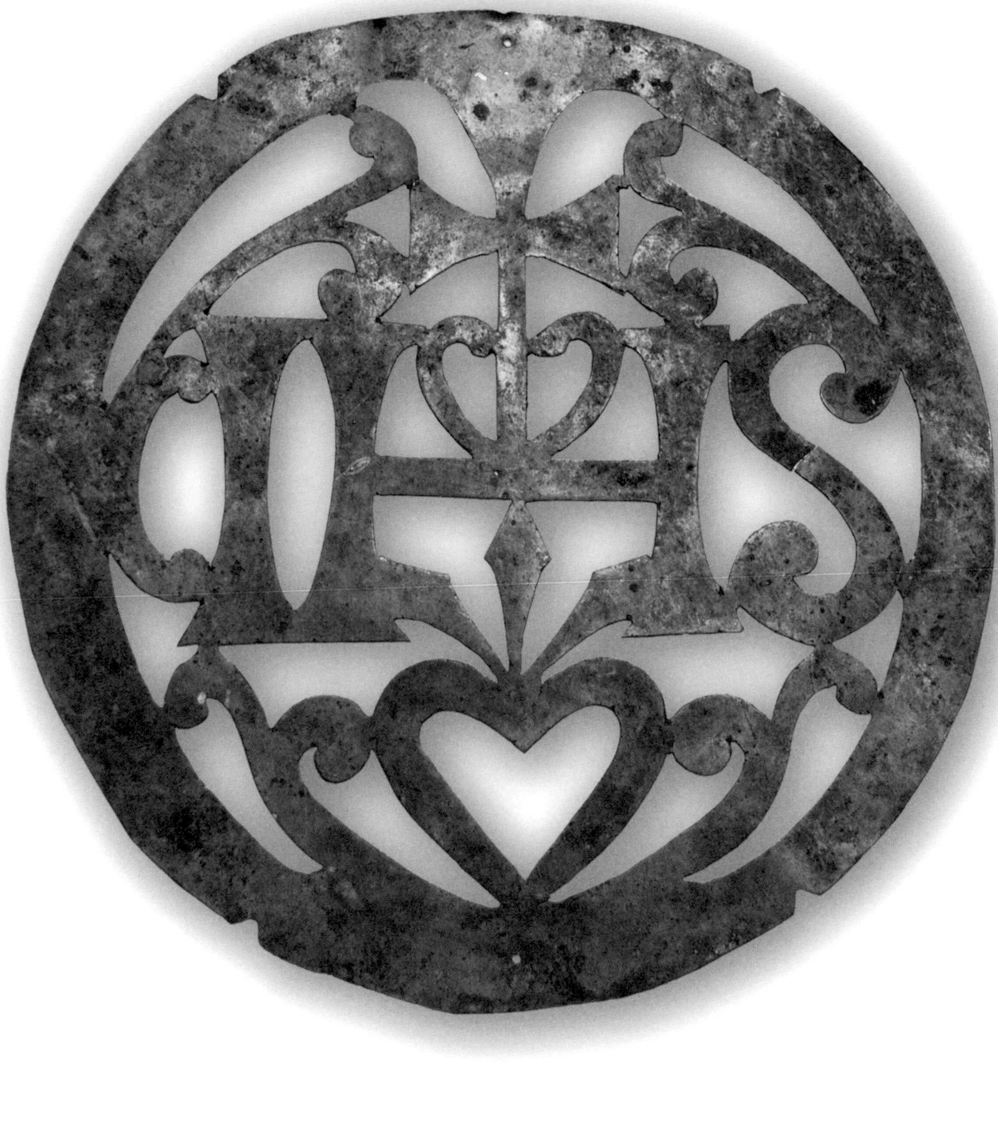

Werner Berg fand in den Dörfern Unterkärntens eine landwirtschaftliche Kultur und Lebensweise, die, wie in einer Enklave, zu einem großen Teil noch dem vorwissenschaftlichen, vorindustriellen Zeitalter anzugehören schien. Die Religion prägte vielfach noch das Denken der Menschen, sie lieferte Antworten auf jedweden Erklärungsbedarf und strukturierte den Jahresablauf auf eine uns heute schon unvorstellbare Weise.

Werner Berg war in einer katholischen Familie aufgewachsen. Die Katholiken bildeten unter der vorwiegend protestantischen Bevölkerung seiner Heimatstadt, der Industriestadt Elberfeld, eine Minderheit. Früh schon musste der Künstler dieses Gefühl, einer Minderheit anzugehören, erfahren – etwa wie er als Teilnehmer einer Fronleichnamsprozession von Mitschülern verspottet wurde.

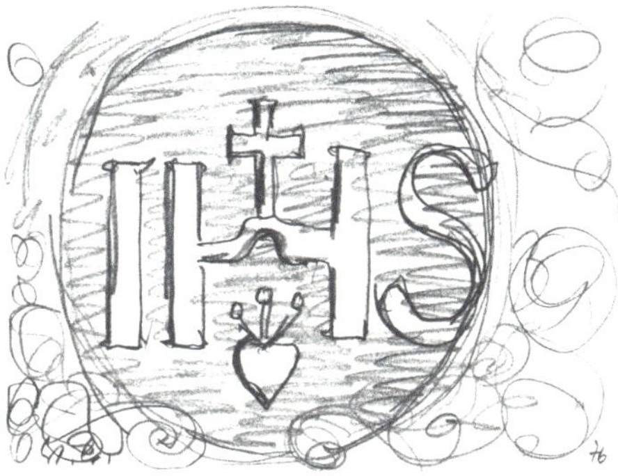

IHS-Motiv, um 1750
Sammlung Scheicher

WERNER BERG
IHS Motiv, 1976

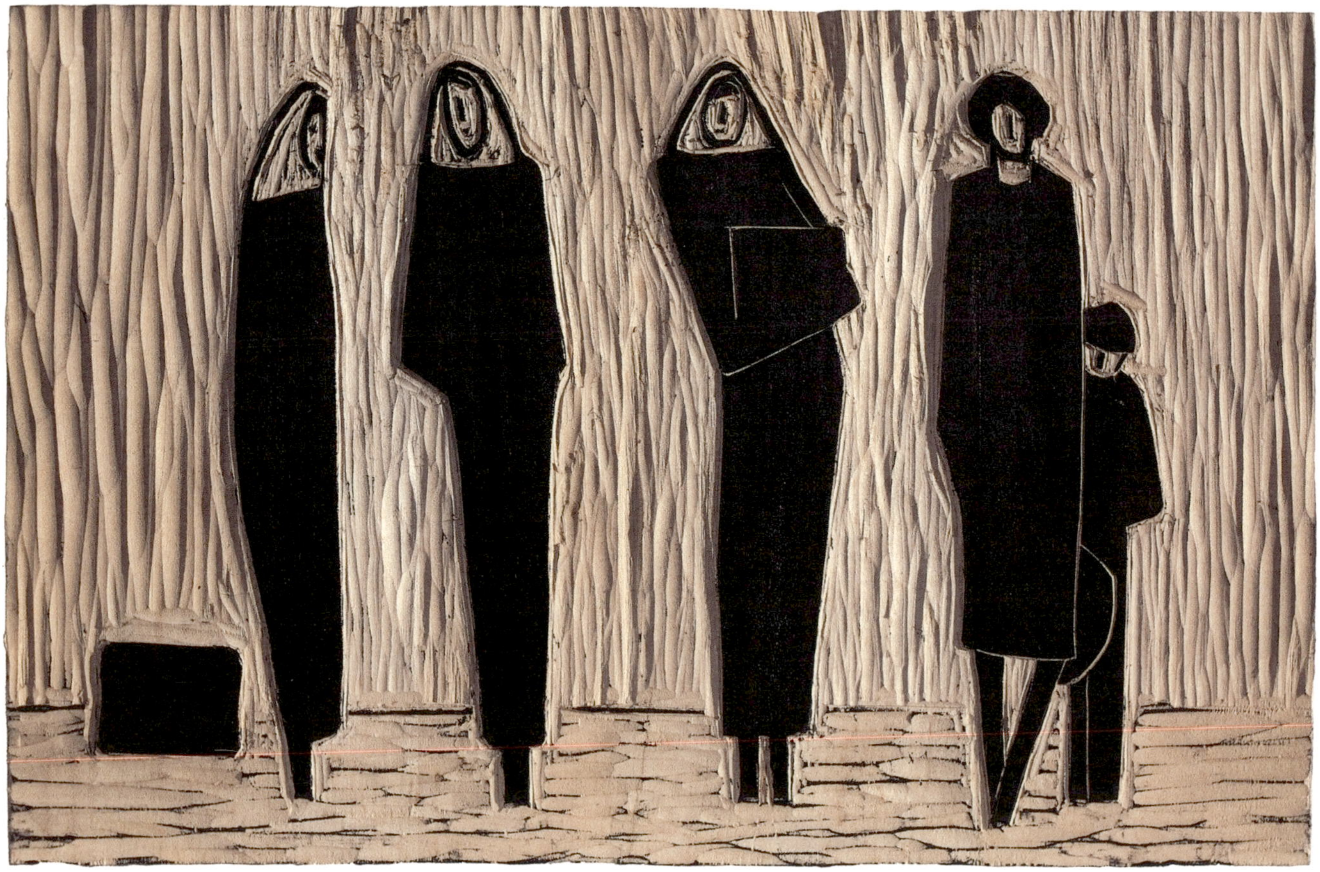

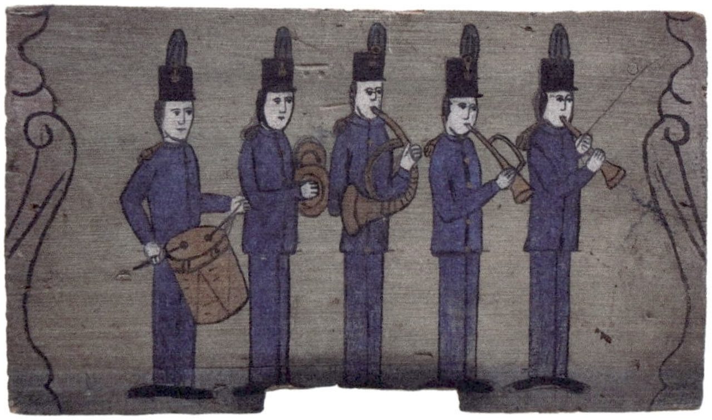

In Kärnten ermöglichte ihm der Anschluss an den „Stromkreis des Katholischen" ein noch unmittelbareres Eindringen in die Gedankenwelt der vorwiegend slowenischen Landbevölkerung in der Umgebung seines Bauernhofes. Er konnte sich so, nachdem er sich 1931 mit seiner jungen Familie auf einem abgelegenen, kleinen Bergbauernhof, dem Rutarhof, niedergelassen hatte, noch stärker mit dem Leben seiner Nachbarn identifizieren. Die intensive Auseinandersetzung mit den Hervorbringungen der Volkskunst, die über weite Teile eine religiöse Volkskunst war, ermöglichte dem Künstler, nicht nur die Eigenheit der von ihm geschilderten Menschen tiefer zu ergründen. Vielmehr nahm er aus ihr zahlreiche Anregungen direkt in sein Werk auf. Bereits in den frühen 1930er Jahren nahm seine radikale Vorgehensweise einzelne Ansätze der Pop-Art Künstler vorweg. Diese integrierten, etwa 30 Jahre später, in einem gänzlich anderen soziologischen Umfeld, in ähnlicher Weise die Hervorbringungen der Werbegrafik und Comic-Kultur direkt in ihr Werk.

WERNER BERG
WARTENDE MIT LANGEN MÄNTELN, 1981

MUSIKKAPELLE
um 1900, Sammlung Dareb

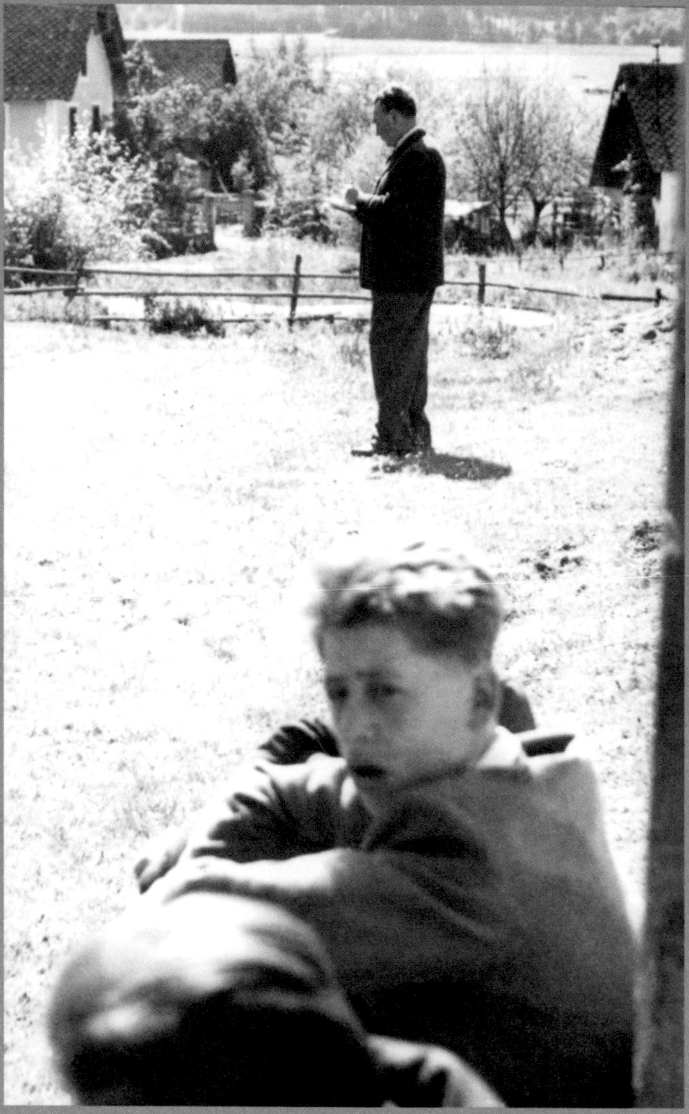

WERNER BERG BEIM SKIZZIEREN, um 1954

Begegnungen mit Werner Berg

Es gibt in Kärnten vielfach noch Menschen, die sich an die markante Erscheinung Werner Bergs erinnern. Vielen ist unvergesslich, wie der Künstler bei Kirchtagen, Märkten oder im Gasthaus irgendwo auf der Seite stand und skizzierte. Dabei vermochte er, ohne abweisend aufzutreten, eine Aura der Unnahbarkeit um sich zu verbreiten und wurde so selten gestört. Auf diese Weise konnte er mitten unter den Leuten deren Leben in Skizzen festhalten. Später im Atelier entstanden auf Grundlage dieser Skizzen seine Ölbilder und Holzschnitte.

Als besondere Interaktion mit dem Ausstellungspublikum wurden Erinnerungen über Begegnungen mit Werner Berg gesammelt. Die Episoden stammen aus eigener Erfahrung oder aus in den Familien tradierten Berichten von Zeitzeugen. Die verschiedenen kleinen Beiträge unterbrechen die Kapitel dieses Buches und vermitteln ein authentisches Bild von Werner Berg in der Begegnung mit den Menschen Unterkärntens. In ihrer Gesamtheit ermöglichen sie auch einen Rückblick auf eine heute vergangene Volkskultur.

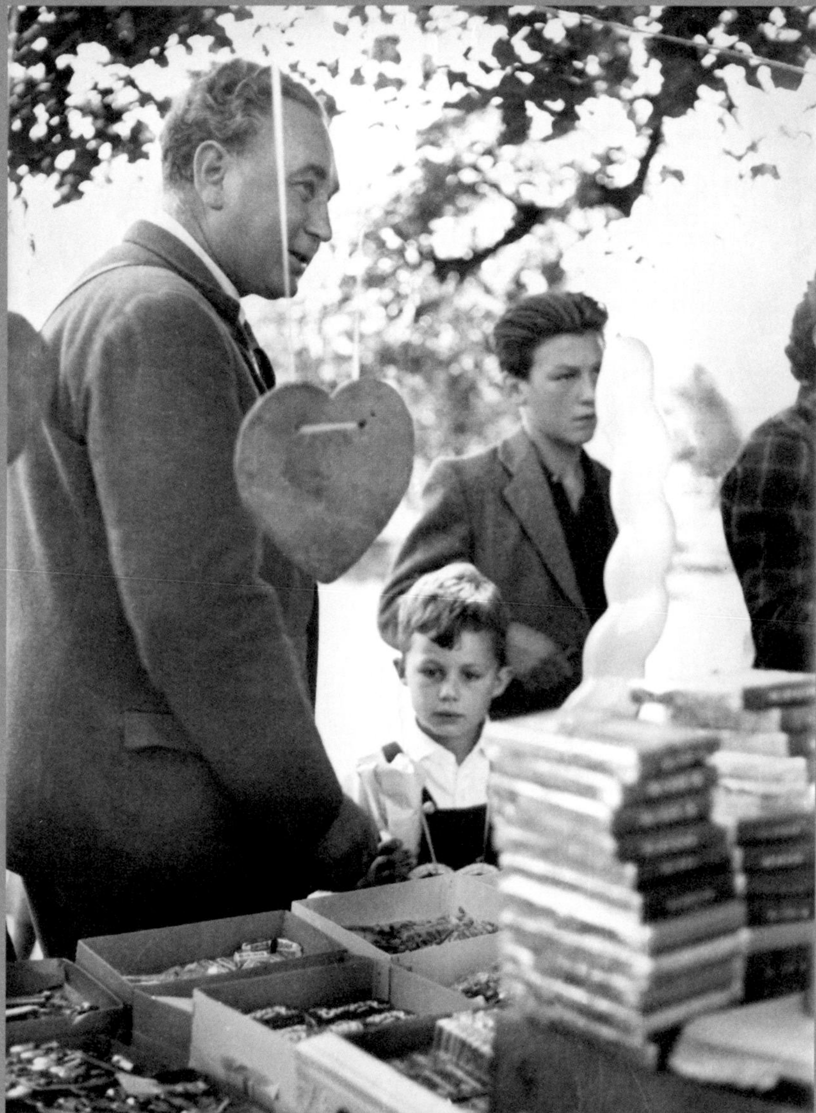

WERNER BERG BEI EINEM KIRCHTAGSSTANDL, um 1956

Ich erinnere mich noch lebhaft an den Florianikirchtag in Rinkenberg im Mai 1960. Mit meinem Freund Albert Prutej ging ich als Ministrant bei der feierlichen Prozession mit. Zuvor war mir schon ein Mann aufgefallen, der mit seinem Waffenrad zur Kirche gefahren war. Genau sehe ich ihn noch mit seinem Rucksack vor mir, als er sein Rad bei der Kirche abstellte. Später sah ich, wie der Mann mit Zeichenblock und Bleistift in der Hand aufmerksam das Geschehen um ihn herum beobachtete und zeichnete. Neugierig geworden näherten mein Freund und ich uns dem Mann. Dieser schien anfangs fast ein wenig verärgert und abweisend, als wollte er uns wegjagen, aber dann hat er uns doch bereitwillig näher herangelassen. Wir wussten ja nicht, wer er war und fragten, was er hier tue. Da erzählte er, er sei Maler und fahre zu Kirchtagen und Märkten, um Skizzen für seine Bilder anzufertigen.
Die Sache hatte noch ein köstliches Nachspiel: Ein paar Tage später kam der Konditor Gottfried Stöckl aus Bleiburg zu uns an die Schule – mit einer ganzen Ladung Schaumrollen, Schaumtüten und Kokosbusserln. Der Maler, Werner Berg, hatte diese für alle 90 Kinder der Schule gesponsert.

Stefan Visotschnig

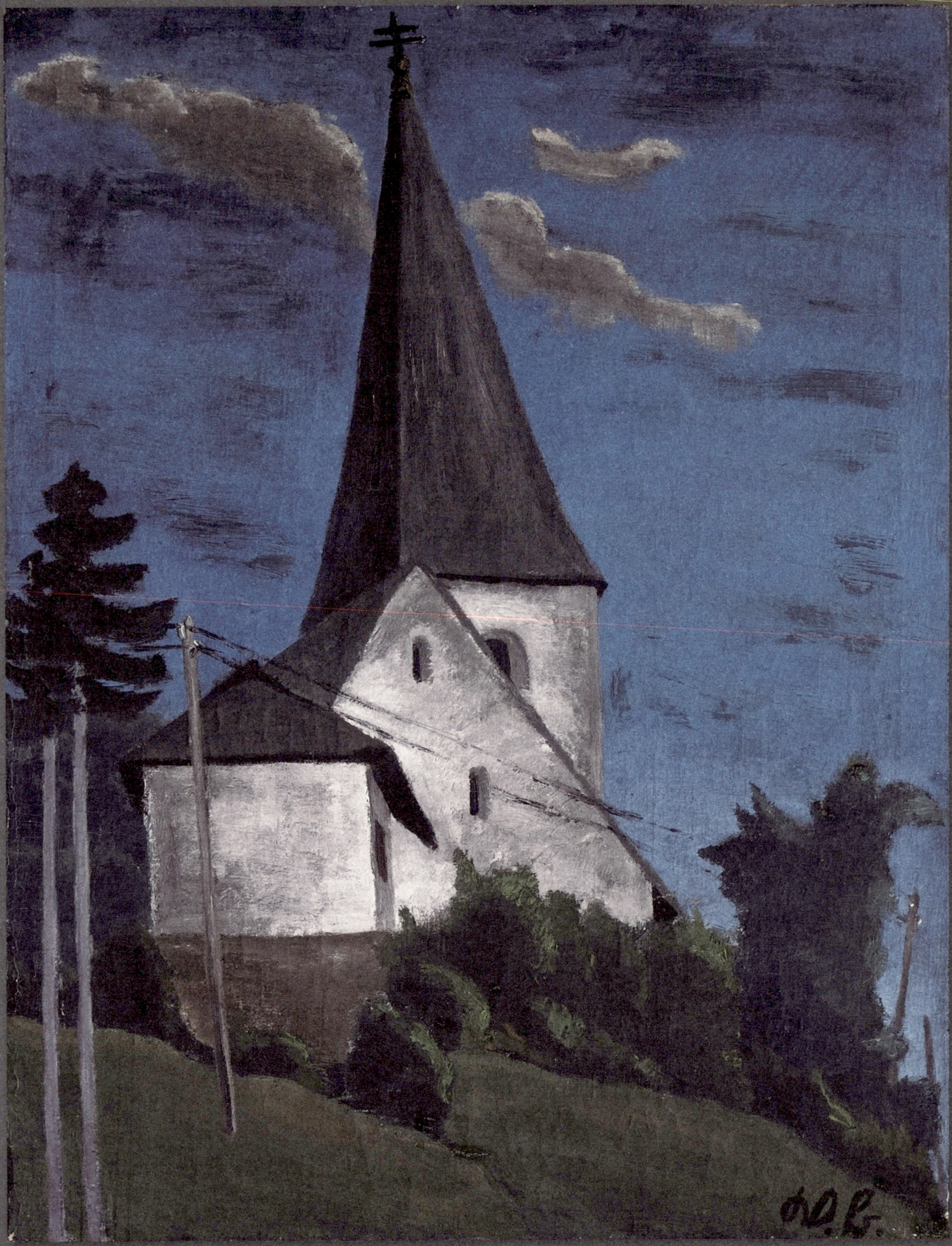

Kirchen

Ausgangspunkt für die Streifzüge Werner Bergs waren meist die Dorfkirchen. An diesen oft entlegenen Orten erspürte er die spezifische Eigenart der Kärntner Slowenen auf besondere Weise. Dabei beeindruckte ihn, wie in der Heiligenverehrung der katholischen Volksfrömmigkeit uralte heidnische Schutzgötter und Fruchtbarkeitsriten fortlebten. Der archaische Ernst der Bräuche und Gebete trat ihm in Unterkärnten, aller verbrämenden Folklore entkleidet, entgegen.

„Man gehe in eine der unberührten Dorfkirchen, zu Allerheiligen auf den Friedhof von Eberndorf oder an einem der bestimmten Feiertage zum Hemma- oder Lisnaberg, wo das Volk zusammenströmt und eine Fülle von Anblicken bietet, in denen man mühelos hinter Anekdote und Folklore große Form, zeitlose Begebenheit und bildträchtiges Geheimnis entdecken kann. Nicht selten reiße ich die Augen auf vor Staunen, dass diese archaisch große Form und mythenhafte Versunkenheit wirklich sind, Wirklichkeit unserer Tage und nichts fern Beschworenes oder museal Konserviertes.

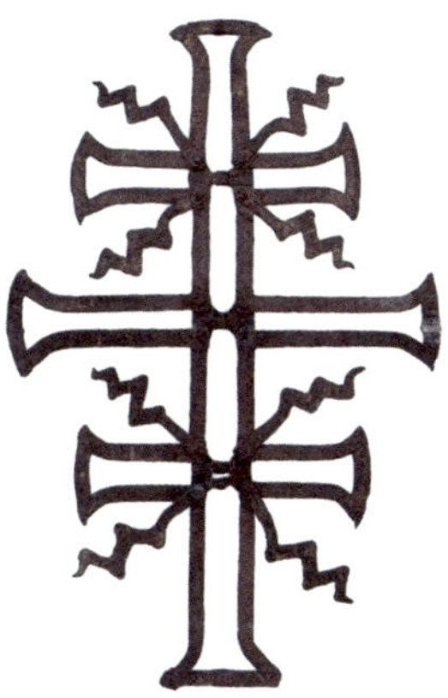

WERNER BERG
GALLIZIEN, 1932
Pfarramt Gallizien

KIRCHTURMKREUZ,
um 1600, Sammlung Kraut

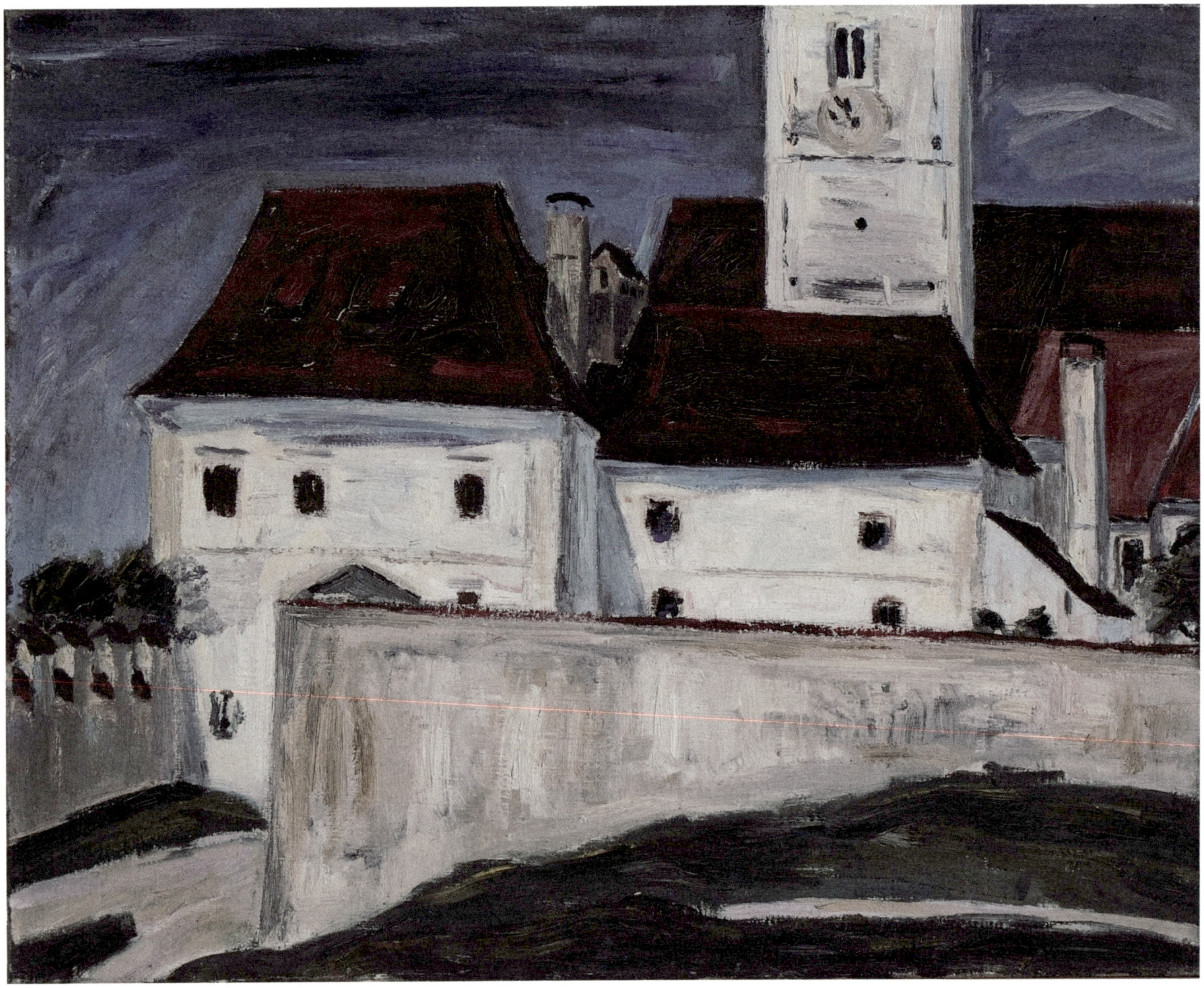

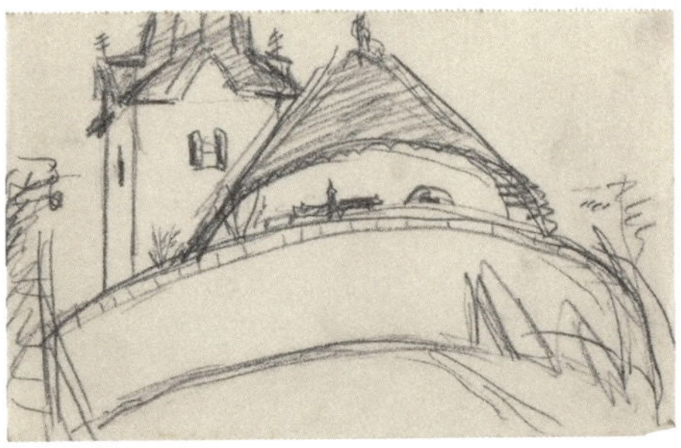

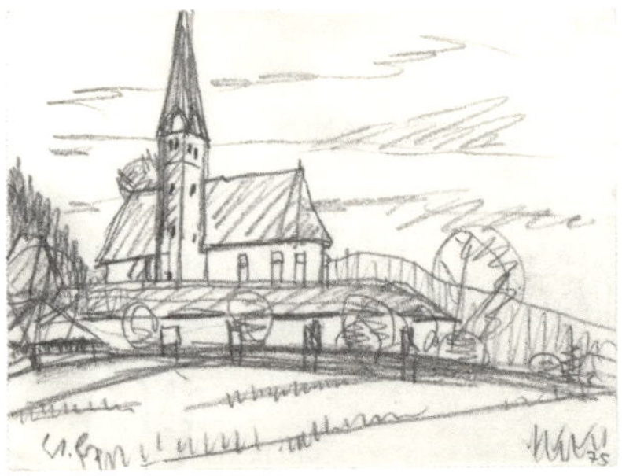

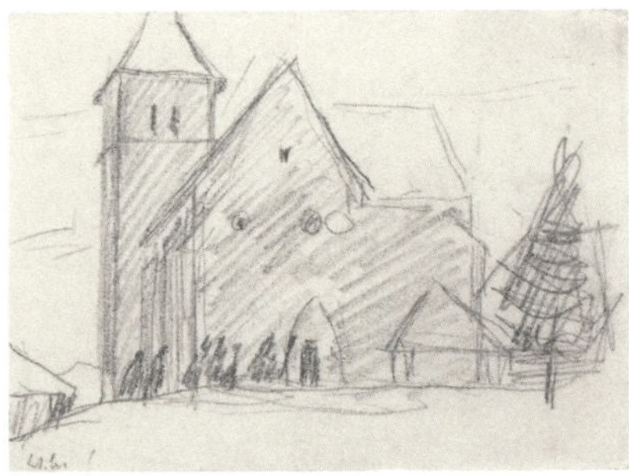

In solchen Augenblicken offenbart und erneuert sich fern allem Wollen der Gebildeten Volkstum“, schrieb Werner Berg 1948 in seinem programmatischen Text „Wahlheimat Unterkärnten“. Schon bei seinem ersten Aufenthalt in Kärnten fesselte die Stiftsanlage von Eberndorf das Interesse des jungen Malers. Bis zu seinem Tode suchte er sie regelmäßig zum Skizzieren auf; 1949 entstand ein großformatiges Gemälde der gesamten ehemaligen Klosteranlage, dargestellt von der Ostseite (S. 26).

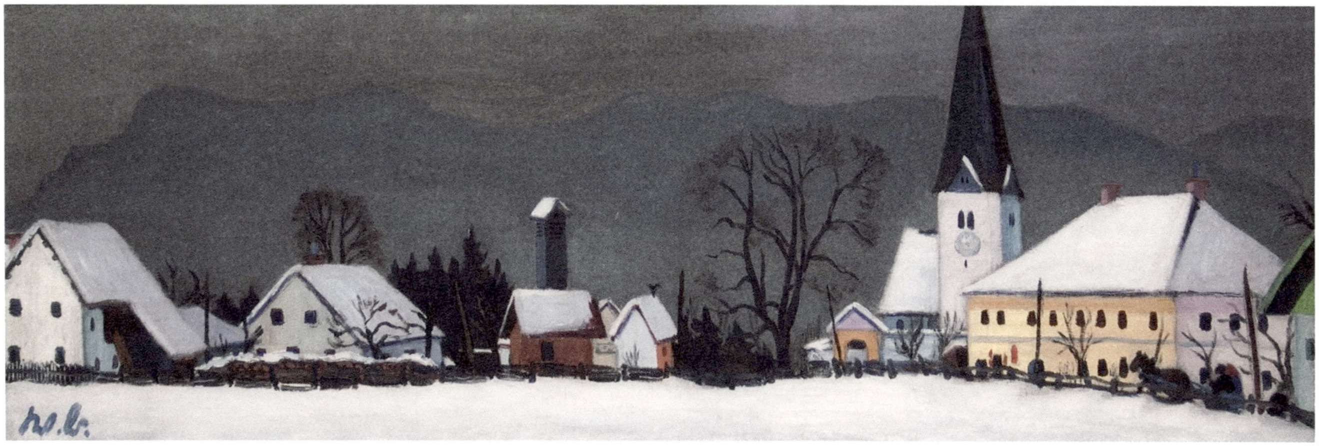

WERNER BERG
EBERNDORF, 1930
Privatbesitz

KARNBURG, 1933
GRAFENBACH, 1975
MAGDALENSBERG, 1938

GALLIZIEN, 1939
Gemeinde Gallizien

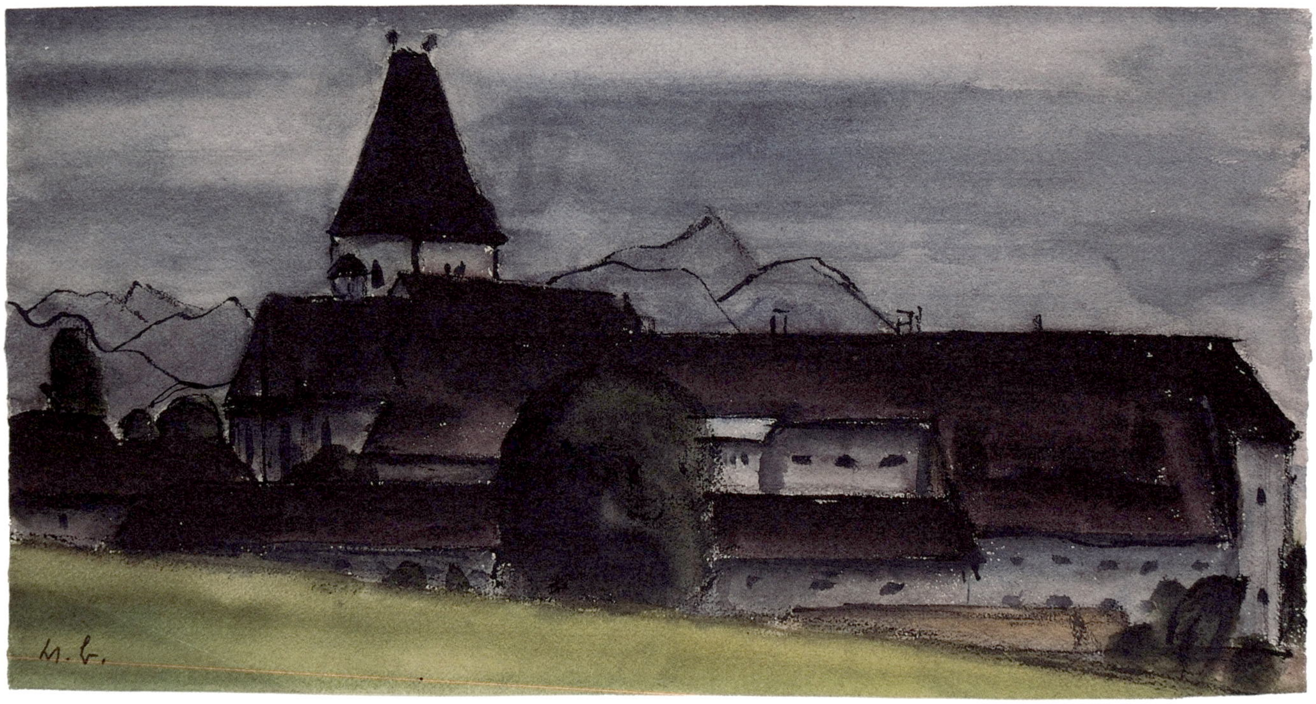

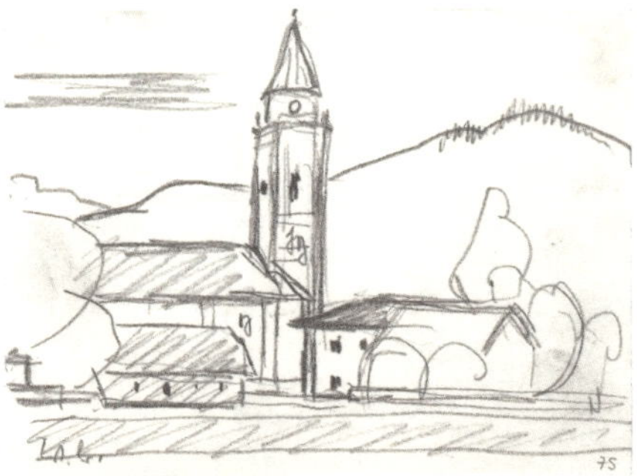

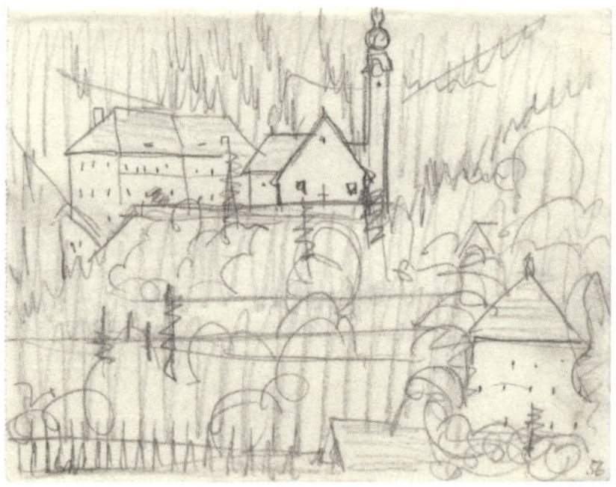

1932, noch vor ihrer späteren Vergrößerung, malte Berg die auf einem kleinen Hügel liegende Kirche seiner Heimatgemeinde Gallizien (S. 18). Lange Radtouren führten Werner Berg quer durch Kärnten. Dabei zeichnete er etwa die Kirchen von Maria Saal, Karnburg und Gurnitz. Bei einer Vierbergewallfahrt entstand die Skizze der Kirche am Magdalensberg. Im Feber 1938 fuhr Werner Berg mit dem Pferdeschlitten nach Diex, wo zwei eindrucksvolle Ölbilder der imposanten Wehrkirchenanlage direkt vor dem Motiv entstanden (S. 24/25).

Im selben Jahr malte er auch eine Ansicht der Dorfkirche von Möchling, wo die Familie Berg regelmäßig die Sonntagsmesse besuchte (S. 27). Die topographisch genauen Ansichten der zweiten Hälfte der 1930er Jahre zeigen Werner Berg als sachlich korrekten Schilderer seiner Umgebung und sind, anders als spätere Darstellungen, direkt vor dem Motiv gemalt.

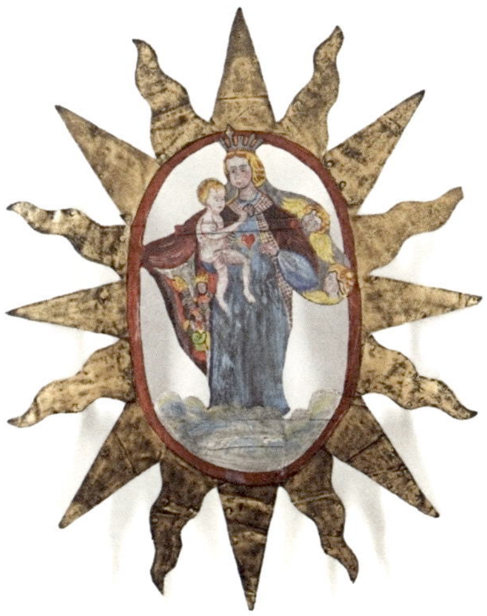

WERNER BERG
EBERNDORF, 1936
ST. RUPRECHT, 1975
GURNITZ, 1956

MARIA IM STRAHLENKRANZ, um 1800,
Historisches Museum Glawar

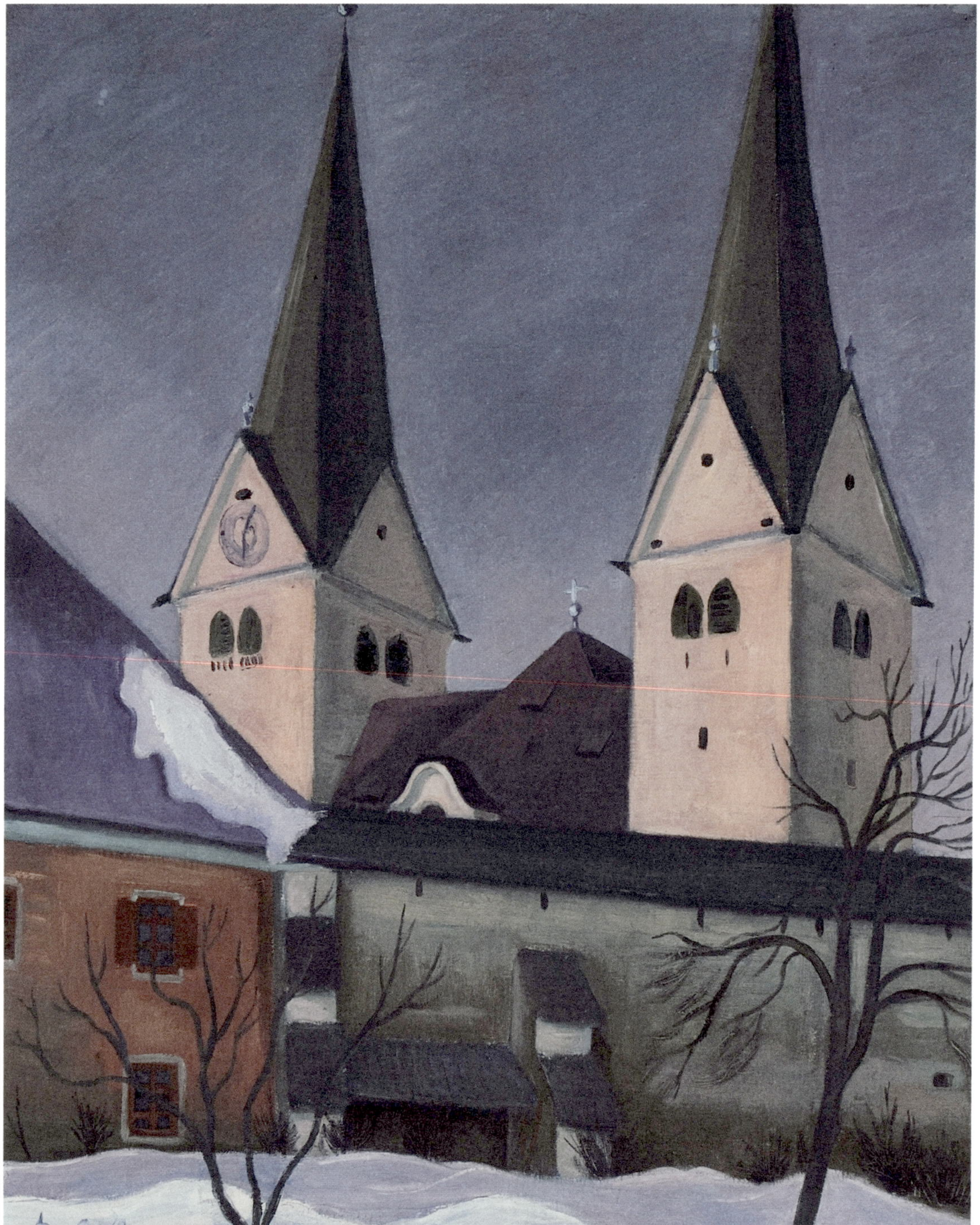

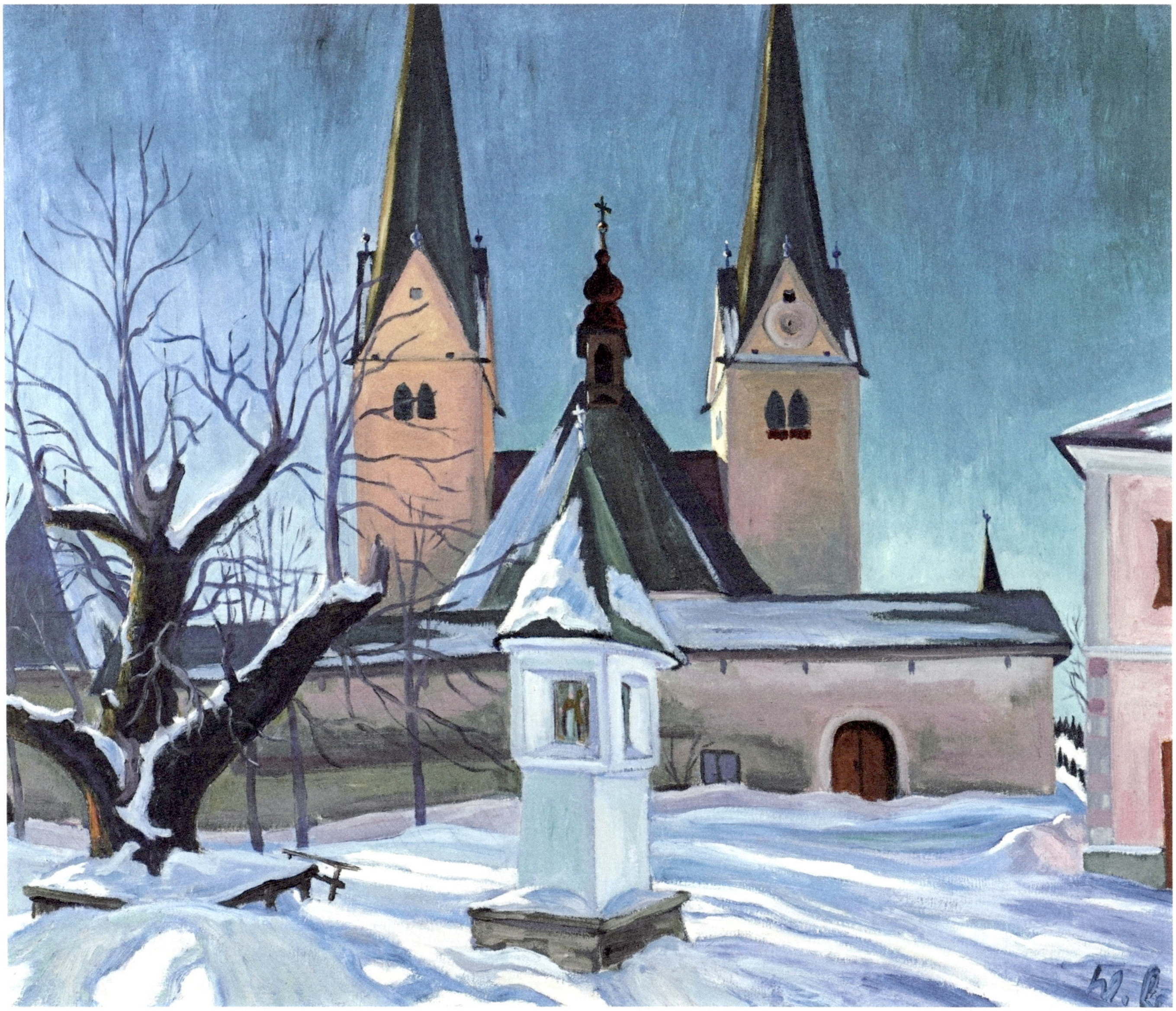

WERNER BERG
DIEX, KIRCHE AM ABEND, 1938
Sammlung Scheicher

DIEX, 1938
Land Niederösterreich

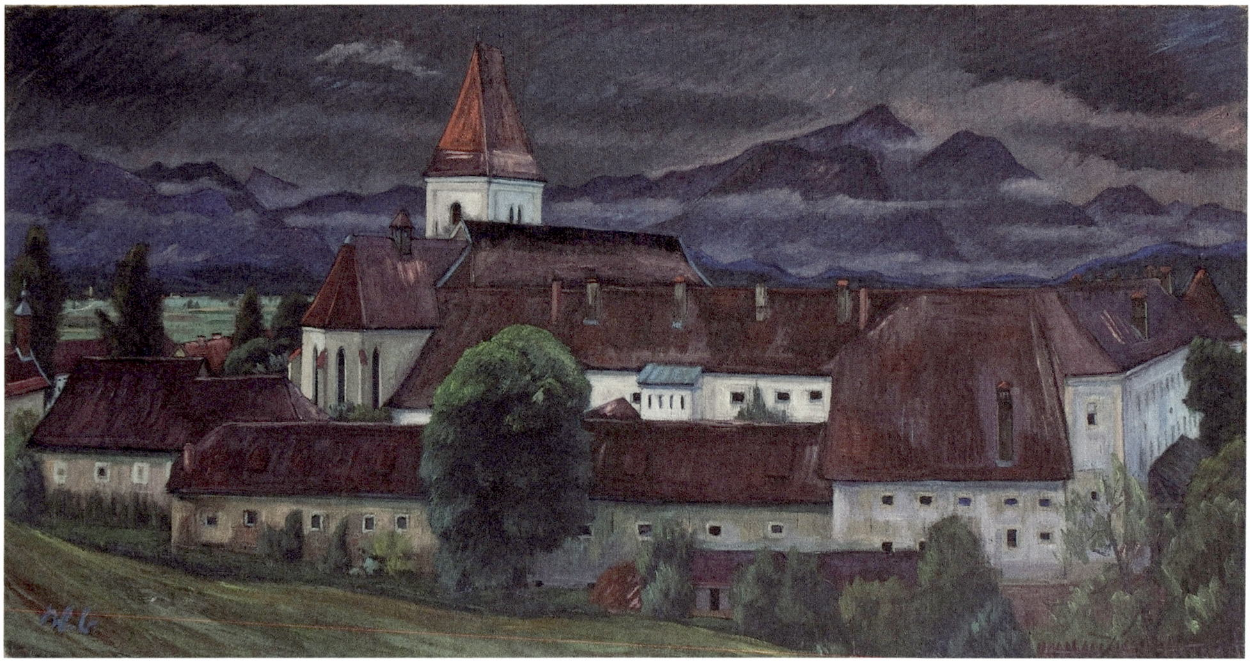

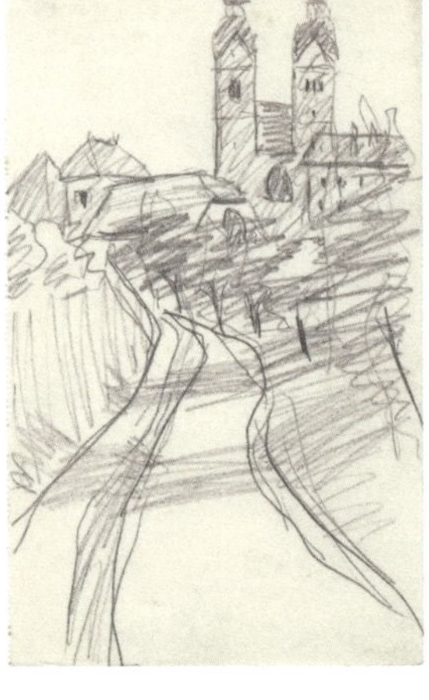

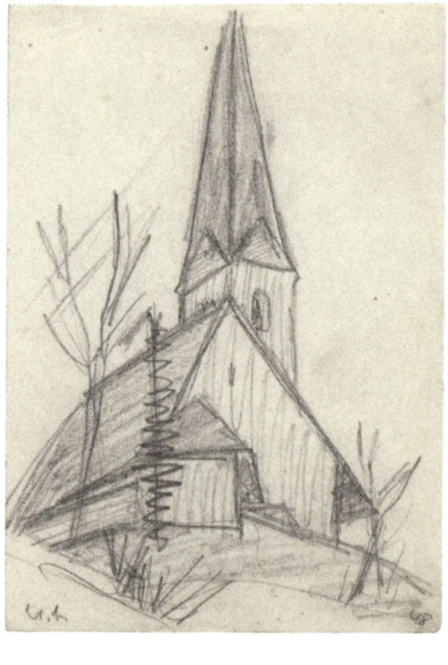

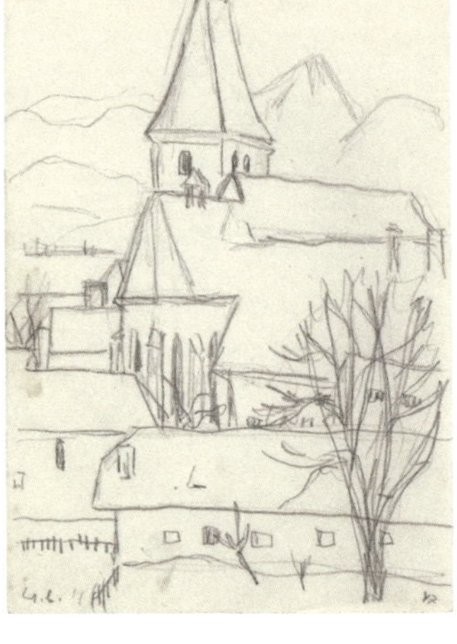

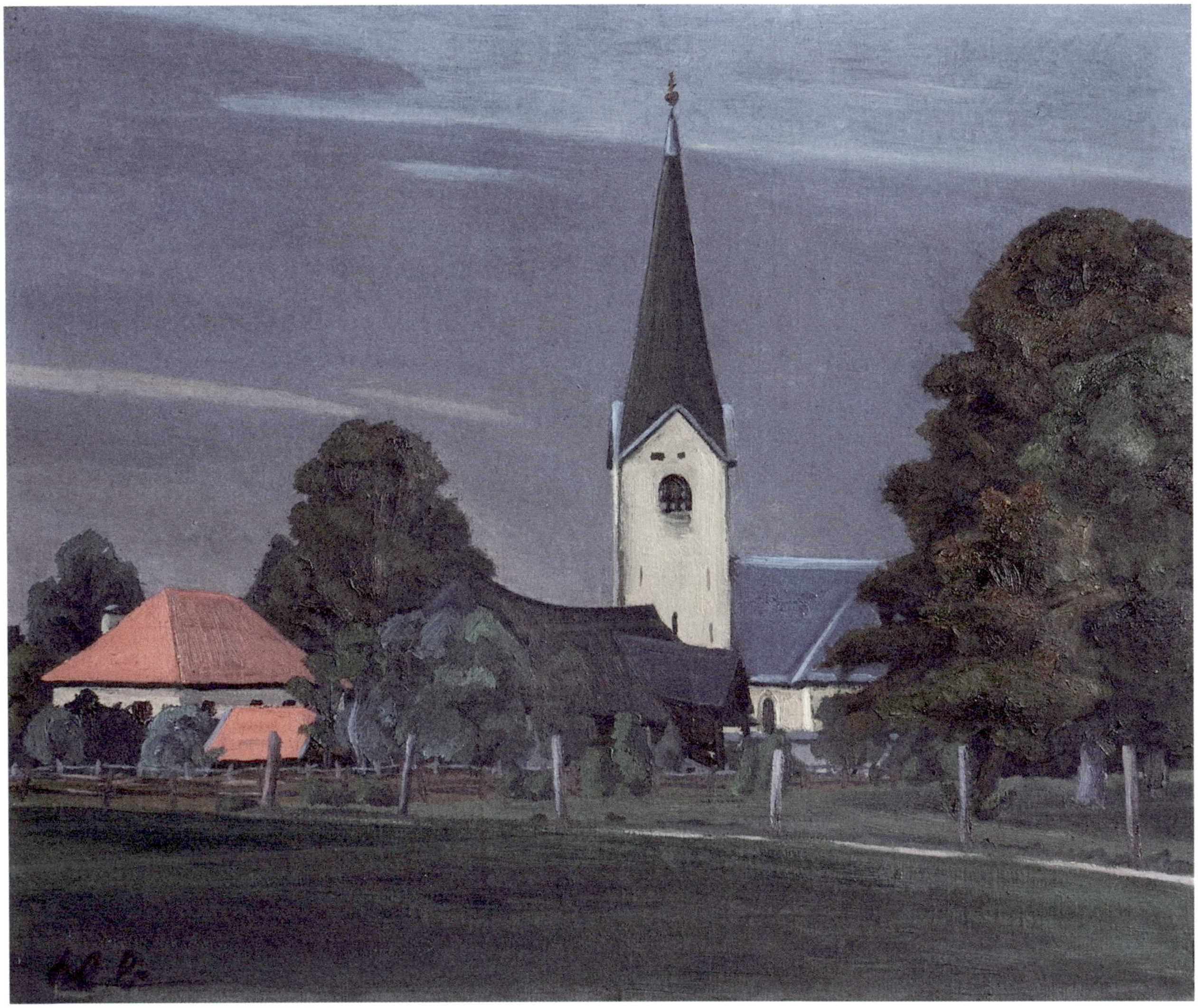

WERNER BERG
EBERNDORF, 1949
MARIA SAAL, 1933
GALLIZIEN, 1948
EBERNDORF, 1947
MÖCHLING, 1938
Bezirksheimatmuseum Völkermarkt

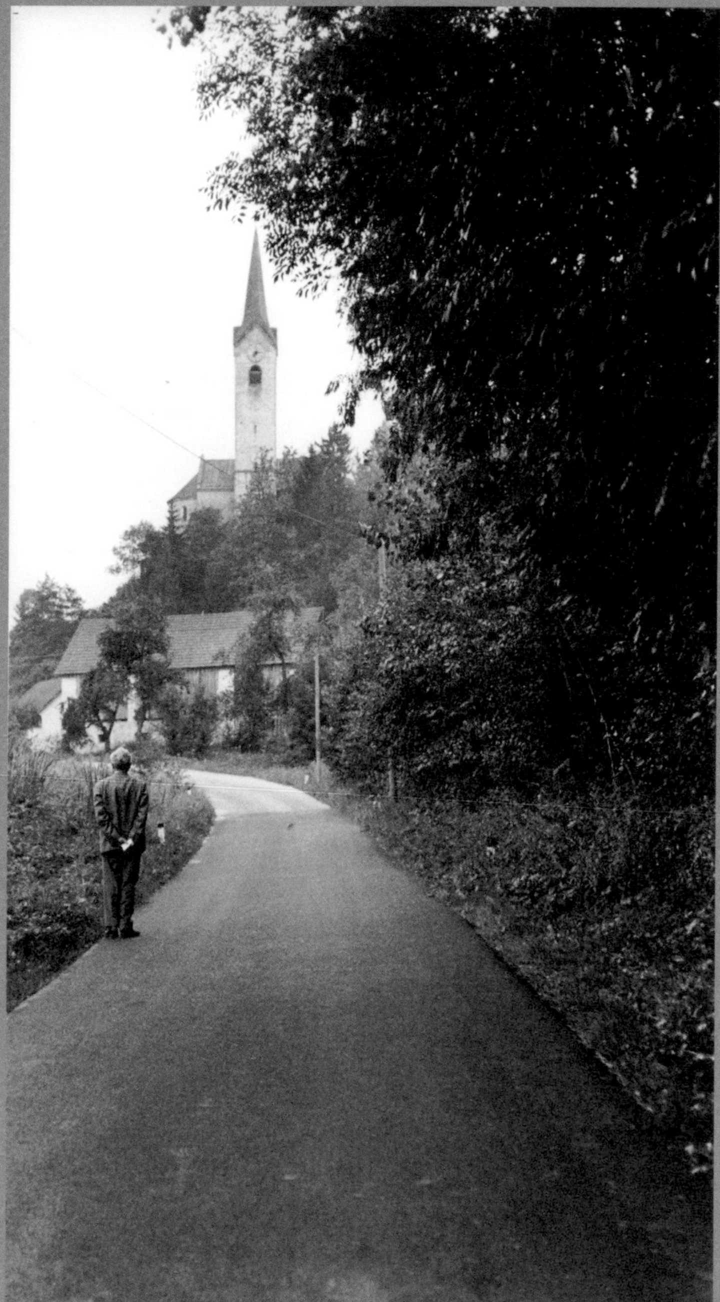

WERNER BERG VOR DER KIRCHE VON STEIN, 1975

WERNER BERG, STEIN IM JAUNTAL, 1975

Folgende Begebenheit erzählte mir mein verstorbener Vater, Manfred Jäger aus Bach bei St. Peter am Wallersberg, über seine Begegnungen mit Werner Berg: An den großen Feiertagen wie zum Beispiel dem Pfingstmontag oder dem Annatag kamen und kommen heute noch viele Menschen zur Kirche auf den Lisnaberg in der Gemeinde Ruden. Der heutige Weg hinauf zur Kirche ist zwar steil, aber breit und asphaltiert. Früher führte ein noch steilerer Pfad mit Kreuzwegstationen aus Holz unterhalb des jetzigen Weges hinauf zur Kirche. Bei einer dieser Stationen oder direkt am Berg neben der Kirche saß an den großen Feiertagen auch oftmals Werner Berg. Er beobachtete und zeichnete die Menschen, die an den Prozessionen teilnahmen. Mein Vater war damals – Ende der 1950er Jahre – ein Bub von circa zehn Jahren. Wie viele seiner Freunde war er als Ministrant stets bei den Prozessionen und Messen, die damals Pfarrer Josef Wutte hielt, dabei. So traf er auch mehrmals auf Werner Berg. Doch als junger Bub hatte er natürlich keine Ahnung, wen er da vor sich hatte. Einmal schenkte Werner Berg meinem Vater eine seiner Skizzen. Vermutlich war er mit der Zeichnung nicht zufrieden und gab sie deshalb her. Auch den anderen Ministranten schenkte er Skizzen. Heute im Besitz einer solchen echten Werner Berg-Skizze zu sein, wäre sicher von Wert. Doch was haben mein Vater und die anderen Ministranten damals gemacht? Sie haben aus den Skizzen an Ort und Stelle Papierflieger gebastelt und sie den Lisnaberg hinunter geschossen... Als mein Vater viele Jahre später registrierte, was für ein renommierter Künstler ihm da als Kind eine Skizze schenkte, hat er sich die Haare gerauft. Doch dann konnte er über diese Begebenheit und sich selbst lachen und hat seinen Kindern diese Geschichte oft und gern erzählt.

Simone Jäger

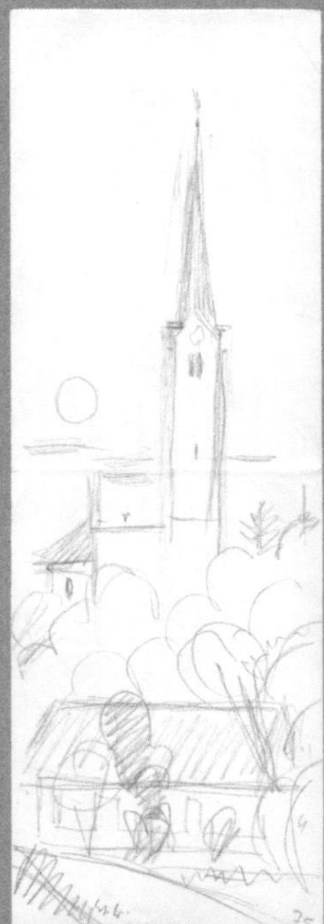

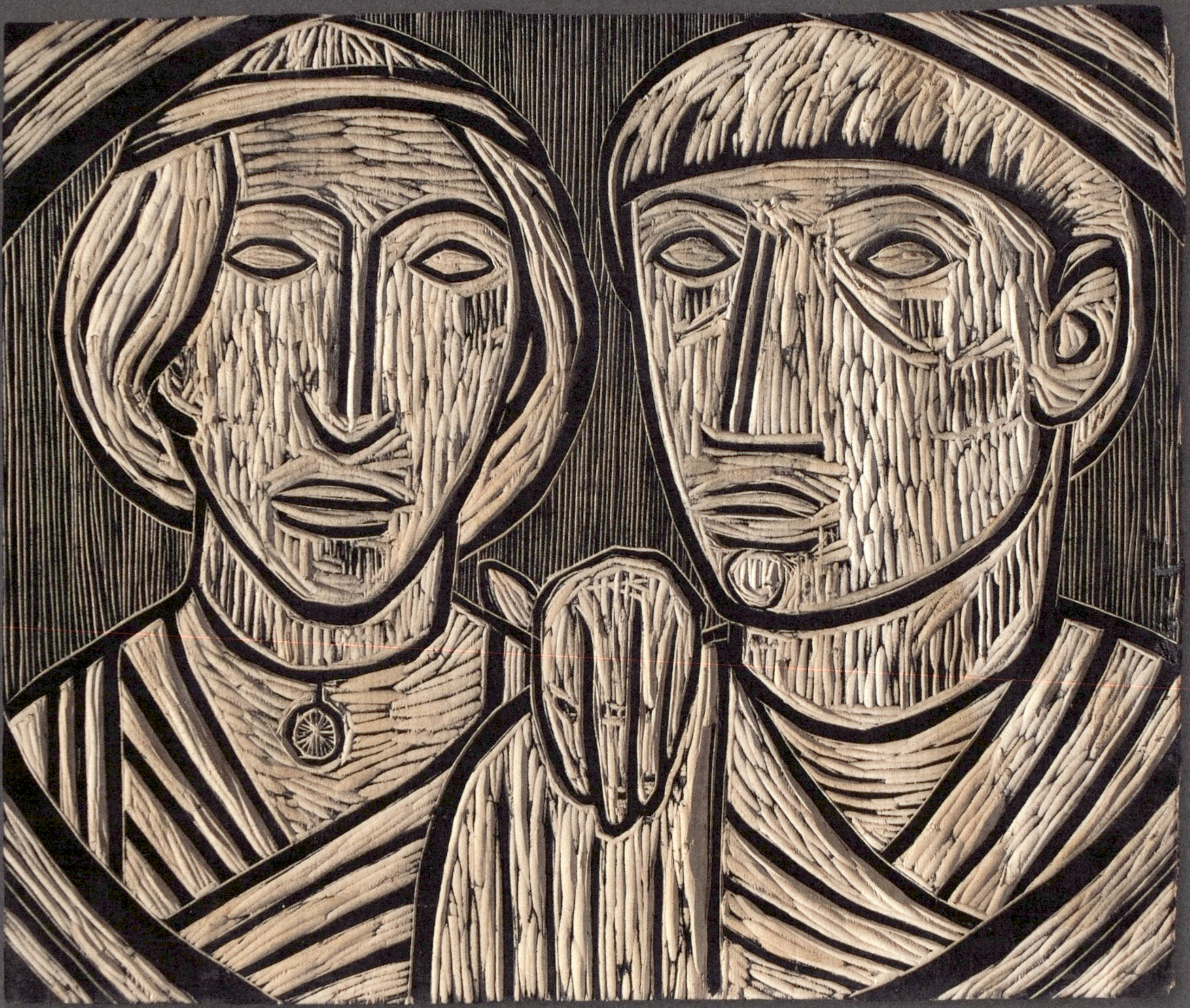

Römersteine

In der Umgebung der untergegangenen Stadt Virunum am Zollfeld und an alten Wallfahrts- und Kultstätten wie dem Hemmaberg bei Globasnitz/Globasnica waren in den Außenwänden der Kirchen oft Grabsteine aus der Römerzeit eingemauert. Nach einem solchen mehrfigurigen Grabstein an der Südfassade des Domes von Maria Saal entstand 1934 ein schönes Aquarell (S. 33), ein Holzschnitt aus dem Jahr 1959 zeigt ein römisches Ehepaar an der Kirche von St. Peter am Wallersberg. Das Grabmedaillon einer „Norischen Frau" aus der Zeit um 150 nach Christus skizzierte Werner Berg an der Außenmauer der Kirche von Lendorf bei Klagenfurt (S. 32).

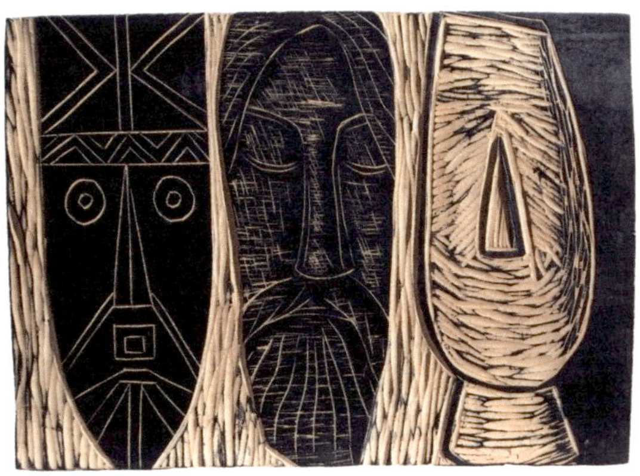

WERNER BERG
RÖMERSTEIN, 1959
BELEHRENDE DEMONSTRATION, 1956

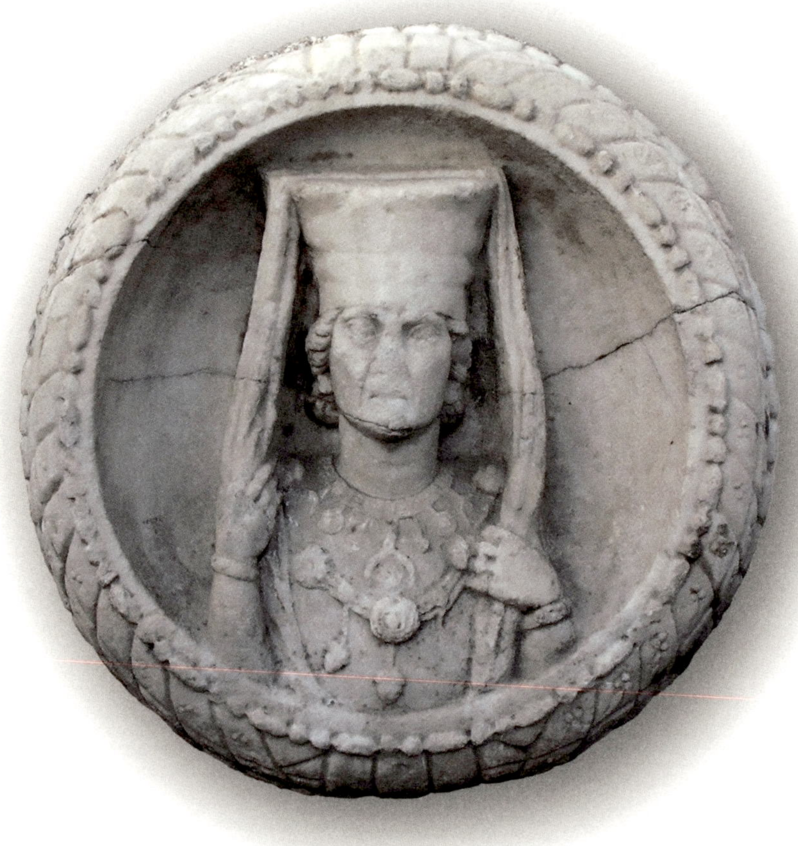

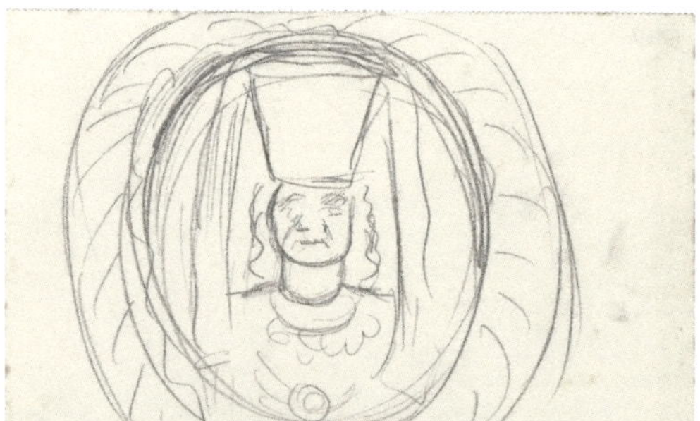

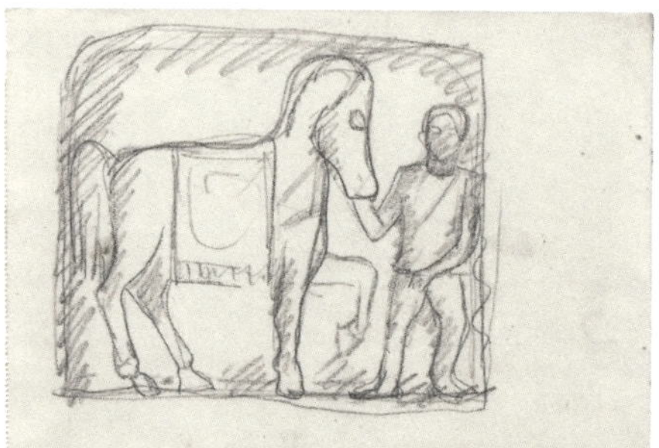

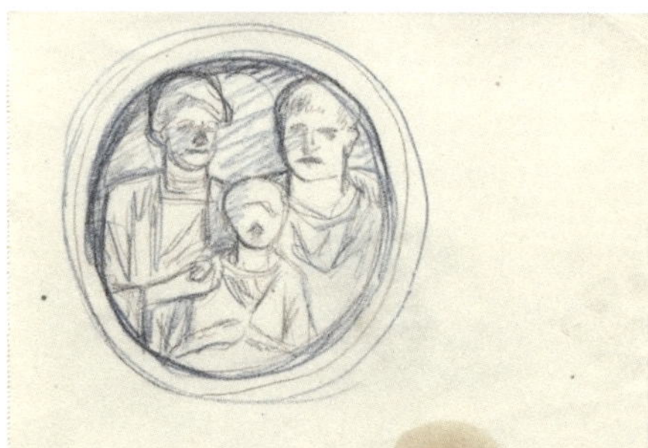

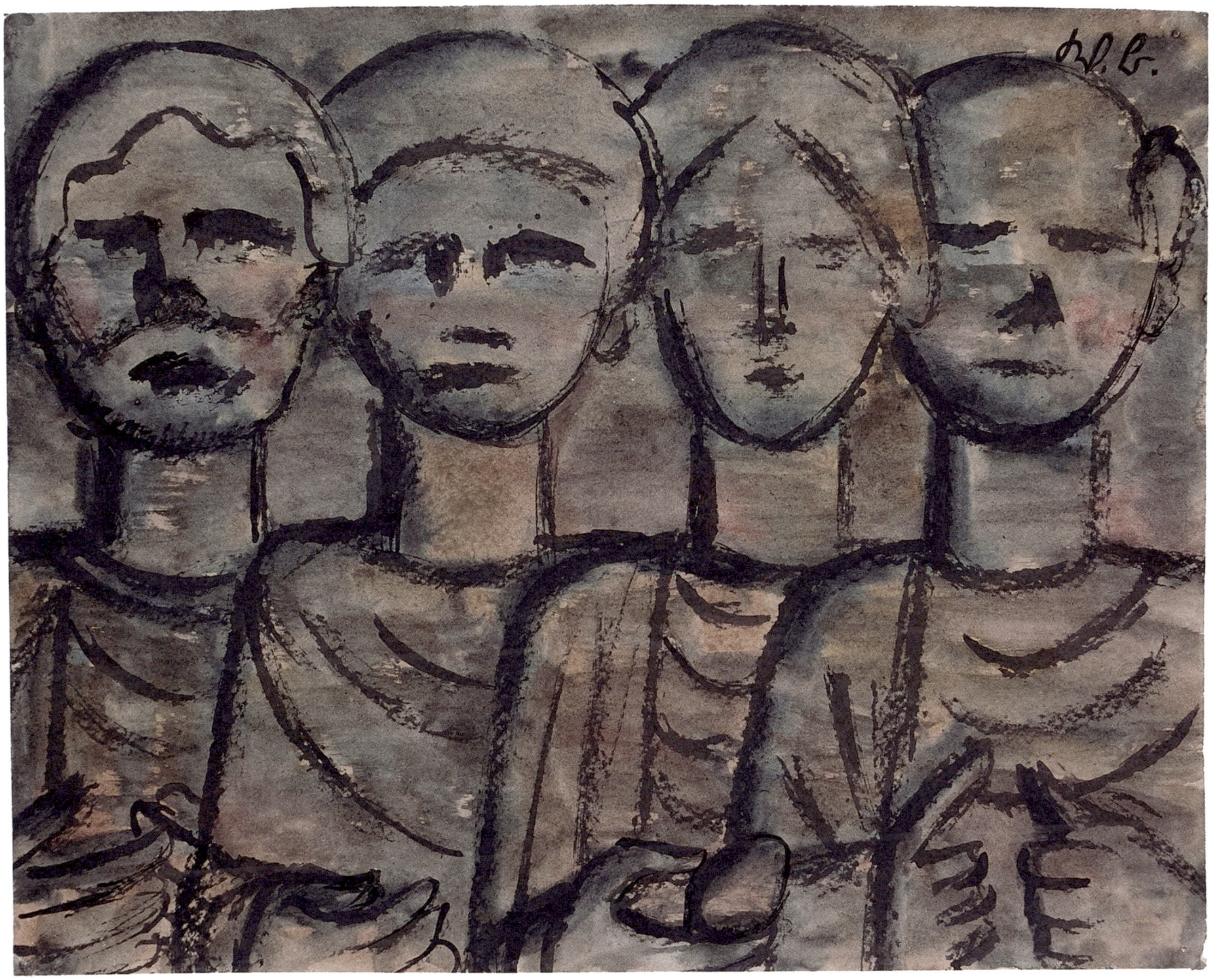

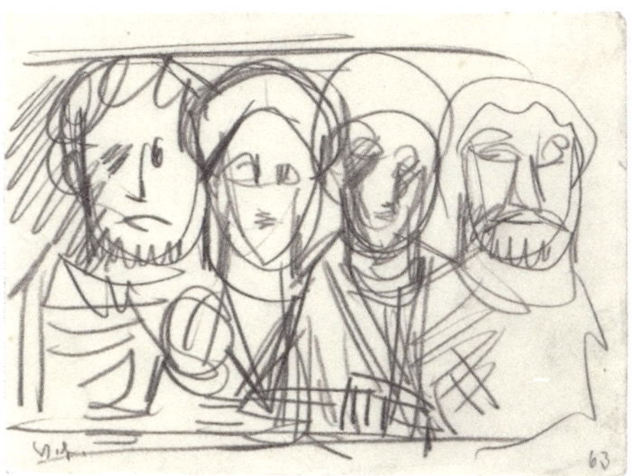

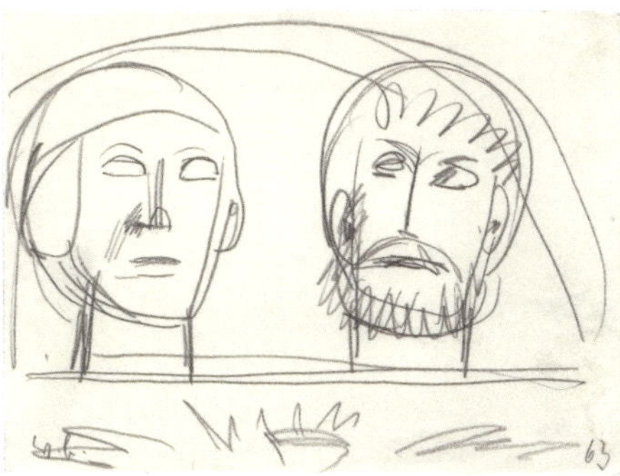

GRABSTELE EINER NORISCHEN FRAU
um 150 n. Chr., Lendorf

WERNER BERG
GRABSTELE EINER NORISCHEN FRAU, 1932
RÖMERSTEIN, PFERDEFÜHRER, 1948
RÖMERSTEIN, FAMILIE 1948
RÖMERSTEIN, 1934
RÖMERSTEIN, 1963
RÖMISCHES EHEPAAR, 1963

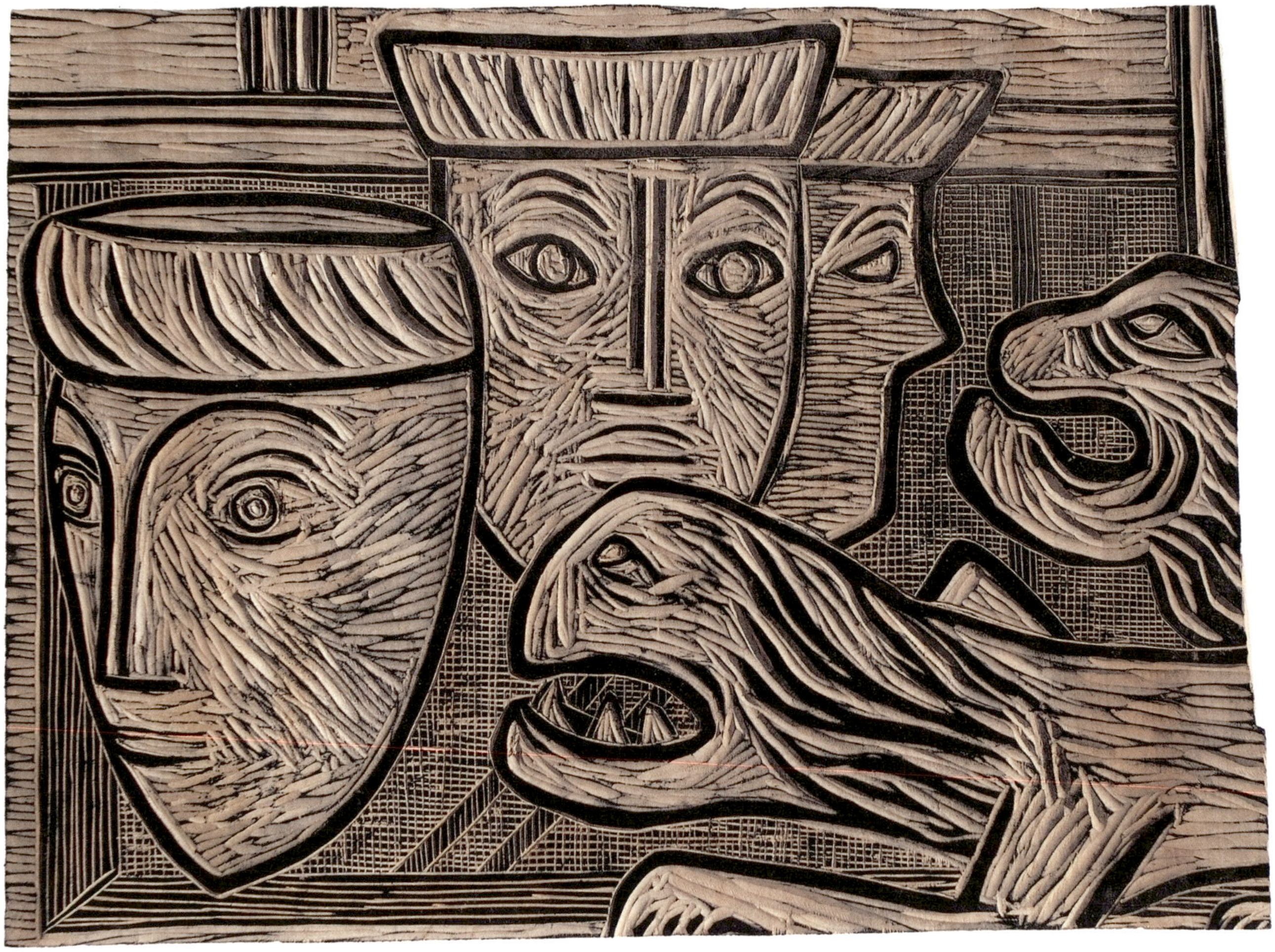

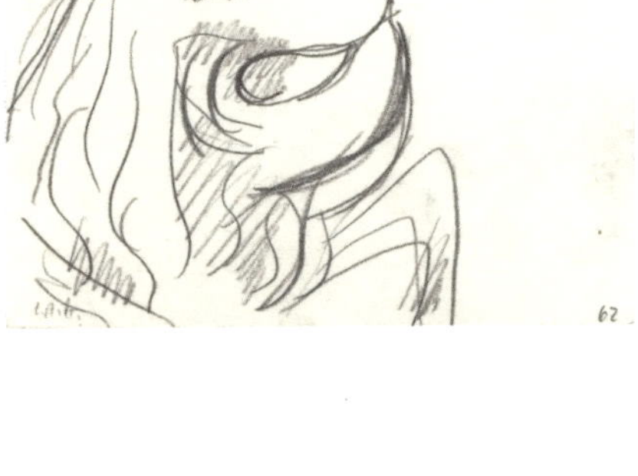

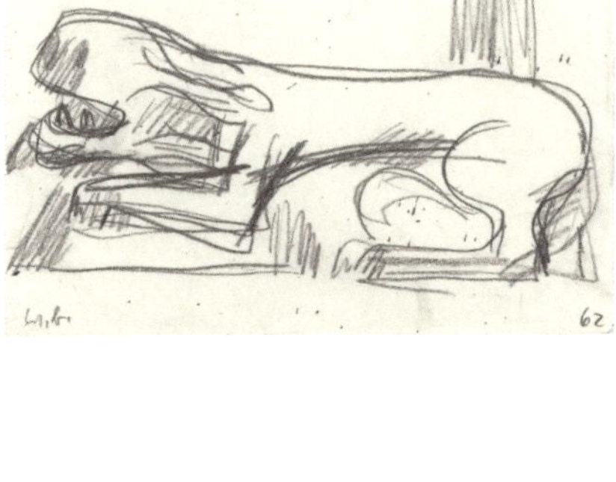

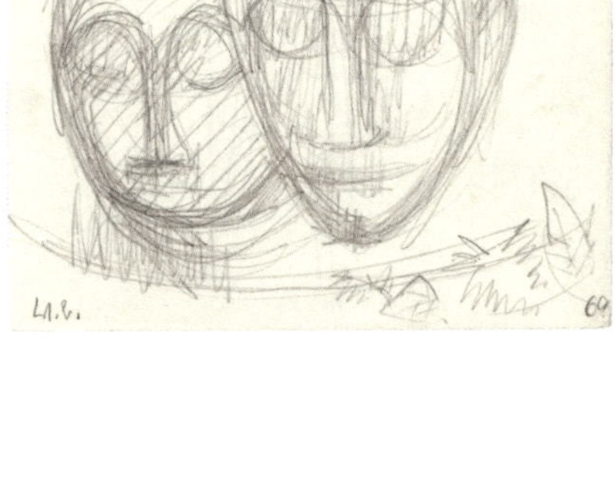

Steinerne Köpfe

Besonders faszinierten Werner Berg die vielen oft schwer datierbaren steinernen Zeugnisse vergangener Kulturepochen. Von manchen, damals den Kelten zugeschriebenen archaischen Kopfdarstellungen, weiß man heute, dass sie dem Mittelalter entstammen.
Dies trifft etwa bei dem von Berg oft gezeichneten spätgotischen Taufbecken am Hemmaberg oder seltsamen „Trutzköpfen“ zu.
Einzelne steinerne Löwen blieben bis heute als ehemals römische „Grabwächter“ erhalten, entstanden aber auch in der Renaissance als Torwächter in Klagenfurt. Die große Variation von Kopfdarstellungen früherer Zeiten paraphrasierte Berg in dem Holzschnitt „Belehrende Demonstration“ (S. 31). Hierbei stellte er gleichzeitig die verschiedenen Möglichkeiten linearen, schraffierenden und plastischen Gestaltens beim Schneiden dar.

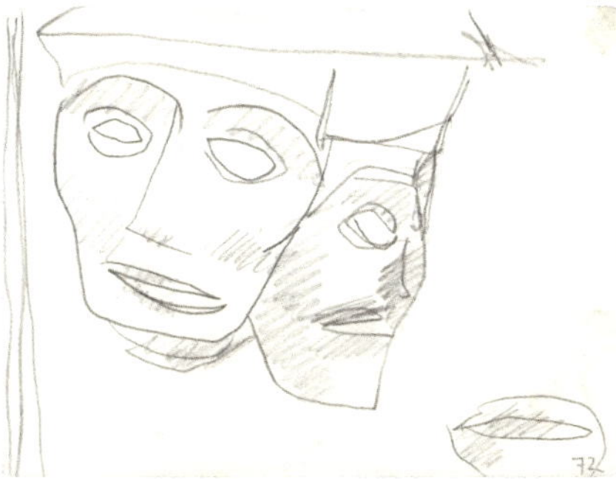

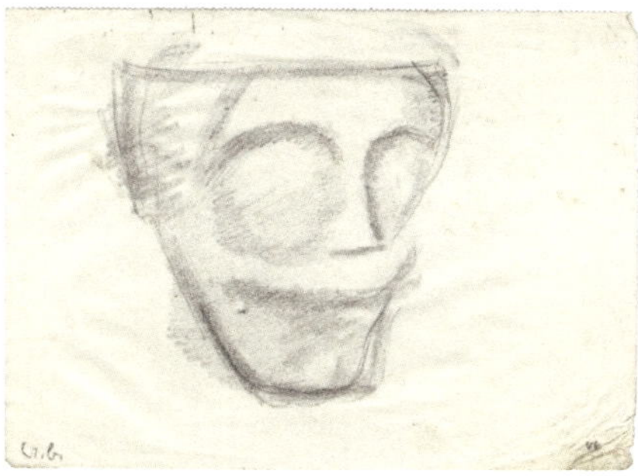

WERNER BERG
KELTISCH-RÖMISCHES, 1962
LÖWENKOPF, 1962
STEINERNER LÖWE, 1962
TAUFBECKEN HEMMABERG, 1969
STEINERNE KÖPFE, 1972
KOPF, 1947

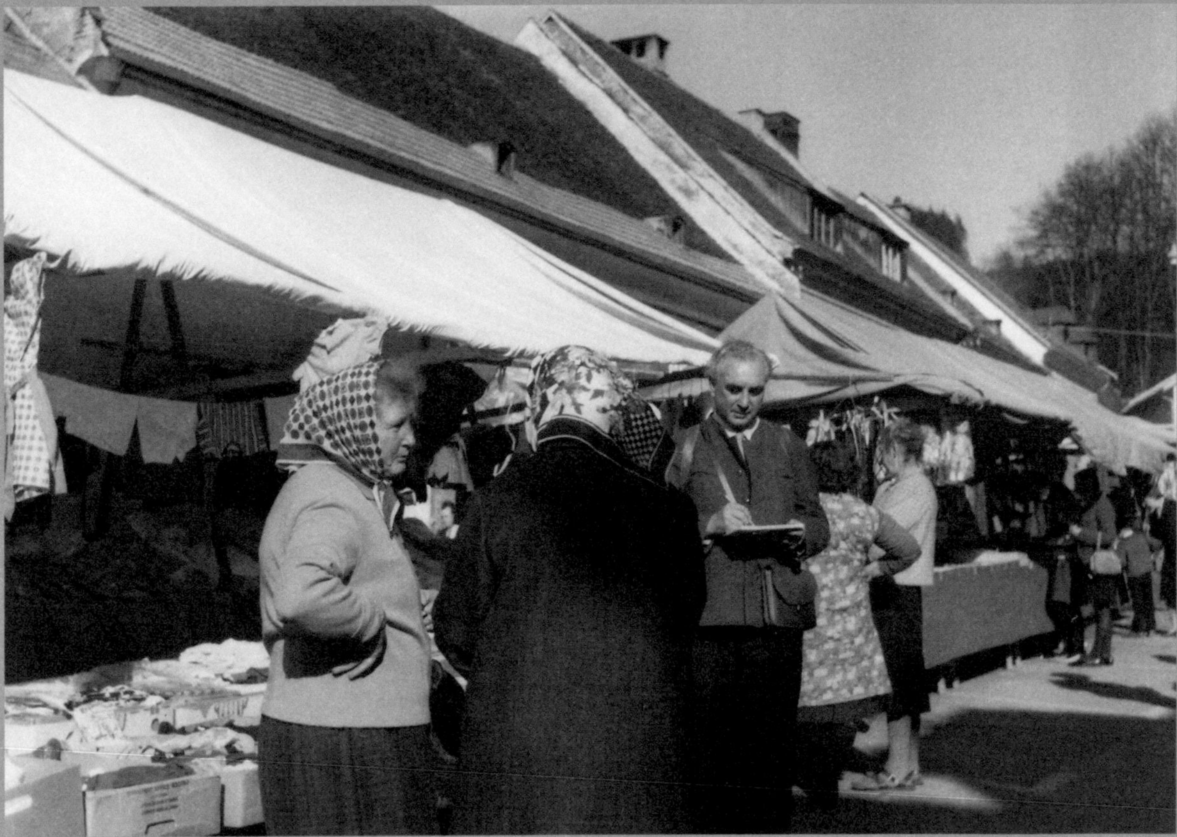

WERNER BERG SKIZZIERT AM MITTFASTENMARKT IN BLEIBURG, 1968

Meine erste Begegnung mit dem Maler Werner Berg ist im Nachhinein gesehen eine sehr lustige Geschichte, die ich niemals vergessen werde. Die Begegnung fand im Frühjahr 1960 im Warteraum von meinem Hausarzt Dr. Fritz Ottowitz statt. An diesem Tag war der Warteraum der Praxis am unteren Hauptplatz in Bleiburg wie immer auf den letzten Platz besetzt. In dem schmalen Warteraum, der Platz für ungefähr 10 Patienten bot, saßen die Frauen, wie zu dieser Zeit am Land üblich mit Kopftuch, oder wie wir dazu sagen „Odrca". Ganz unauffällig betrat ein Patient den Warteraum, der auf mich irgendwie besonders wirkte. Er stand ganz hinten im Raum bei der Eingangstür – hatte eine Tasche um und einen Block mit Bleistift in der Hand. Als dieser Mann den Warteraum betrat, fingen die anderen Wartenden mit vorgehaltener Hand an zu tuscheln. Aus dem Getuschel konnte ich vernehmen, dass es sich wohl um einen Maler vom Berg bei diesem Mann handelt. Diese Information passte sehr gut zu meiner nächsten Beobachtung, bei der dieser Maler vom Berg mit ein paar wenigen Strichen die wartenden Damen skizzierte, weswegen ich diese Information auch nicht hinterfragte. Später erfuhr ich dann, dass dieser Maler nicht vom Berg ist, sondern Werner Berg heißt und derjenige ist, der die Landfrauen mit Kopftuch zeichnet und sie somit damit porträtiert. In weiterer Folge sah ich Werner Berg noch öfter mit seinem Fahrrad an vielen verschiedenen Orten, an denen er weitere Skizzen anfertigte. Diese Begegnungen bleiben mir immer in schöner Erinnerung, doch die Erinnerung an die erste Begegnung bleibt für mich immer sehr besonders, da sie mir immer ein Schmunzeln aufs Gesicht zaubert.

Nun im Herbst meines Lebens, durfte ich auch den Enkel dieses Malers, Herrn Dr. Scheicher kennenlernen, dessen Bilder mich auf die gleiche Weise faszinieren, wie die seines Großvaters. Oft habe ich den Versuch unternommen, diese Skizzen, die in diesem Warteraum von Herrn Dr. Ottowitz entstanden, nachzumalen, was jedoch nie glückte, was mich zum Schluss brachte: „Jeder kann eben nicht Maler vom Berg werden."

Maria Vogl

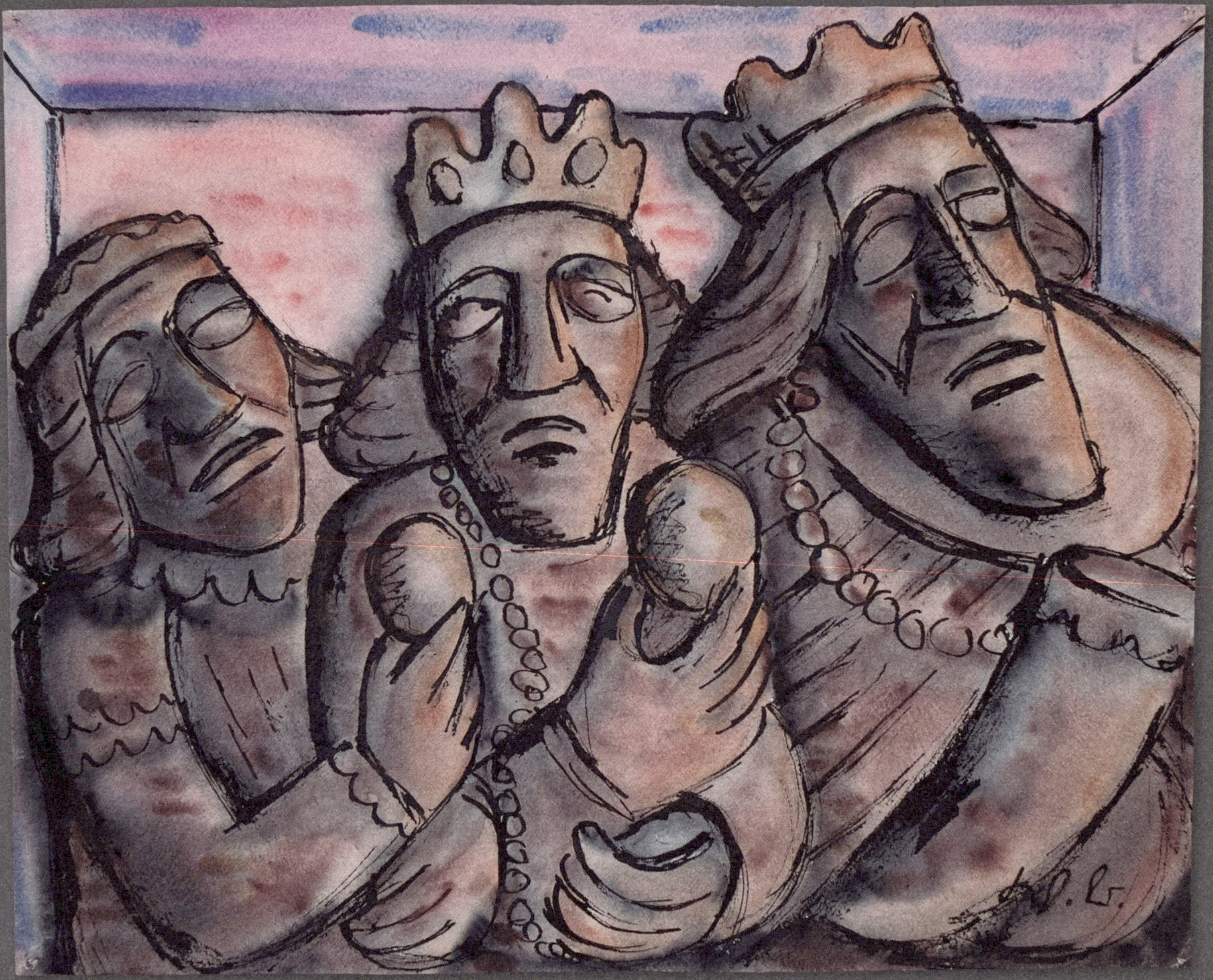

Könige, Köpfe, Figuren

Wie ein ethnographischer Feldforscher war Werner Berg jahrzehntelang unermüdlich im Land unterwegs. Dabei hielt er in vielen Skizzen fest, was die Menschen seiner neuen Umgebung an gelebtem Brauchtum und Kultur geschaffen hatten. Seine Skizzen zeigen, wie ihn sein Weg von den Kirchen und Dörfern Unterkärntens quer durch Kärnten bis ins Liesertal führte. Dabei unterschied er nicht zwischen „Hoch- und Volkskultur". Alles was lebendiger und authentischer Bestandteil des Jahreslaufes der Menschen war, zog sein Interesse an und fand Eingang in seine Bildwelt. Das einzelne Motiv wurde zunächst vor Ort im kleinen Skizzenblock festgehalten. Keineswegs ging es dem Künstler dabei um ein bloßes Notieren. Jede Skizze beinhaltet im Kern das mögliche fertige Bild. Kam dieses zur Ausführung, kann dieser Tatbestand unmittelbar nachverfolgt werden. Dies zeigt etwa das Aquarell von der spätromanischen Sandsteinplastik der Heiligen Drei Könige aus Stift Griffen.

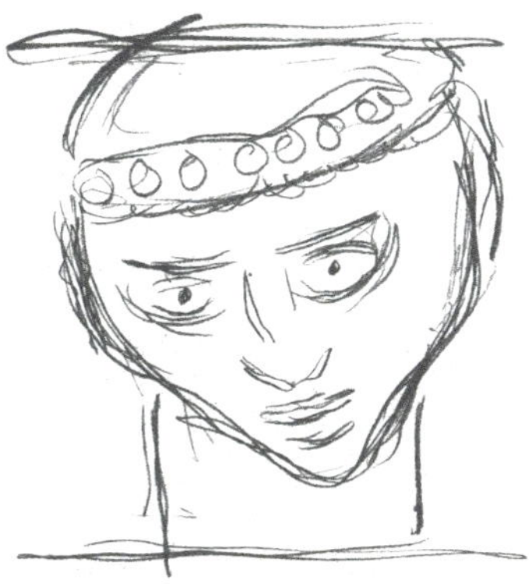

WERNER BERG
DIE HEILIGEN DREI KÖNIGE, 1948
KRYPTA, GURK, 1932

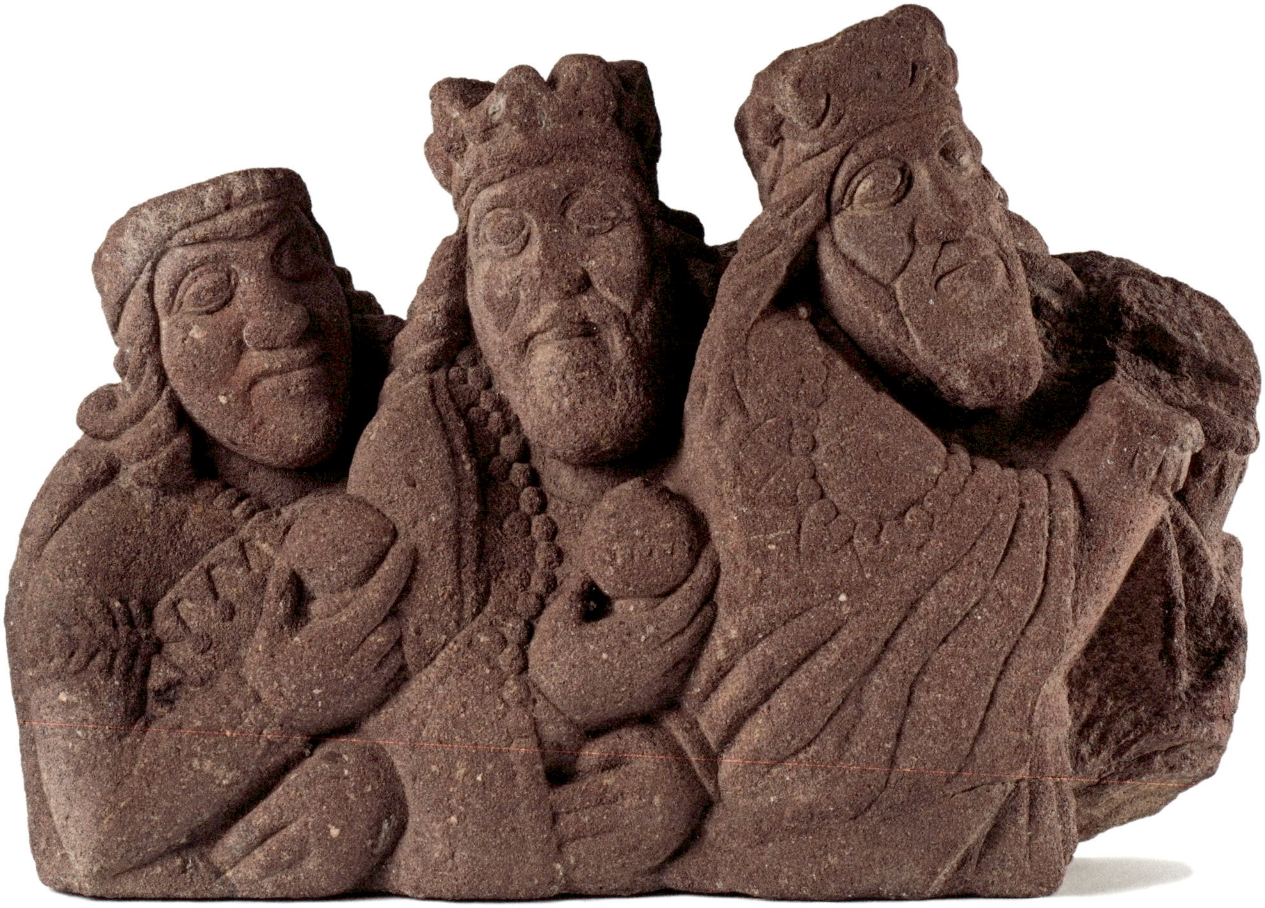

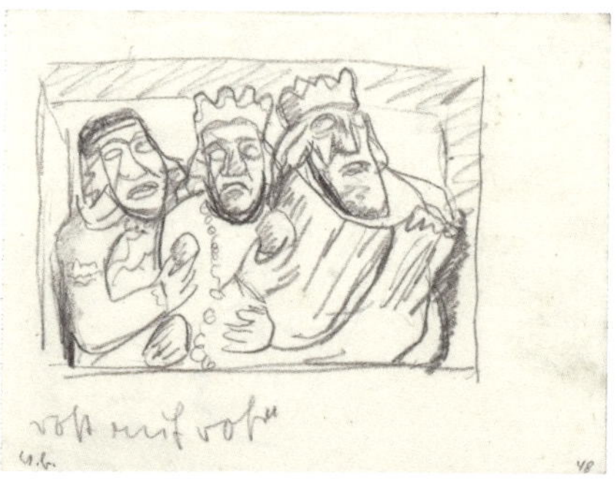

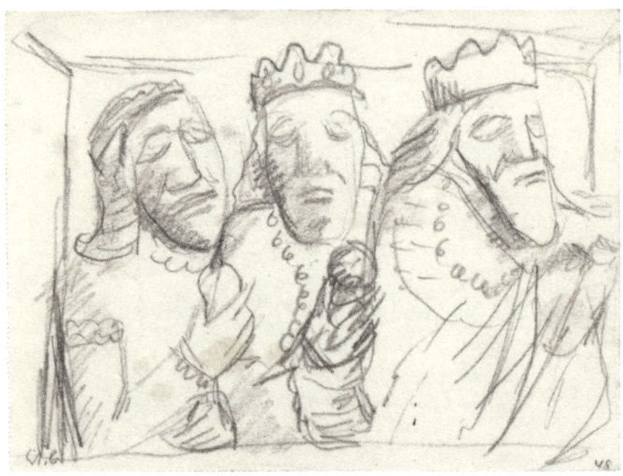

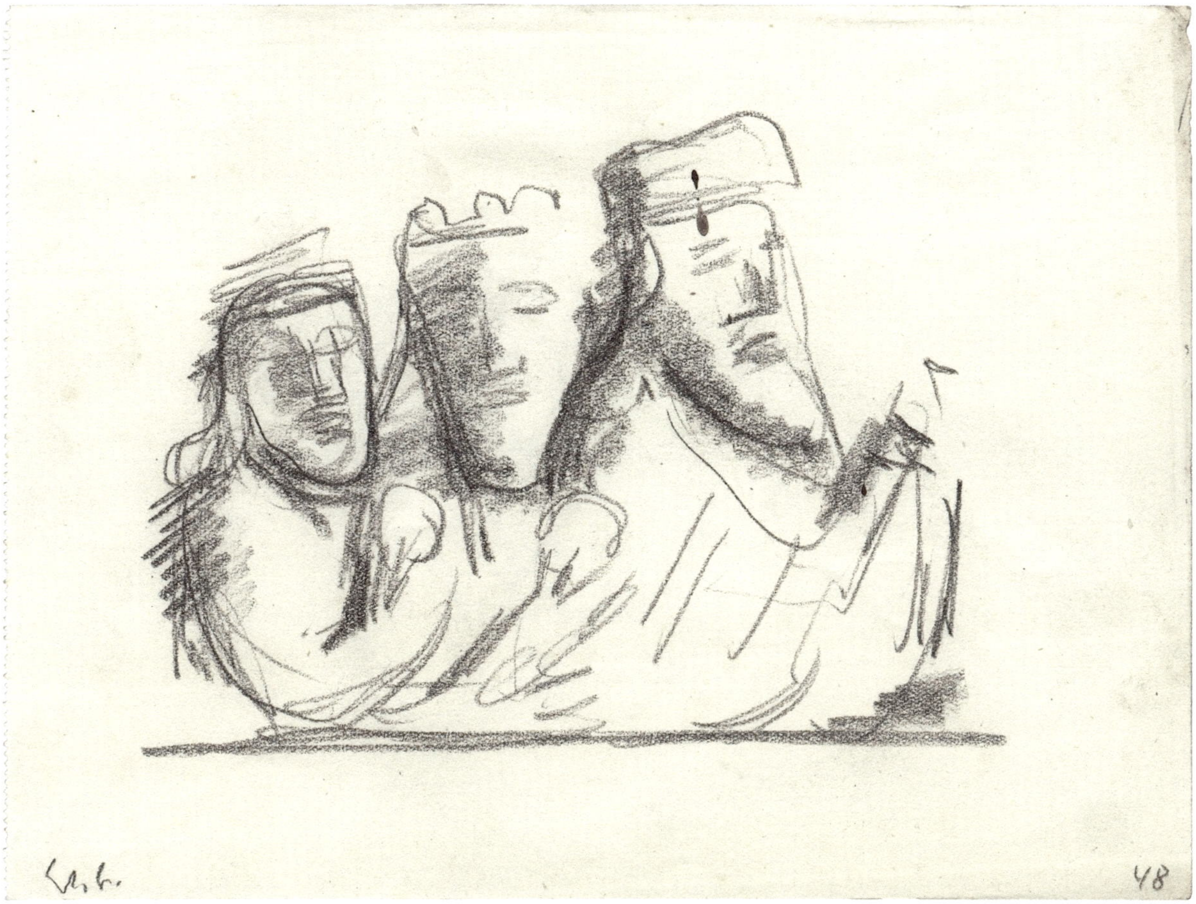

Die in der Ausstellung erstmals präsentierten Skizzen dokumentieren, welcher ungeheure Reichtum an möglichen Bildkompositionen dem Künstler vorschwebte. Oft bedauert man nachträglich, dass so manche Skizze nicht zu einem konkreten Ölbild oder Holzschnitt führte.

DIE HEILIGEN DREI KÖNIGE
um 1270, Pfarramt Stift Griffen

WERNER BERG
DIE HEILIGEN DREI KÖNIGE, 3 Skizzen, 1948

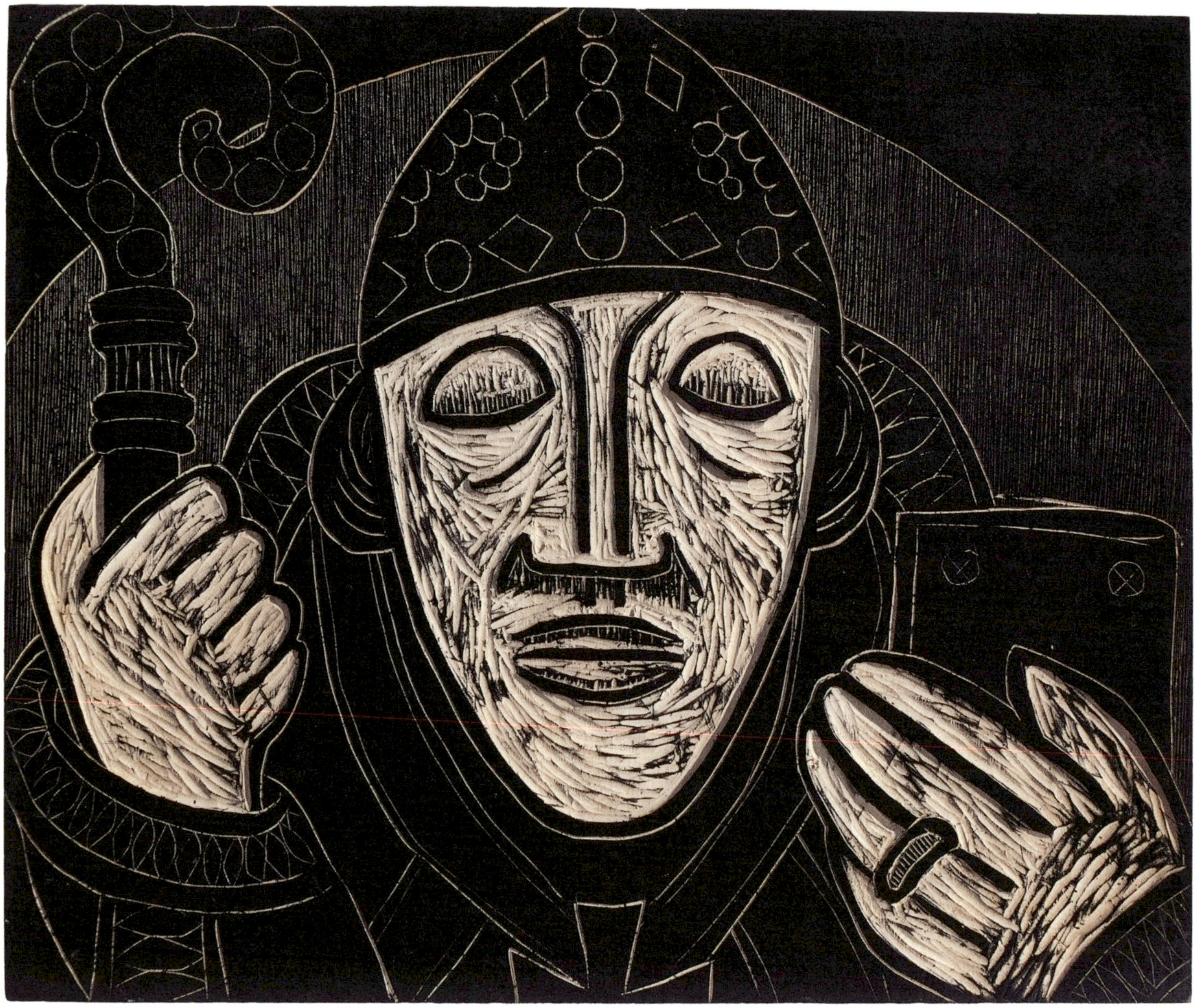

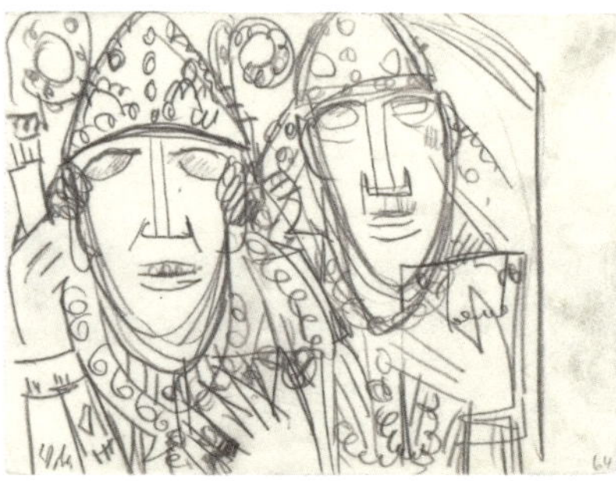

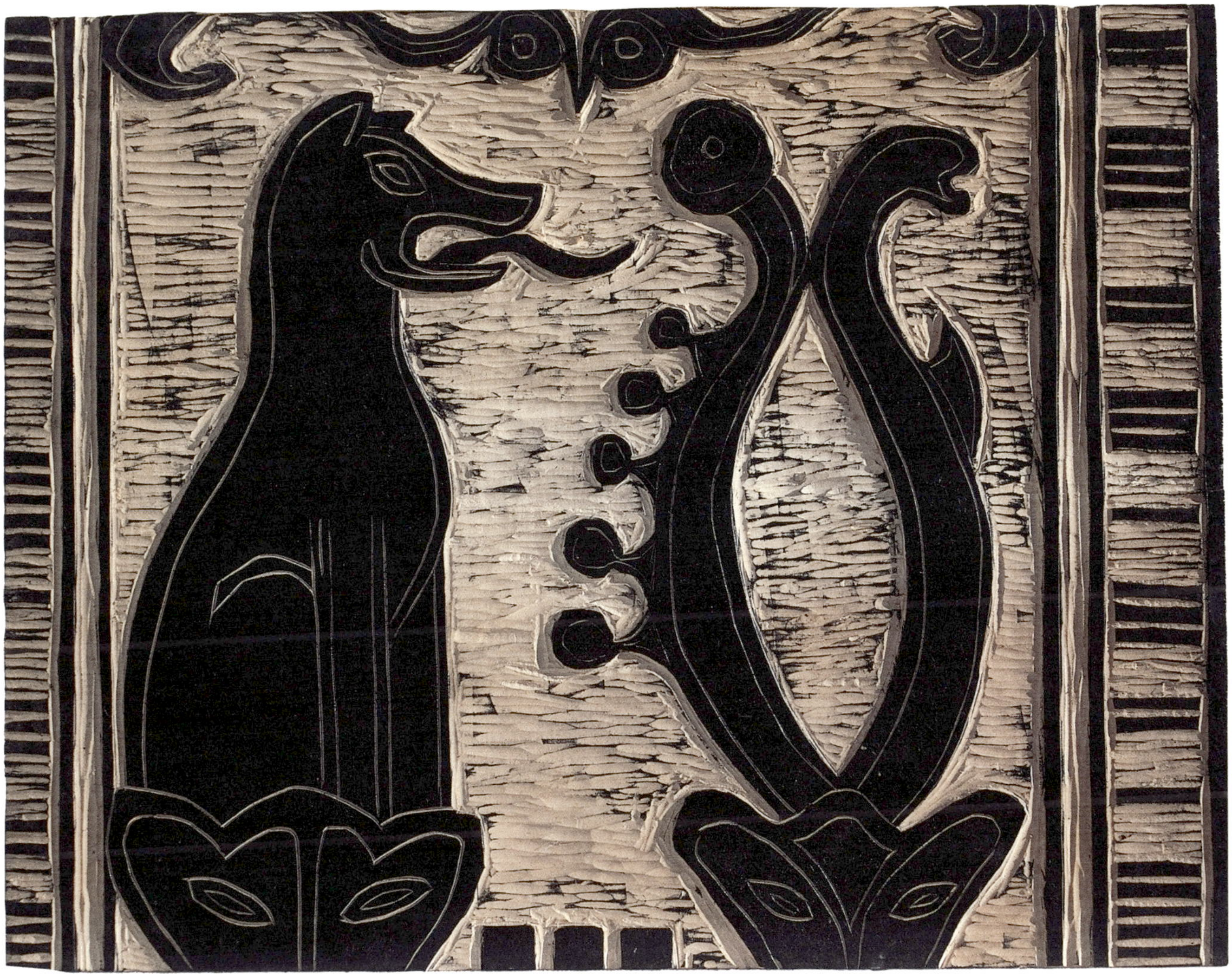

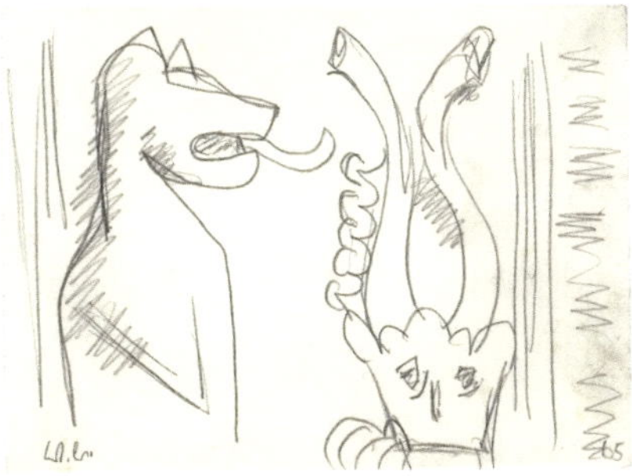

WERNER BERG
STEINERNER ABT, 1980
STEINERNE ÄBTE, 1964
EMBLEM, 1980
EMBLEM, 1965

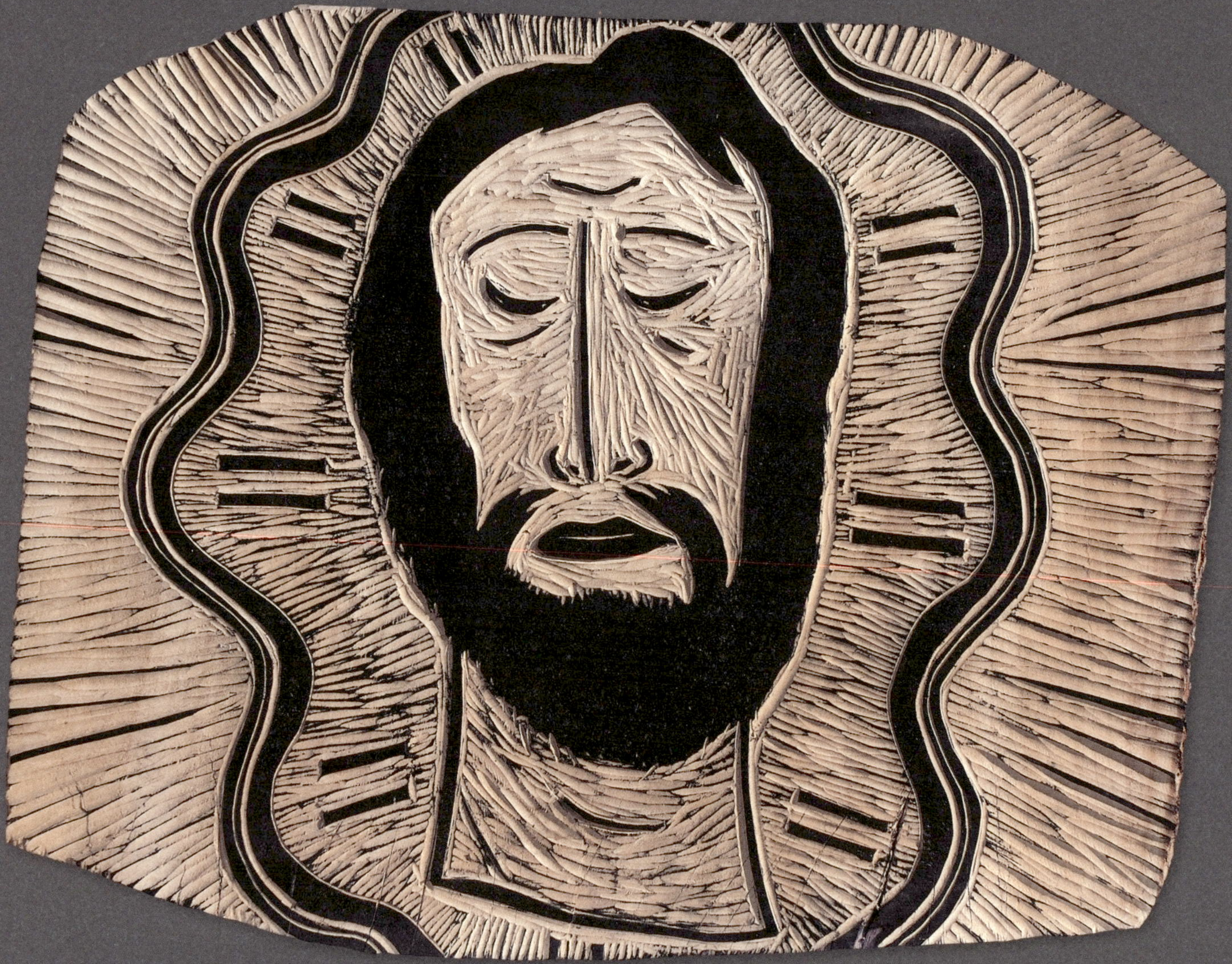

Johanneshäupter

In vielen Kärntner Kirchen hat man bis vor wenigen Jahrzehnten noch sogenannte „Johannishäupter“ verehrt. Das in einer Schüssel dargebotene abgeschnittene Haupt Johannes des Täufers wurde von den Gläubigen unter anderem zur Hilfe bei heftigen Kopfschmerzen angebetet. Ein Johannishaupt-Aquarell aus dem Jahre 1932 betont besonders die blutrünstige Drastik der Darstellung (S. 47). Der Holzschnitt von 1962 zeigt dagegen das verklärte Haupt im Strahlenkranz. Exemplarisch ist in der Schau ein wertvolles Exemplar einer Johannesschüssel aus dem 14. Jahrhundert als Leihgabe aus dem Bezirksheimatmuseum Völkermarkt ausgestellt.

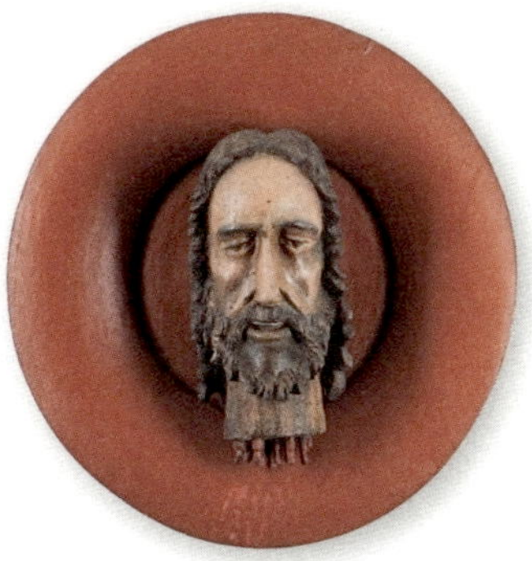

WERNER BERG
DAS HAUPT DES JOHANNES, 1962

JOHANNESSCHÜSSEL
um 1400, Bezirksheimatmuseum Völkermarkt

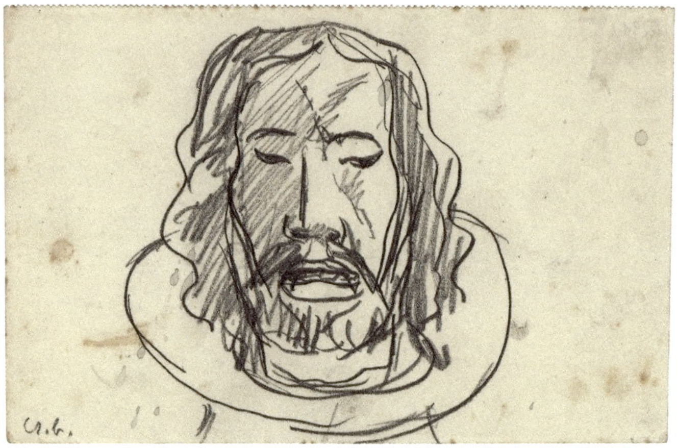

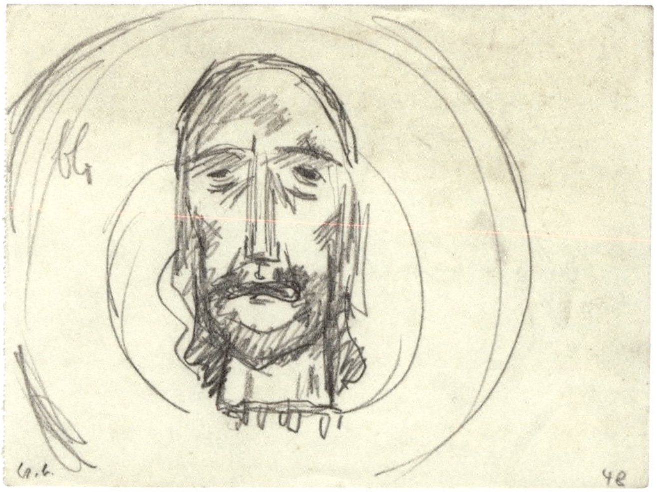

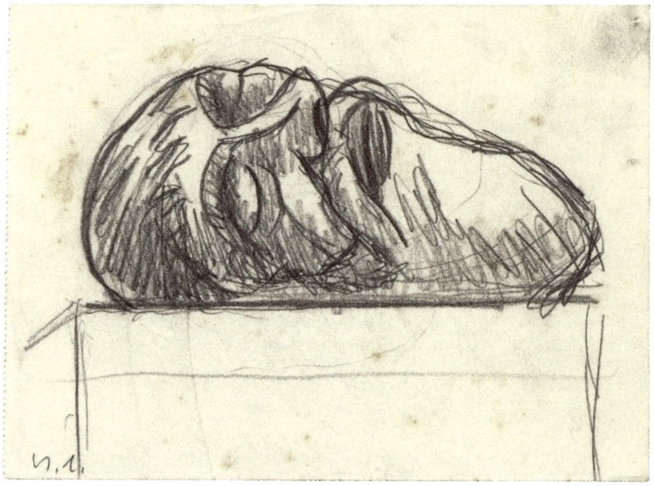

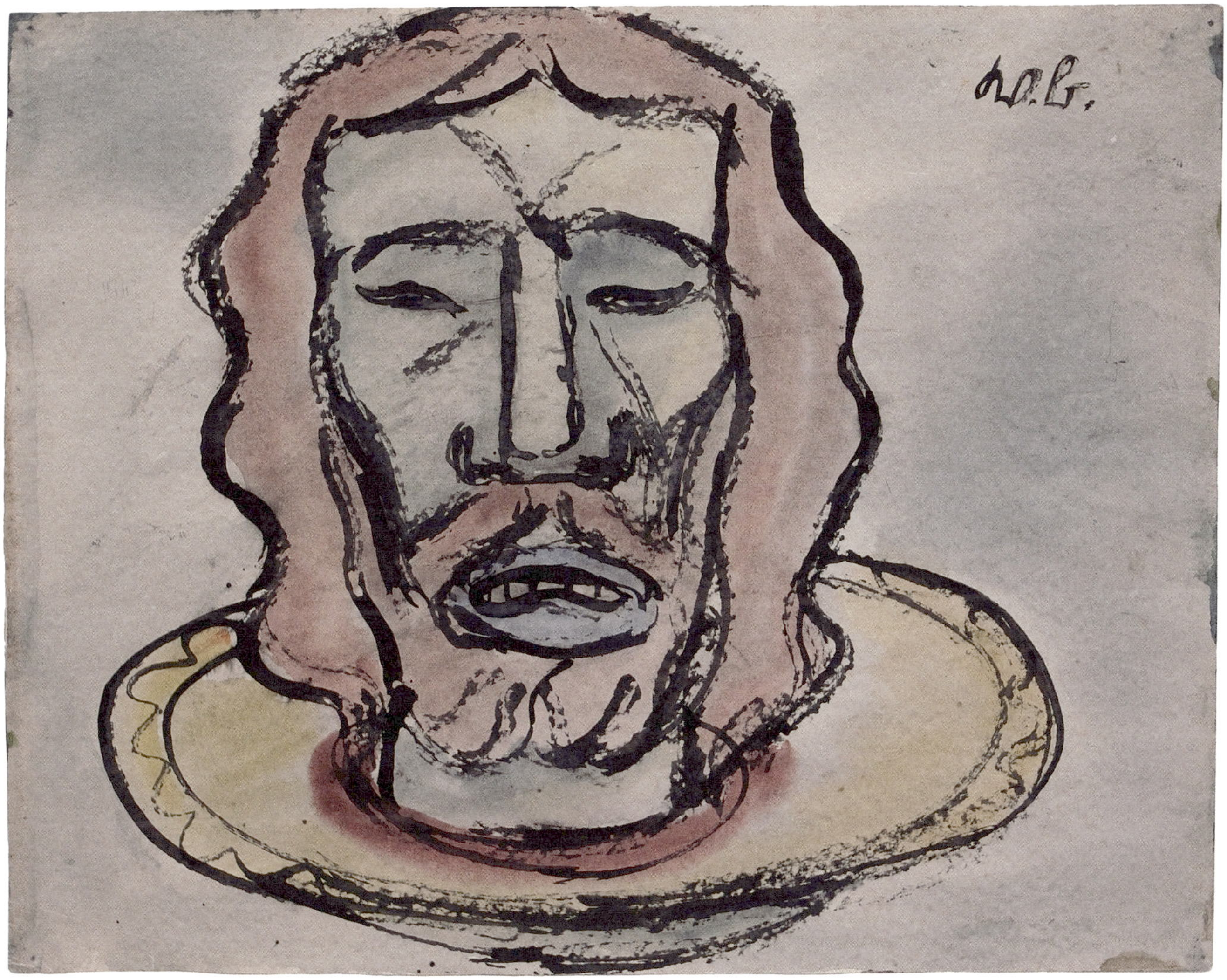

WERNER BERG
DAS HAUPT DES JOHANNES, 3 Skizzen, 1932 - 1948
DAS HAUPT DES JOHANNES, 1932

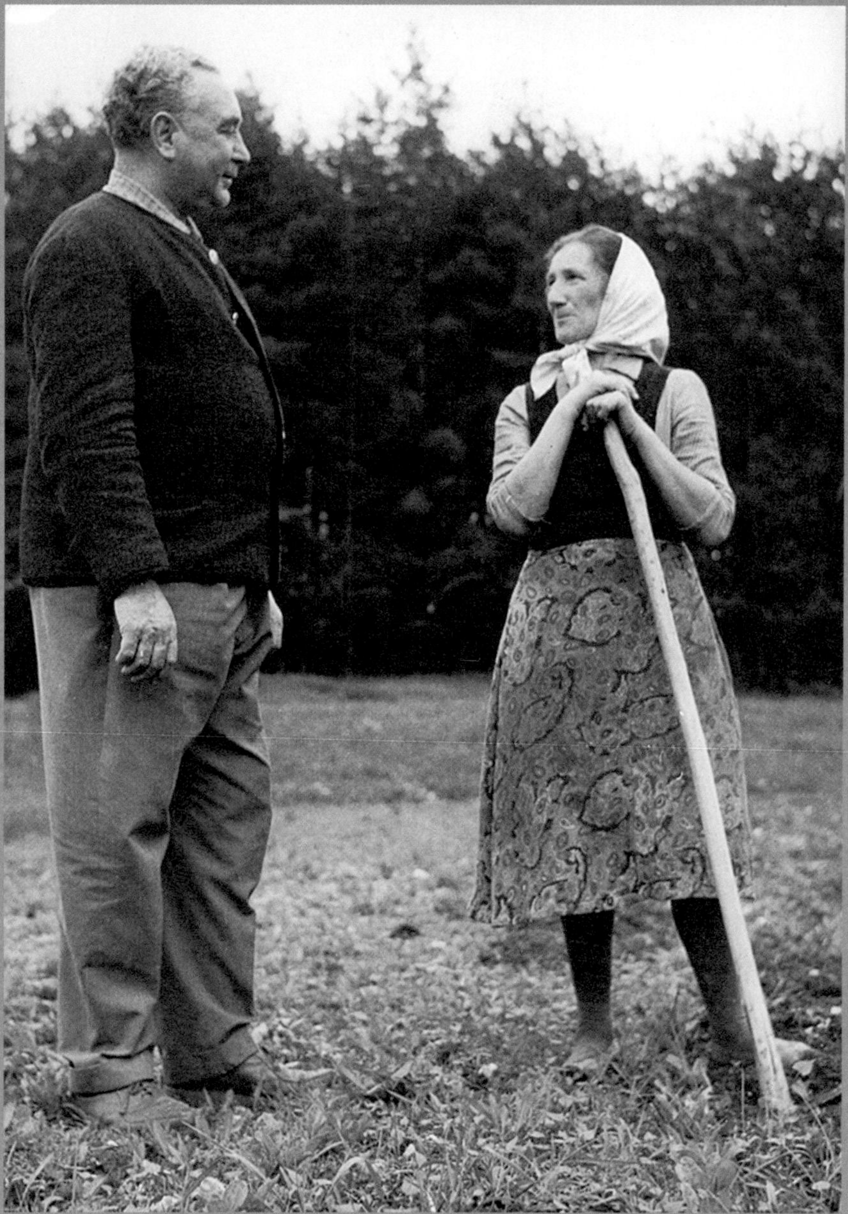

WERNER BERG IM GESPRÄCH MIT DER NACHBARIN, ca. 1972

Das Foto von Professor Berg mit meiner Mutter hat mich so berührt, dass ich den Mut fand ein paar Zeilen zu schreiben. Immer wieder denke ich voller Dankbarkeit, dass ich Herrn Berg und seine liebe Frau Berg, wie wir sie immer nannten, von Kindheit an kennen durfte und als Kleinbauernkind immer wieder so liebevoll aufgenommen wurde. Es waren so viele schöne Begegnungen, die mir heute noch in Erinnerung sind. Sie alle hier niederzuschreiben ist leider nicht möglich. Eine Begegnung ist mir aber besonders in Erinnerung geblieben. Als ich, ein zehnjähriges Mädchen, an einem Jännertag 1955 von der Schule nach Hause kam, saß meine Familie mit gedrückter Stimmung um den Tisch in der Stube. Sie hatten gebetet. Meine Mutter sagte, „Herrn Berg mussten sie ins Spital bringen." Konkretes wusste niemand, oder man wollte es mir nicht sagen. Ich wollte gleich zum Rutarhof laufen, es wurde mir aber verboten. In den nächsten Tagen wurde immer wieder von Herrn Berg gesprochen und ich hatte eine große Angst, dass der Herr Professor nicht mehr gesund werden würde. Nach einigen Tagen kam endlich die erleichternde Nachricht, dass es ihm besser ginge. Auf dem Schulweg schaute ich jeden Tag zum Atelier hinauf. Es war alles ruhig. Für mich war der Rutarhof traurig und still. Als ich eines Tages, es war schon Frühling geworden, wieder zum Atelier hinauf blickte, stand Professor Berg am Balkon und winkte mir zu. Die Freude, die mich in diesem Moment überkam kann ich nicht in Worte fassen. Ich hüpfte die steile Halde hinunter bis in das Dorf und schrie immer wieder laut „Gospod so opet doma, gospod so opet doma". (so nannten wir Herrn Berg). Heute tut es mir leid, dass ich meinem Gospod die Freude nicht gezeigt habe, ich habe sie einfach in die Welt hinausgeschrien.

Margarethe Lackner

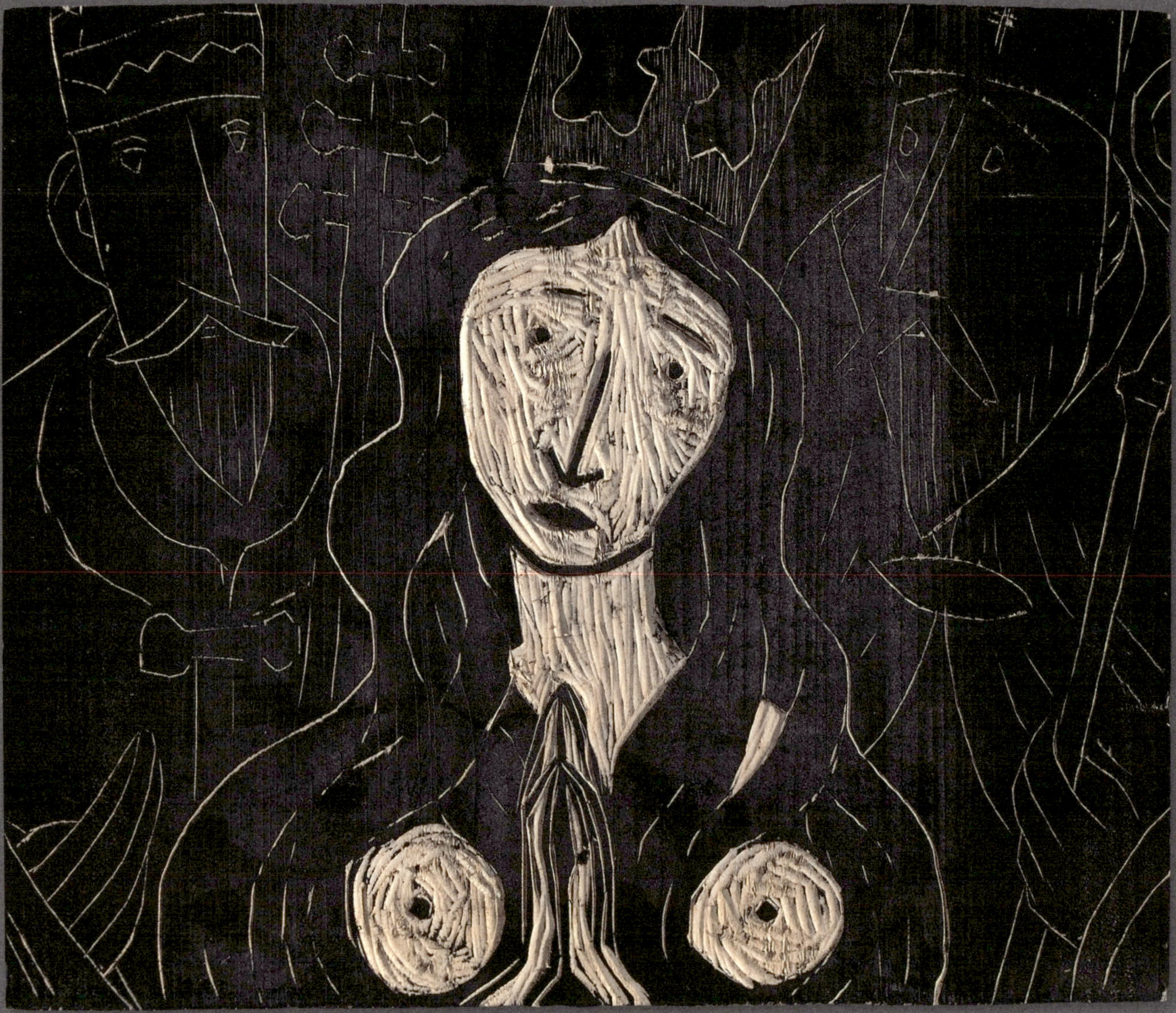

St. Maria Aegyptiaca

Die frühbarocke Skulptur der St. Maria Aegyptiaca wurde zu bestimmten Feiertagen am Hemmaberg auf den Altar gestellt. Die Geschichte der Heiligen hatte schon Emil Nolde zu einem großartigen Triptychon inspiriert: Maria aus Ägypten hatte als Prostituierte im Hafen von Alexandria ein ausschweifendes Leben geführt, bevor sie vor der Grabeskirche in Jerusalem eine Marienerscheinung hatte und bekehrt wurde. Danach lebte sie als fromme Einsiedlerin nur mit ihren Haaren bekleidet in der Wüste, wo sie starb und vom Mönch Zosimus mithilfe eines Löwen begraben wurde.

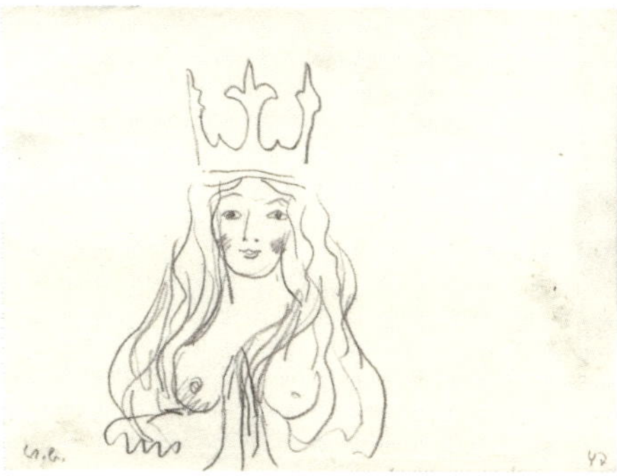

WERNER BERG
ST. MARIA AEGYPTIACA, 1959
ST. MARIA AEGYPTIACA, 1947

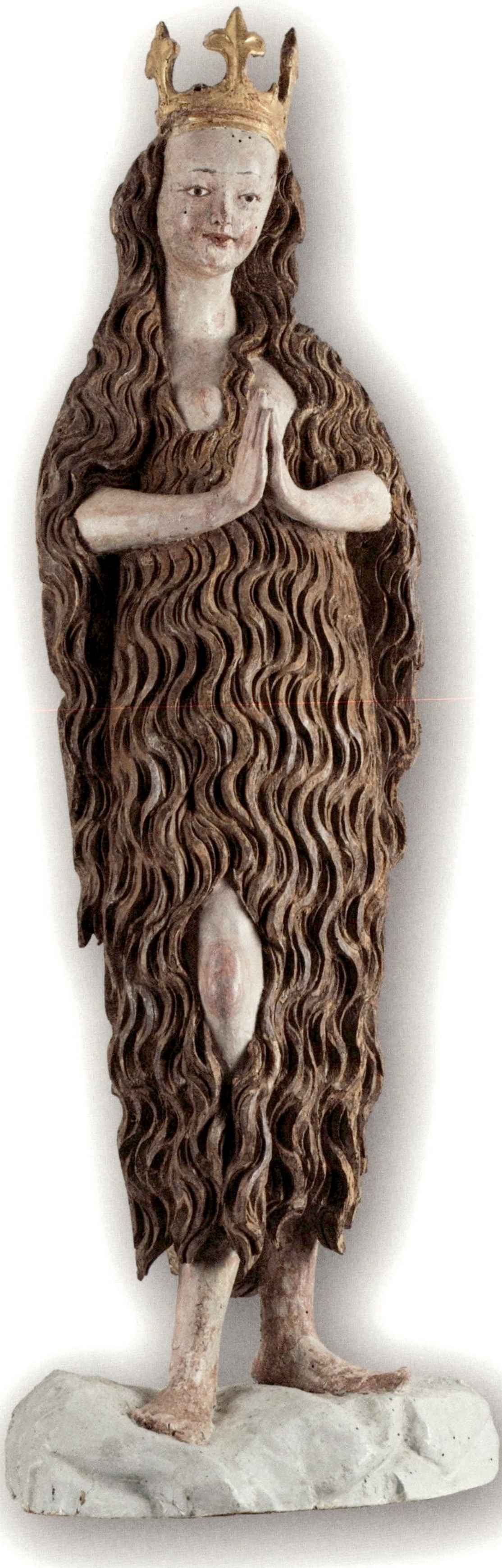

In der Volksfrömmigkeit verschmolz ihre Erscheinung mit entblößtem Knie und Brüsten mit der Maria Magdalenas und regte zu durchaus erotischen Gedanken an:

„Maria Magdalena	„Maria Magdalena,
Pokaži mi kolena	zeige mir Dein Knie,
Če hočeš moja bit	wenn Du die meine sein willst,
Pokaži mi še rit“	zeig mir auch Deinen Arsch“

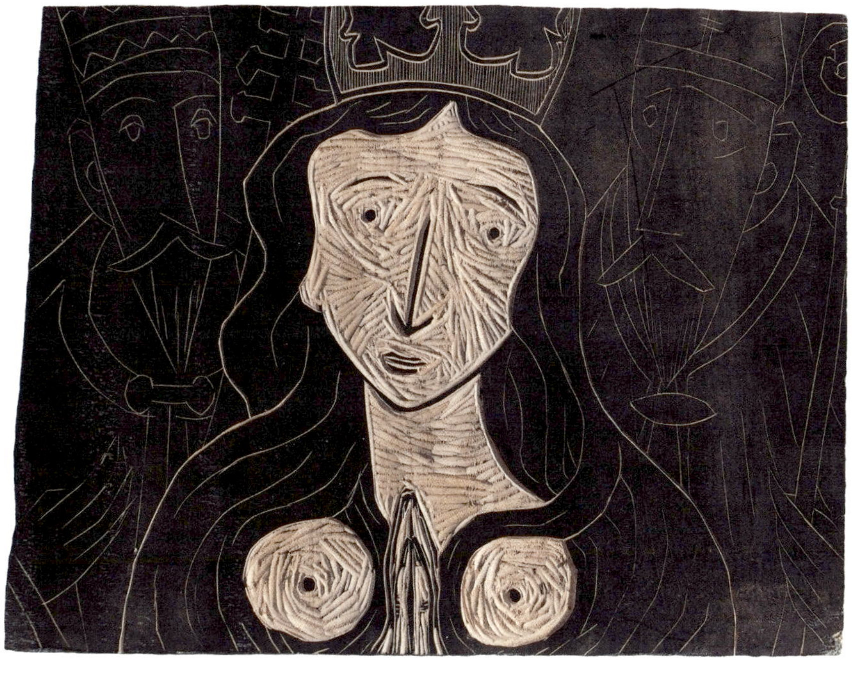

ST. MARIA AEGYPTIACA
um 1650, Pfarramt Globasnitz/Globasnica

WERNER BERG
ST. MARIA AEGYPTIACA, 1959

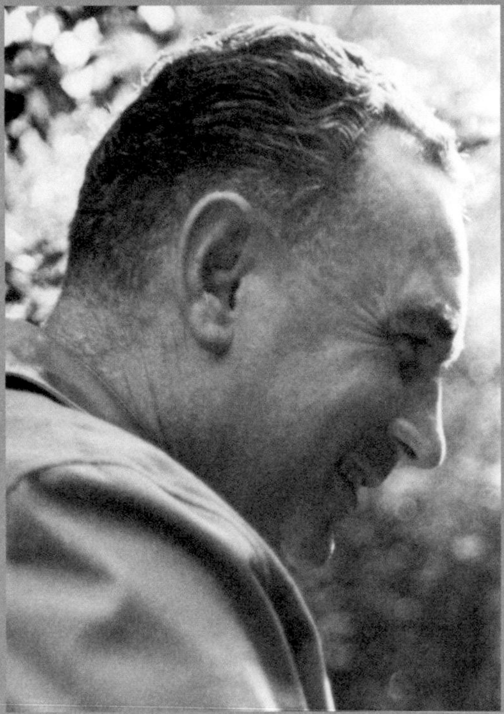

WERNER BERG um 1954

Ich habe keine Ahnung, wie alt ich gewesen bin, als ich das erste Mal ein ein Werk von Werner Berg wahrnahm. Gewiss war ich noch ein junges Mädchen. Ich erinnere mich, ein Kalenderbild mit einer „Kopftuchfrau" in meinem Zimmer mit Tixo an die Türe geklebt zu haben. Irgendeinmal war meinem Vater das Bild aufgefallen – er besah es sich und sagte: „Ah, das ist von diesem Berg – der war einmal bei uns zu Hause, als ich ein kleiner Bub war…" Und so habe ich ihn des Öfteren über diese Begegnung ausgefragt… Ein kleiner Bub war mein Vater – damals – Werner Berg ein junger Mann – meine Großmutter dürfte etwas älter gewesen sein als Berg – damals – in einer Laube vor dem Haus – (in Dolintschach/Gemeinde Gallizien) – und Herbst muss es gewesen sein – denn die Weintrauben waren reif – das weiß mein Vater genau, denn meine Großmutter hatte dem Herrn Berg Weintrauben eingepackt – für daheim – und ein Stamperl haben sie getrunken – noch nie vorher sah mein Vater seine Mutter ein Stamperl trinken – und gesessen sei sie bei dem jungen Mann, wofür sie doch sonst nie Zeit hatte – und viel geredet habe sie in deutscher Sprache, wo sie doch sonst nur Slowenisch redete und nicht so gesprächig war... Was die Beiden geredet haben, weiß mein Vater nicht mehr – er weiß aber noch sehr gut, dass seine Mutter ein „anderes Gesicht" hatte – seine eigene Mutter kam ihm fremd vor und ihn beschlich ein nie gekanntes Gefühl – und er wollte, dass der Mann wegging und seine Mutter sollte wieder so sein wie immer – aber der junge Mann ging nicht weg – er begann zu zeichnen – es dauerte eine Weile bis der kleine Bub begriff, dass der Fremde seine Mutter zeichnete – äußerst faszinierend, befremdlich war das alles – einst in der Laube – es war anders als der Alltag – eine Zeichnung wurde hin und her geschoben – die junge Frau zeigte sich verlegen, etwas erbost und doch wieder geschmeichelt – damals in der Laube – (wo heute ein Swimming Pool steht). Natürlich konnte mein Vater die beklemmenden Gefühle von Eifersucht und die Urangst um seine Mutter erst später deuten. Öfters habe ich meinen Vater gefragt, ob sich der Besuch Werner Bergs auf dem Hof wiederholt habe – aber immer bekam ich die gleiche Antwort: „Nein, ich erinnere mich nur an dieses eine Mal." Die brennendste Frage aber ist – wo ist diese Skizze beziehungsweise die Zeichnung, die auf dem Tisch hin und hergeschoben wurde, geblieben? Aber leider weiß mein Vater auf die Frage keine Antwort. Hat sie der Künstler mitgenommen? Ging sie verloren? Oder hat sie meine Großmutter (vielleicht versteckt) aufbewahrt? Lange habe ich nach dem Gesicht meiner Großmutter in den Bildern Werner Bergs gesucht – es gab Zeiten, da habe ich sie in jeder gemalten Bauersfrau gesehen – aber mit Wehmut musste ich hinnehmen, dass ich sie nirgendwo wirklich entdeckte.

Monika Slanovc

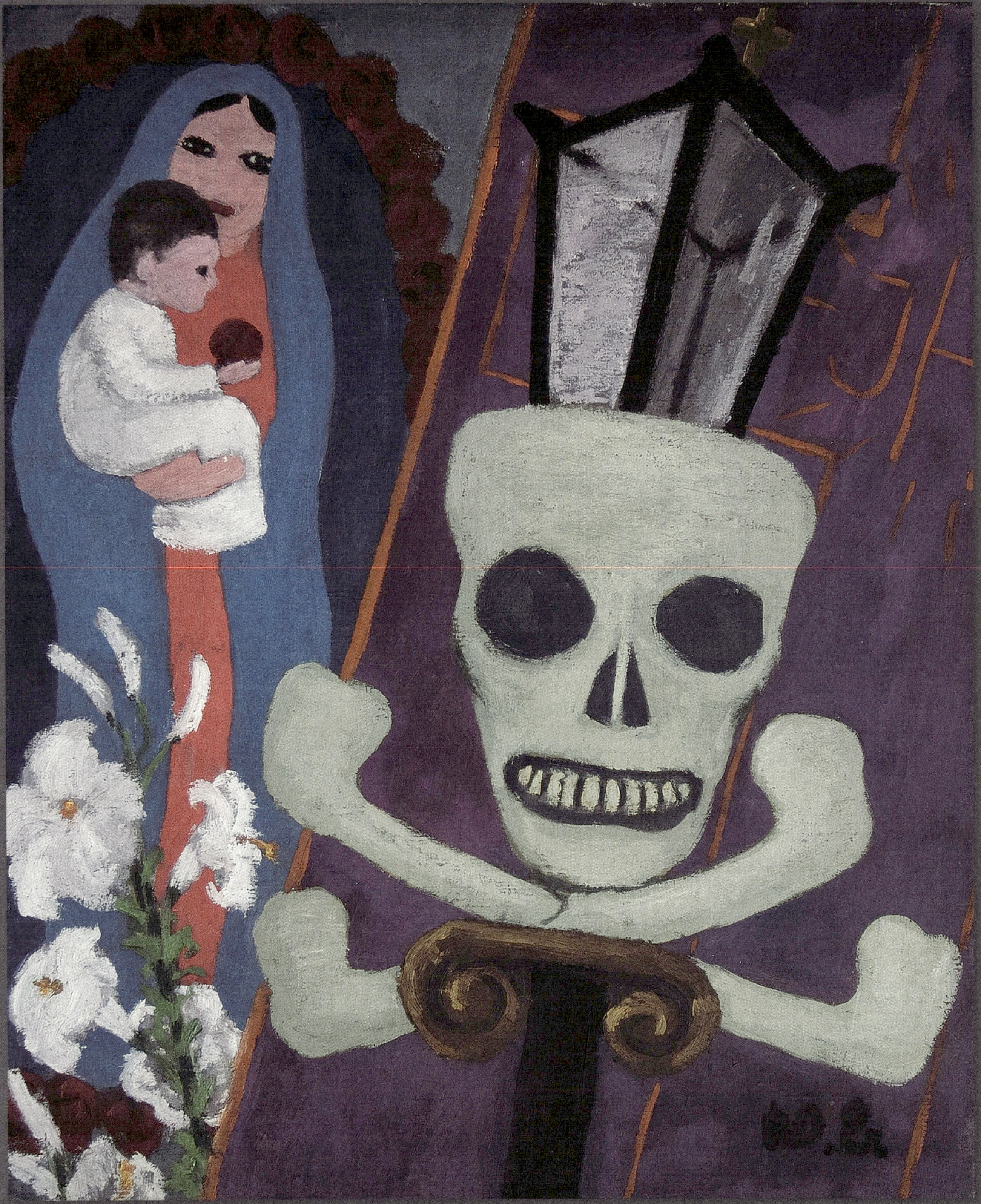

Kirchendekor

Immer wieder zeichnete Werner Berg die Innenausstattung der Dorfkirchen. Doch viele der von ihm gern aufgesuchten Orte wurden mit der Zeit immer mehr überlaufen und aus den bäuerlich geprägten Kirchtagen wurden touristisch und kommerziell ausgerichtete Brauchtumsveranstaltungen. Nur selten blieb der ursprüngliche Charakter dieser Feste erhalten. In der Filialkirche St. Luzia bei Bleiburg hat man den Kirchtag in seiner authentischen Form lange beibehalten. Oft bezeichnete Werner Berg diese kleine Filialkirche als seinen „Gnadenort". Die dort beim Kircheneingang dargestellte Hl. Luzia zeigt ein Ölbild aus dem Spätwerk des Künstlers (S. 73). Bereits 1932/33 entstand eine erste Gruppe von „Kirchenstillleben". Diese räumten den Hervorbringungen der Volkskunst einen ähnlich bedeutsamen Platz ein, wie Emil Nolde den Figuren Neuguineas in seinen Stillleben gewährte (S. 100/108/111).

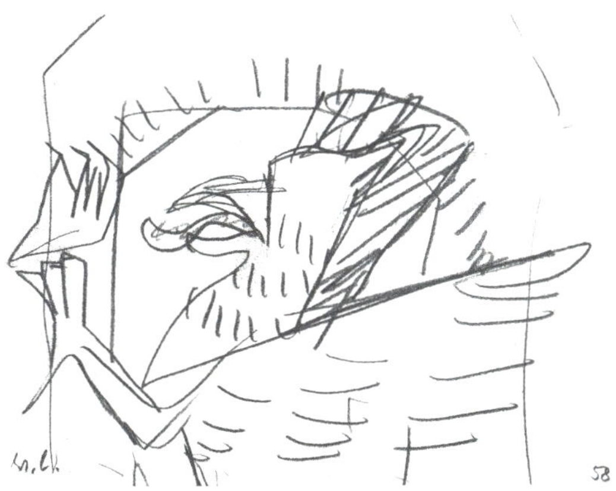

WERNER BERG
KATHOLISCHES STILLLEBEN, 1933
GREIFVOGELMOTIV, 1958

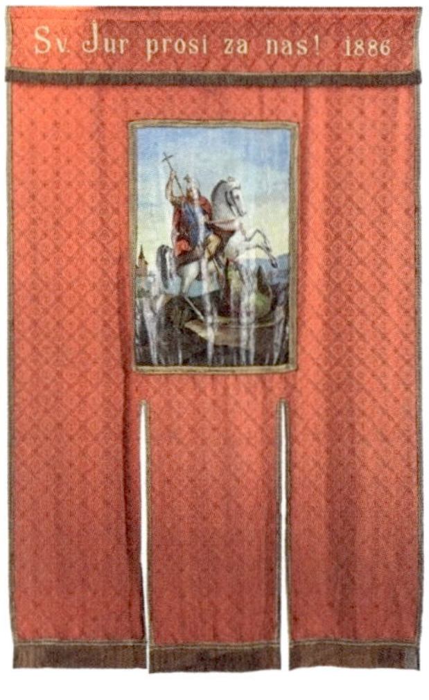

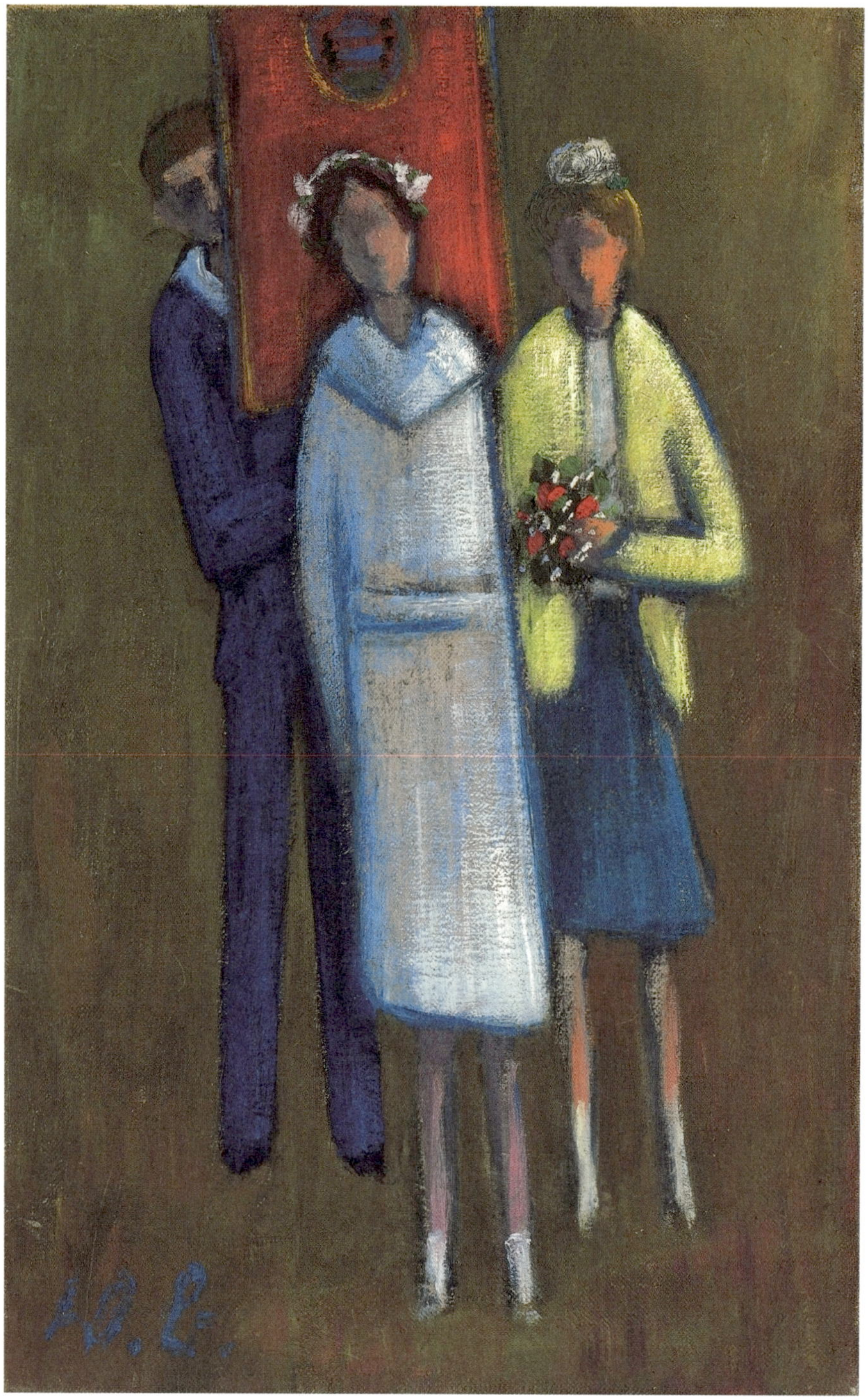

KIRCHENFAHNE, 1886

WERNER BERG
KINDER MIT KIRCHENFAHNE, 1977
DESTRUCTIO, 1956

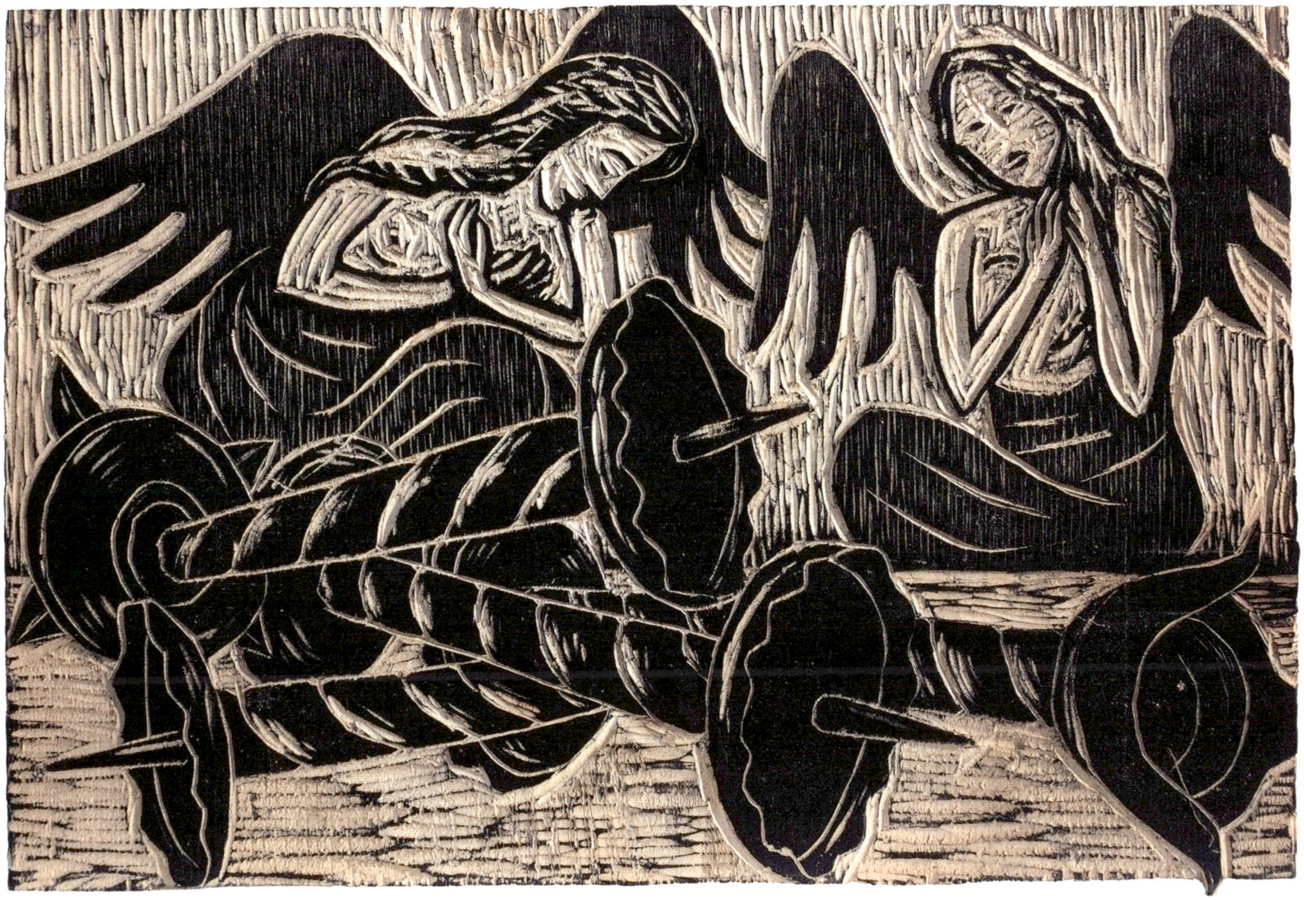

Wie Nolde wollte Berg so zu fundamental ursprünglichen Kunstäußerungen vordringen. Gleich den Künstlern der späteren Pop-Art verwendete er jedoch bewusst einfache Zeugnisse der Trivialkultur, um seinen Werken signalhafte Strahlkraft zu verleihen. In seinen letzten Lebensjahren nahm Werner Berg das Thema der „Kirchenstillleben“ in einer eigenen Werkreihe nochmals auf (S. 73/76/90/95/120).

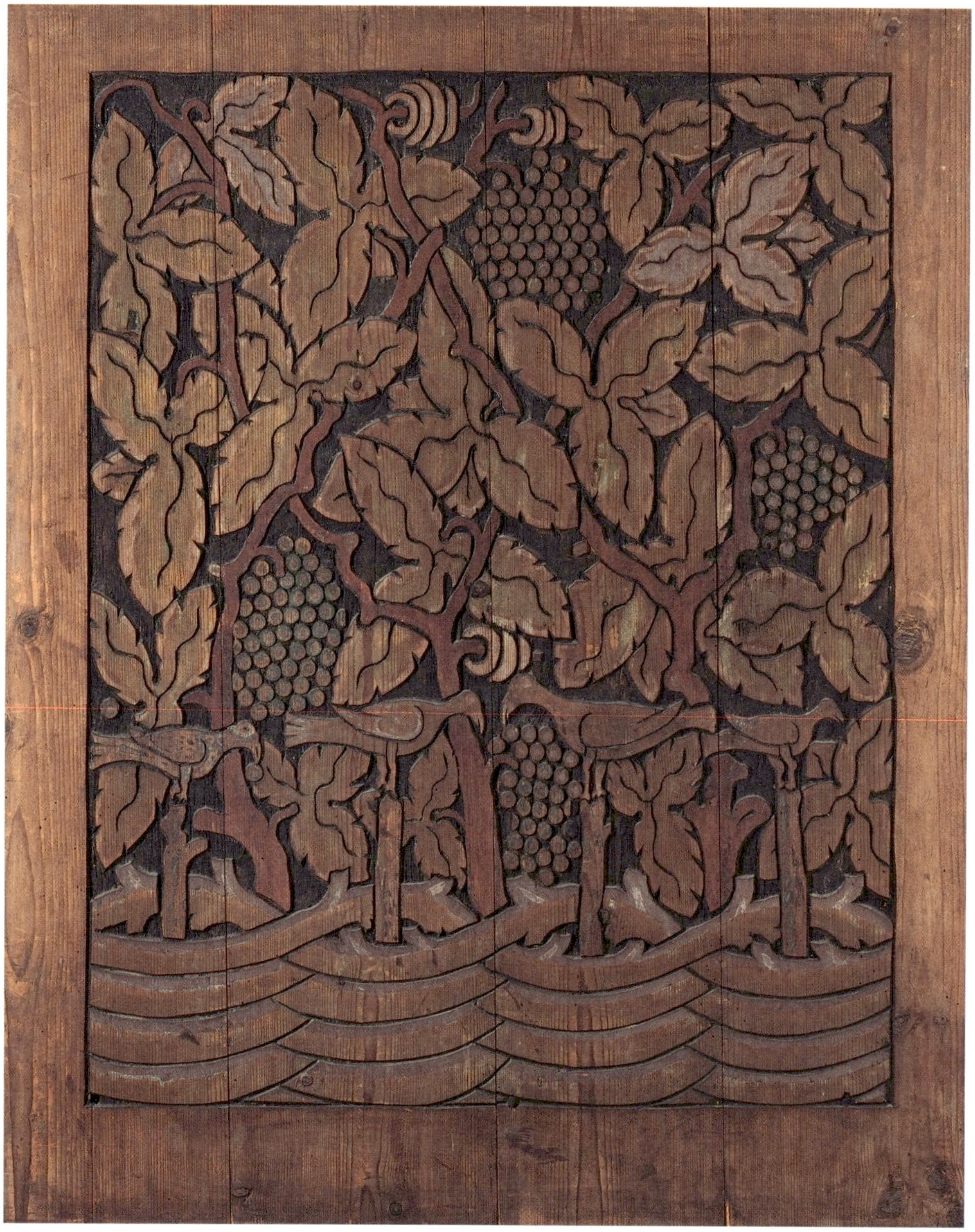

IM WEINGARTEN GOTTES
1526, Landesmuseum für Kärnten

WERNER BERG
BETENDE FRAUEN, 1950
Kunstsammlung des Landes Kärnten - MMKK

FLECHTWERKSTEIN, um 800
Bezirksheimatmuseum Völkermarkt

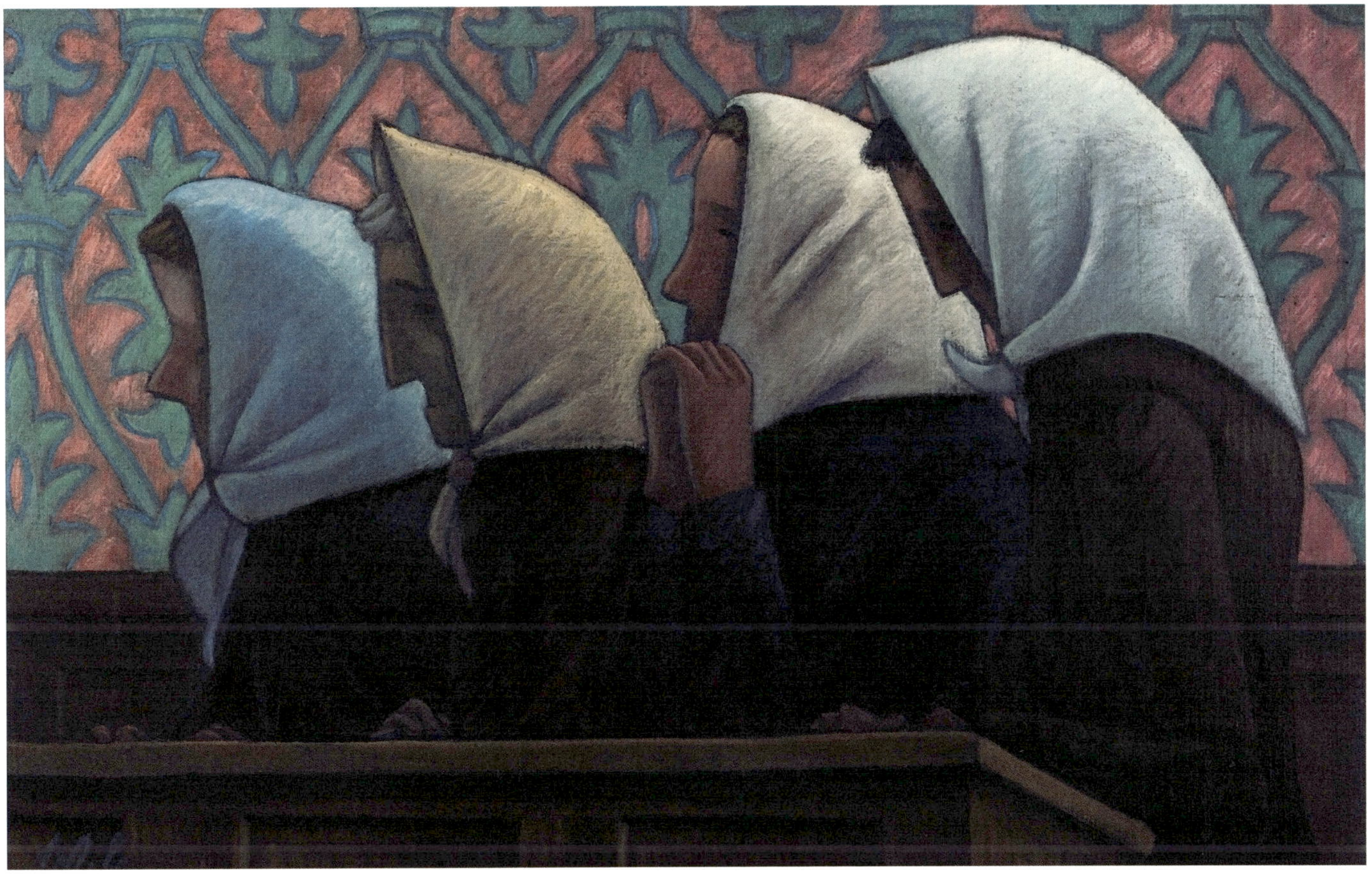

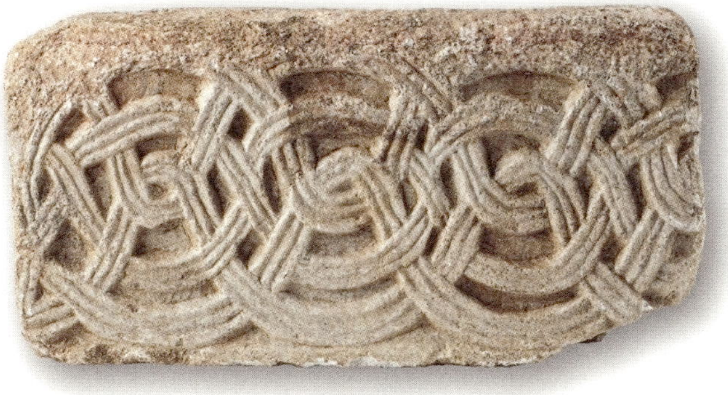

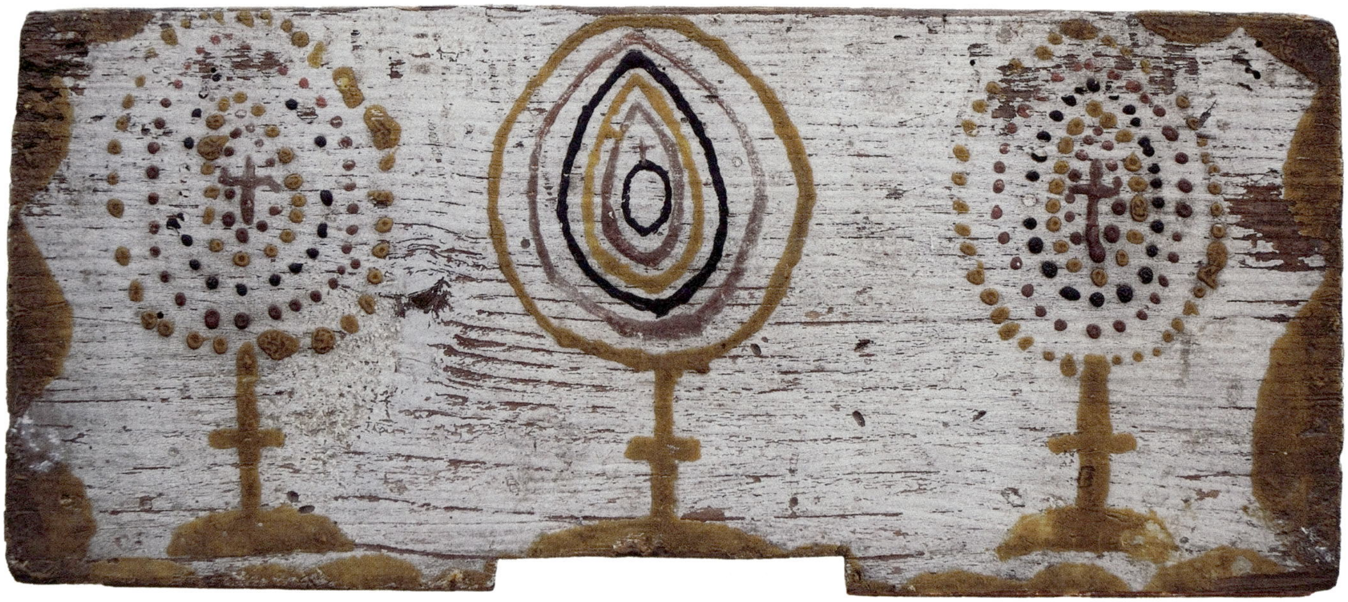

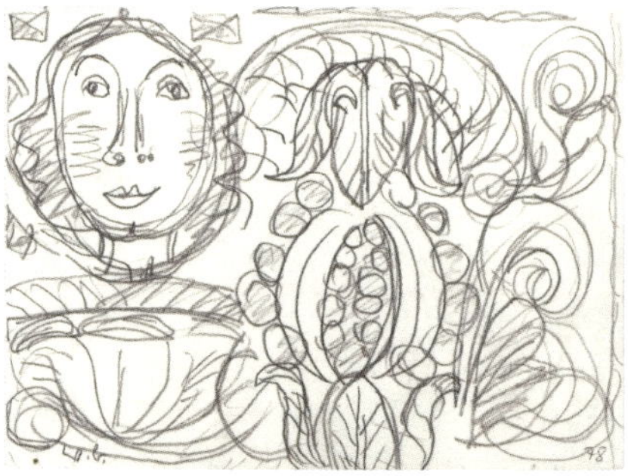

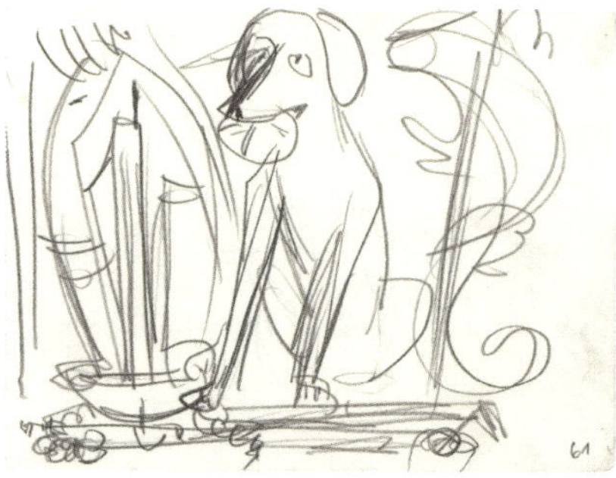

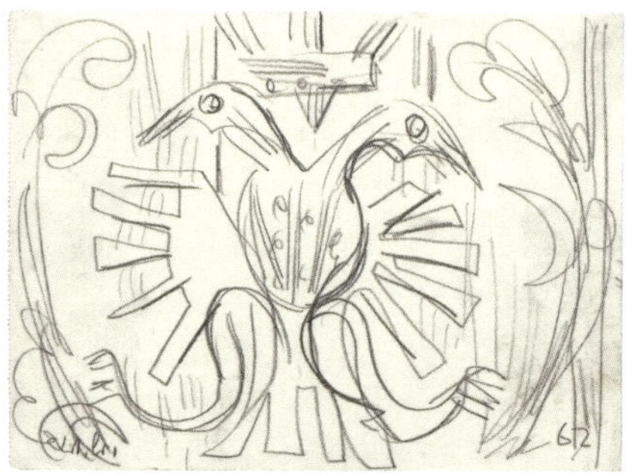

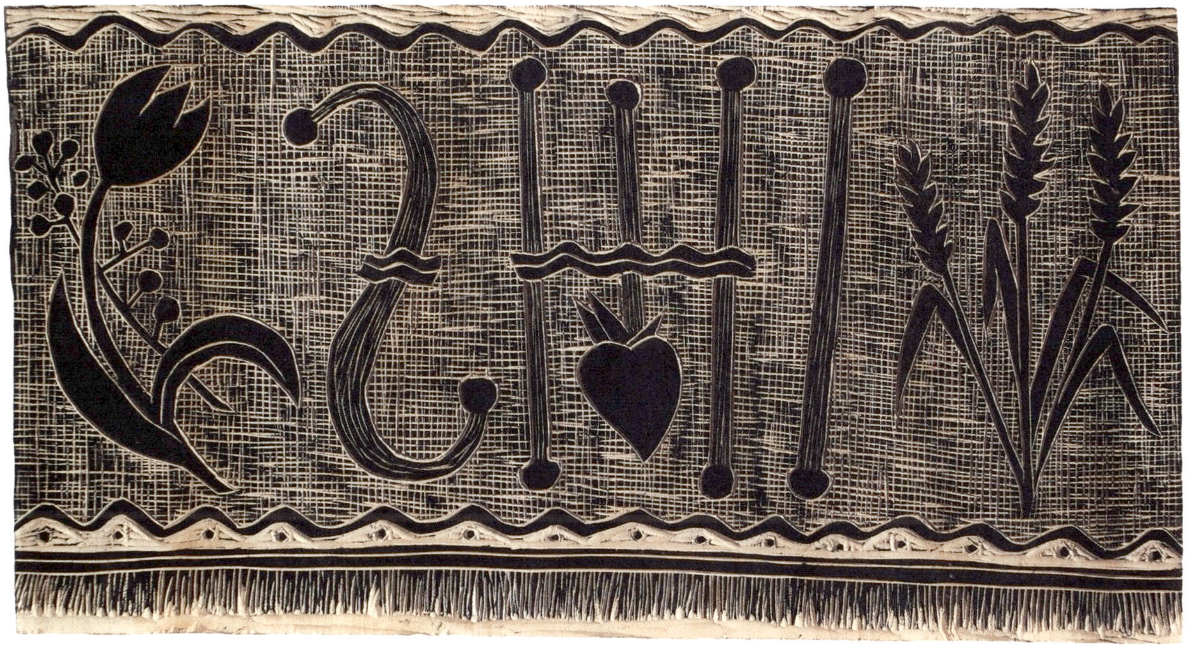

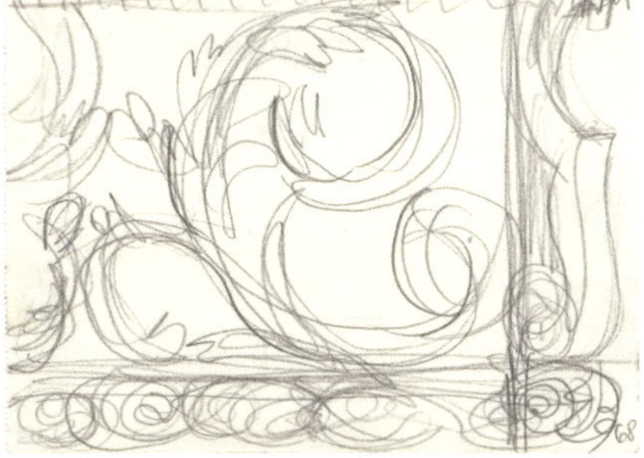

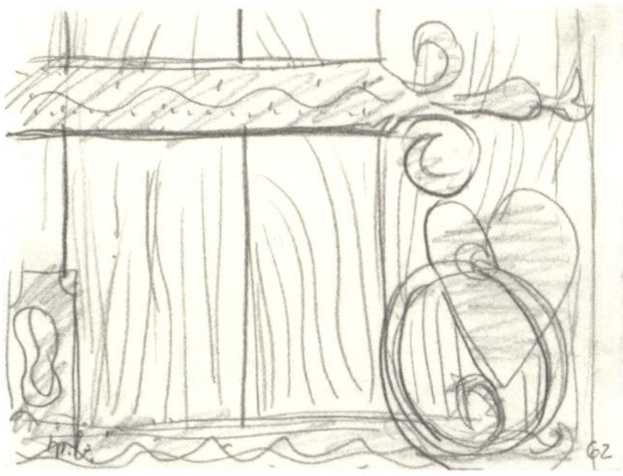

MONSTRANZEN
um 1920, Sammlung Dareb

WERNER BERG
KIRCHENDEKOR, 1978
ROCHUSHUND, 1961
DOPPELADLER, 1962
BUNTE ALTARSTICKEREI, 1962
ALTARDEKOR, 1968
TÜRBESCHLAG, 1962

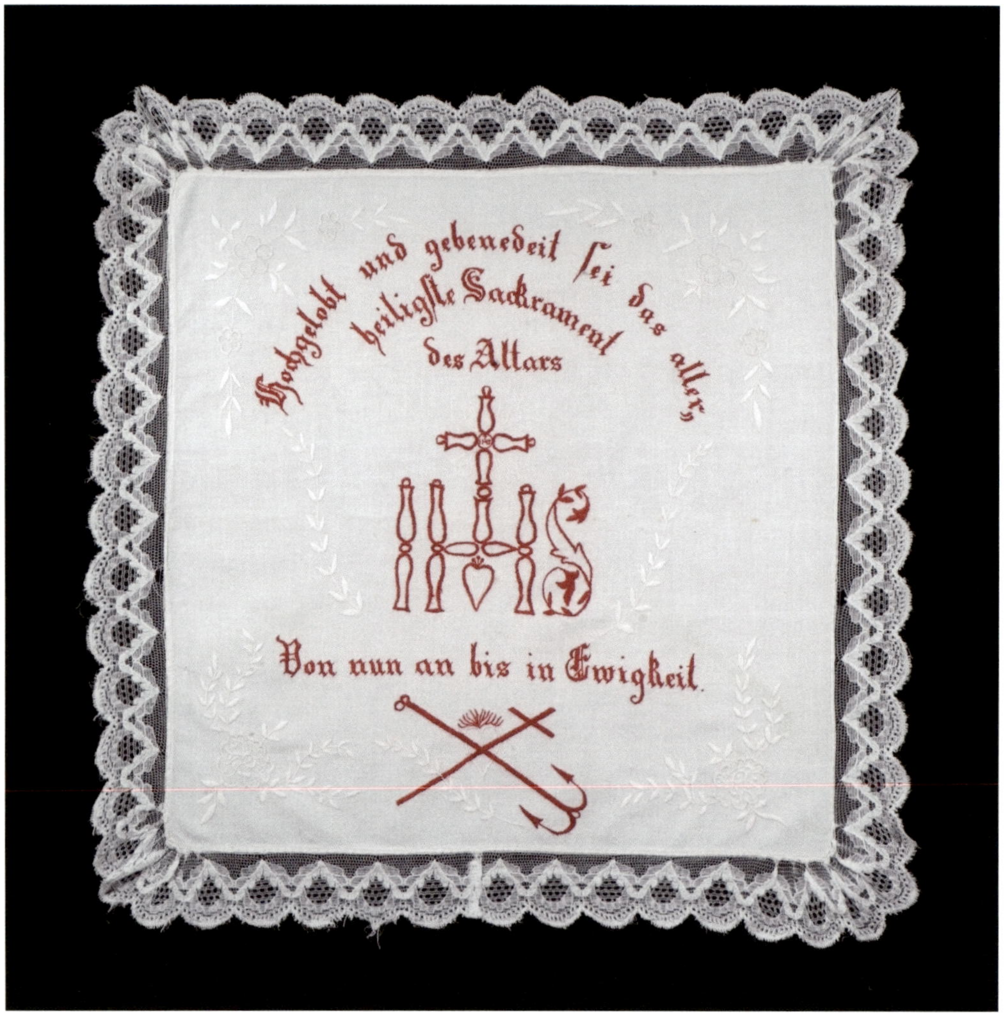
Hochgelobt und gebenedeit sei das aller,
heiligste Sackrament
des Altars
Von nun an bis in Ewigkeit.

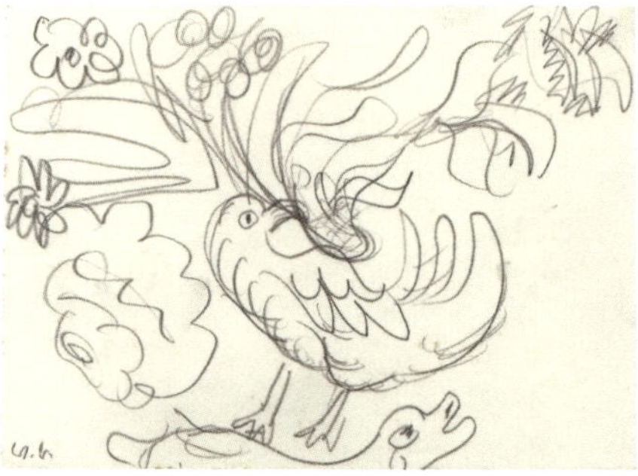

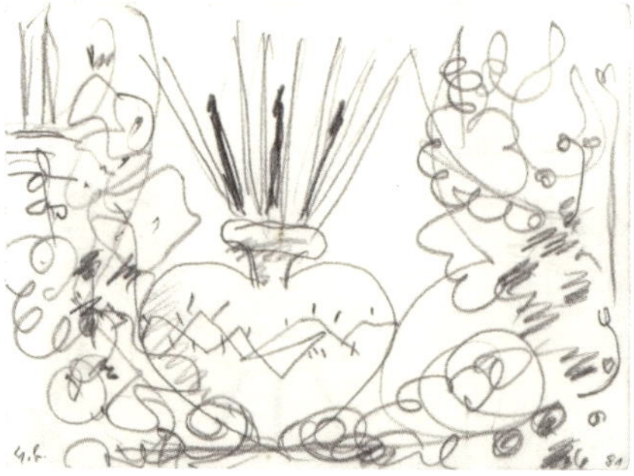

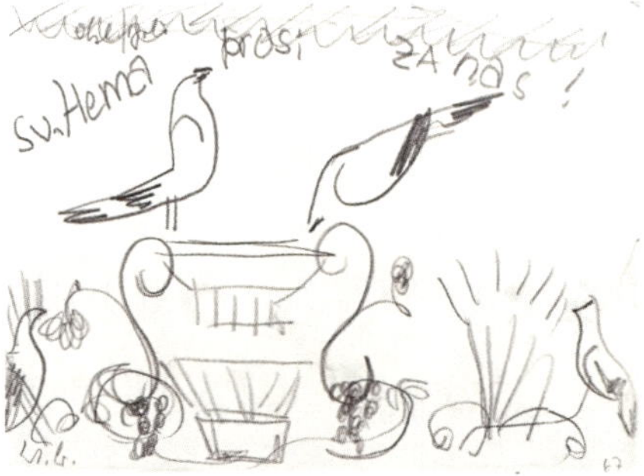
Sv. Hema prosi za nas!

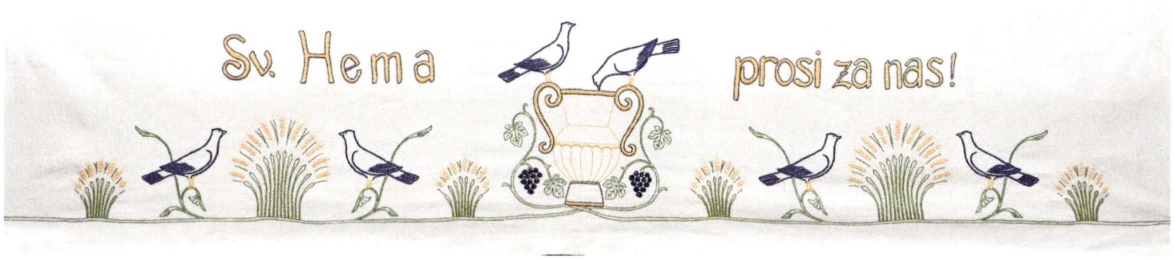

Es erstaunt immer wieder von Neuem, wie viele motivische und ikonographische Anregungen Werner Berg in seine nur scheinbar so begrenzte Bildwelt aufnahm und verwandelte. So etwa die aus rotem Wachs gegossenen Votivfiguren oder die Stickereien auf den Altartüchern oder Tischdecken. Der unmittelbare Gestaltungsdrang der einfachen Handwerker früherer Zeiten hatte viele Gebrauchsgegenstände wie Gitter, Kästchen oder Tücher mit kunstvollen, oft ausdrucksstarken Ornamenten „überzogen“, die der Künstler immer wieder in seinen Zeichnungen festhielt. Zwei Holzstöcke zeigen, wie diese Anregungen zum eigenständig ausgeformten Werk führten (S. 63/66).

ALTARTUCHSTICKEREI
um 1930, Landesmuseum für Kärnten

WERNER BERG
VOGELMOTIV, 1934
FLAMMENDES HERZ JESU, 1981
SV. HEMA PROSI ZA NAS, 1967

ALTARTUCHSTICKEREI
Pfarramt Globasnitz/Globasnica

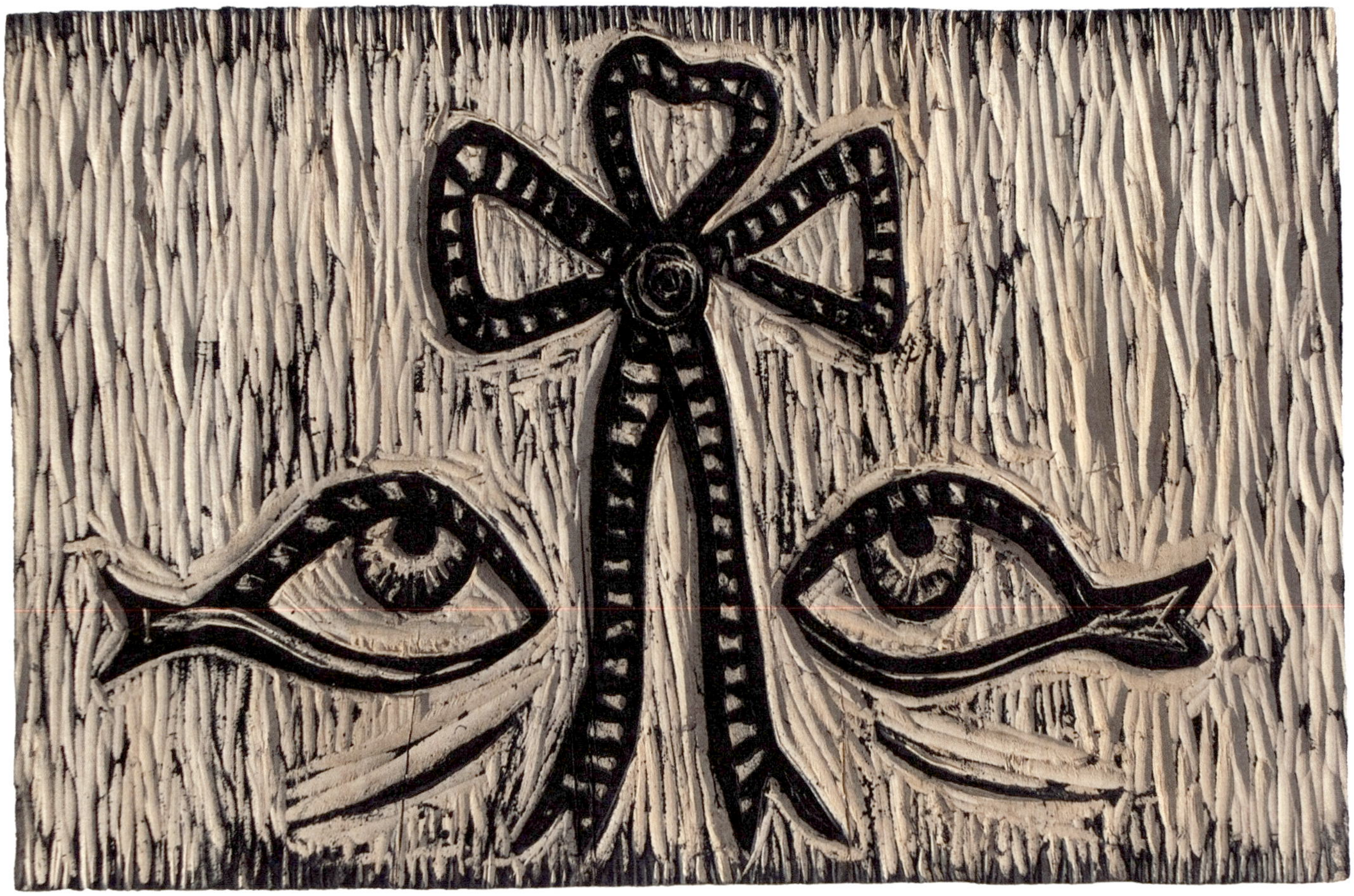

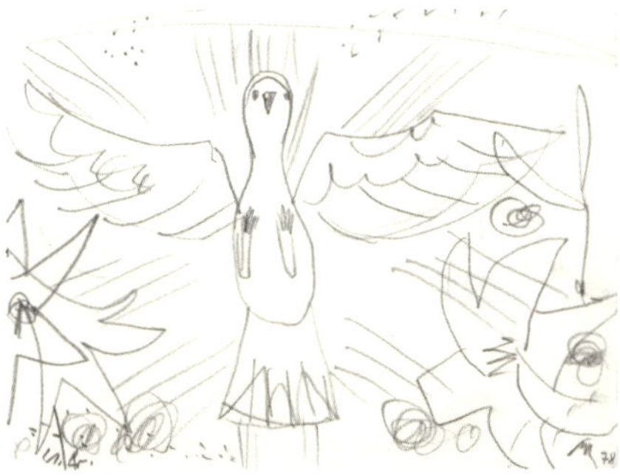

WERNER BERG
FÜR ST. LUZIA, 1972
HL. GEIST TAUBE, 1978
DAS AUGE GOTTES, 1972

HL. GEIST TAUBE
um 1870, Sammlung Kraut

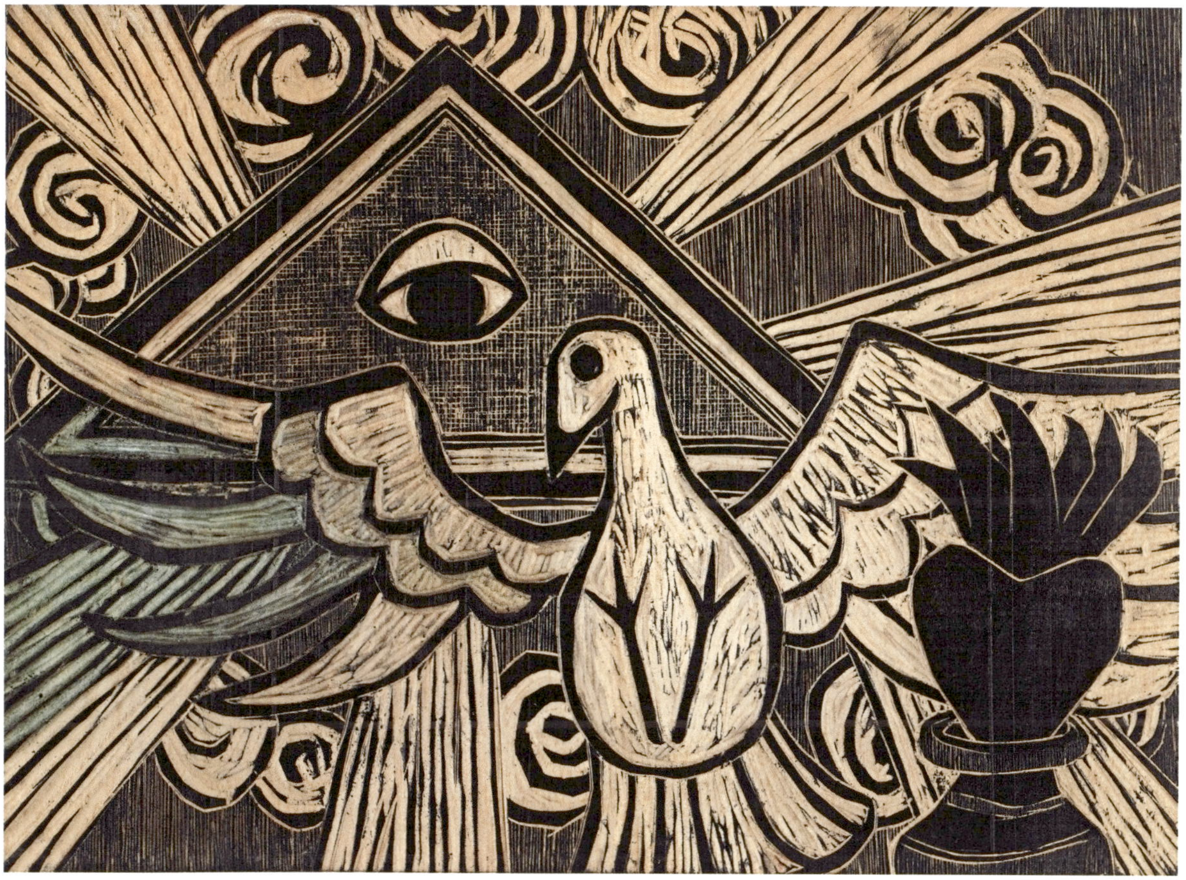

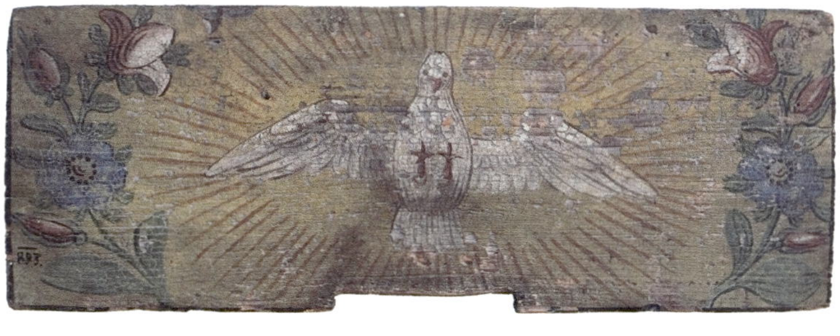

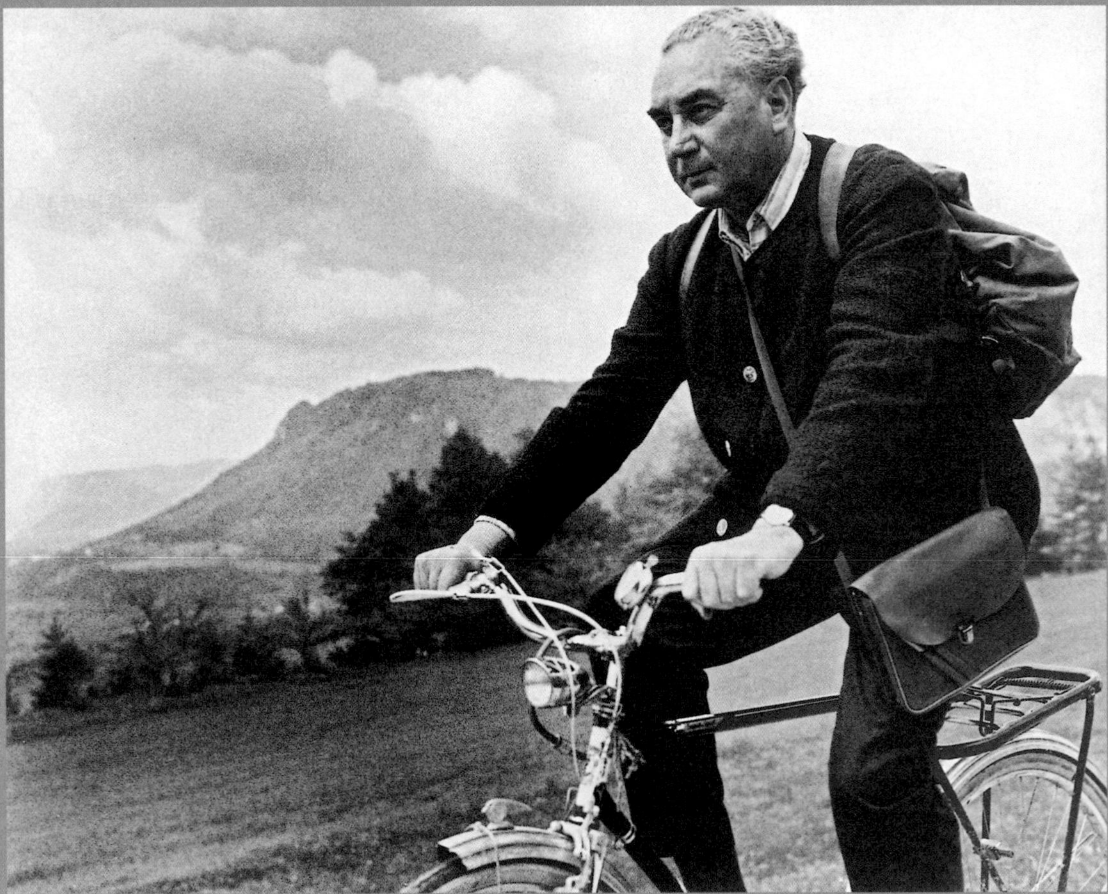

WERNER BERG AUF DEM FAHRRAD UNTERWEGS, 1964

Ich war Volksschülerin. In Ebriach/Obirsko bei Bad Eisenkappel/Železna Kapla gab es noch keine Asphaltstraße. Unsere Familie wohnte im Schulhaus, weil der Vater dort Lehrer war. Eines Tages spielten wir Kinder gerade im Schulhof, als ein Fremder mit dem Fahrrad auf der Schotterstraße vorbeifuhr. Er hatte einen Rucksack auf dem Rücken. Mein Vater dürfte ihn bereits gekannt haben, denn er sagte: „Das war Werner Berg, der Maler." Der Name klang irgendwie vertraut und war leicht zu merken. Zu unserer Pfarrkirche hinauf, auf knapp 900 Meter Höhe unter dem Obir, gab es zu dieser Zeit noch keine Straße. Vor und nach der Messe trafen sich dort die Kirchgeher gern zum Dorftratsch.

An diesen Tag erinnere ich mich, als wäre es erst am letzten Sonntag gewesen. Ich stand gerade beim Eingang nahe der Friedhofsmauer, als ich plötzlich diesen Mann, diesen Maler erblickte. Wie hieß er doch schnell...? Ach, stimmt: Berg, Werner Berg! Ich blieb wie versteinert stehen, nicht, weil er es wagte, über den seitlichen Stiegenaufgang auf den sogenannten „Chor" hinaufzugehen, was sonst nur die Sänger und Sängerinnen des Kirchenchores durften, nein, sondern, weil er es MIT RUCKSACK tat! Ich hätte gewettet, dass bisher kein Mensch jemals unsere Kirche mit EINEM RUCKSACK betrat. Unglaublich, was dieser Mann sich erlaubte! Das war in meiner kindlichen Phantasie doch streng verboten! Ich hoffte innigst, dieser Maler würde das Gotteshaus MIT SEINEM RUCKSACK so schnell wie möglich wieder verlassen, um ja nicht von unserem Pfarrer gesehen zu werden. Wie konnte ich kleines Volksschulmädchen ahnen, dass das Betreten einer Kirche mit Rucksack keine Sünde ist und dass Werner Berg in unserem Bergdörfchen Ebriach/Obirsko eben auf Motivsuche war... Viele Jahre später war ich einige Zeit als Volksschullehrerin in Möchling tätig. In meiner Klasse saß Barbara, die Enkelin von Werner Berg. Ihr Vater Veit Berg lud mich auf den Rutarhof ein. Ich war sehr erfreut, denn ich dachte, nun würde ich die Geschichte mit dem Rucksack dem Maler persönlich erzählen können, worüber er bestimmt schmunzeln würde. Bevor es zu diesem Besuch kam, starb Werner Berg, dessen Werk ich mein Leben lang bewundere und schätze.

Marta Polanšek

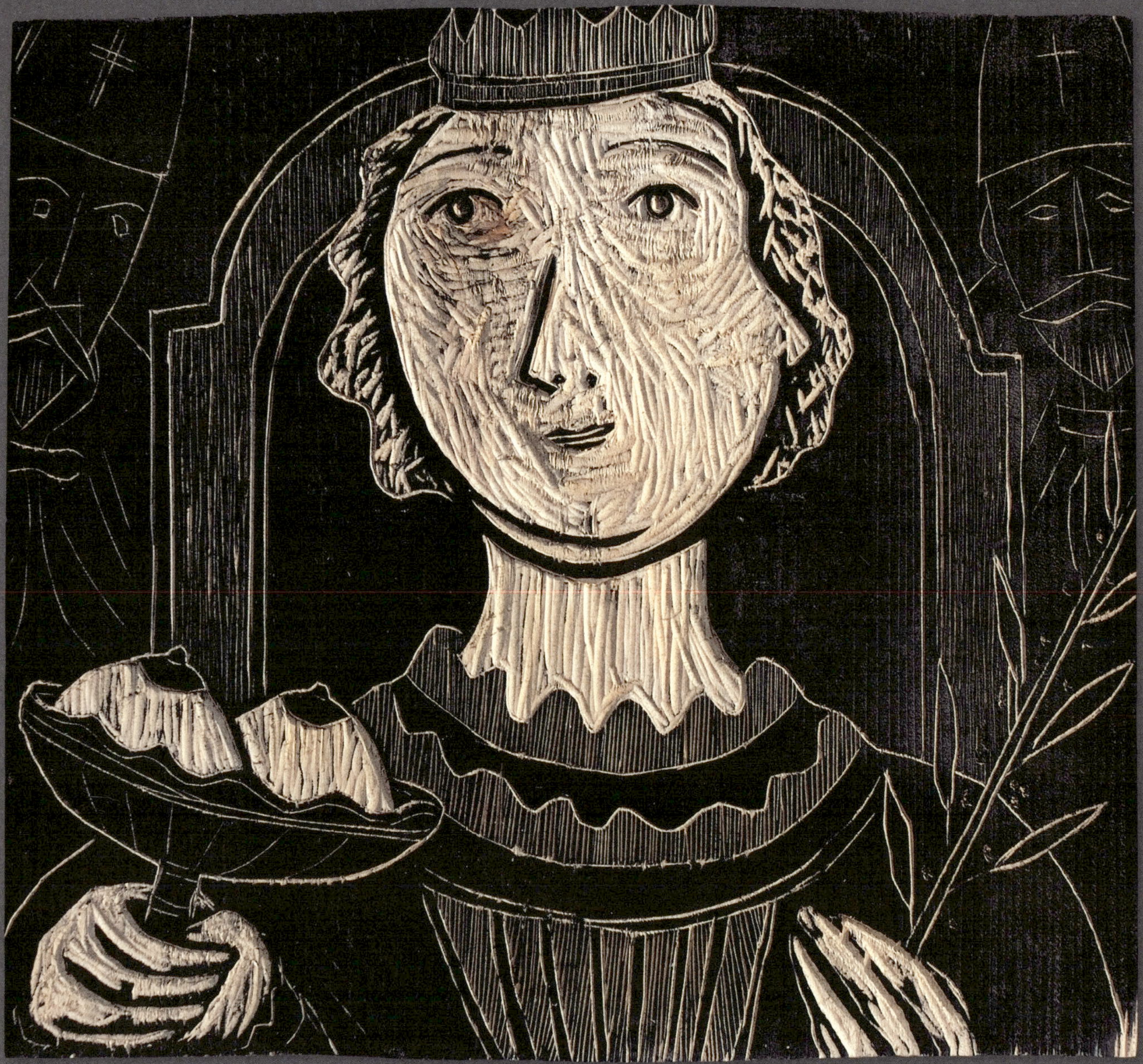

Barocke Heilige

Viele weibliche Figuren auf den Barockaltären Unterkärntens zeigen eine fast naive Freundlichkeit und Sinnlichkeit. In seinen Darstellungen übersteigerte Werner Berg deren fast barbiepuppenhafte Süßlichkeit. Die bonbonfarbenen Töne des Aquarells der Hl. Agatha, die ihre abgeschnittenen Brüste wie Naschwerk darbietet, stehen in seltsamem Kontrast zu deren schauriger, geradezu sadomasochistischer Heiligenlegende (S. 72). Wie sehr Werner Berg – besonders in seinem Spätwerk – die Farbigkeit slowenischer Volkskunst paraphrasiert, zeigt die Gegenüberstellung eines kleinen Herz-Jesu Bildes mit seiner Darstellung der Hl. Luzia (S. 73).

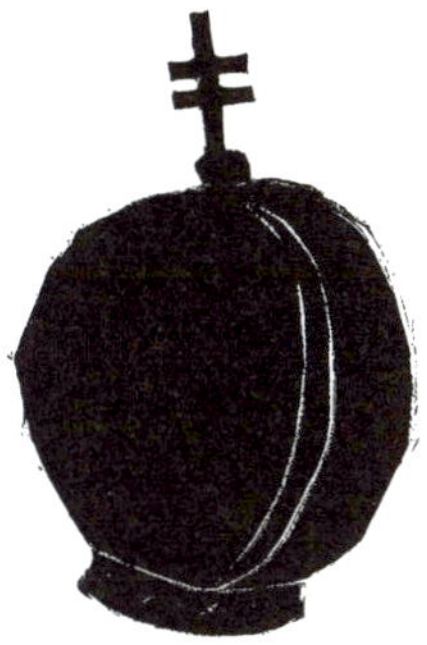

WERNER BERG
ST. AGATHA, 1959

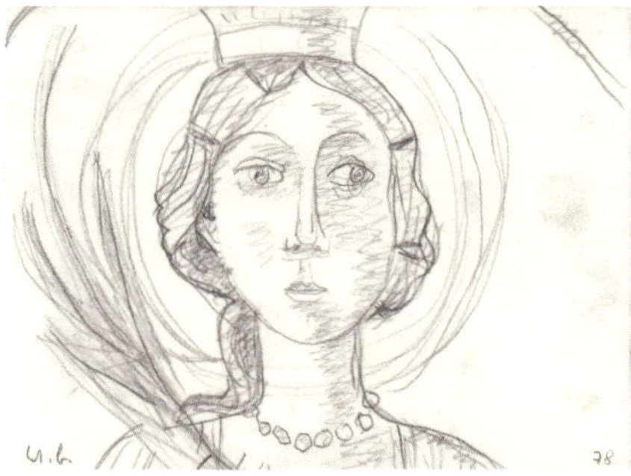

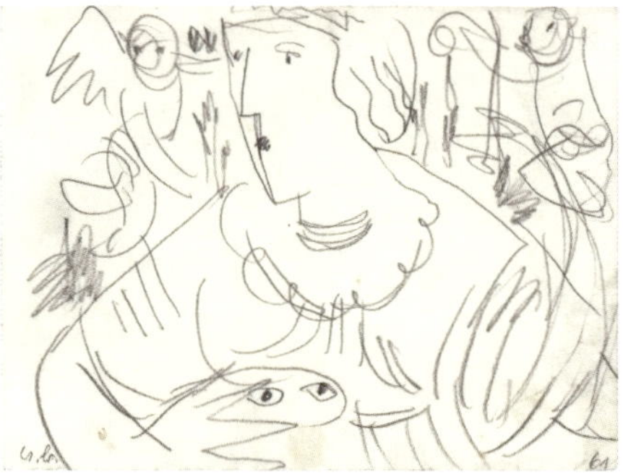

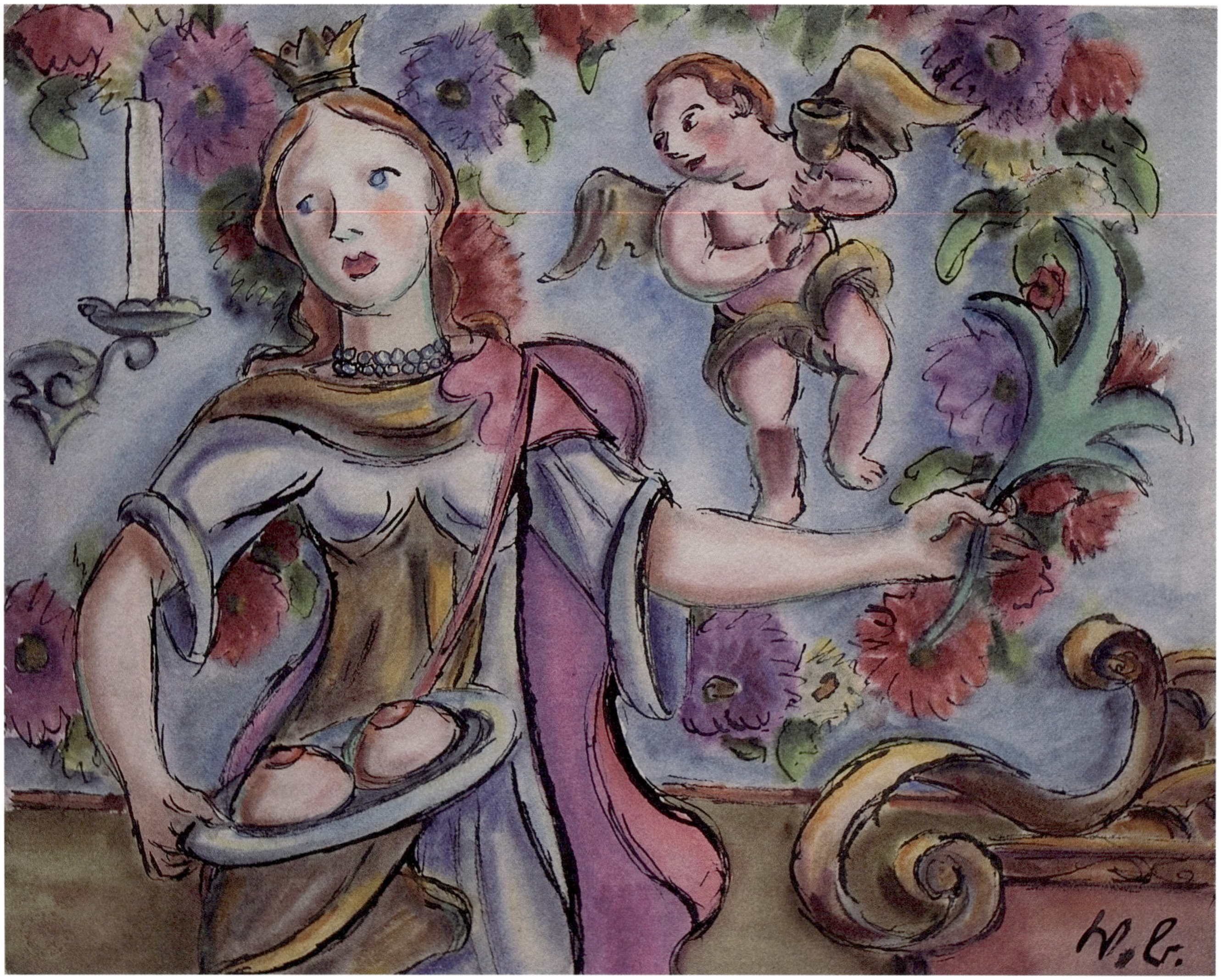

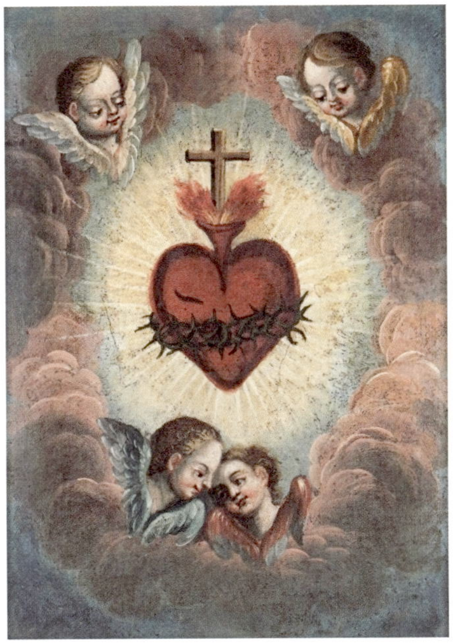

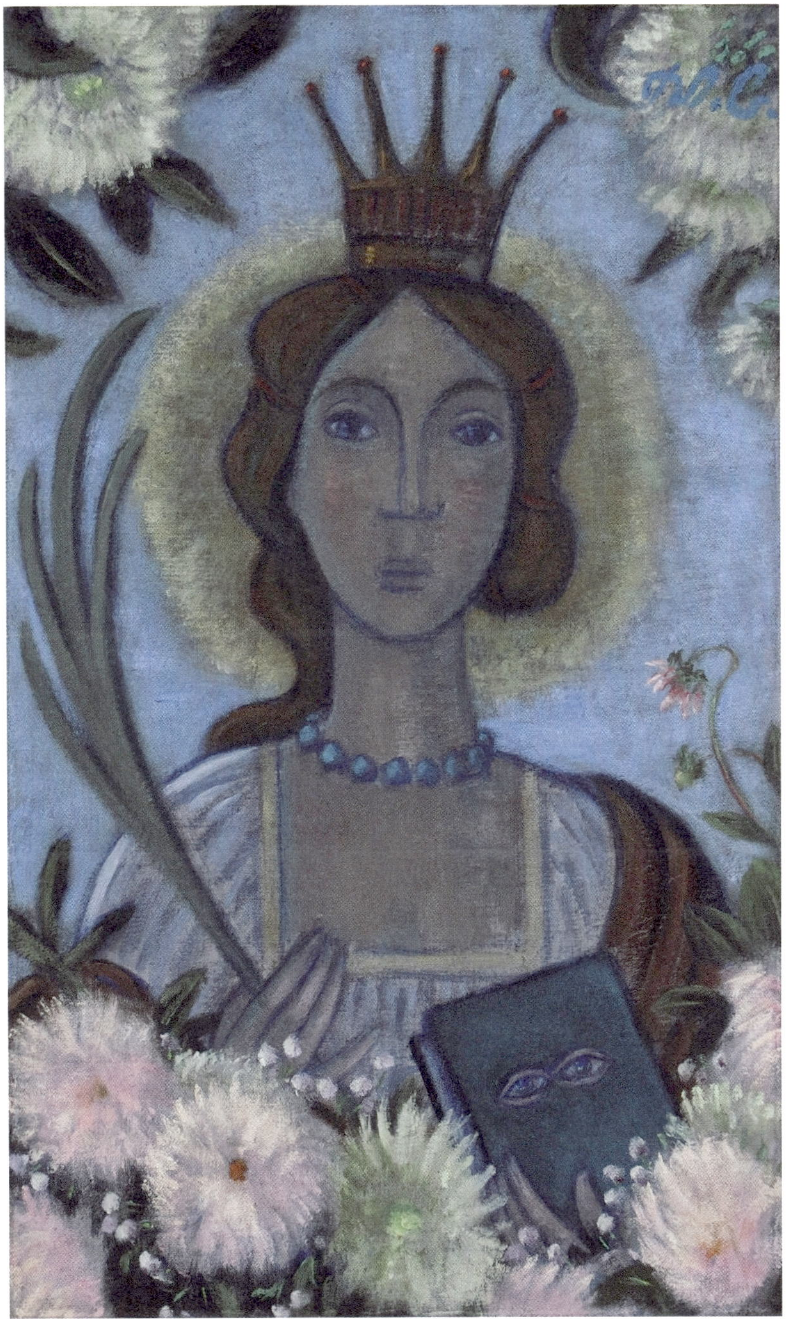

WERNER BERG
SV. LUCIA, 1978
HL. LUZIA, 1961
ST. AGATHA, 1947

FLAMMENDES HERZ JESU
um 1750, Landesmuseum für Kärnten

WERNER BERG
SV. LUCIA, 1978,
Privatbesitz

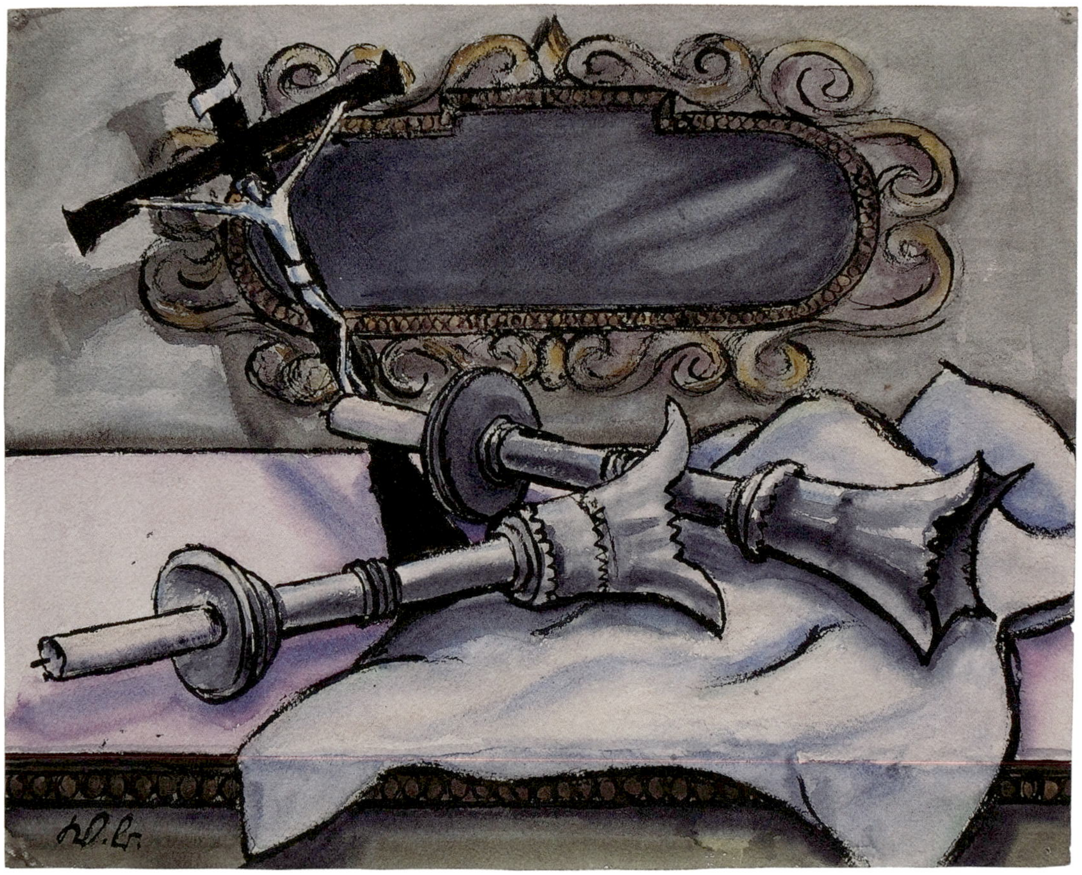

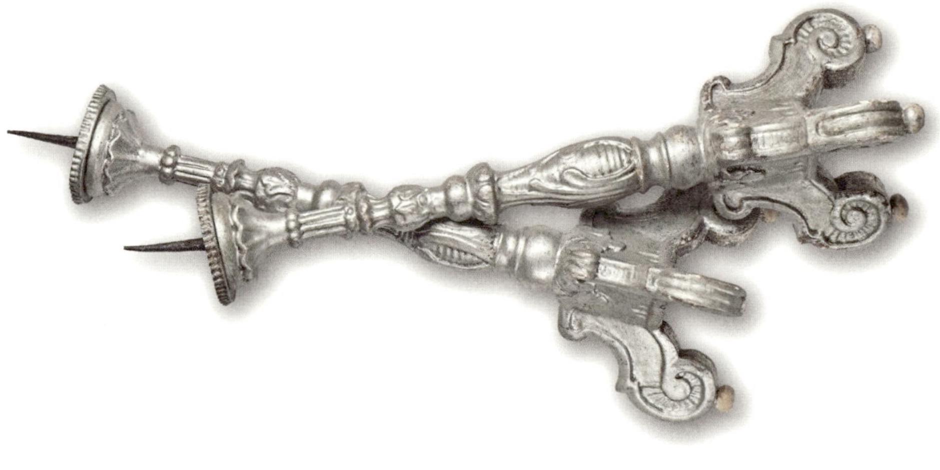

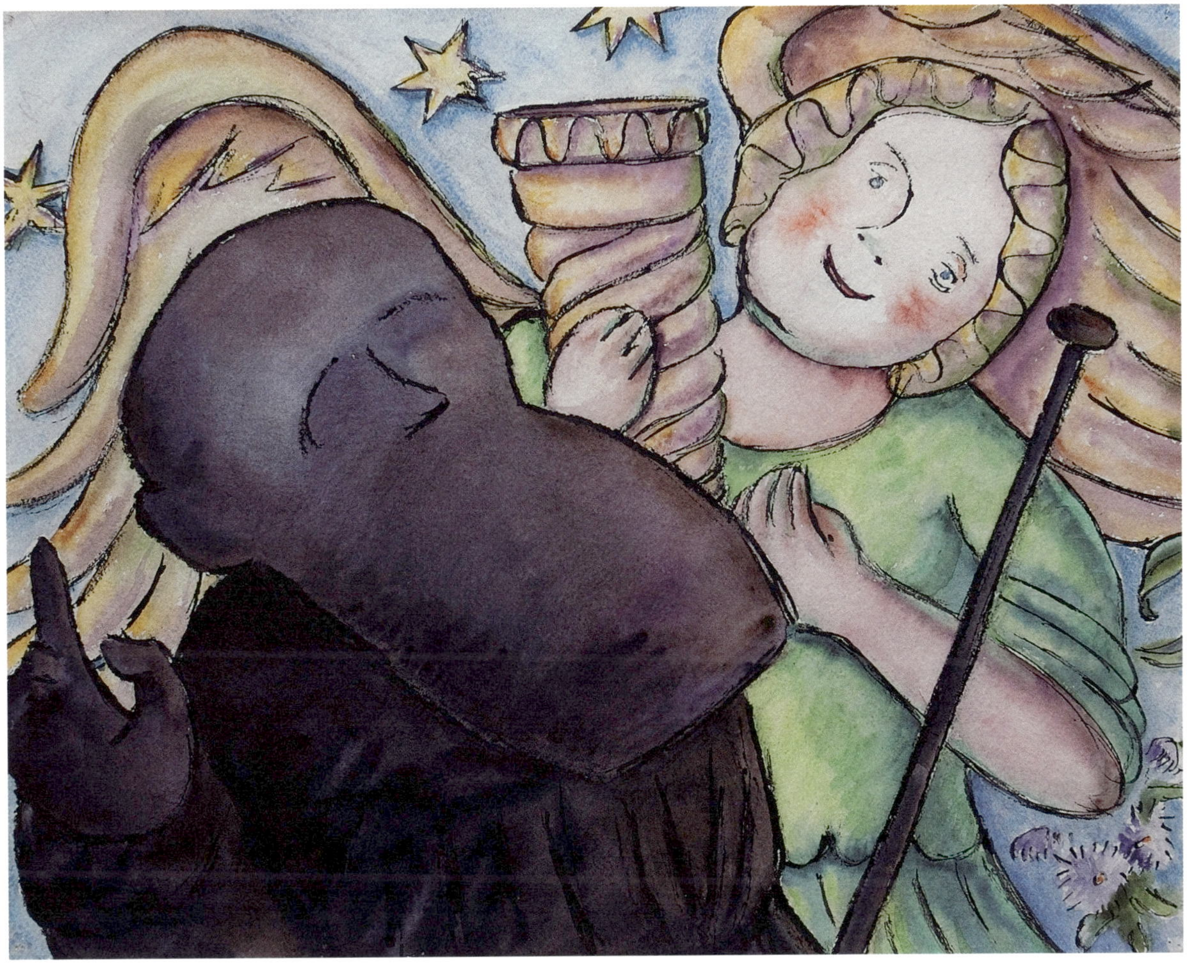

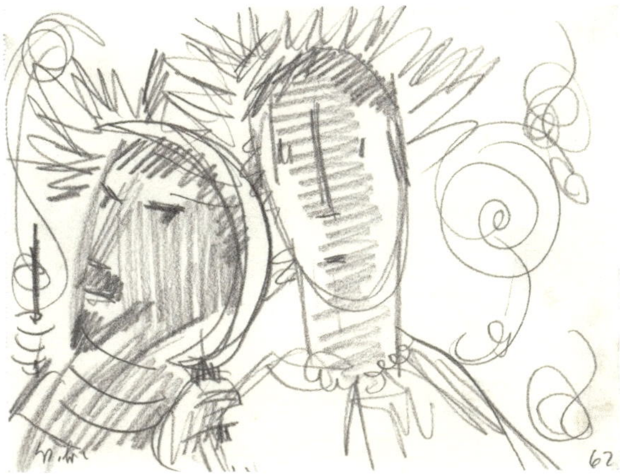

WERNER BERG
KARFREITAG, 1948

KERZENLEUCHTER
um 1800, Pfarramt Globasnitz/Globasnica

WERNER BERG
HL. ANTONIUS UND ENGEL, 1948
ALTARFIGUREN, 1962

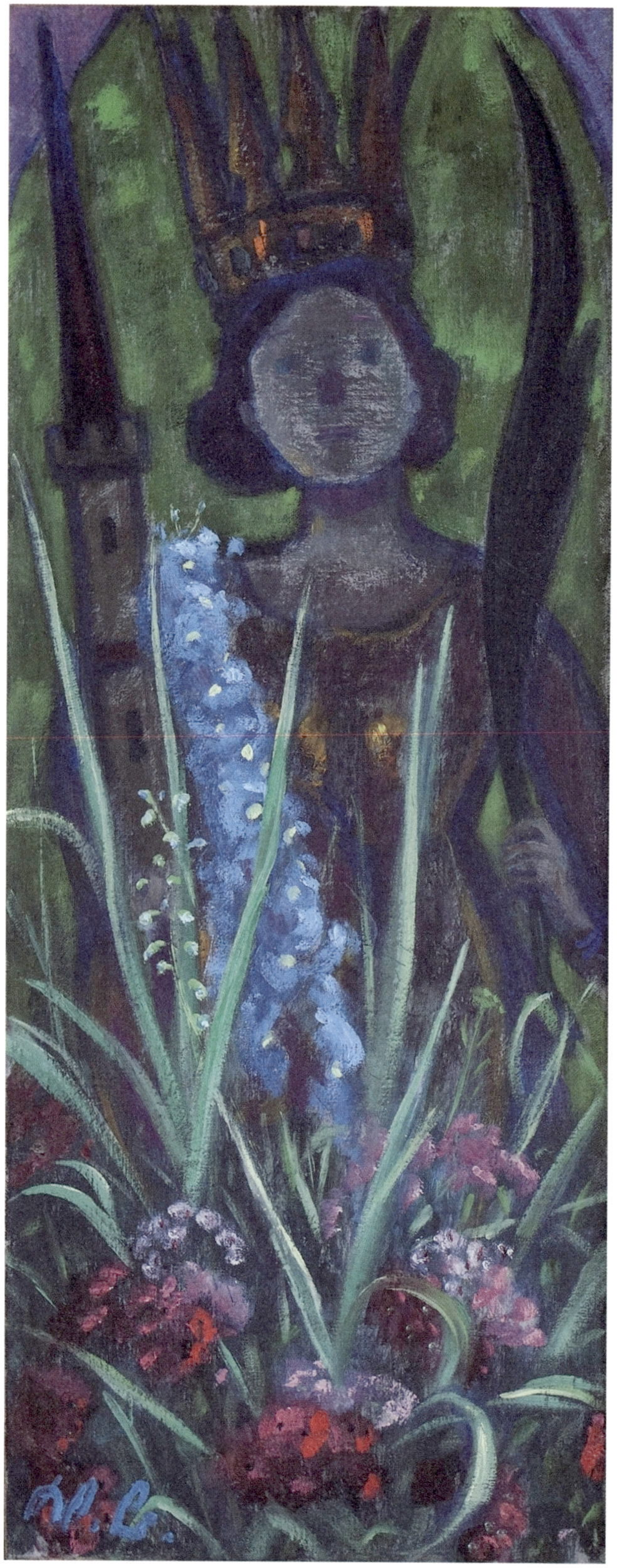

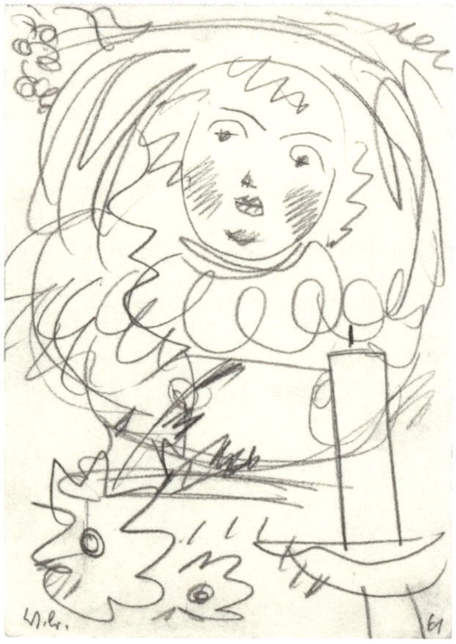

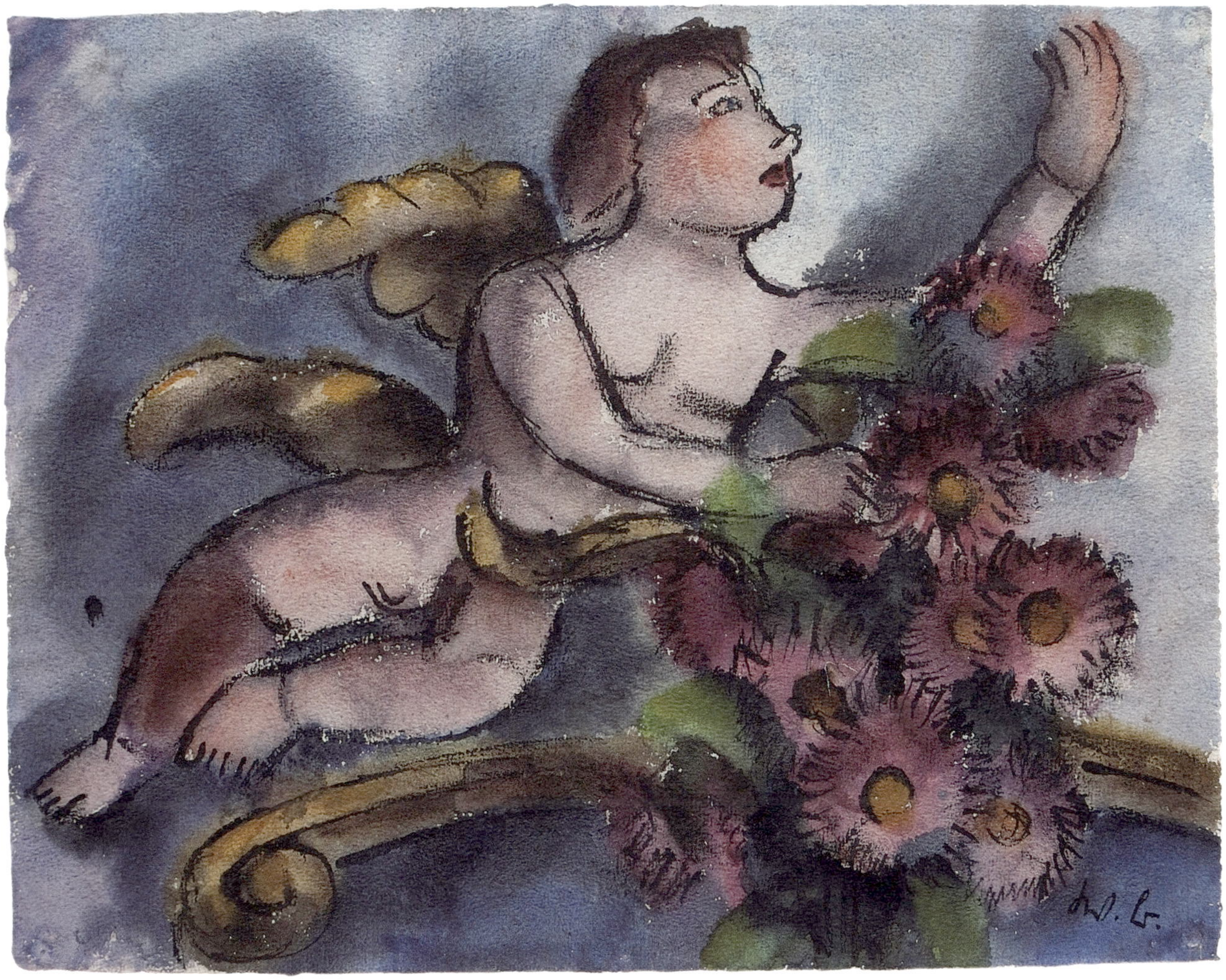

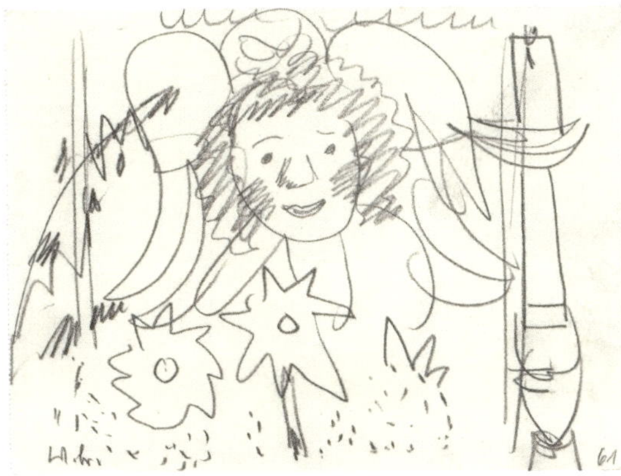

WERNER BERG
HL.BARBARA, 1978
BAROCKENGEL, 2 Skizzen, 1961
ENGEL MIT ASTERN, 1936

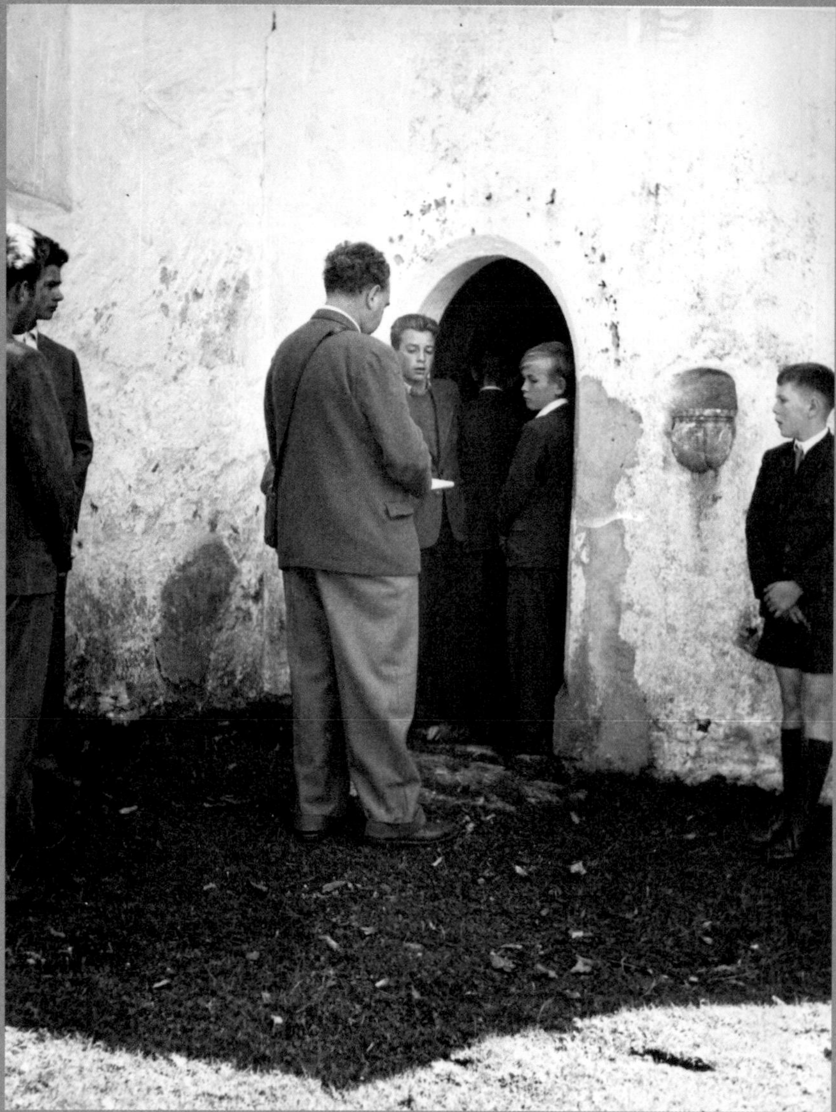

WERNER BERG BEIM SKIZZIEREN, 1956

WERNER BERG, BÖLLERER, 1968

Es musste im Jahre 1969 gewesen sein… Ich, ein damals 12-jähriger Junge, unterwegs mit dem Fahrrad zum Kirchtag nach St. Georgen. Nicht etwa die heilige Messe war es, die ich – wie eigentlich von meiner Mutter befohlen – besuchen wollte. Nein! Vielmehr beabsichtigte ich, die Böllerschützen zu sehen und mir mit meinem hart verdienten Taschengeld vom Schwarzbeerklauben am St. Margarethener Berg Schaumtüten vom Stöckl zu kaufen. Dort angekommen konnte ich bereits das Krachen der Böller hören. Der Duft der frisch gebackenen Mehlspeisen stieg mir in die Nase. Um ein paar Schilling ärmer und mit einem Sackerl vom Stöckl in der Hand, marschierte ich hinauf Richtung Kirche, um – wie geplant – die Böllerschützen zu beobachten. Neben dem Kircheneingang erblickte ich einen etwas älteren Herrn. In seiner Hand Stift und Papier. Neugierig trat ich ein wenig näher und erkannte ihn: Werner Berg, der gerade dabei war, das Kirchtagsgeschehen zu skizzieren. Mit einem Schlag war das laute Krachen nur noch Nebensache. Schüchtern tastete ich mich mit einem Abstand von ungefähr zwei Metern an ihn heran. Ich versuchte mich ganz ruhig zu verhalten, um ihn nur nicht bei der Arbeit zu stören. Plötzlich drehte er sich um. Erschrocken, war ich schon dabei, wieder wegzulaufen. Er aber schmunzelte nur kurz, wandte sich wieder dem Zeichenblock zu und malte weiter. Wer hatte schon die Ehre, Werner Berg bei seiner meisterlichen Arbeit über die Schultern blicken zu dürfen. Ich war wohl so ein Glückskind. Ein Moment, den ich sicherlich nie vergessen werde…

Hubert Aleschko

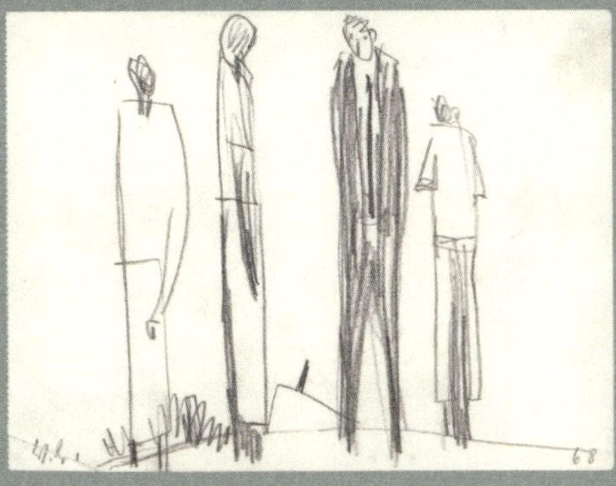

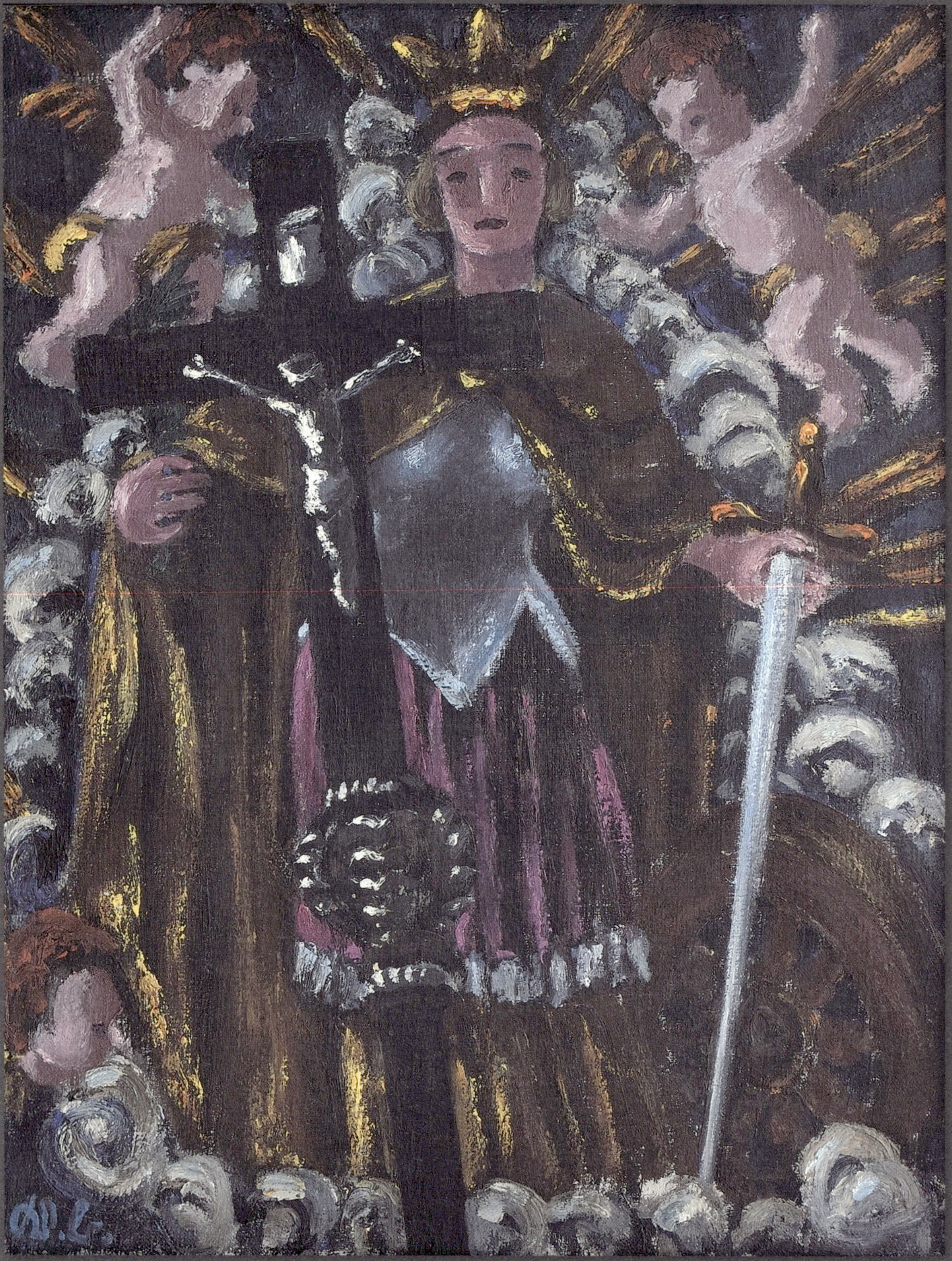

Heilige Katharina

Die Heilige Katharina malte Werner Berg nach Eindrücken in der Kirche von Gallizien. Es gibt sehr wenige Beispiele in seinem Werk, in denen sich der Maler so stark vom „barocken Überschwang einer ausgehenden alten österreichischen Kultur“ leiten ließ. Diesen zeigt beispielhaft das Ölgemälde der Heiligen Barbara des slowenischen Spätbarockmalers Johann Andreas Strauss (S. 82). Das Andachtsbild der Heiligen Rosalia aus der Wallfahrtskirche am Hemmaberg erinnert hingegen geradezu an Henri Rousseau und ist ein schönes Beispiel für die bis ins 19. Jahrhundert gepflogene volkstümlich naive Kirchenmalerei (S. 83).

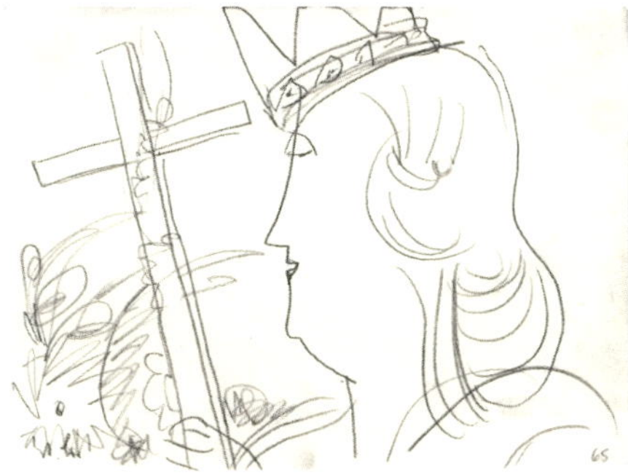

WERNER BERG
HL. KATHARINA, 1936
Sammlung Scheicher

HL. KATHARINA, 1965

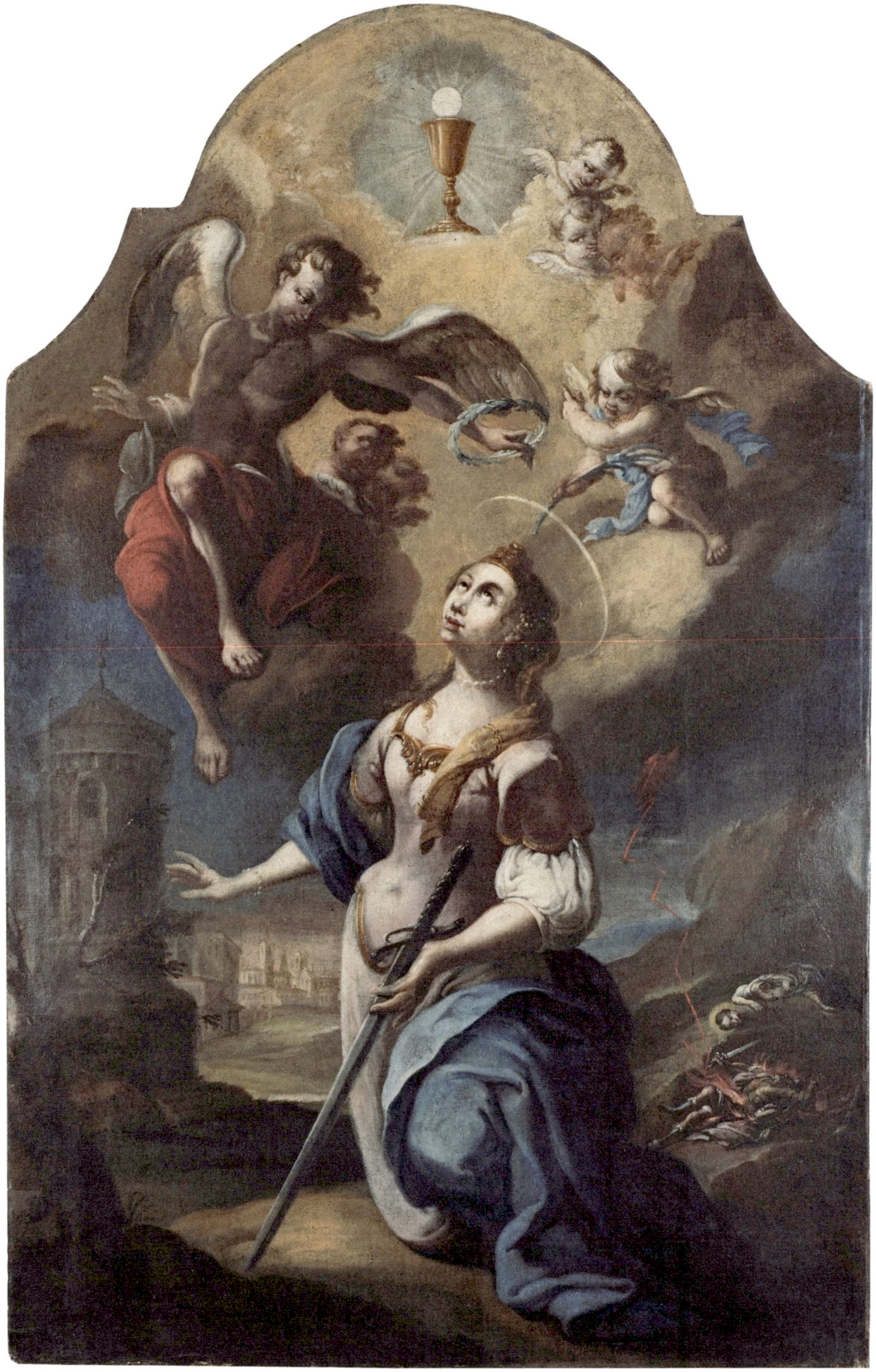

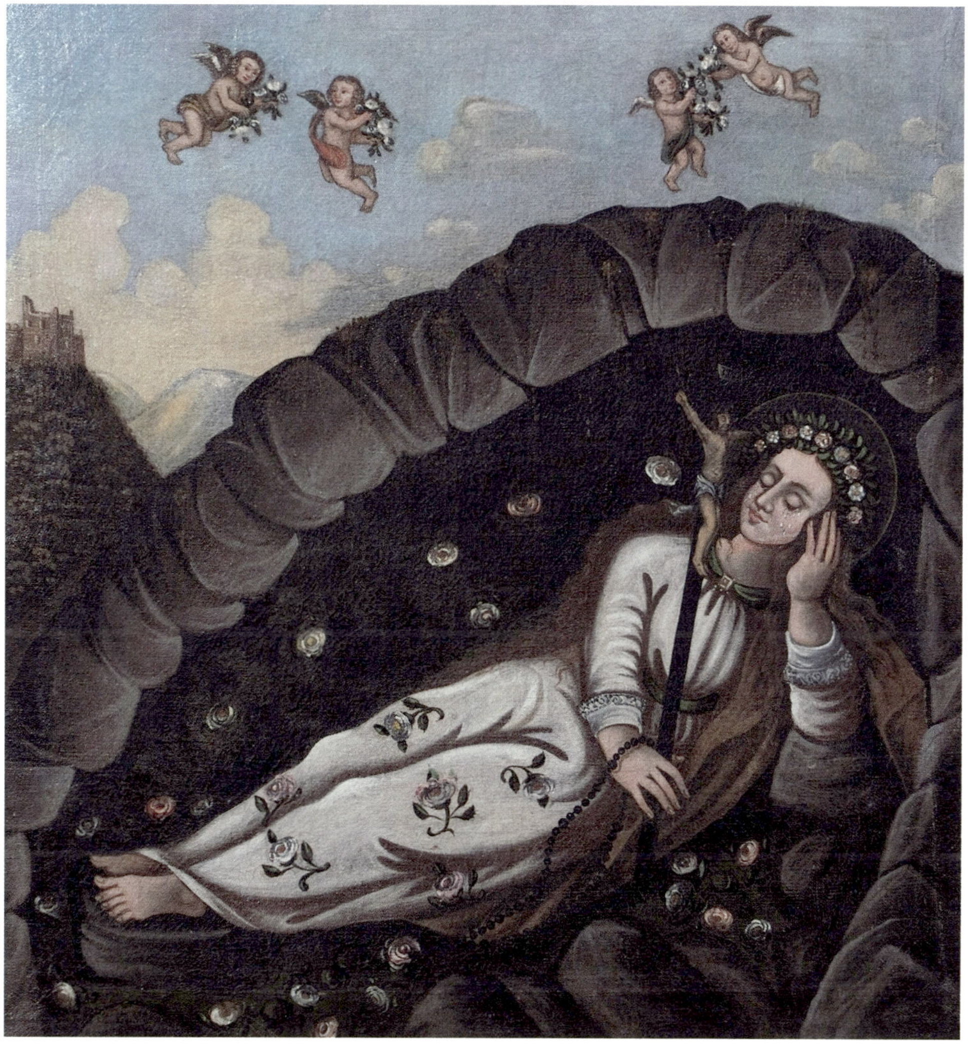

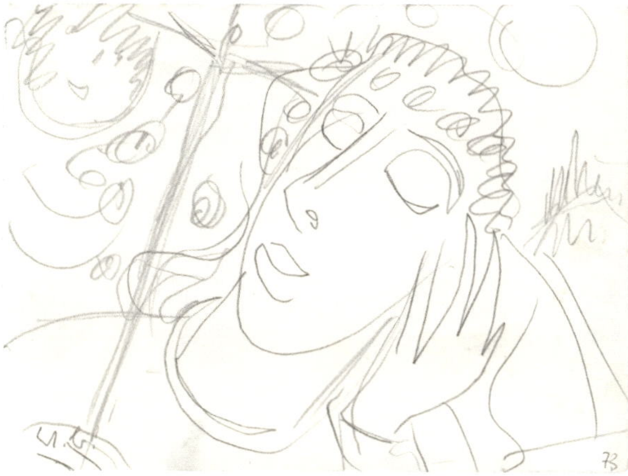

JOHANN ANDREAS STRAUSS
HL. BARBARA, um 1770
Pfarramt Globasnitz/Globasnica

HL. ROSALIA, um 1800
Pfarramt Globasnitz/Globasnica

WERNER BERG
HL. ROSALIA, 1973

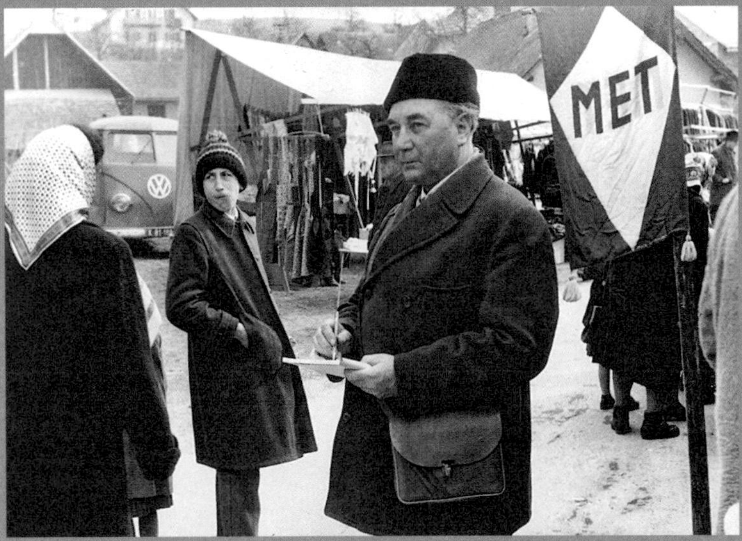

WERNER BERG SKIZZIERT AM EBERNDORFER JOSEFIMARKT, 1964

Begegnung

Zum traditionellen Striezelwerfen in Stein im Jauntal, in Erinnerung an die selige Hildegard von Stein, kam auch ein junges Mädchen aus Unterkärnten. Da fiel ihr abseits der großen Menge ein Mann auf, der am Rande des Geschehens auf einem Zeichenblock Notizen machte – es war Werner Berg. Sie wurde neugierig, ging zu ihm hin, ohne ihn zu kennen, und sah ihm über die Schulter, was er da auf seinem Zeichenblock festhielt. Berg wandte sich ihr zu und fragte, ob ihr die Skizzen gefallen. Als sie bejahte, lud er das offenkundig interessierte junge Mädchen ein, einmal seine Werkstätte zu besuchen, und gab ihr die Adresse vom Rutarhof mit. Daheim erzählte das Mädchen seinem Onkel, Herrn O., einem Antiquitätenhändler, von der Begegnung. Der Onkel wusste, wie schwer es war, von Dr. Werner Berg persönlich empfangen zu werden. Er machte sich mit der Adresse auf den langen Weg zum Rutarhof und es sollte der Anfang einer lebenslangen treuen und tiefen Freundschaft bis zum Tod werden. Auch das junge Mädchen gewann das Vertrauen Werner Bergs und blieb ihm zeitlebens in gegenseitiger Hochachtung verbunden.

Der windische Hahnenschrei

Bergs Bilder mit dem Titel „Der windische Hahnenschrei" greifen das Motiv des Verrats von Petrus an Jesus auf: „Noch ehe der Hahn kräht, wirst du mich dreimal verraten haben". Worin aber soll der auf dem Bild zurückblickende dunkelhaarige Mann Verrat an Christus geübt haben? Was ist es, was ihn in der Folge wie Petrus schuldbewusst erscheinen lässt? Herr O., der die gesamte Bildergruppe vom windischen Hahnenschrei erworben hatte, ließ die Bilder – nicht zuletzt aufgrund der biblischen Thematik – von einem Geistlichen segnen. Werner Berg, der aus dem Erlös der Bildergruppe den Rutarhof elektrifizieren ließ, verriet im kleinen Kreis, was er mit dem windischen Hahnenschrei assoziierte: „Die männliche Begierde".

Rücksicht auf den Meister

Hr. O., dessen Wohnung exklusiv mit Kunstwerken Werner Bergs ausgestattet war, stieß in den sechziger Jahren im Wiener Dorotheum auf drei Steindrucke eines inzwischen weltberühmten spanischen Malers, signiert mit „Einigkeit" (1958), „Friede" (1961) und „Krieg" (1962). Er kaufte die Bilder unverzüglich und hing sie in seiner Wohnung, kaum heimgekehrt, sofort auf. Kaum verreist, kamen ihm aber heftige Bedenken, wie Werner Berg wohl reagieren werde, wenn er bei ihm vorbeischauen und die Bilder neben seinen eigenen Werken erblicken sollte. Hr. O. rief umgehend seine Nichte an und bat sie, die Bilder des spanischen Malers sofort zu entfernen. Nichts wäre ihm unangenehmer gewesen, als womöglich den „Meister", wie er Werner Berg in Verehrung stets nannte, durch die Konfrontation mit den Werken des Spaniers zu kränken.

Anonym

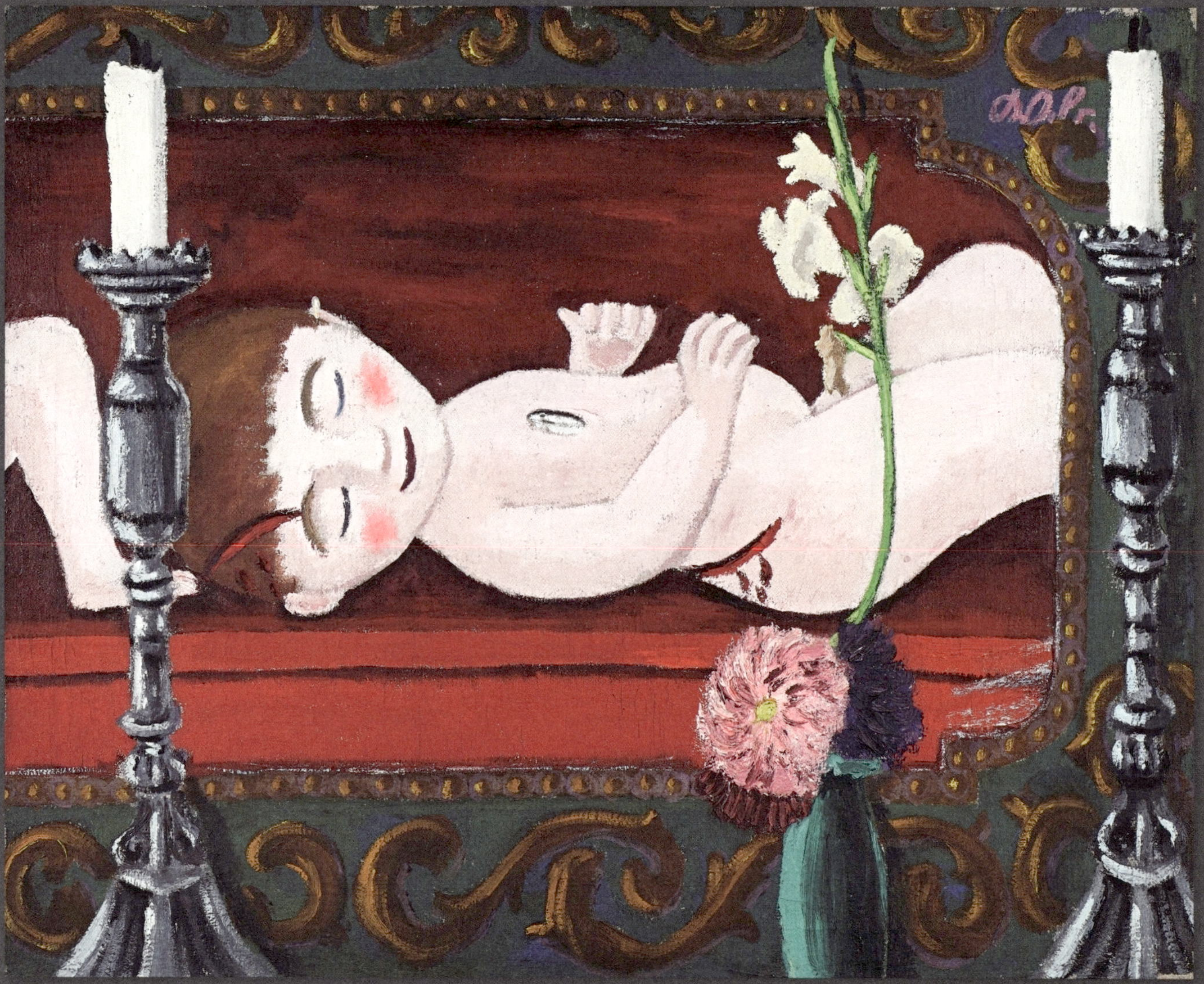

Schrein der unschuldigen Kinder

Ein Seitenaltar mit dem Schrein der unschuldigen Kinder befindet sich in der Sachsenkapelle im Dom von Maria Saal. Den Künstler faszinierte der Gegensatz zwischen den glänzend, drall plastischen, friedlich liegenden Figuren und den blutigen Spuren ihrer grauenhaften Ermordung. Die auf rotem Samt gebetteten Kinder sind in Werner Bergs Ölbild mit der dekorativen Umrahmung des Schreines ganz in der Fläche gehalten. Die beiden Kerzenleuchter und die Blumen davor erschaffen räumliche Tiefe.

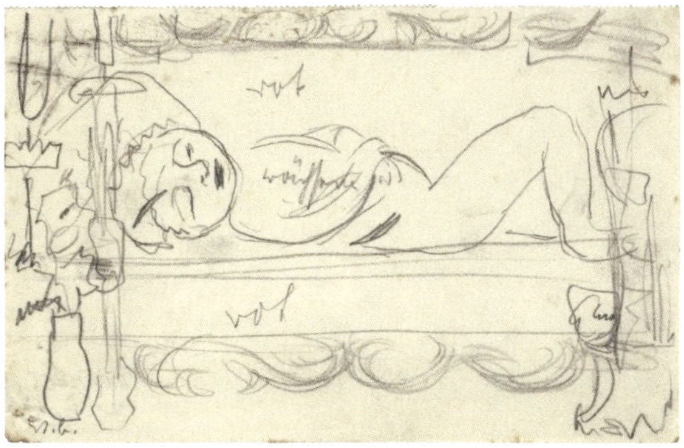

WERNER BERG
SCHREIN DER UNSCHULDIGEN KINDER, 1934
SCHREIN DER UNSCHULDIGEN KINDER, 1934

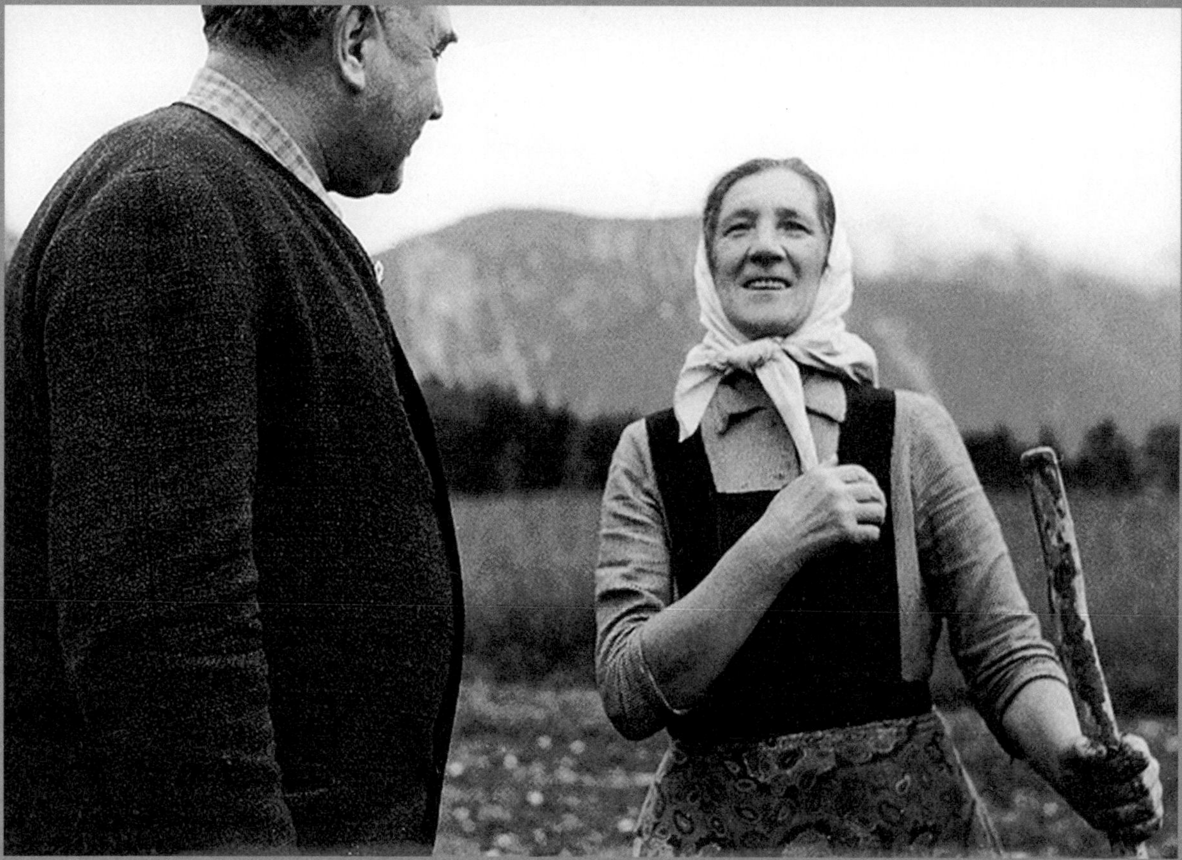

WERNER BERG IM GESPRÄCH MIT DER NACHBARIN, ca. 1972

Ich bin bis zu meinem 8. Lebensjahr auf dem Nachbarhof vom Rutarhof aufgewachsen. Mit dem Professor Berg verbinden mich viele Kindheitserinnerungen. Wir Kinder sind in Möchling in die Volksschule gegangen und wenn im Winter viel Schnee gefallen ist, hat der Herr Professor und meine Mama den Weg erst freischaufeln müssen. Wenn er im Winter am Abend vom Malen nach Hause gegangen ist, hat ihn mein Papa oft mit dem Auto mitgenommen. Da hat er uns Kindern dann immer seine Steigeisen gezeigt, ohne die er nie unterwegs war. Er war auch der Erste, der einen Fernseher gehabt hat, da durften wir dann einmal in der Woche das Kinderprogramm schauen. Ich weiß auch heute noch wo früher der „Blühende Kirschbaum" gestanden ist. Das Bild „Der Nachbar" ist mein Urgroßvater. Viele seiner Bilder wecken in mir immer wieder Kindheitserinnerungen. Entweder die gemalten Örtlichkeiten oder auch so manche der gemalten Personen (Familienmitglieder). Ich lebe heute im Burgenland, schaue aber immer noch gerne mal auf der Alm vorbei.

Evelyn Hackl

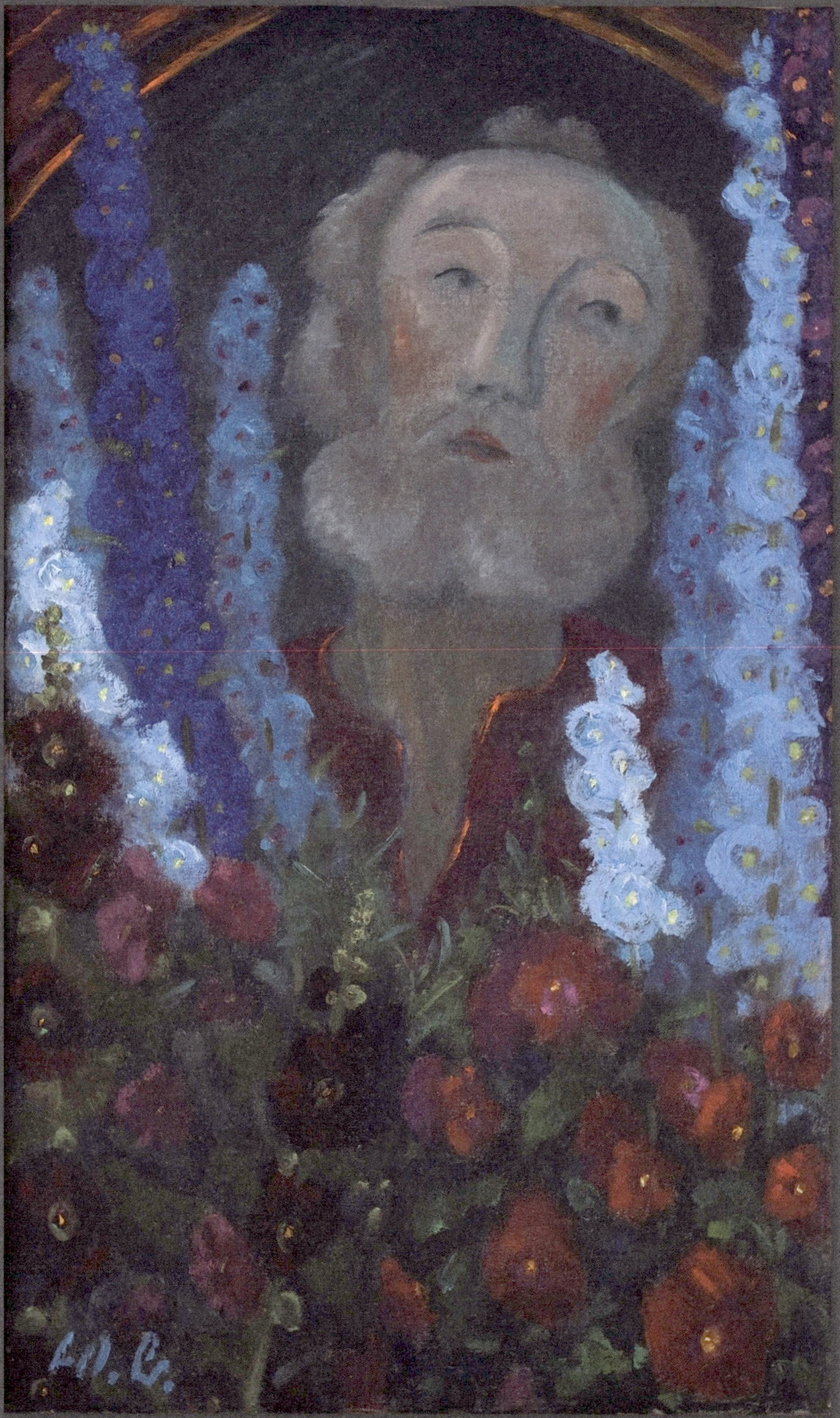

Altarfiguren

Werner Berg suchte für seine Bildfindung gerne Gelegenheiten „wo das Volk zusammenströmt". Dies war früher besonders bei Kirchtagen, Primizen und den hohen Glaubensfeiertagen der Fall. In den zahlreichen Pausen und Wartezeiten während der kirchlichen Zeremonien hat der Künstler oft diverse Altarfiguren zeichnerisch festgehalten. Stellvertretend für viele dieser Figuren ist hier der Hl. Christophorus aus dem Schrein des Tiffener Jakobusaltars zu sehen (S. 92). Dieser um 1510 entstandene Schutzheilige mit Resten der Originalfassung ist ein gutes Beispiel für die hohe Qualität der spätgotischen Kärntner Holzschnitzkunst. Aus Werner Bergs Spätwerk stammt das Bild „Sv. Aleksis", das eine auf die Außenwand der Kirche von St. Luzia gemalte Darstellung des Kirchenpatrons zum Motiv hat (S. 95).

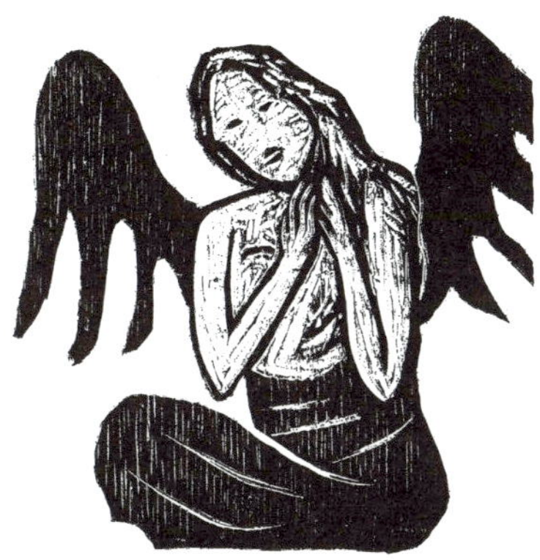

WERNER BERG
RITTERSPORN UND HL. PETRUS, 1978

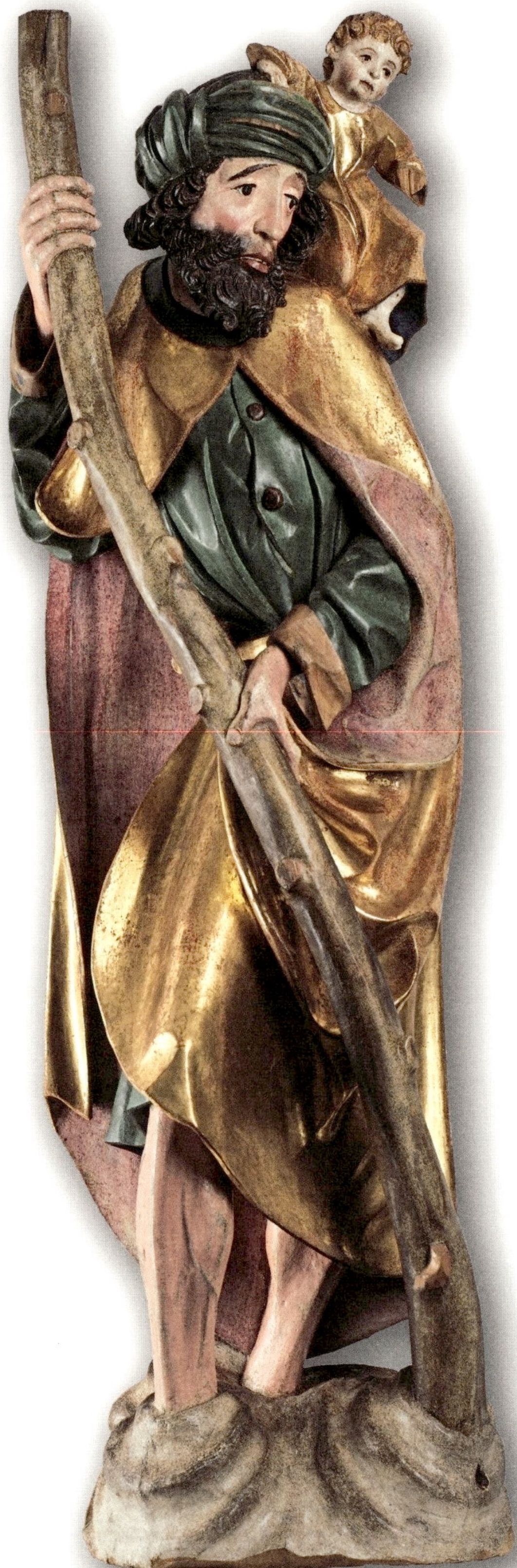

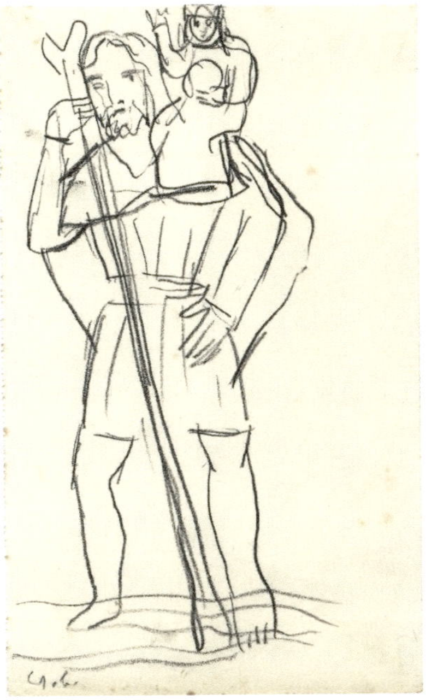

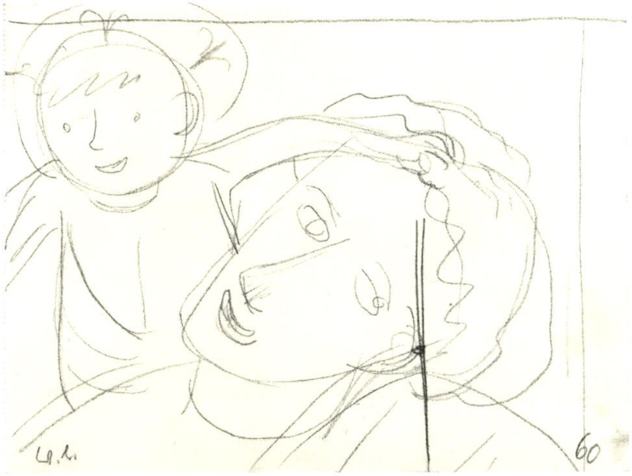

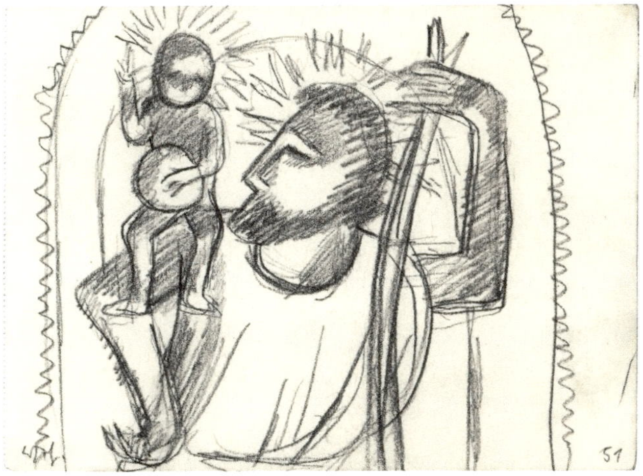

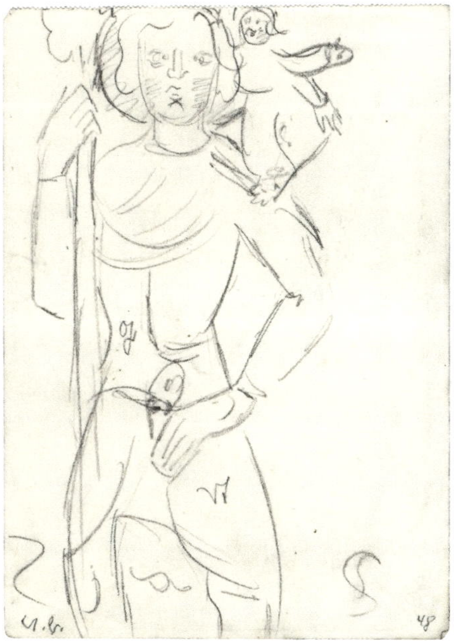

HL. CHRISTOPHORUS
um 1510, Landesmuseum für Kärnten

WERNER BERG
HL. CHRISTOPHORUS, 4 Skizzen 1932-1960

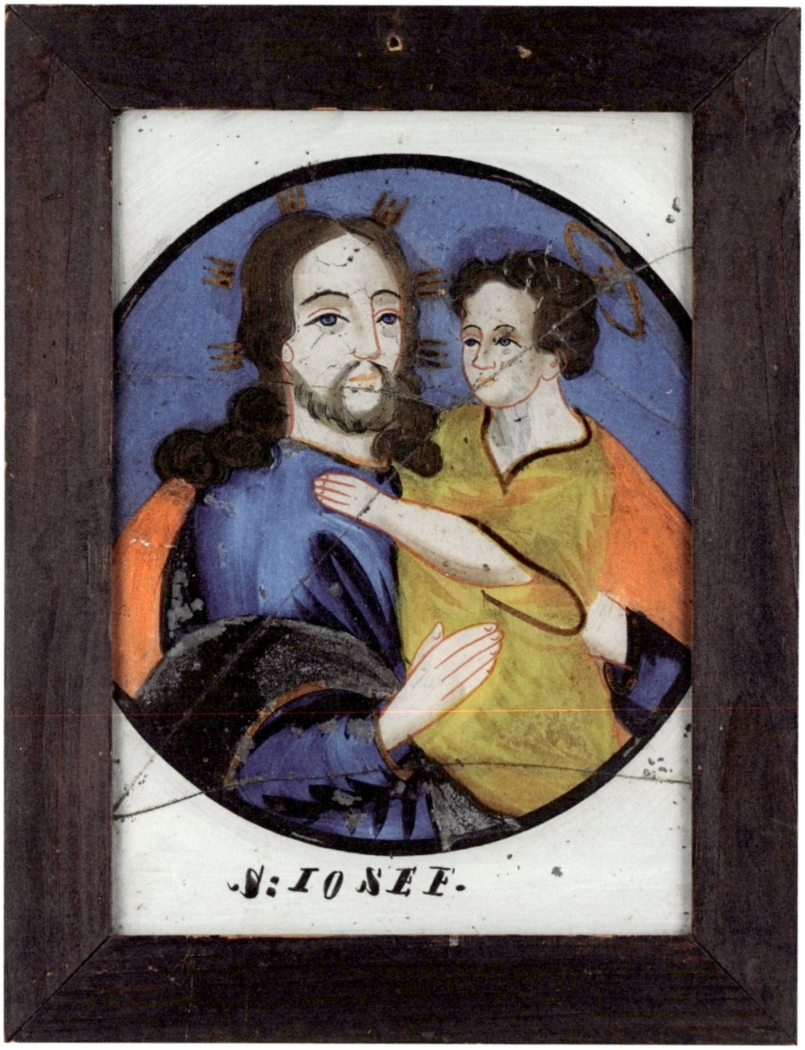

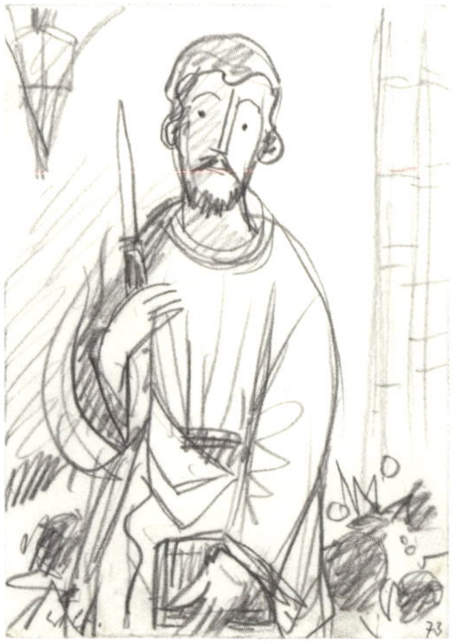

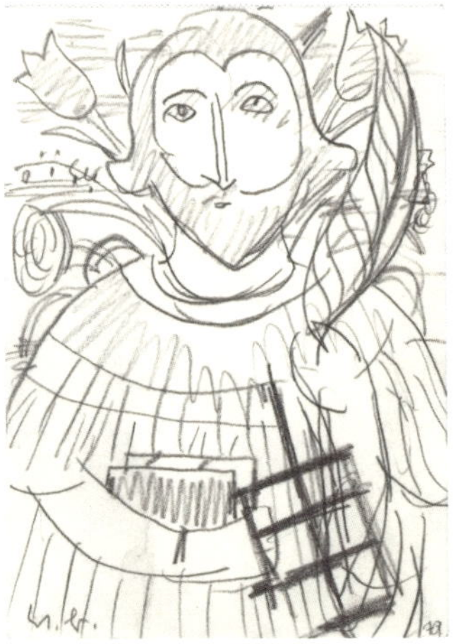

S. JOSEF, UM 1750
Sammlung Kraut

WERNER BERG
ALTARFIGUREN, 5 Skizzen 1966-1978

SV. ALEKSIS, 1978
Privatsammlung

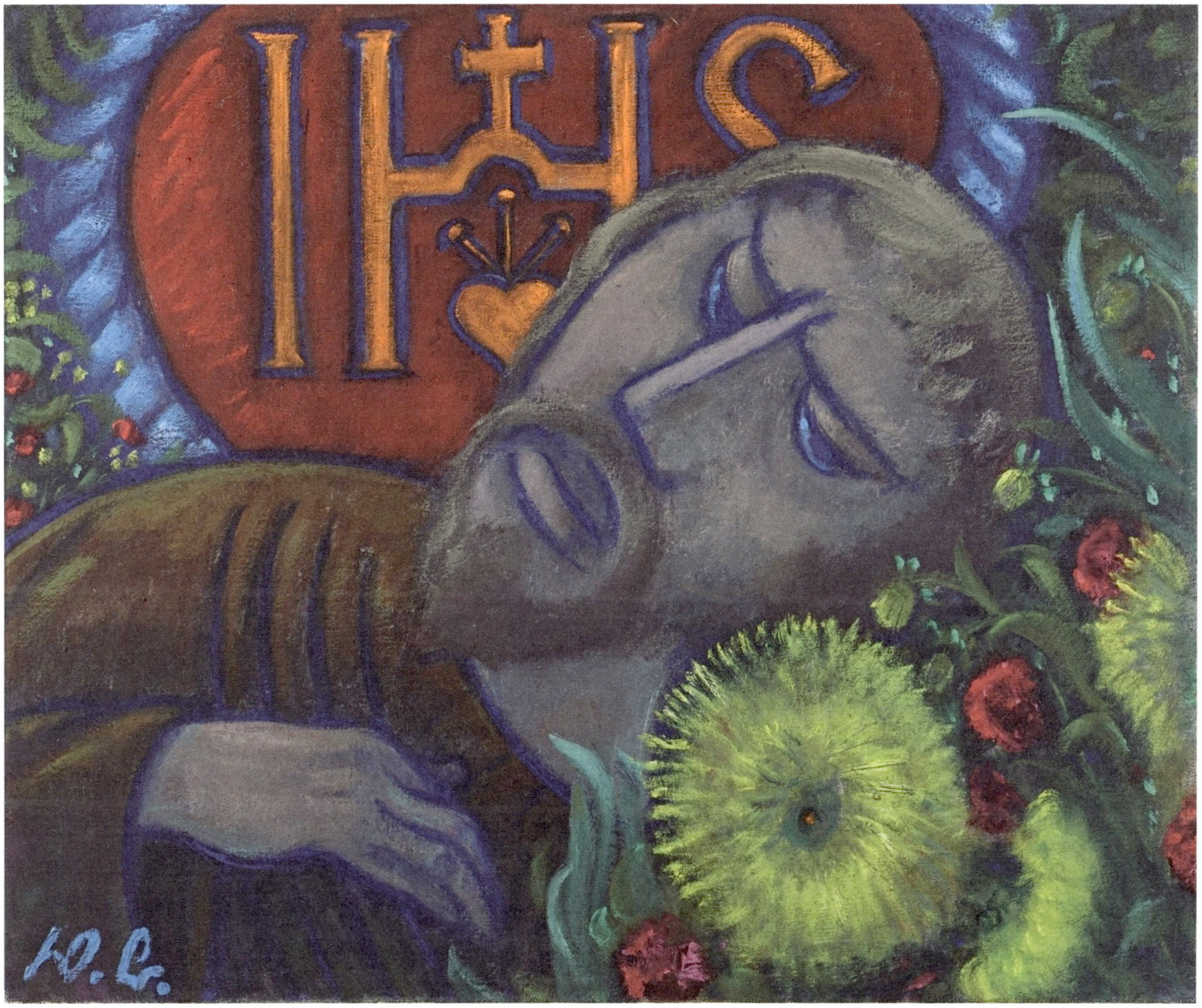
IHS

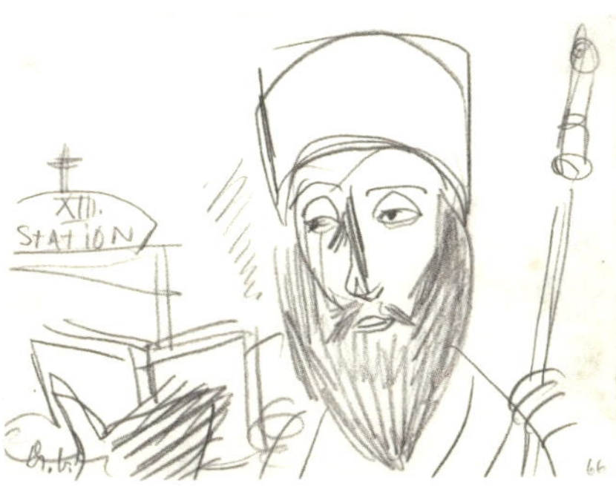
XIII.
STATION

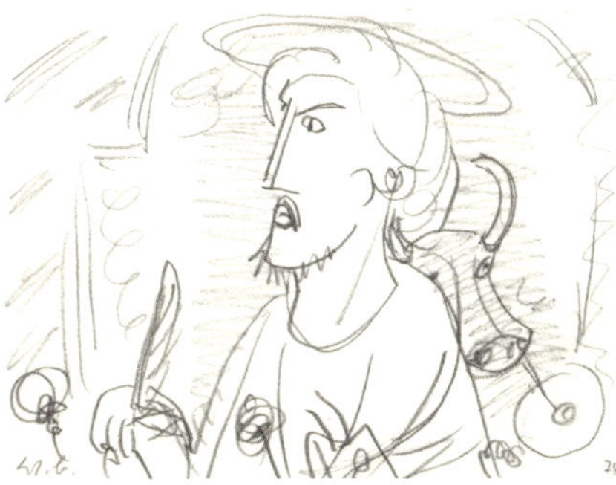

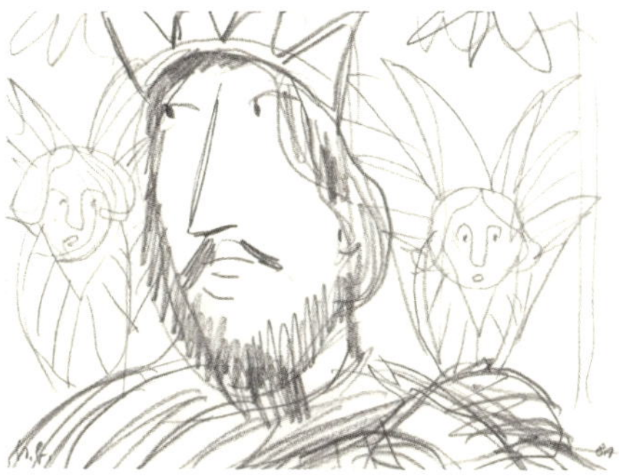

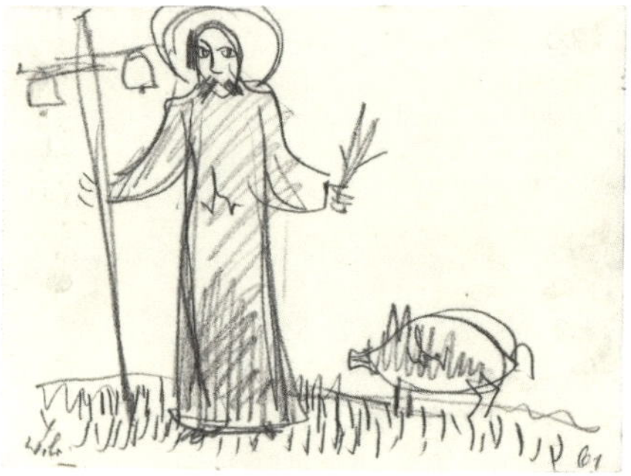

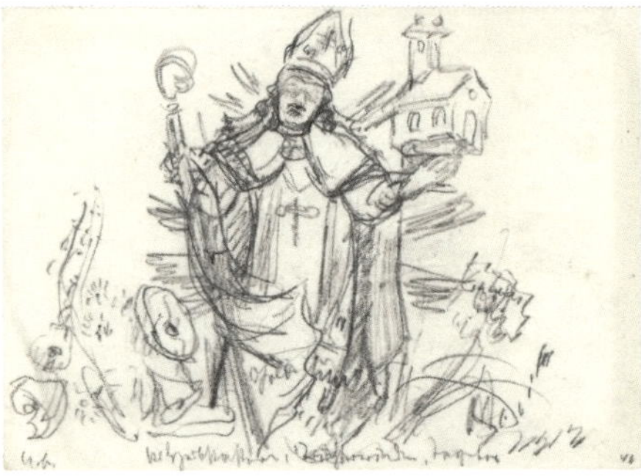

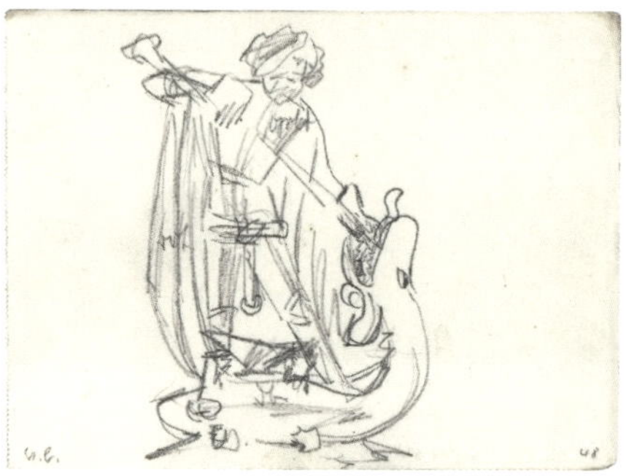

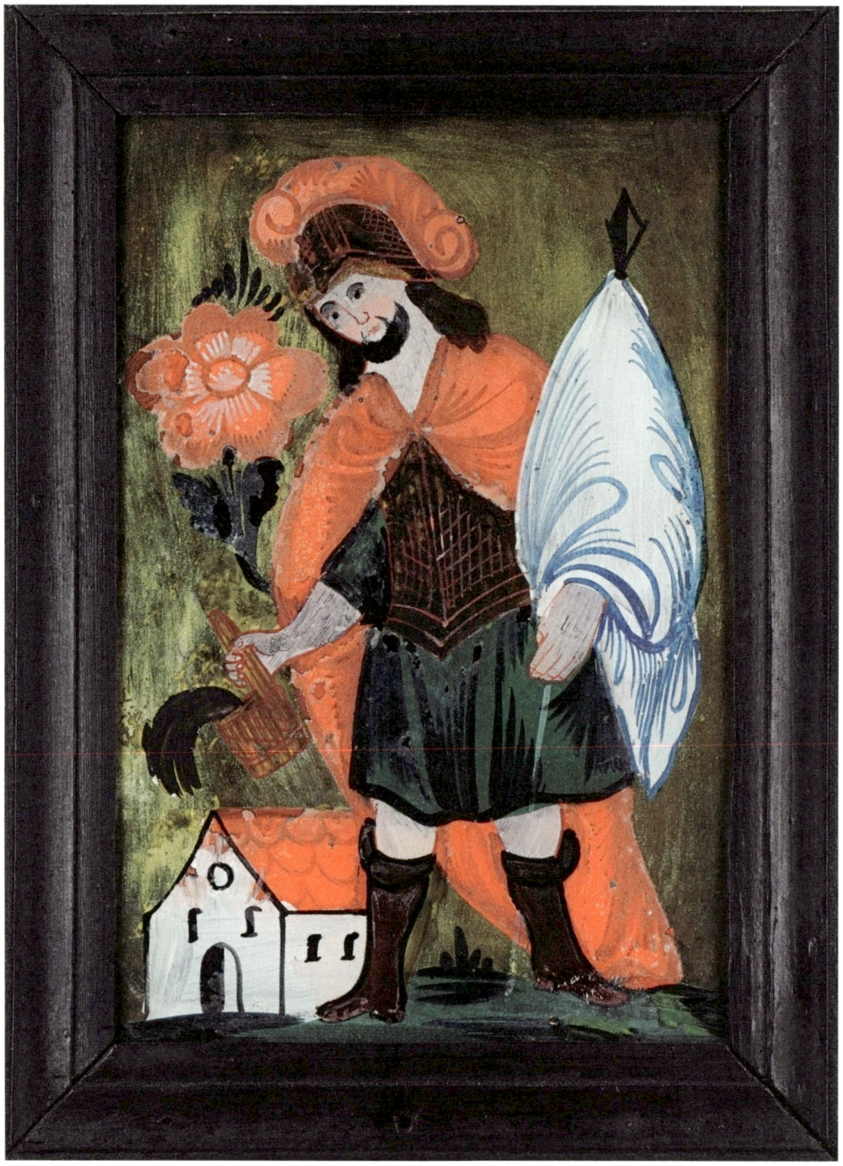

WERNER BERG
HEILIGE, 5 Skizzen, 1936 - 1973

HL. FLORIAN
um 1750, Sammlung Kraut

S. MARTINI
um 1800, Sammlung Kraut

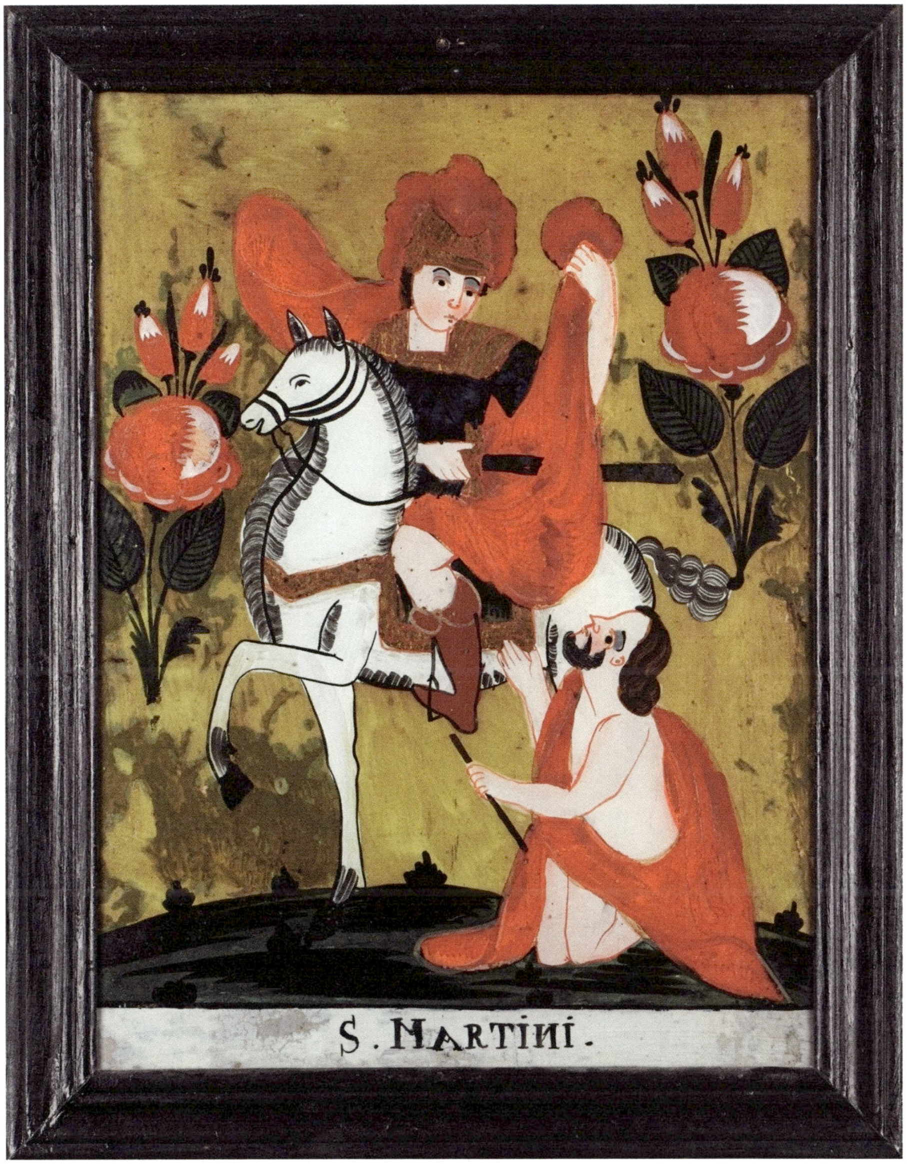
S. MARTINI.

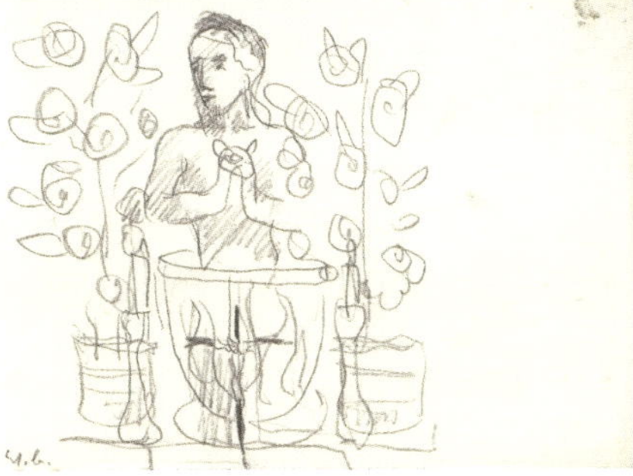

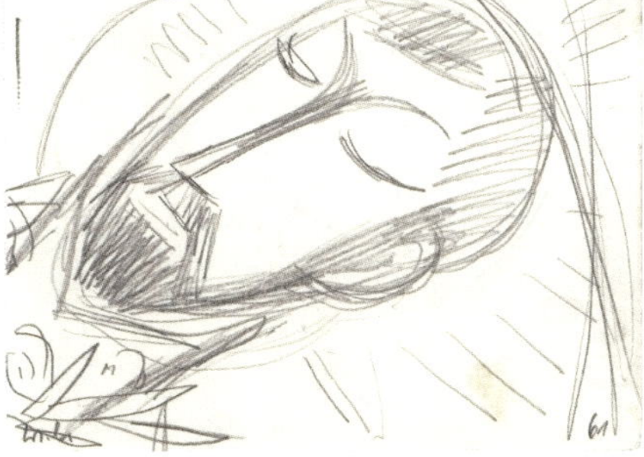

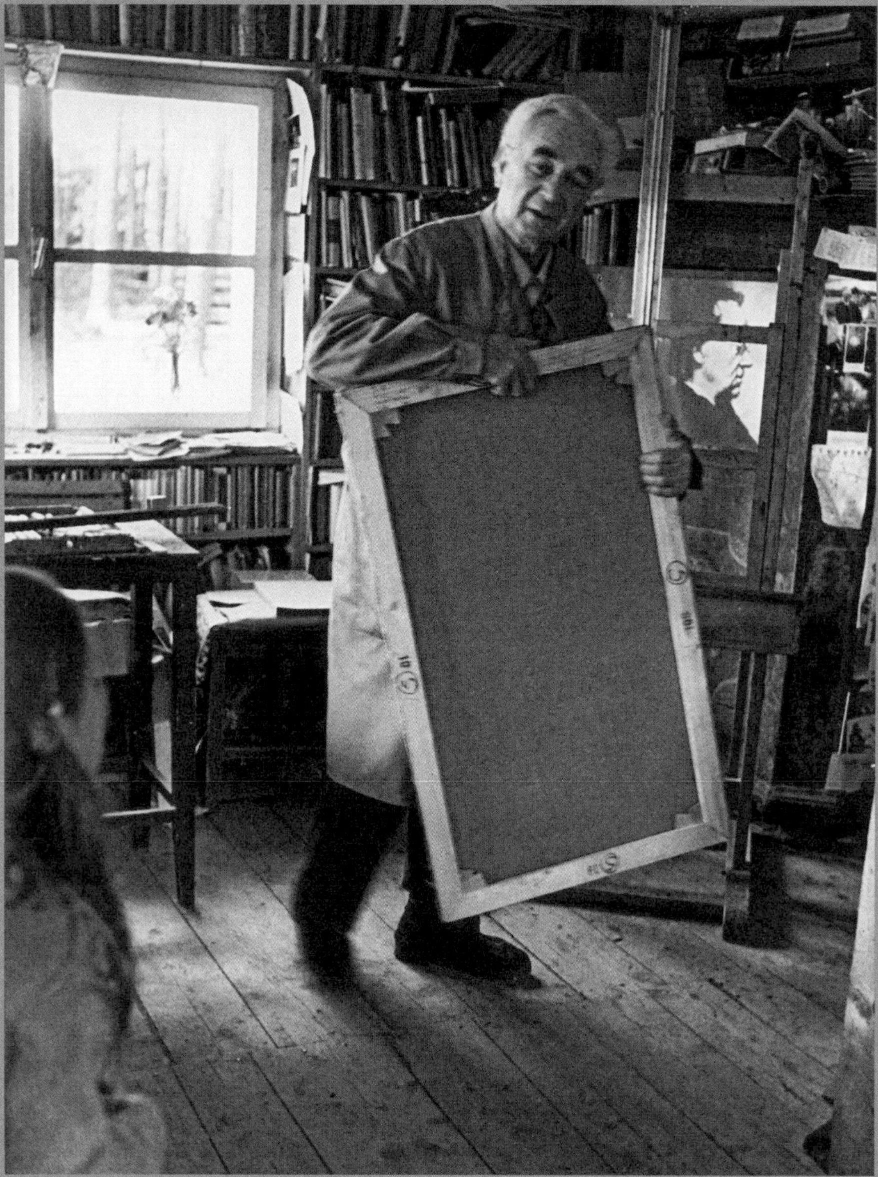

WERNER BERG IN SEINEM ATELIER, 1979

Eine kleine, ganz private Geschichte möchte ich erzählen. Eine Geschichte, die mich mit Werner Berg immer noch verbindet. Im Sommer 1978 besuchte ich, wieder einmal, meine Eltern in Villach. Auf dem Küchentisch lag ein großer Kalender mit Bildern, die mich sofort faszinierten. Von wem sind die? Wer ist das? Wo lebt der? Im Rosental! Den möchte ich kennen lernen. Da wirst Du wenig Freude haben. Er soll unleidlich sein und außerdem kontaktscheu. Egal, ich will ihn besuchen. Meine Eltern fuhren mit mir zum, inzwischen ausgekundschafteten, Rutarhof. Setzten sich in eine Wiese und schickten mich auf die Suche. Mild lächelnd. Der Rutarhof lag links von mir. Groß, offen, leer. Ich bemerkte ein kleines Haus, rechts, etwas entfernt. Eine Holztreppe führte außen am Gebäude hoch. Ich stieg nach oben und blickte durch große schmutzige Fenster in einen ziemlich vollgestellten Raum. Da stand, mit dem Rücken zu mir, ein Riese. So kam es mir vor. Schneeweiße Haare, weißer, auch schmutziger, Arbeitskittel. Er stand neben einer Staffelei. Ich störte. Ich empfand eine große Intimität und wollte schnell wieder verschwinden. Da drehte er sich um. Wir sahen uns lange an, ich war unfähig mich zu bewegen. Dann, nach endlosen Sekunden, kam er zur Türe und bat mich hinein. Ich erzählte von meiner Begeisterung für seine Bilder, warum mich diese unglaublichen Farben so berührten. Er sagte wenig. Er sah mich nur an. Irgendwann später stolperte ich hinaus, versprach mich wieder zu melden. Versprach es ganz fest. Da rief er mich zurück. Er schenkte mir ein kleines Ölgemälde, drei Blumen. Malven, tief, dunkel, lila, blau. Das sind Sie für mich, sagte er. Sie sind für mich eine Malve. Ich schwebte zu meinen Eltern. Sie waren etwas irritiert, ich war zu lange weg. Hätte ich nicht die Malven in meinem Arm gehabt, niemals hätten sie mir geglaubt. Bis zu seinem Tod war ich mit Werner Berg eng befreundet.

Heidelinde Weis

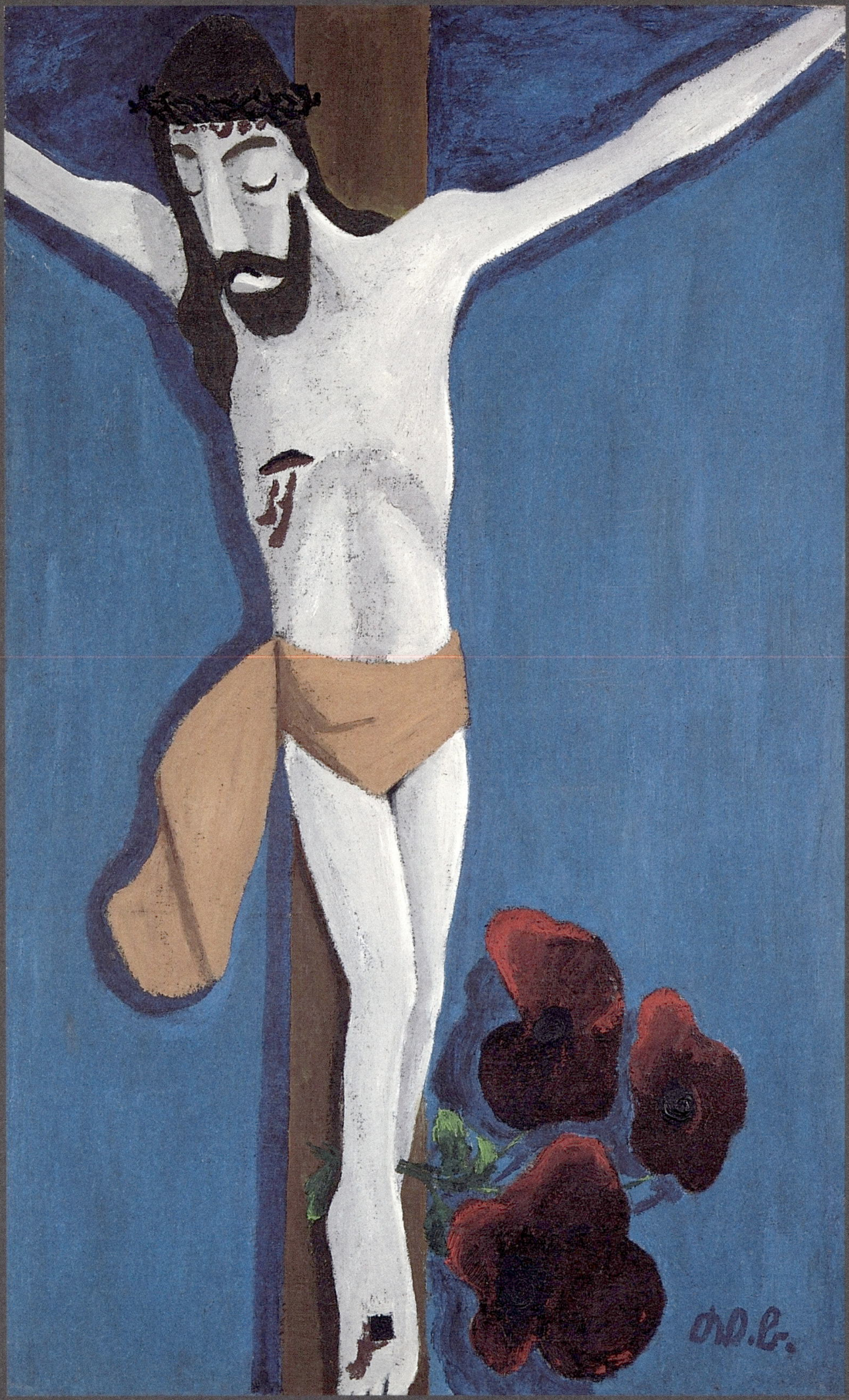

Kruzifix und Schmerzensmann

Auf den Bauernhöfen waren oft Hinterglasbilder im Herrgottswinkel zu finden. Deren eigenständige volkstümliche Malerei entstand meist nicht in Kärnten selbst, die Bilder wurden von fahrenden Händlern, die mit „Kruckenkörben" durchs Land zogen, vertrieben. Bereits die Künstler um Wassily Kandinsky und Gabriele Münter ließen sich von der Buntheit der Hinterglasmalerei inspirieren. Für Werner Berg lieferte die Flächigkeit des Farbauftrages zusammen mit der Reduktion auf wenige Einzelfarben wohl eine entscheidende künstlerische Anregung. Besonders faszinierte den Künstler auch der ganz eigene Charakter der zahlreichen plastischen Kruzifixe in den Dorfkirchen und auf den Kirchhöfen in der Region. Meisterhaft bestimmen auch in diesen Werken kompositorische Gegensätze deren Charakter – man beachte etwa den Kontrast vom leichenfarbenen Corpus Christi zum hellen Gesicht des jungen Geistlichen (S. 107), oder vom Friedhofskruzifix, auf dem frech ein Hahn sitzt, zum verschlagenen, feisten Gesicht des Mannes darunter (S. 104).

WERNER BERG
KRUZIFIX, 1933
Privatbesitz

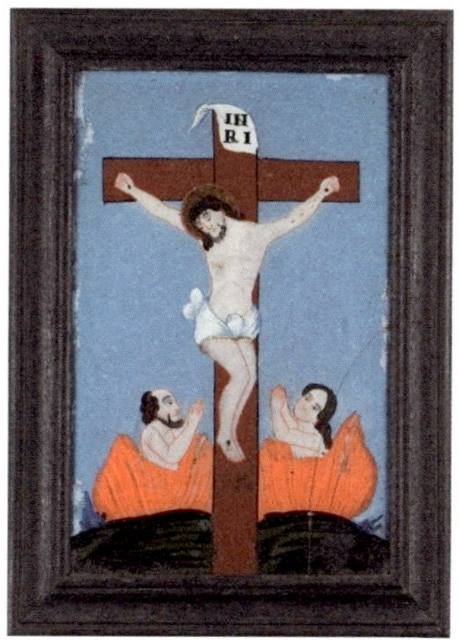

KRUZIFIX UND FEGEFEUER
um 1750, Sammlung Kraut

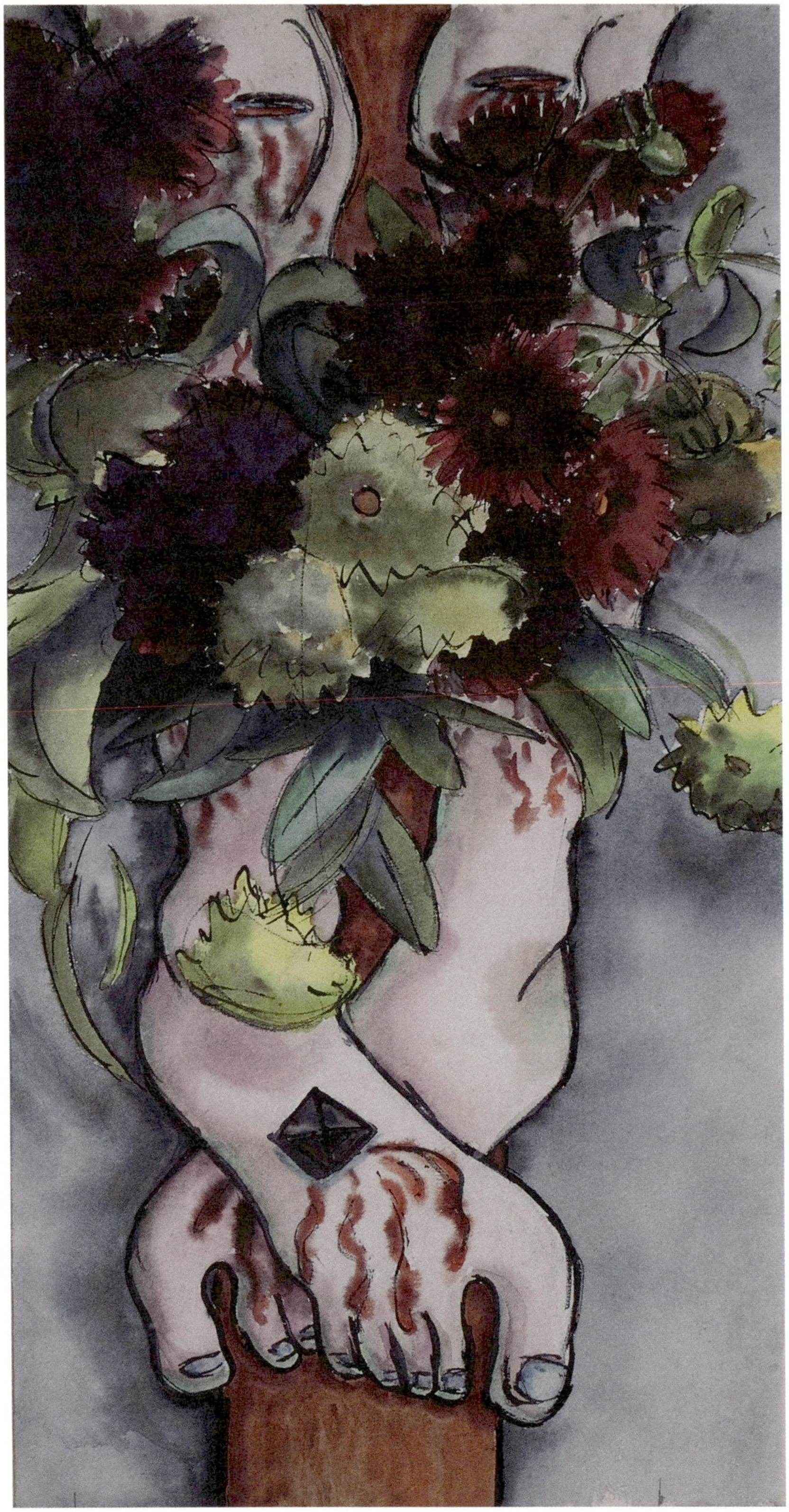

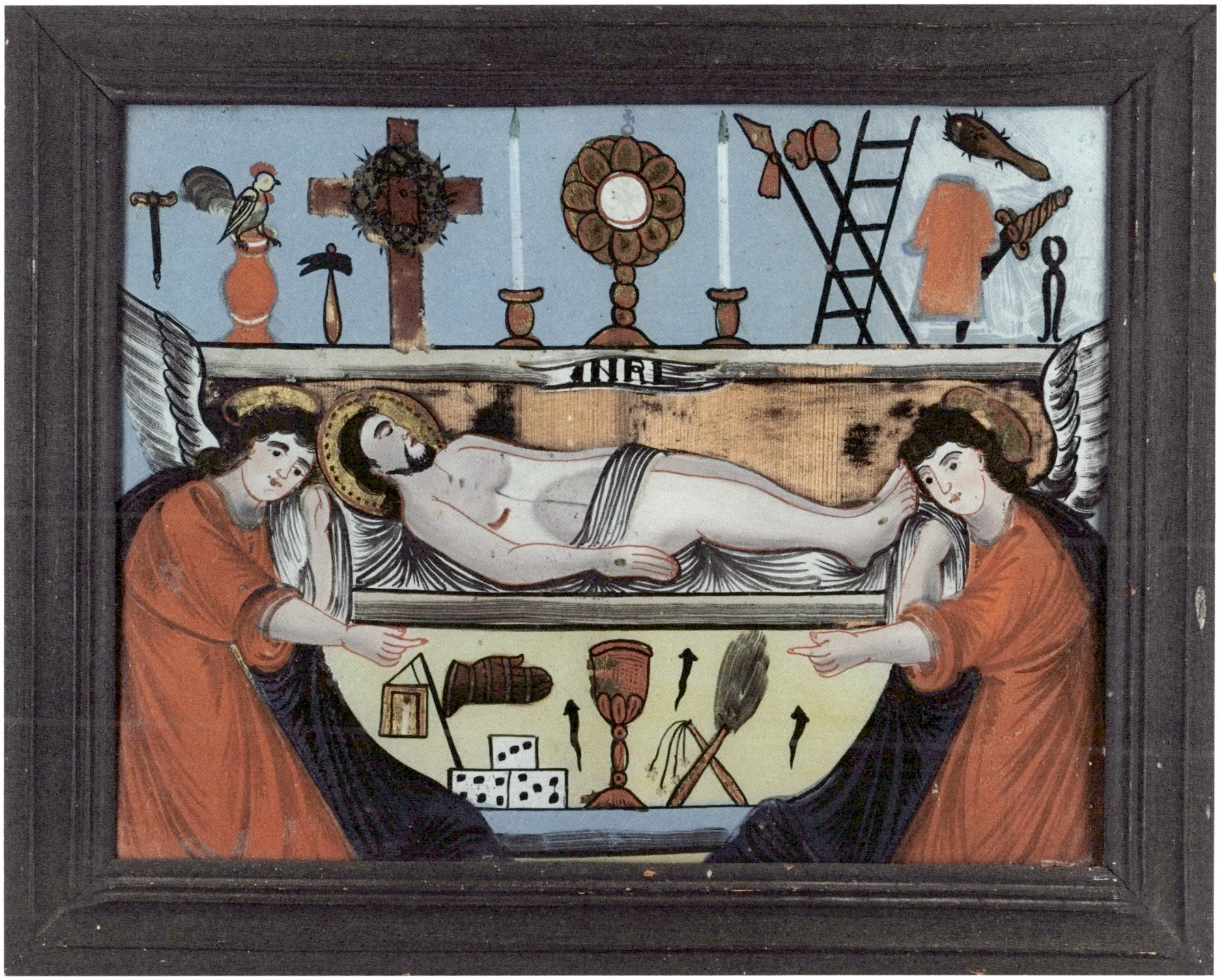

WERNER BERG
DIE FÜSSE DES GEKREUZIGTEN, 1948

GRABLEGUNG
um 1750, Sammlung Kraut

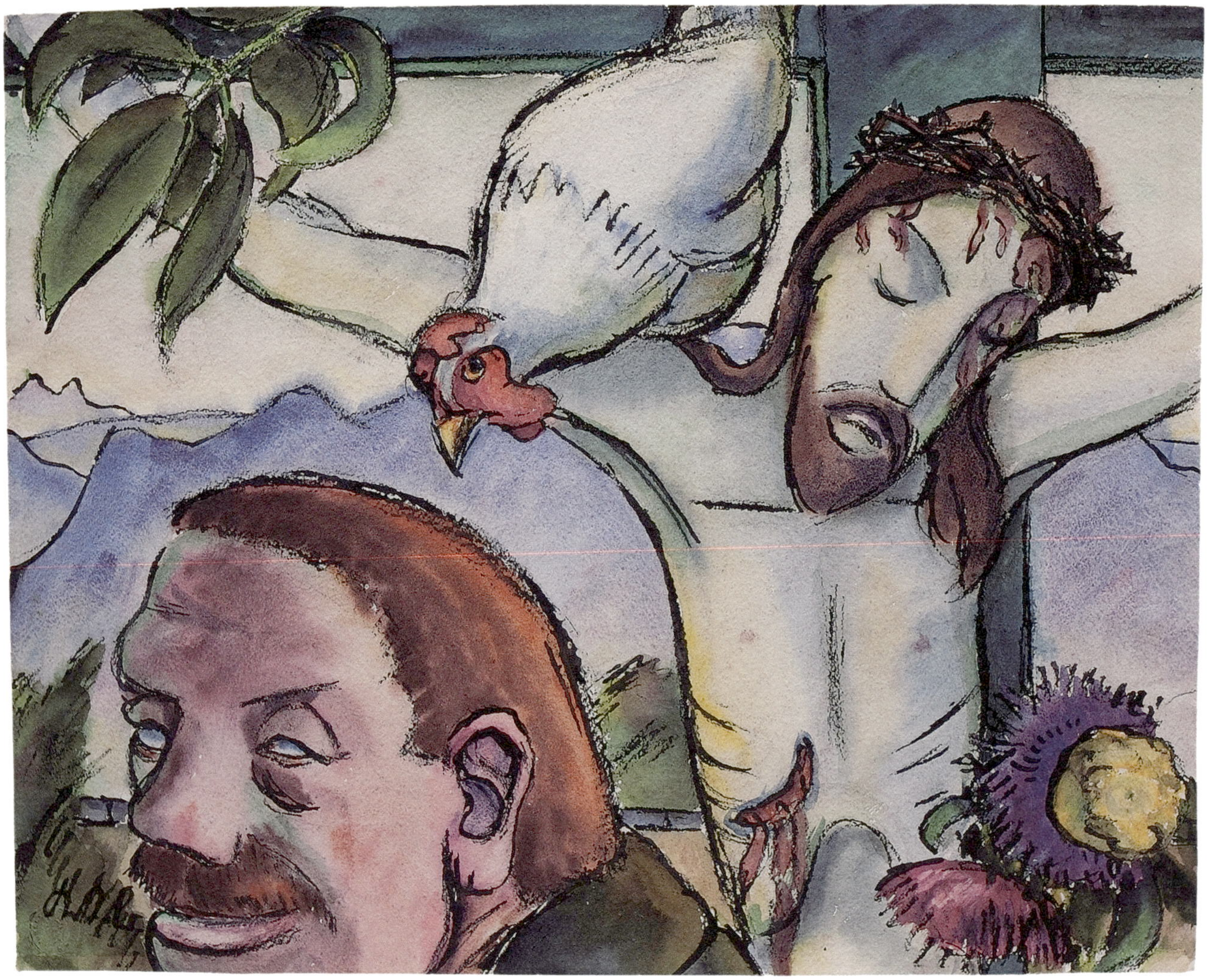

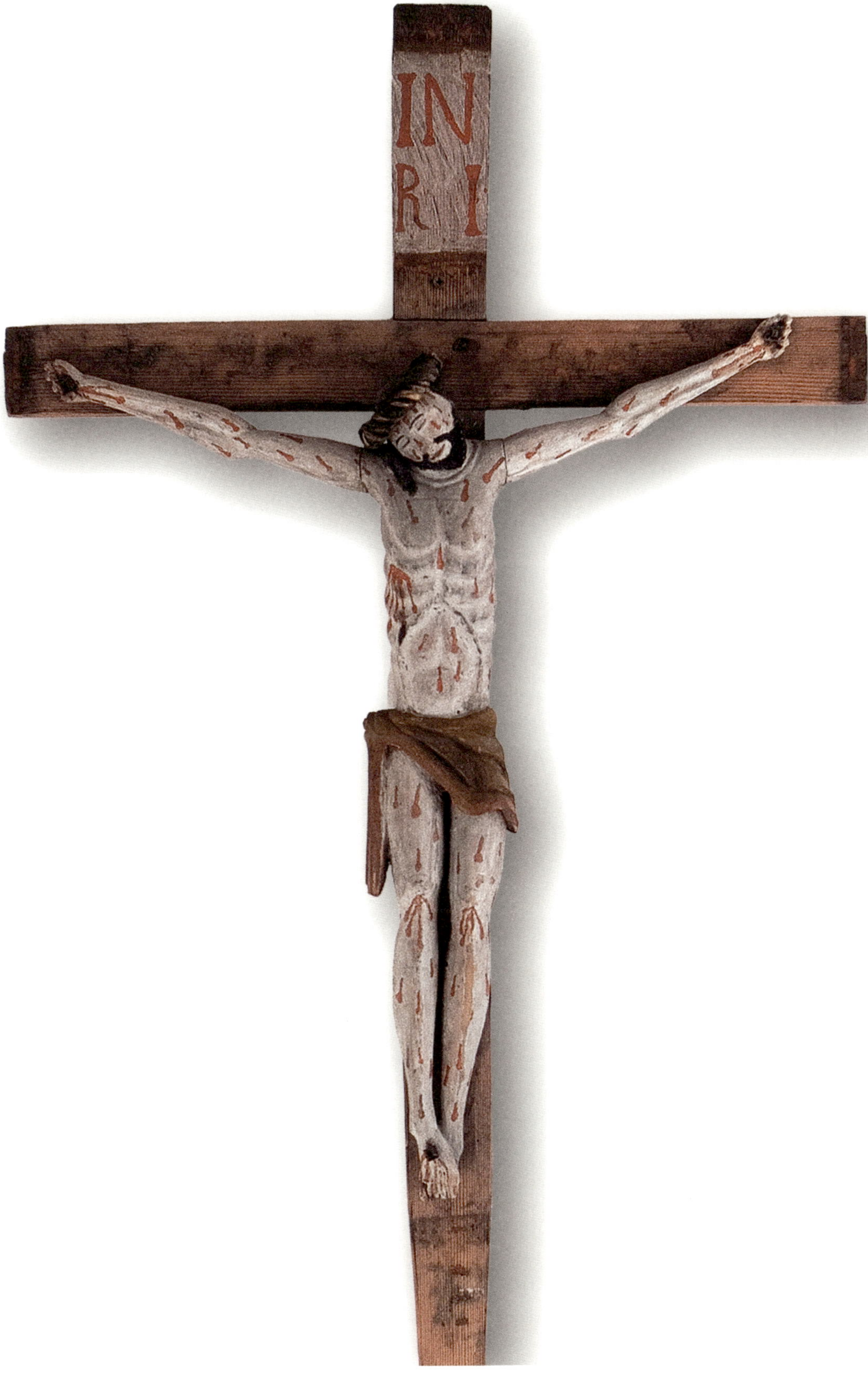

WERNER BERG
HAHNENSCHREI, 1947

VORTRAGSKREUZ
Pfarramt Globasnitz/Globasnica

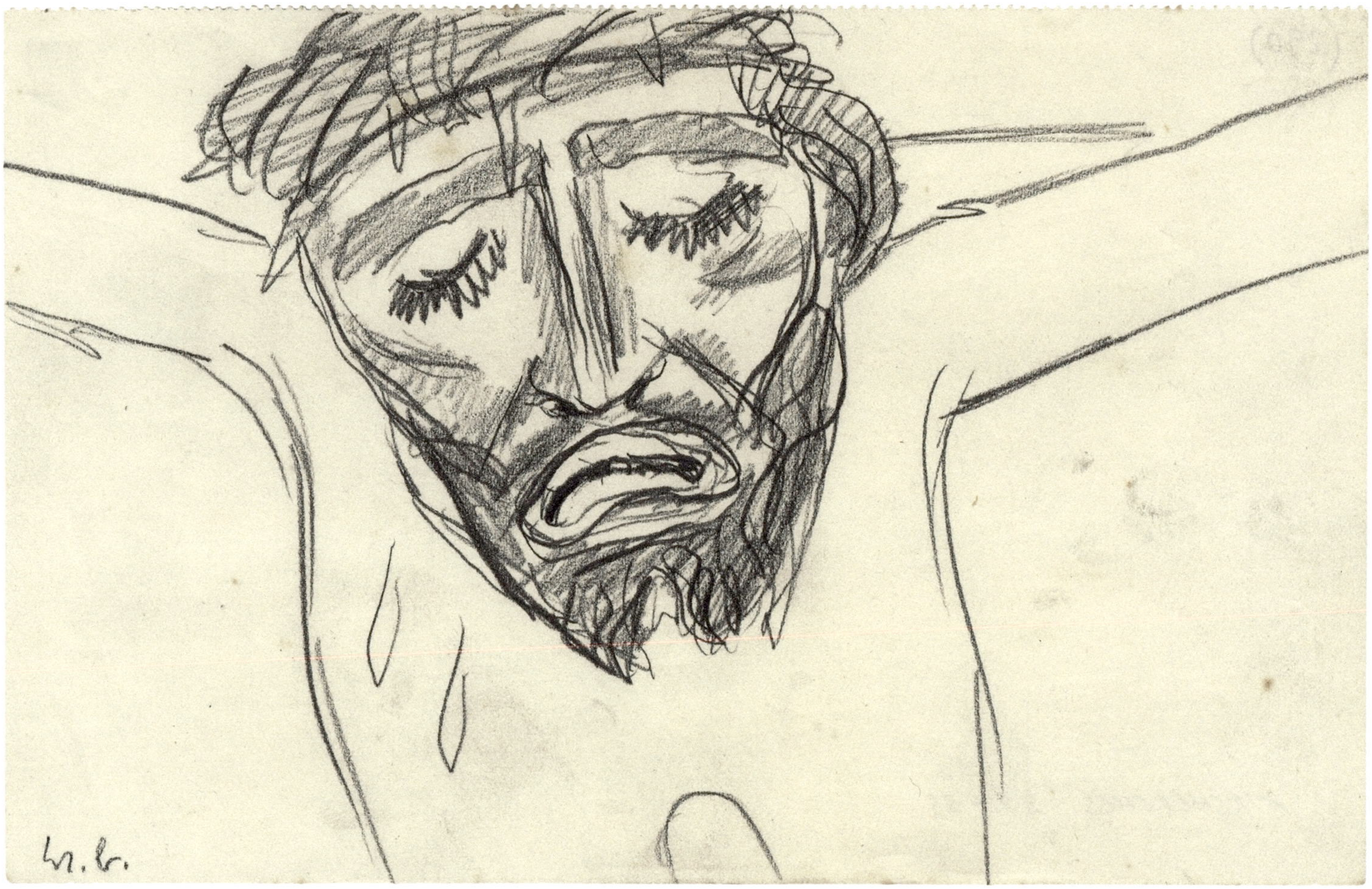

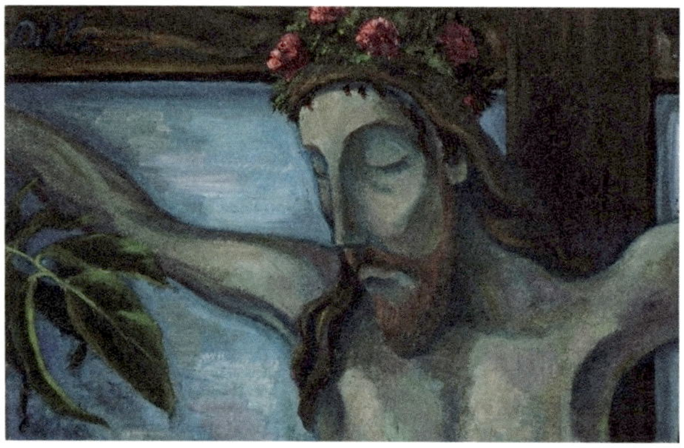

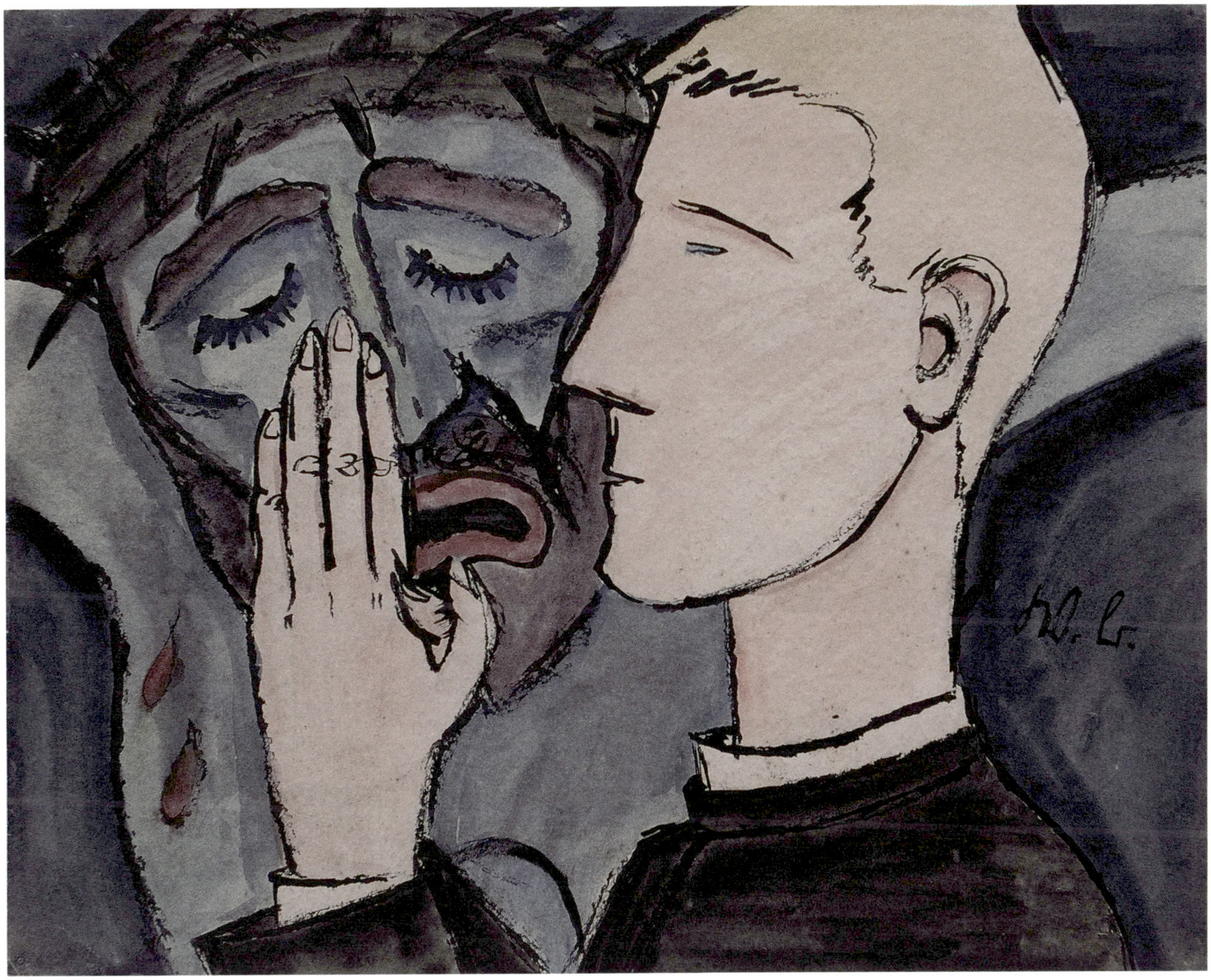

WERNER BERG
KRUZIFIX, 1932
KRUZIFIX, 1947
KRUZIFIX UND PRIESTER, 1933

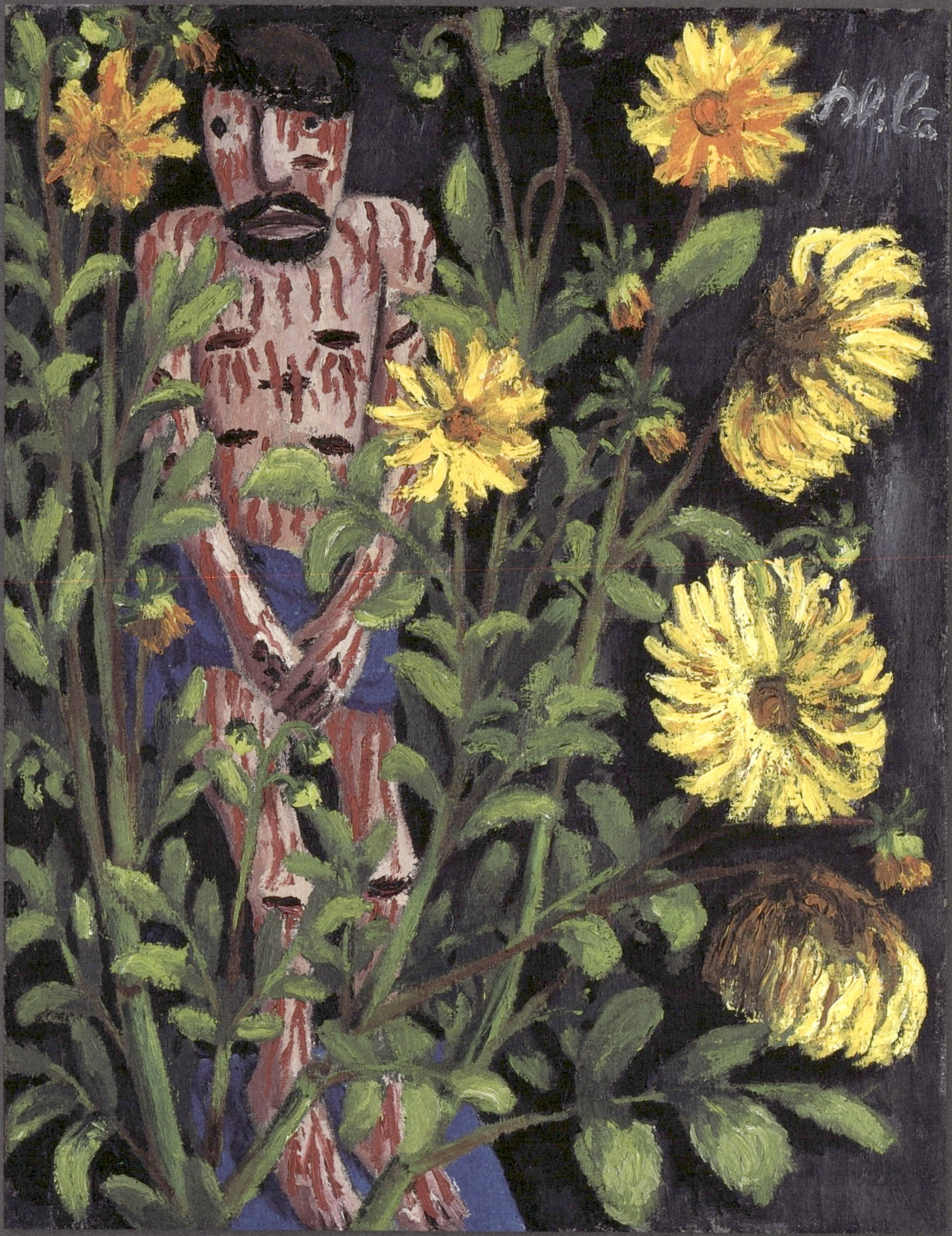

Die Passion Christi war immer wieder ein zentrales Thema der Kunst, das gleichermaßen den angesehenen Meister wie den volkstümlichen Laienmaler inspirierte. Werner Berg interessierte sich einerseits für die dramatischen Aspekte der Leidensgeschichte, setzte aber im Kontrast dazu gerne den besonders reichen Blumenschmuck auf den Kirchen- oder Hausaltären. Die Figur des Schmerzensmanns fand er im Kärntner Diözesanmuseum, wo diese auch heute noch verwahrt wird.

Das mit Dornen geschmückte Heilige Haupt war ab der Mitte des 18. Jahrhunderts in nahezu allen Kärntner Kirchen und Privatkapellen zu finden. Eine einfache in slowenischer Sprache beschriftete Kreuzwegstation aus dem Landesmuseum und ein spätbarockes Andachtsbild aus der Pfarre Bleiburg zeigen ähnlich drastisch den blutüberströmten Leidenden (S. 110).

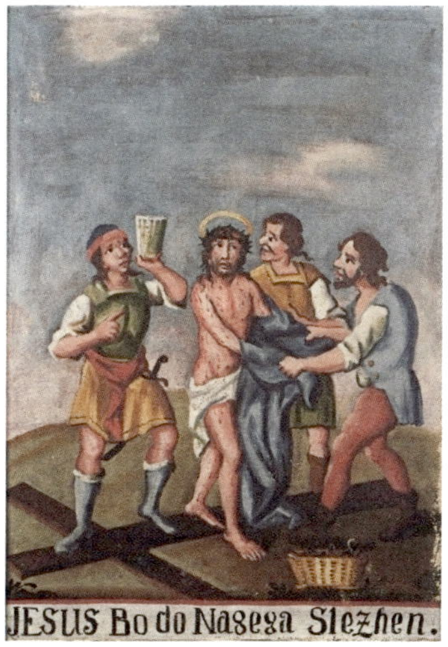

WERNER BERG
SCHMERZENSMANN UND GEORGINEN, 1934

KREUZWEGSTATION X
um 1800, Landesmuseum für Kärnten

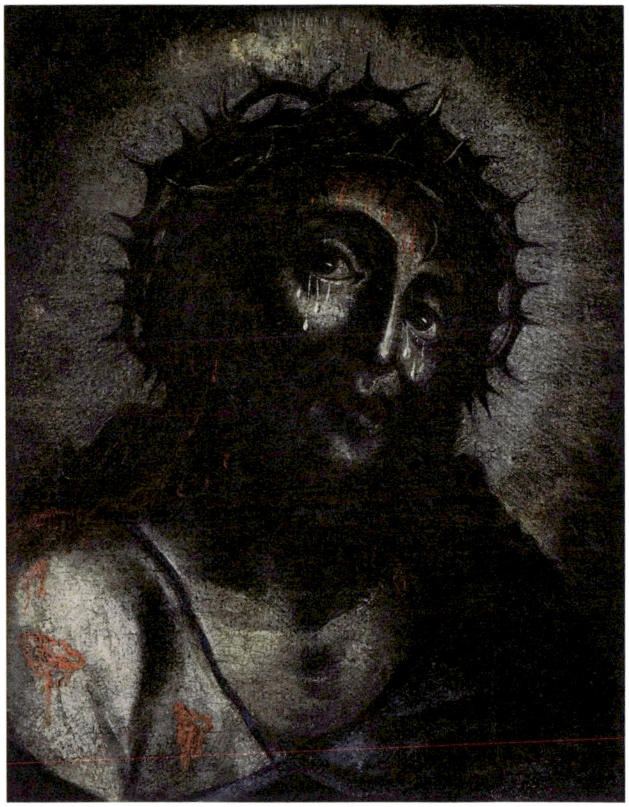

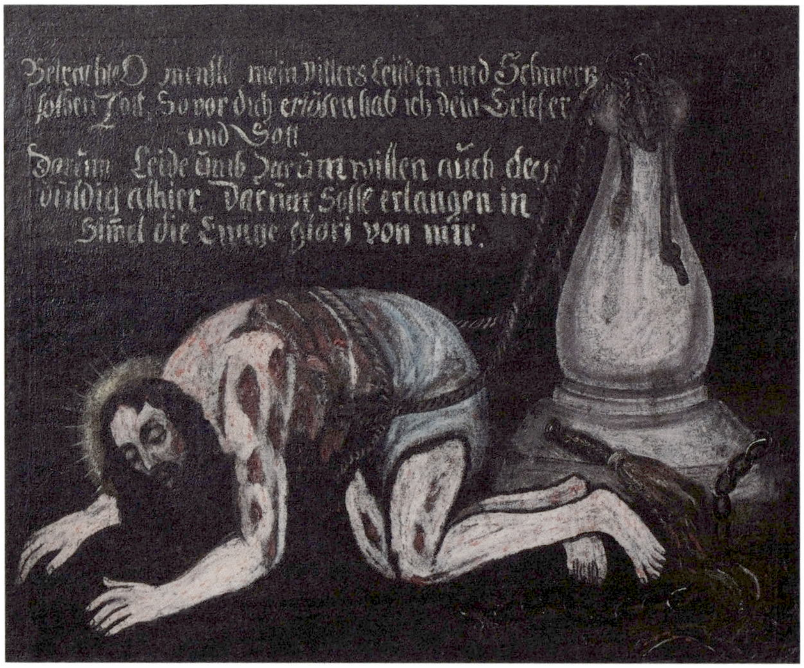

HEILIGES HAUPT
um 1750, Landesmuseum für Kärnten

SCHMERZENSMANN
um 1700, Stadtpfarre Bleiburg/Pliberk

WERNER BERG
ECCE HOMO, 1933
Privatbesitz

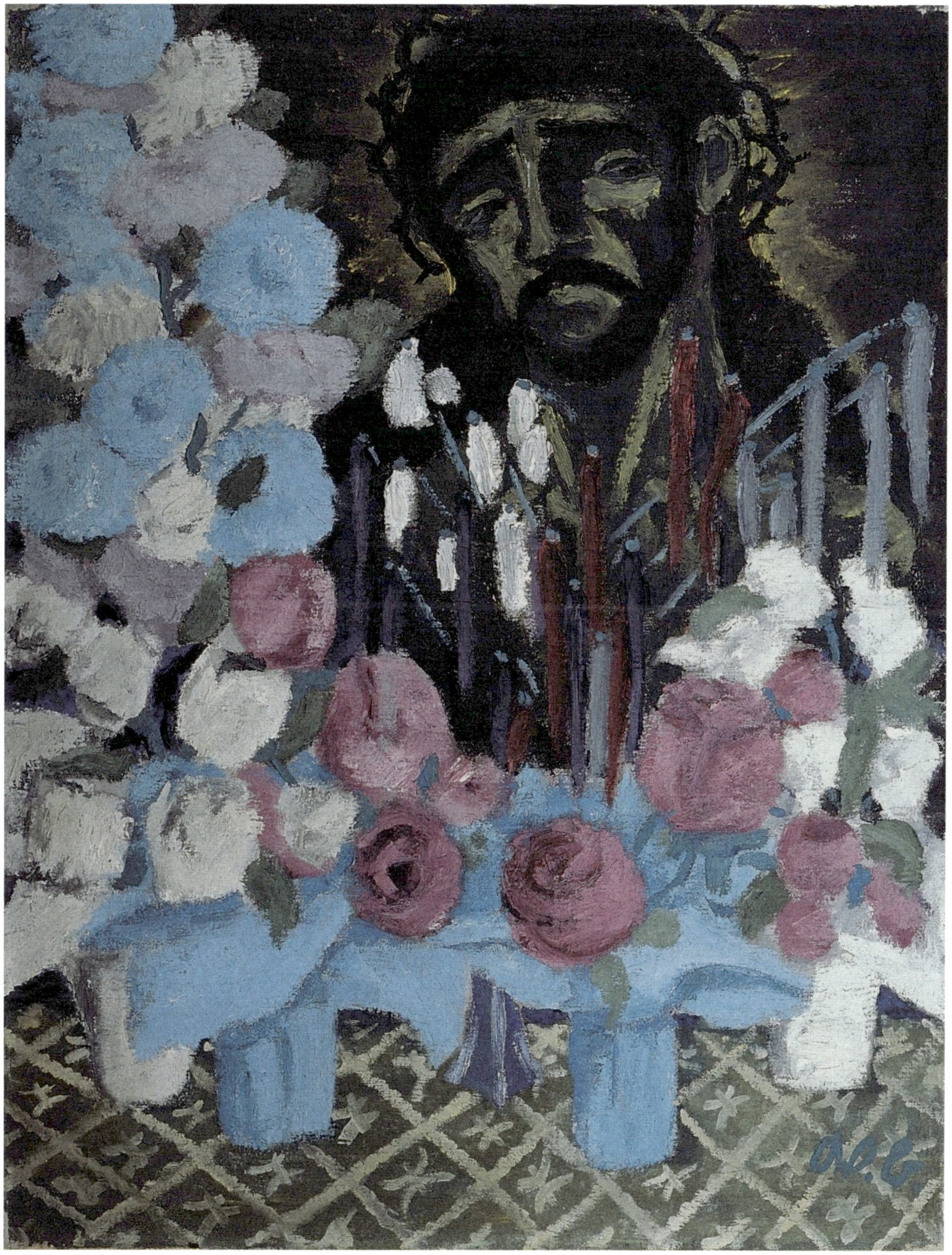
O.D.G.

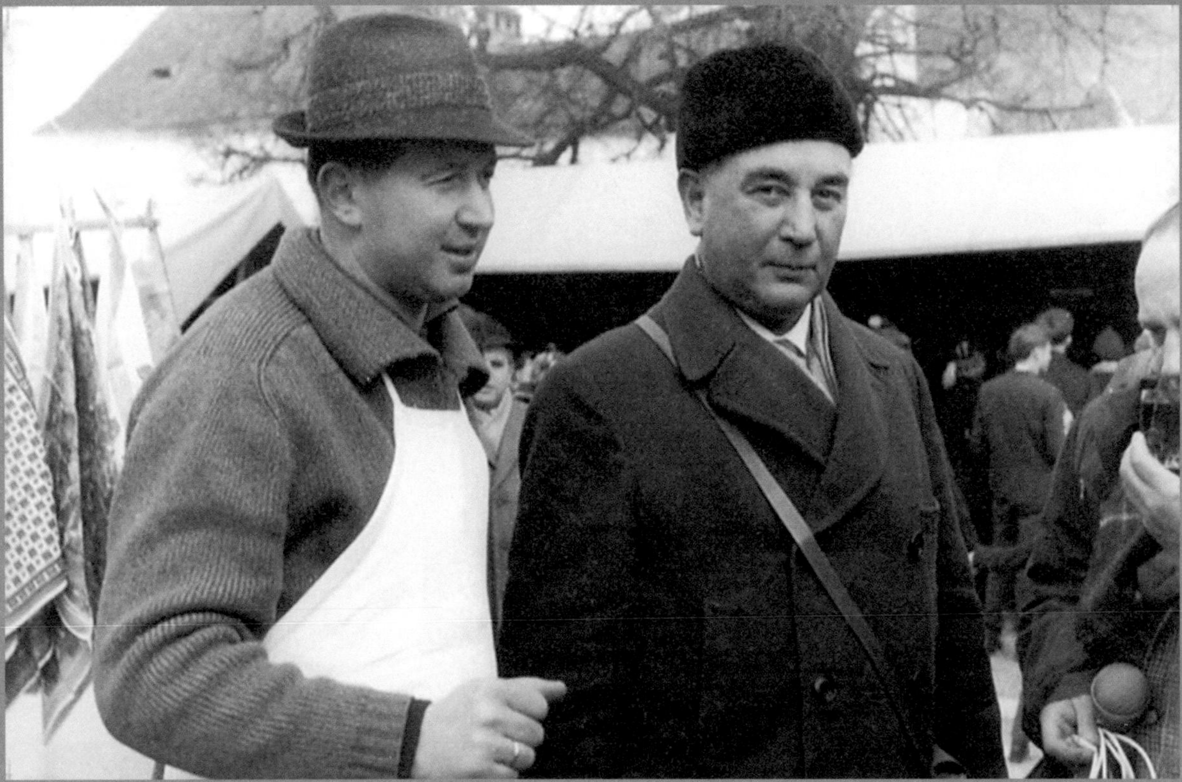

GOTTFRIED STÖCKL UND WERNER BERG, 1964

Im Jänner 1958 fand in Globasnitz eine Primiz statt, bei der wir als Lebzelter unseren Verkaufsstand aufgestellt hatten. Mit meinem Vater wechselten wir uns bei der Arbeit ab, damit wir uns an diesem kalten Vormittag im nahegelegenen Gasthaus ein wenig wärmen und laben konnten. Es war ein Zufall, dass Werner Berg und ich – wir kannten uns damals noch nicht – am gleichen Wirtshaustisch Platz nahmen. Die köstliche „Saure Suppe", die uns die Kellnerin brachte, verströmte einen feinen Geruch „An so einem kalten Tag gibt es wohl nichts Besseres als eine heiße Saure", sagte ich beiläufig. „Da haben Sie recht", meinte der Herr am Tisch. Ich wünschte: „Guten Appetit" und begann zu essen. Diese Unterkärntner Spezialität wird in einer kleinen Porzellanschüssel auf einem großen Unterteller dem Gast serviert, damit er darauf die Suppenknochen ablegen kann. „Sie wundern sich vielleicht über meine schwarzen Hände", sagte mein Gegenüber. Erst jetzt bemerkte ich, dass mein Tischnachbar eigenartig geschwärzte Finger hatte, die sich kontrastreich von der Porzellanschüssel abhoben, die er mit beiden Händen umfasst hielt, um sie als Wärmespender zu benützen, „Entschuldigen Sie bitte, das ist nur Graphitstaub, der vom ständigen Bleistiftspitzen beim Skizzieren an den Fingern haften bleibt." „Ah, Sie zeichnen hier! Sind Sie vielleicht der Künstler, dessen Holzschnitte kürzlich in der Volkszeitung abgebildet waren – der Maler Werner Berg?" Unsere Bekanntschaft erneuerten und vertieften wir in den folgenden Jahren bei regelmäßigen Begegnungen auf den Kirchtagen und Märkten des Jauntales. Bei so einer Gelegenheit gab mir Werner Berg, mit persönlicher Widmung, einen Katalog seiner Münchner Ausstellung. Der darin von ihm verfasste programmatische Text ,,Bekenntnis zum Gegenständlichen" bewirkte, dass ich mich mit noch größerem Interesse seiner künstlerischen Arbeit zuwandte. Dadurch kam es zu einem Neuentdecken, – aber auch Wiedererkennen meines eigenen Lebensumfeldes. In diesen Jahren der ersten Kontakte mit Berg war ich ganz auf sein Werk fixiert und wurde zum begeisterten Bewunderer seiner Bilder und Holzschnitte. Mit ausgesuchten Büchergeschenken weckte er in mir das Interesse für das weite Land der Kunst. Bei Besuchen am Rutarhof lernte ich seine Familie kennen. Im Atelier zeigte Berg seinen Besuchern die Bilder – oder besser gesagt, er stellte sie vor. Die Vorstellung der Bilder verlief nach einer Art Ritual: Bekleidet mit einem langen Malkittel holte er aus dem ursprünglich als Atelier geplanten, mit großen Nordfenstern ausgestatteten Raum aus seinem schier unerschöpflich scheinenden Gemäldefundus ein Bild nach dem anderen in eine zwei Stufen tiefer liegende Kammer, deren Fensterwände mit Bücherregalen ausgekleidet waren.

Werner Berg war ein Leser, der ständig am literarischen Puls der Zeit fühlte und mit einem Gedächtnis ausgestattet, das ihn jederzeit mühelos Zitate wortgetreu abrufen ließ. Um den Raum der Bildpräsentation weiter zu beschreiben, sind vor allem eine große Staffelei, ein Arbeitstisch, einige Stühle, ein Kasten, ein Bett und ein eiserner Ofen zu erwähnen. Dieser kleine Raum strahlte die besondere Atmosphäre einer Mischung von Bibliothek und Werkstatt aus, in dem die Holzschnitte und die meisten Ölbilder entstanden.

Auf die Staffelei stellte er das zur Betrachtung ausgewählte Bild. Die Resonanz des schauenden Gastes war dem Künstler wichtig. Berg sprach bei solchen Gelegenheiten auch über seine Maltechnik: Ölfarbe auf Kreidegrund. Bei den Gesprächen war viel von den Ereignissen und Menschen die Rede, die Werner Berg in den Skizzenbüchern festgehalten hatte. Man konnte den Rutarhof nicht verlassen, ohne vorher in die „gute Stube" des Hauses gebeten zu werden, in der man von der Frau des Malers gastfreundlich bewirtet wurde. In einem Tonkrug holte der Hausherr den kühlen Most aus dem Keller. Zu den Kirchtagen und Märkten, selbst wenn sie von seinem Hof weit entfernt waren, fuhr Berg, mit Rucksack und Regenschirm ausgestattet, immer mit dem Fahrrad. Dort bewegte er sich unauffällig inmitten der Besucher in einem langsamen Gehrhythmus, den man sowohl beim Skizzieren als auch beim Malen an ihm beobachten konnte und der eine trancehafte

Konzentration bei diesen Tätigkeiten erkennen ließ. Beim Skizzieren wirkte Berg unansprechbar, ganz in seine Arbeit vertieft. Die Leute erkannten und respektierten, dass hier einer unterwegs war, der bei seiner Bildsuche und Bildfindung Ruhe brauchte. Wenn er das Skizzenbuch wieder in seine Umhängetasche steckte und den Zeichenstift in den Schaft am Taschenrücken schob, konnte man wieder mit einem zugänglichen, freundlichen Menschen reden. Immer wieder betonte Berg die Wichtigkeit des Skizzierens, das für ihn „ständiges Dabeisein" bedeutete.
In vielen Bildern lässt uns Werner Berg in die Stille und Erhabenheit der Nacht schauen, die von künstlichem Licht oder Mondschein erhellt wird, in der Pferde auf üppigen Sommerwiesen weiden, Menschen auf eisigen Wegen nach Hause eilen und wo sich Leben und Tod einander begegnen. Der Bleiburger Wiesenmarkt, seit Jahrhunderten ein Unterkärntner Hauptereignis, ist in ein ganz anderes Licht getaucht. In diesem Licht sehen wir Schießbuden, Bierzelte und nebenan bei der Schaukel einen nachdenklich blickenden Schaustellerburschen, der die lustige Schaukelfahrt ein- und ausläutet. Werner Bergs Wiesenmarktbilder wirken thematisch weit über das lokale Ereignis hinaus. Alle Märkte unserer Welt finden sich in diesen Bildern wieder.

Gottfried Stöckl

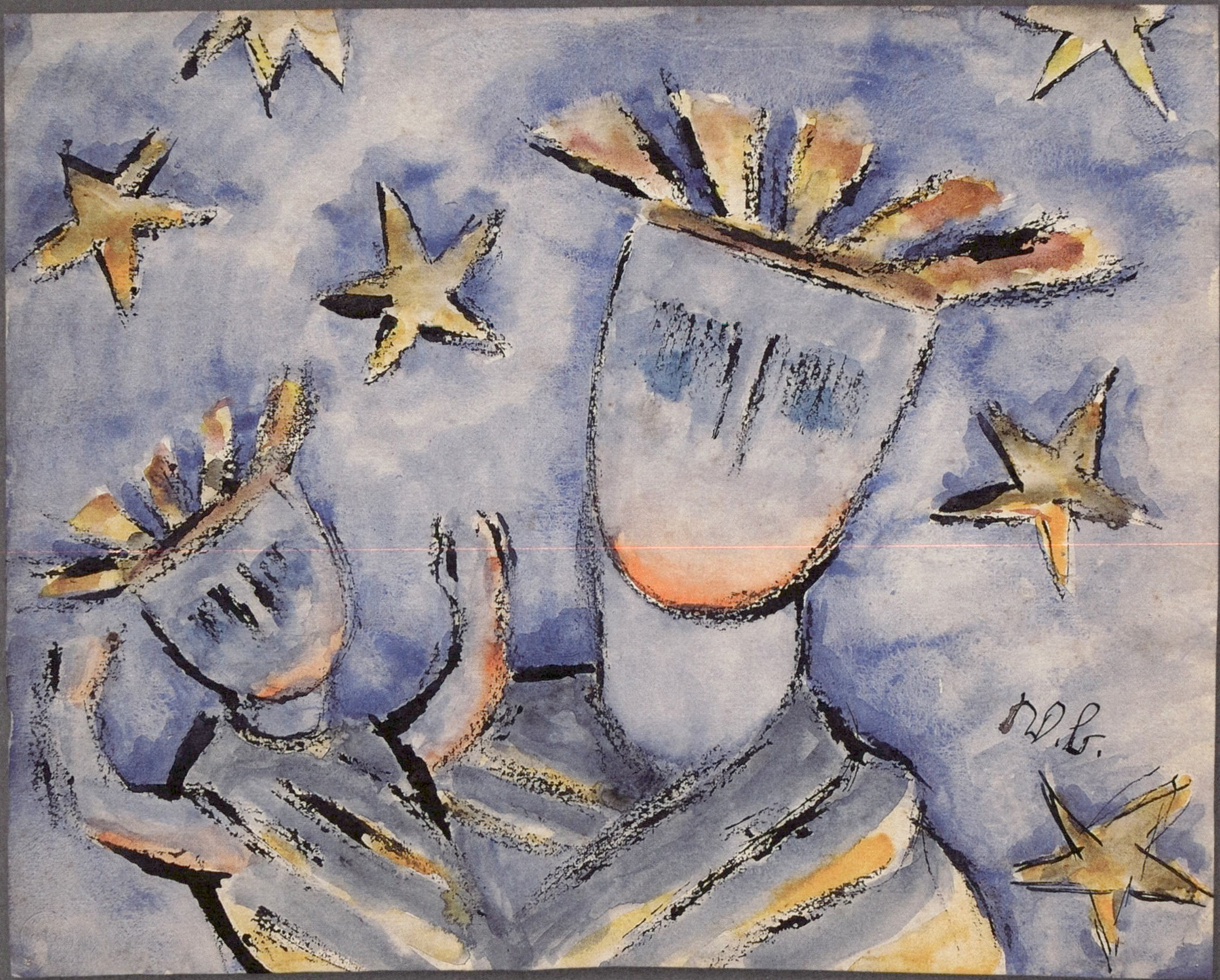

Madonna

Die Gottesmutter mit dem Kind ist neben dem Kruzifix zweifellos ein Hauptthema der religiösen Volkskunst. Bergs Holzschnitt „Kleine Madonna“ entstand nach einer Altarfigur in Möchling (S. 119). Auch das späte Ölbild der den toten Sohn betrauernden Gottesmutter entstand nach einer Möchlinger Altarfigur (S. 120). Das Ölbild aus dem Jahre 1962 hingegen hat eine der vielen mit Kleidern geschmückten Madonnen zum Motiv (S. 123). Die Ausstellung stellt diesem Ölbild ein schönes Beispiel einer Tragstangenmadonna aus der Pfarre Stift Griffen gegenüber (S. 118).

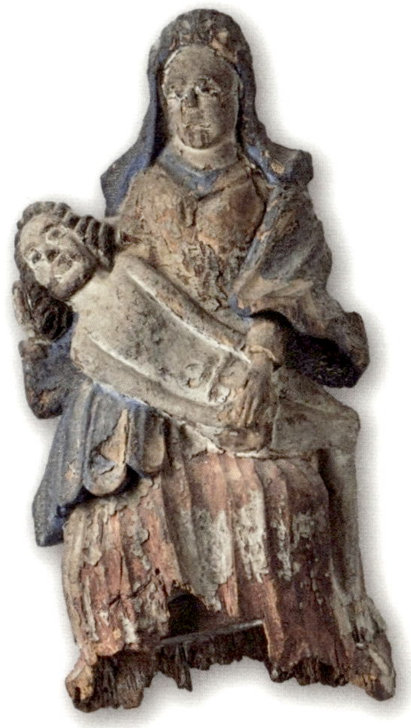

WERNER BERG
MADONNA, 1933

PIETA AUS DER SAMMLUNG WERNER BERGS
um 1650, Privatbesitz

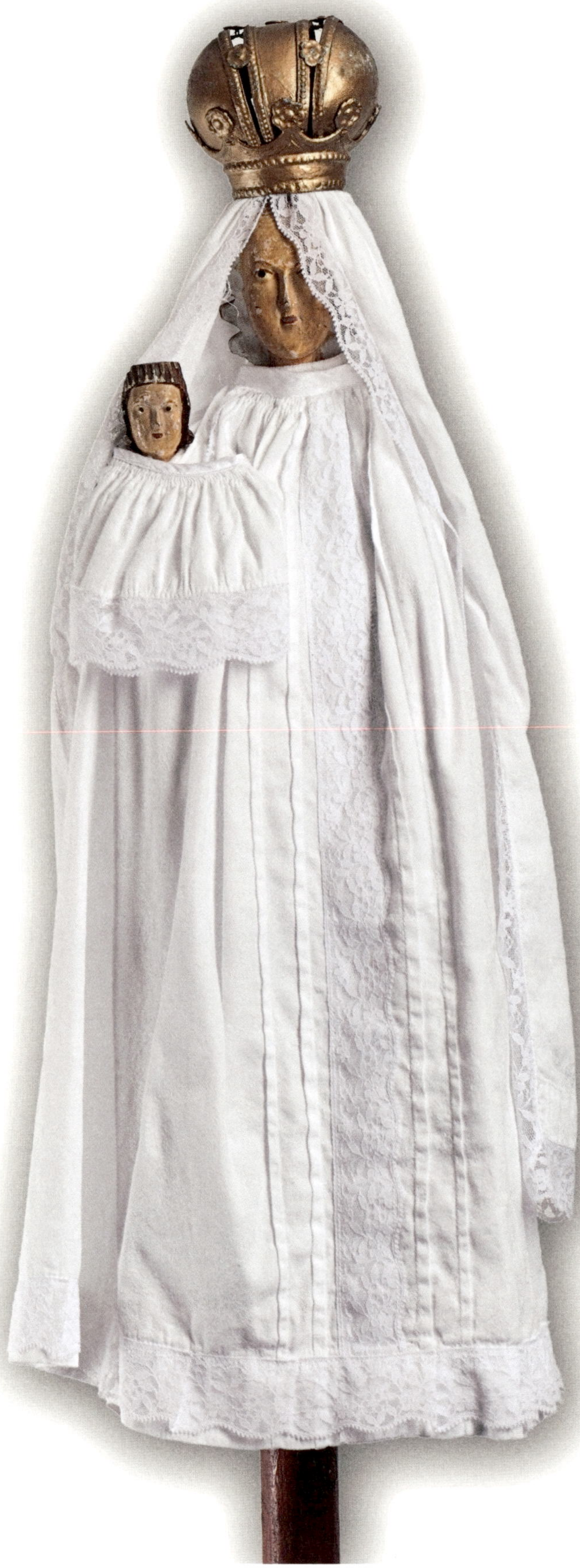

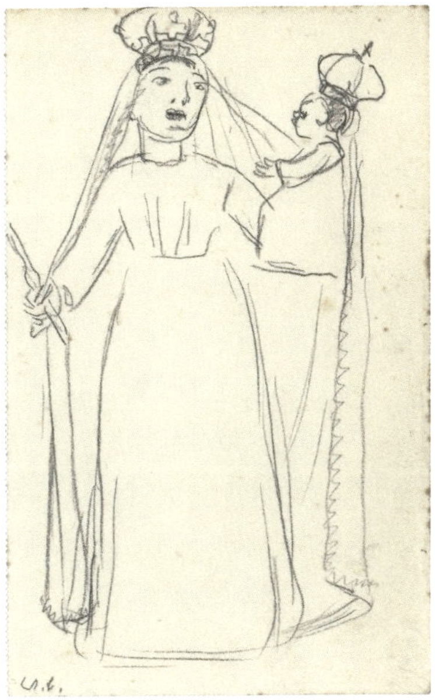

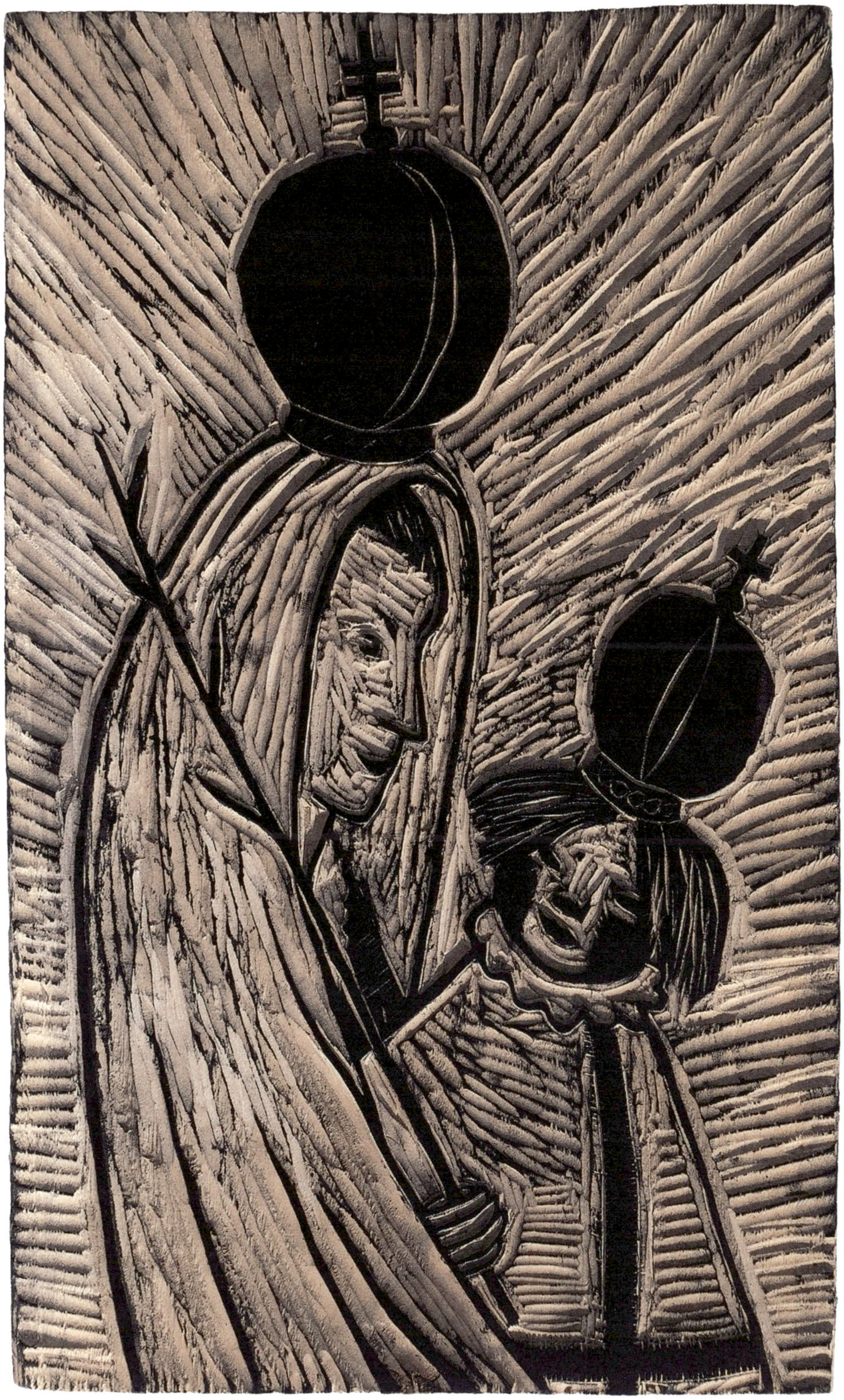

TRAGSTANGENMADONNA
um 1870 nach romanischem Vorbild
Pfarramt Stift Griffen

WERNER BERG
TRAGSTANGENMADONNA, 1934
KLEINE MADONNA, 1936

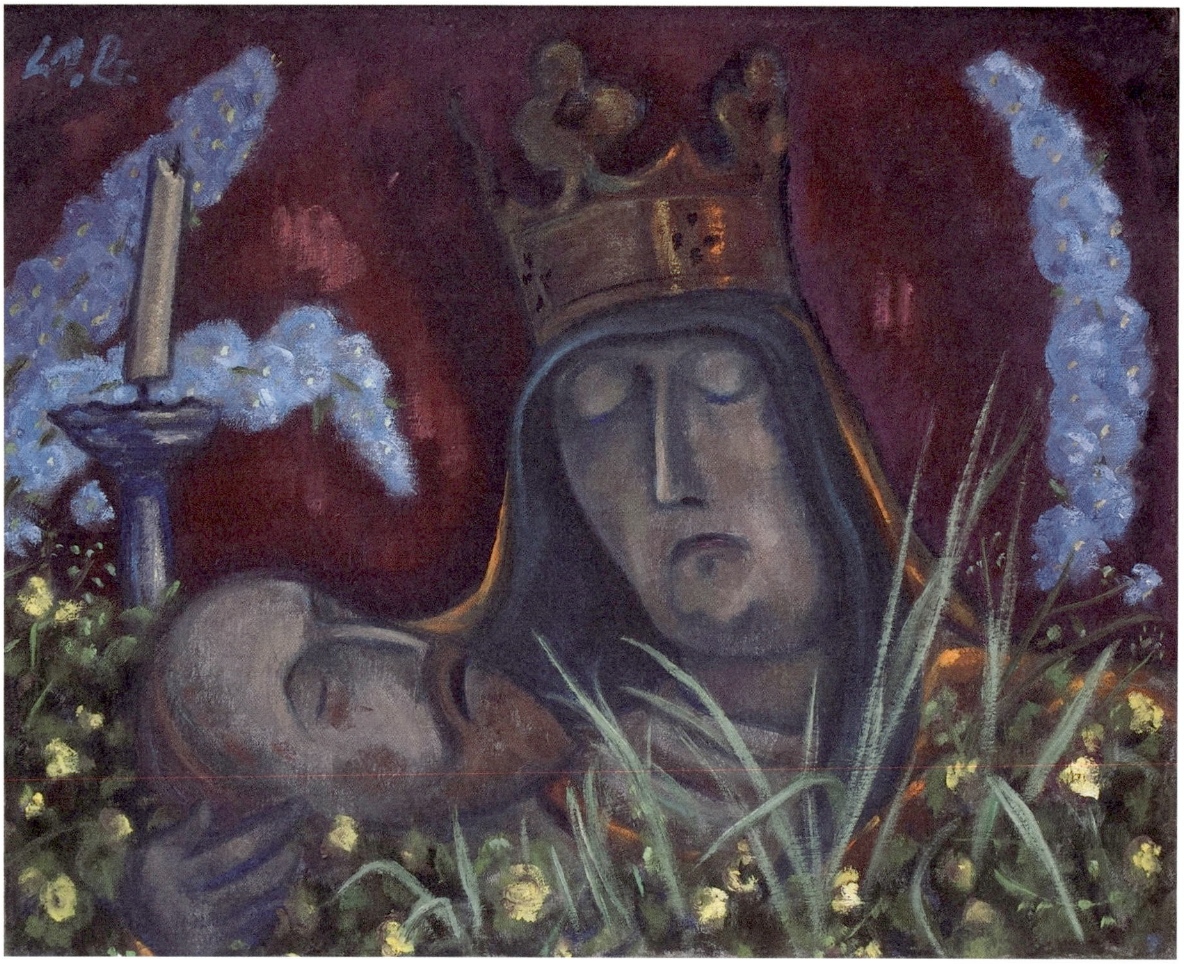

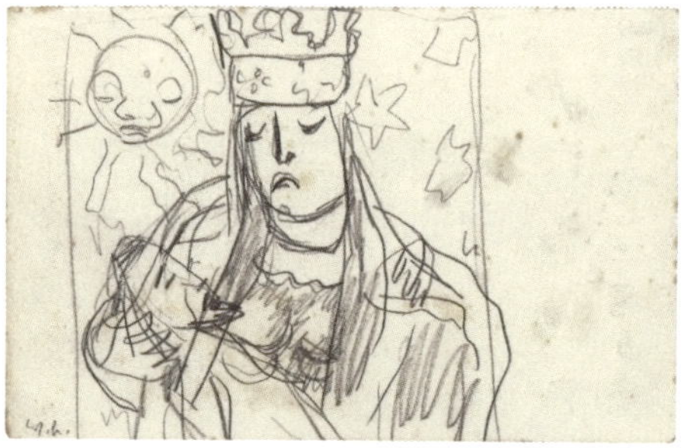

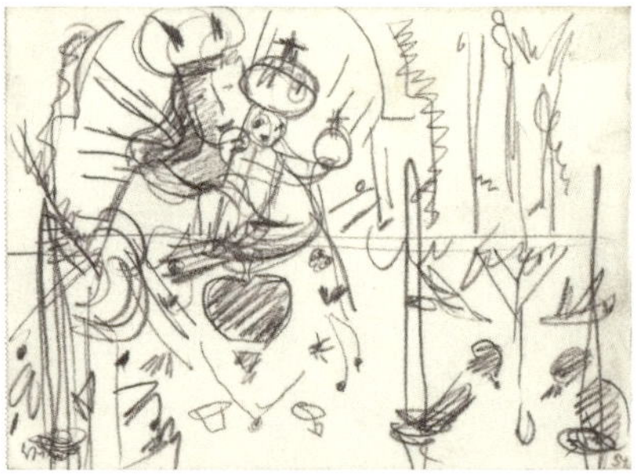

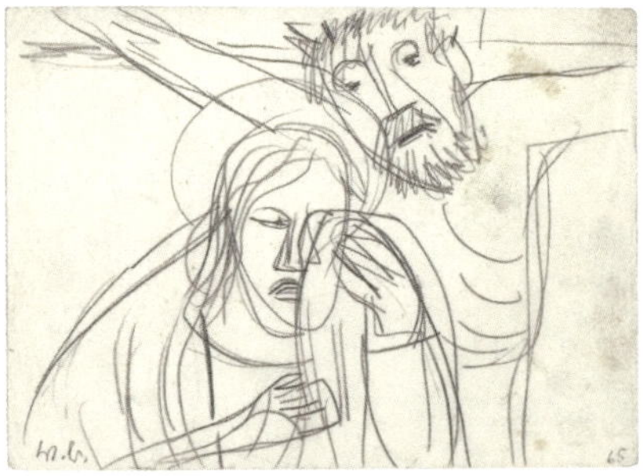

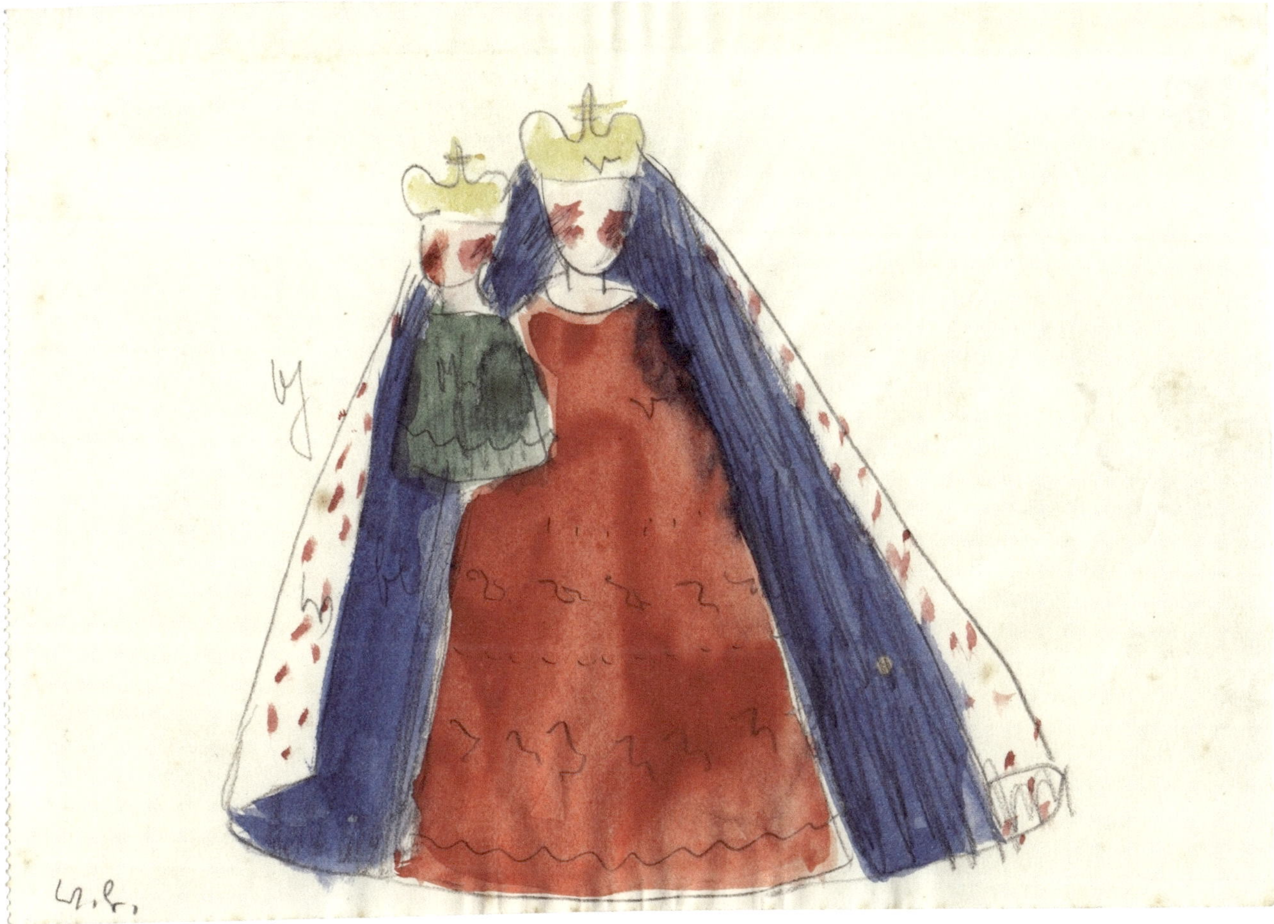

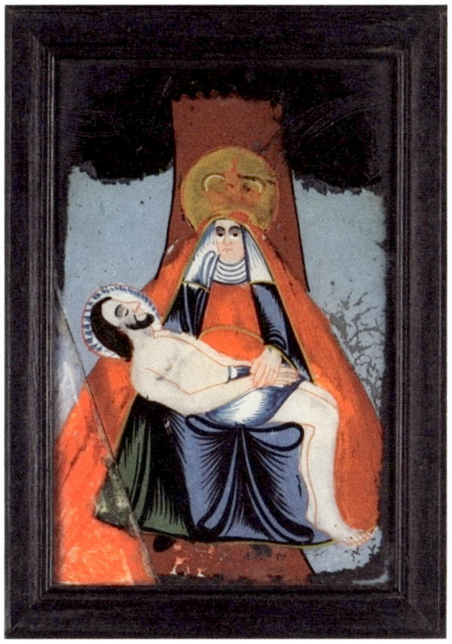

WERNER BERG
DIE KRONE MISERICORDIAE, 1978
PIETA, 1932
MADONNA, 1961
BEWEINUNG CHRISTI, 1965
SCHUTZMANTELMADONNA, 1934

PIETA
um 1800, Sammlung Scheicher

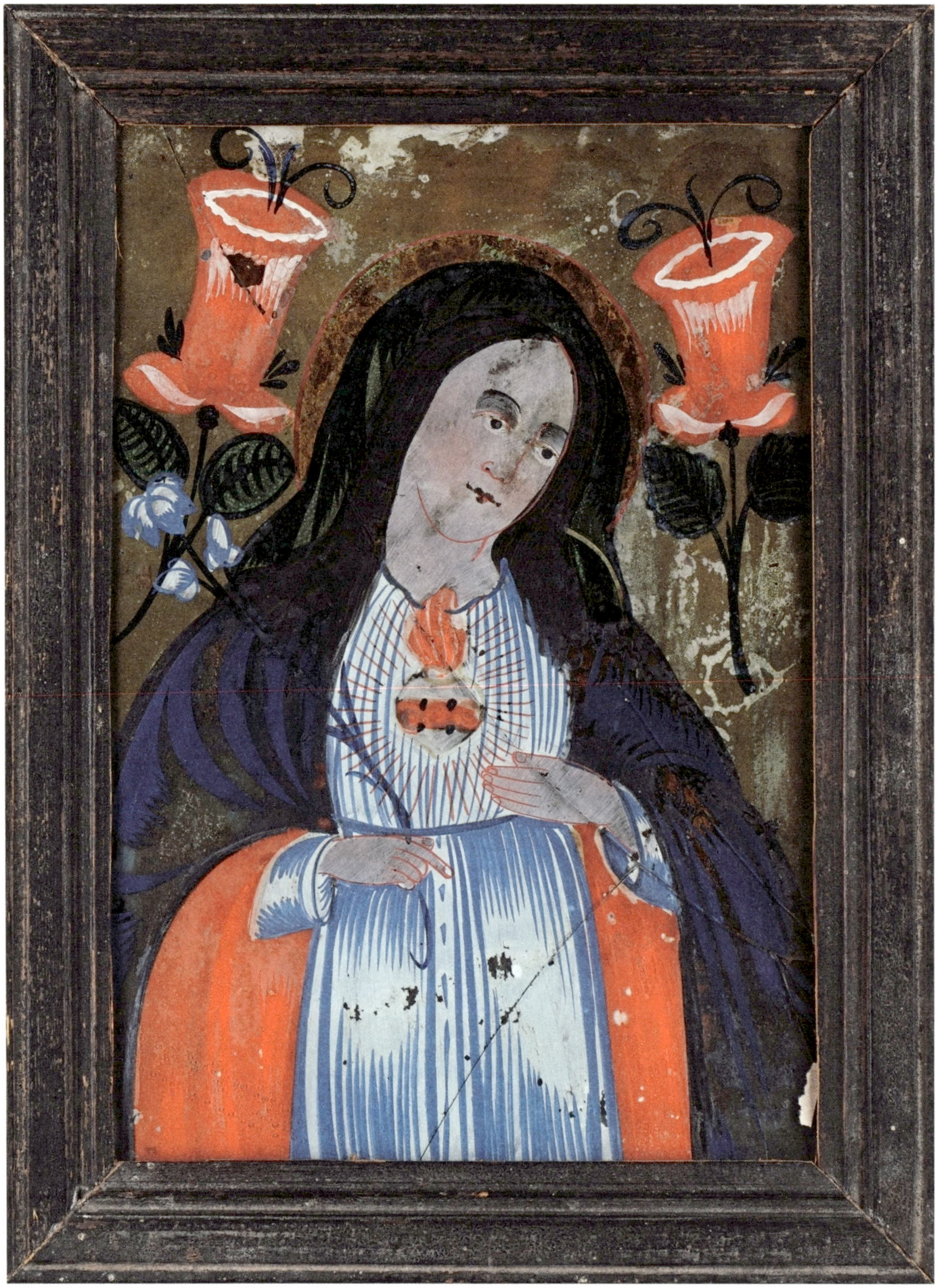

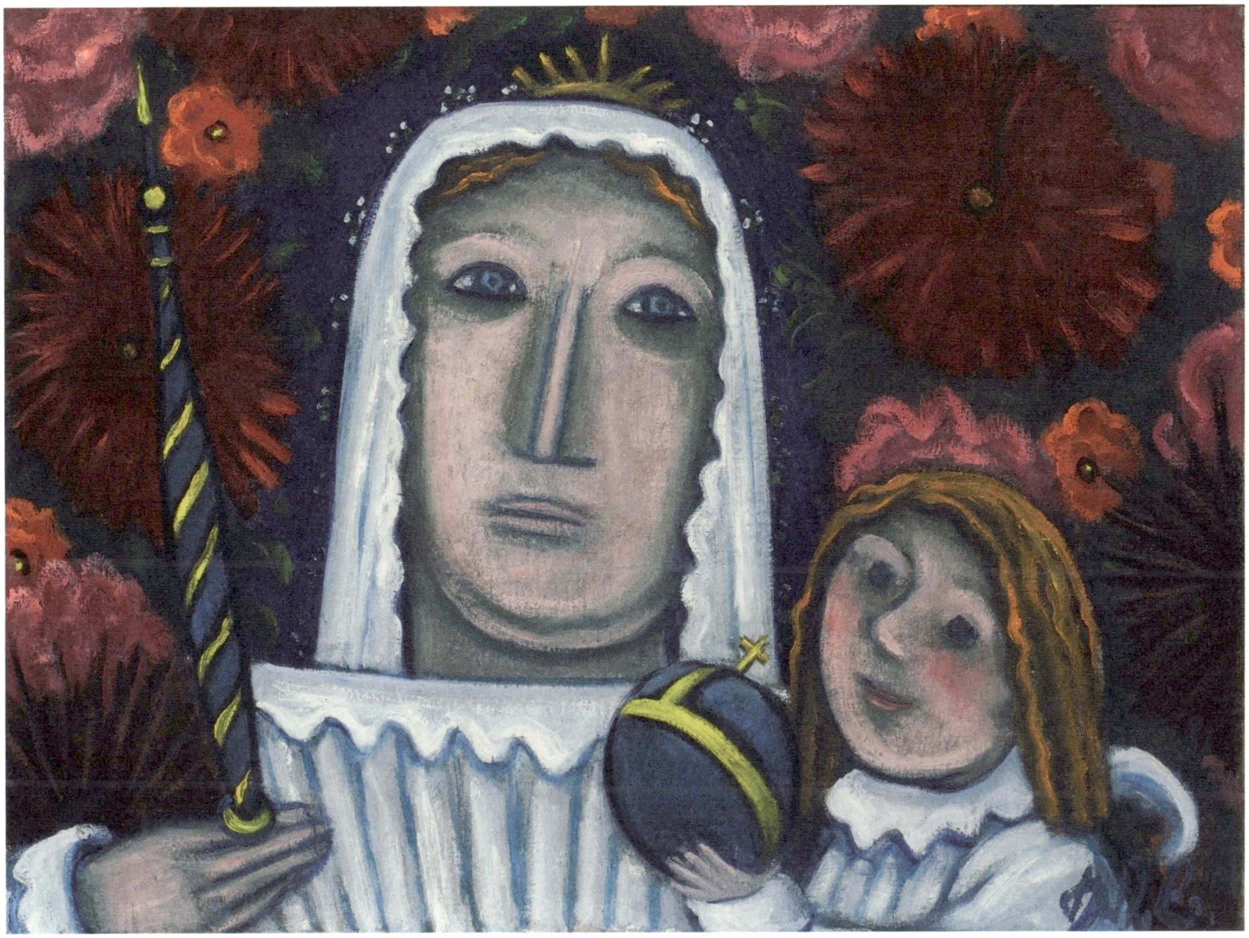

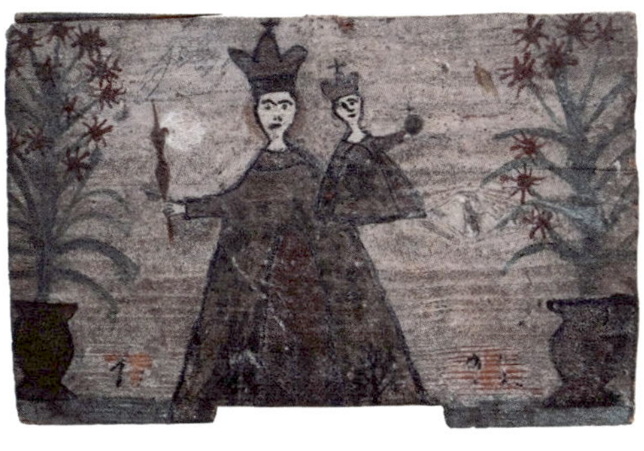

MADONNA,
um 1800, Sammlung Kraut

WERNER BERG
MADONNA, 1962
Privatbesitz

MADONNA
1895, Sammlung Dareb

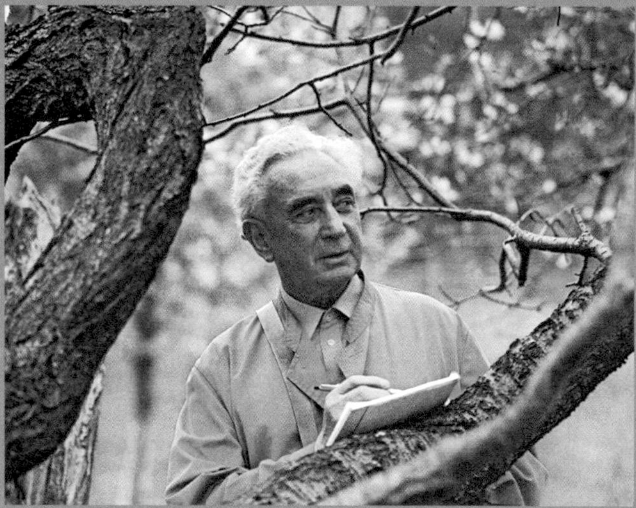

WERNER BERG BEIM SKIZZIEREN, 1979

Ich war 1969 zehn Jahre alt, als Werner Berg erstmals bei uns wohnte. Ich kann mich noch gut daran erinnern, wie er stets morgens in Wanderbekleidung mit seinem alten Rucksack unser Haus verließ. Abends saß er manchmal mit meinen Eltern gemütlich im Wohnzimmer – wir Kinder mussten dann aber „schlafen gehen". Wie einem Schreiben vom 8. Dezember 1969 an seinen Freund, dem deutschen Journalisten Erich Kuby zu entnehmen ist, scheint der Entschluss zu einer Kur in Bad Gastein ziemlich spontan gewesen zu sein: „Sie werden staunen dass ich aus Bad Gastein schreibe. Ich hatte mich im Anschluss an meine alljährliche Fastenkur zu einer Kur hier entschlossen, einmal um mein operiertes Knie ganz auszukurieren, und dann um etwas Distanz zu gewinnen gegenüber soviel Bedrückendem, das über unserem Leben liegt. Die Kur bekommt mir glänzend und danach soll es – hoffentlich – neu losgehen mit der Arbeit. Untergebracht bin ich in einer für mich geradezu idealen Weise bei einer sympathisch-einfachen Arztfamilie, ich bade täglich, steige viel herum und atme tief die Bergluft. Daß die gigantische Hotellerie zu dieser Zeit von gespenstischer Verlassenheit ist, macht mir nur Spaß. Eine wirklich großartige Sache ist das neue Thermal-Felsenbad hier, das ich eifrigst nutze und genieße; falls Sie es noch nicht kennen, sollten Sie es unbedingt auf einer Ihrer Fahrten einmal aufsuchen, möglichst in Verbindung mit der angeschlossenen Sauna."

Werner Berg wohnte noch einige Male in den Monaten November und Dezember bei uns im Haus Dr. Krisch als Kurgast ehe er ab November 1979 für die kommenden zwei Jahre in der Sozialversicherungsanstalt der Bauern (heute Klinikum) seine vierwöchige Kur absolvierte. Wie sehr ihm die Radon-Thermalbäder mit den begleitenden Therapiemaßnahmen geholfen haben, zeigt sich daran, dass insgesamt 15 Kuraufenthalte in Bad Gastein dokumentiert sind. 1976 schreibt Werner Berg von seiner jährlichen Kur aus Bad Gastein: „An sich wäre die Kurerei ein Luxus, den ich mir gar nicht leisten könnte, aber ich tue das sehr bewusst zur Aufrechterhaltung und Erneuerung meiner Kräfte, die ich noch zu einigem ansetzen möchte. Man gerät dabei in einen seltenen Zustand der Leere und Schwerelosigkeit, der fast eine Vorbedingung für die Anspannung und das Erfülltwerden dann ist." In Dankbarkeit für diese zahlreichen Besuche setzte ihm auf Initiative meines Vaters die Gemeinde Bad Gastein Ende 1983 mit einer Straßenbenennung dort ein Denkmal, wo er seine ersten Kuraufenthalte absolvierte. Seine persönliche Verbundenheit zu meinen Eltern zeigt sich in einem Kartengruß, den er am 4. April 1975 von seiner Kur aus Überlingen schrieb: „Liebes, verehrtes Doktor Paar! Wie ich durch Badgastein fuhr – bei dem vielen Schnee, ganz knapp nach dem Lawinenunglück vorm Tunnel – mußte ich natürlich sehr intensiv zu Ihnen hin schauen, denken und grüßen. Heuer war es sehr notwendig, dass ich meine strenge Kur früher antrat. Ich bin in keiner guten Verfassung, habe aber intensiv gearbeitet. Alles Liebe und Gute dem ganzen Hause, mit besonderem Respekt dem Frl. Grete. In herzlicher Ergebenheit Ihr Werner Berg".
Die im Kartengruß erwähnte „Grete" hieß mit vollem Namen Margarete Raunegger (1930-2014). Sie war 23 Jahre lang bei uns als Kinder- und Zimmermädchen angestellt. Werner Berg schätzte sie möglicherweise deshalb ganz besonders, da sie aus Kärnten (Dröschitz/Köstenberg bei Velden) stammte und zudem windisch/slowenisch als Zweitsprache beherrschte.

Laurenz Krisch

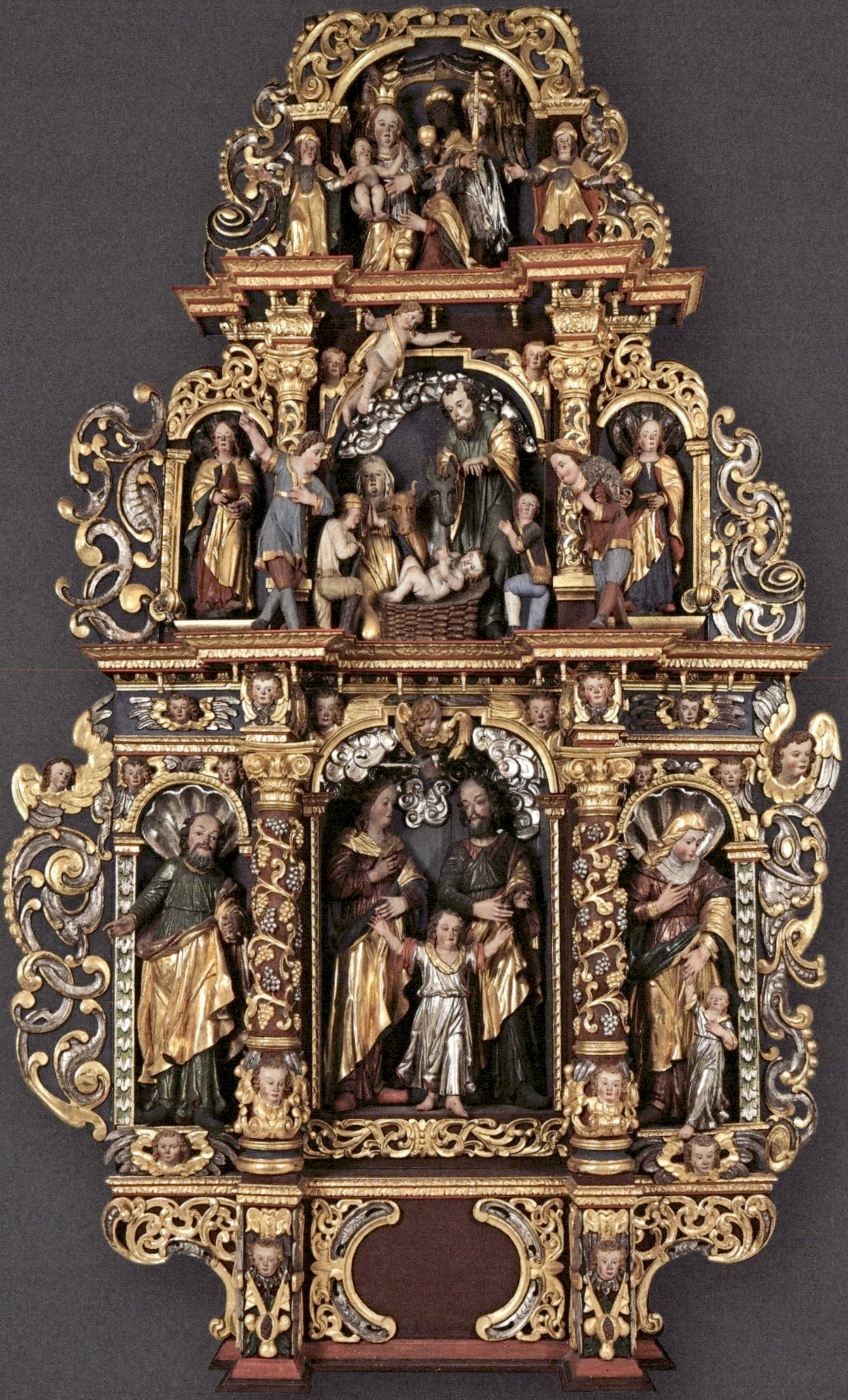

Altar der Heiligen Familie

Ein besonderes Glanzstück der Ausstellung ist der „Weihnachtsaltar" aus der kleinen Filialkirche St. Georgen/Šentjur bei Loibach/Libuče. Werner Berg hat diese Kirche oft aufgesucht und im Jahr 1961 in einem Zyklus von Skizzen die verschiedenen dargestellten Szenen festgehalten. Thematisch finden sich erstaunliche Parallelen zu Bergs „Altar der Heiligen Familie" von 1933. Da wie dort steht die Heilige Familie mit dem die Hände zur Kreuzform ausgebreiteten Jesuskind im Mittelpunkt und ebenso ist da wie dort die Geburt Christi mit Ochs und Esel dargestellt.

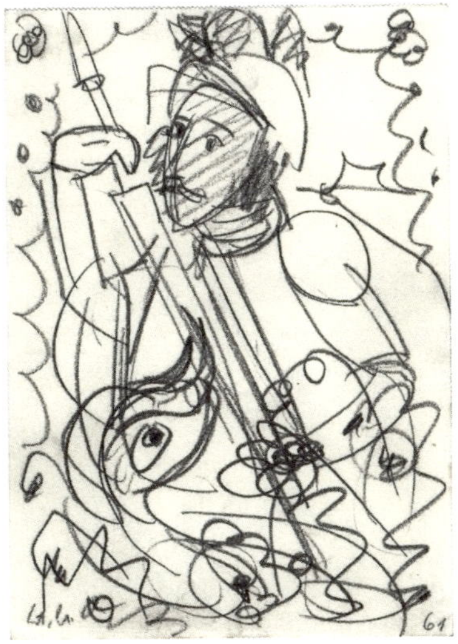

WEIHNACHTSALTAR
um 1675, Stadtpfarre Bleiburg/Pliberk
Filialkirche St.Georgen/Šentjur

WERNER BERG
HL. GEORG, 1961

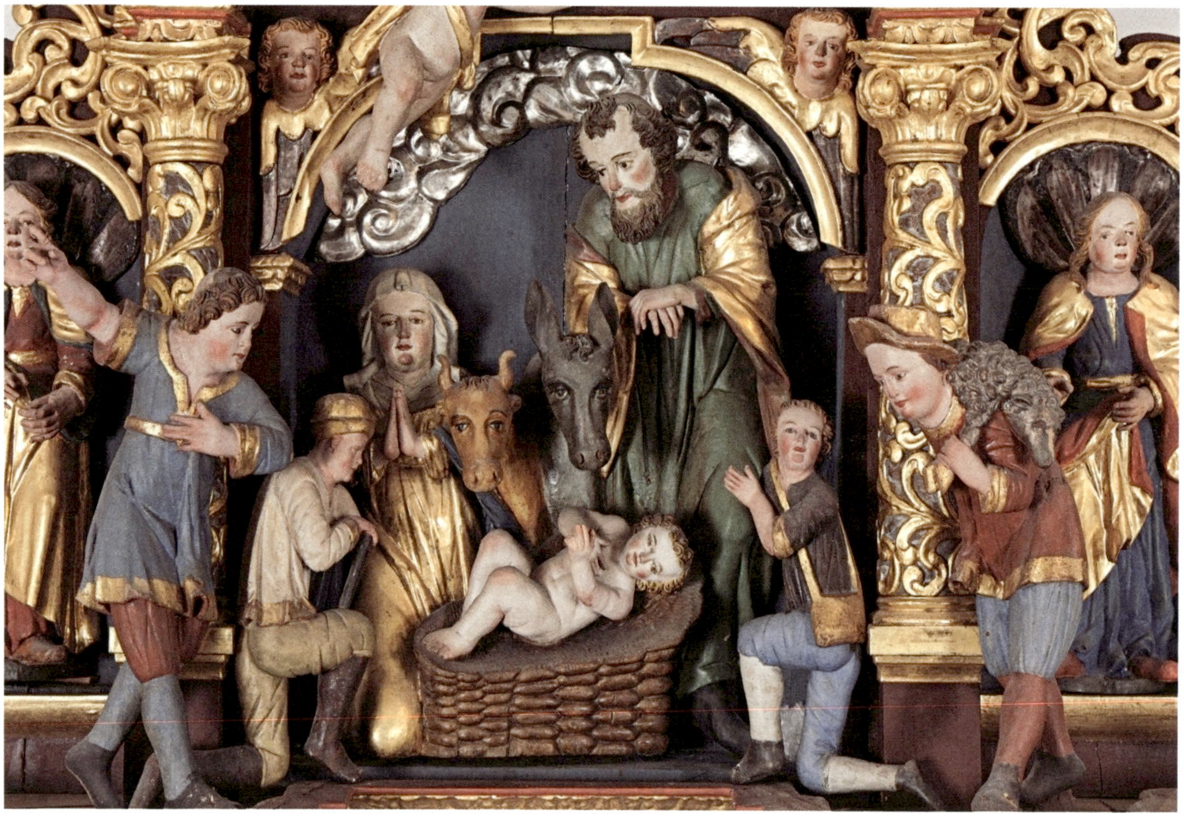

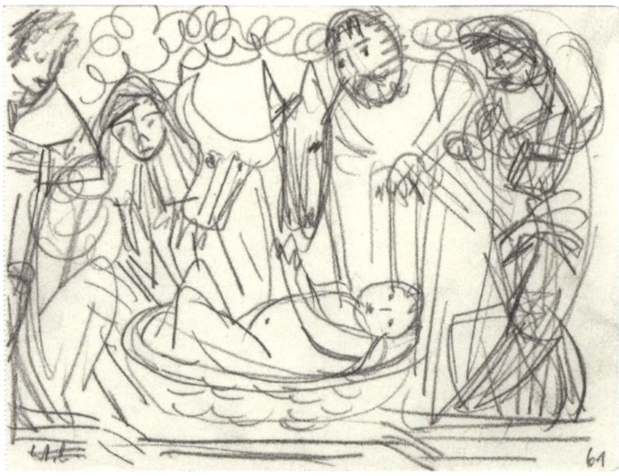

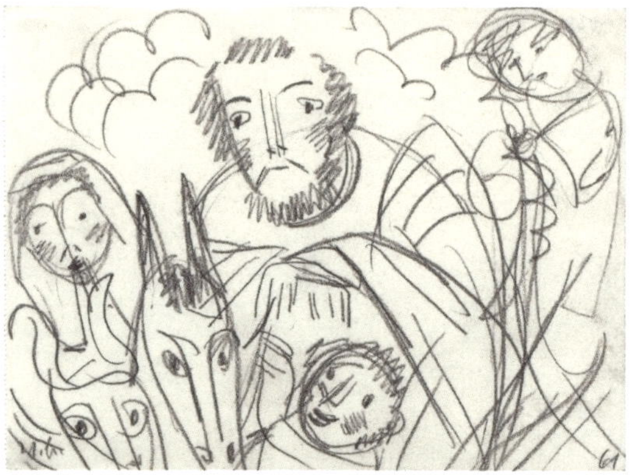

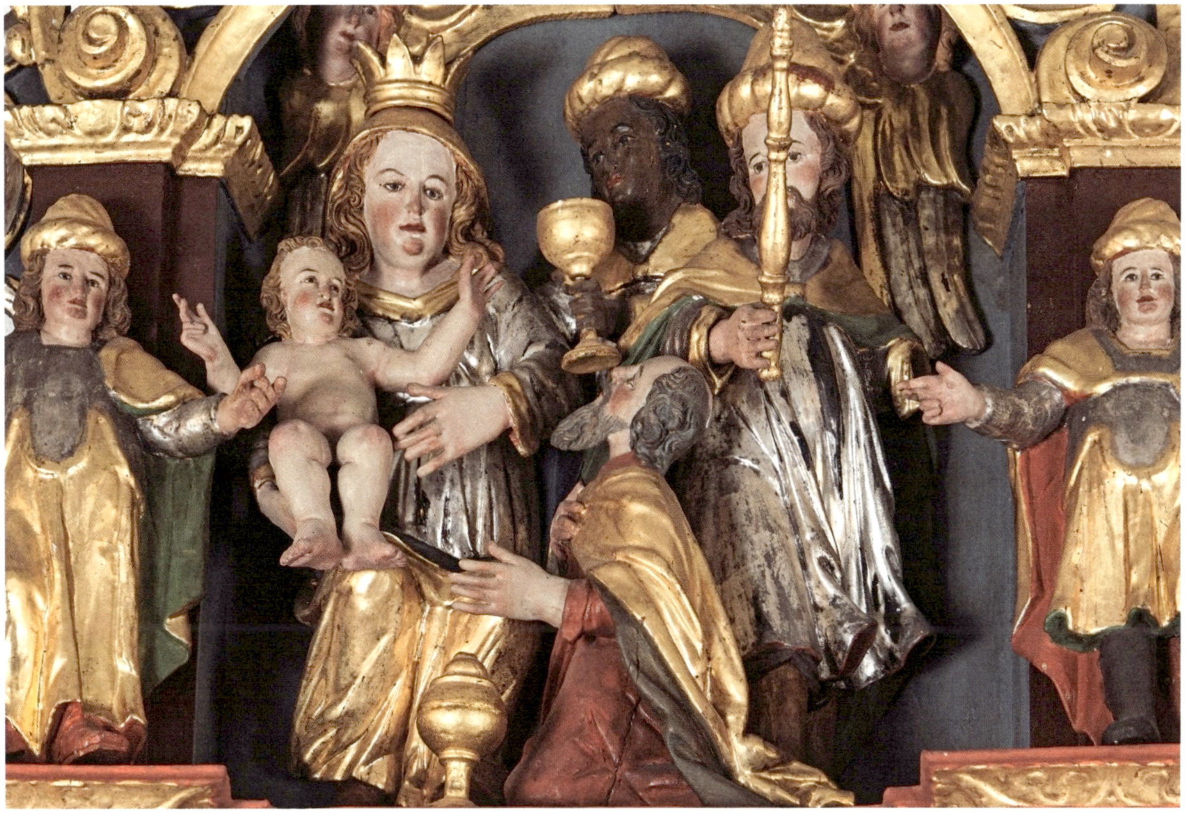

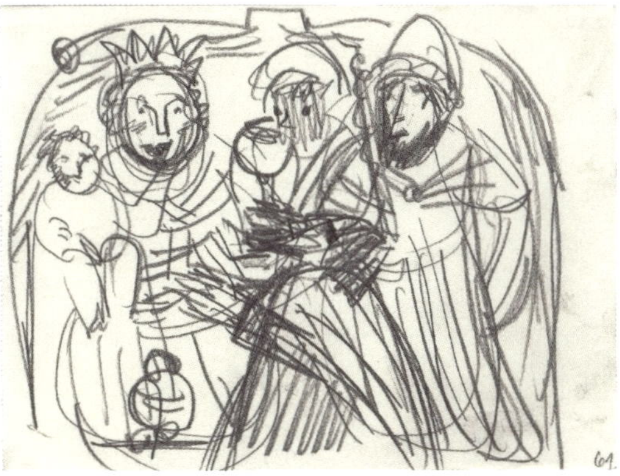

GEBURT CHRISTI
Detail Weihnachtsaltar

WERNER BERG
GEBURT CHRISTI, 2 Skizzen, 1961

ANBETUNG DER KÖNIGE
Detail Weihnachtsaltar

WERNER BERG
ANBETUNG DER KÖNIGE, 1961

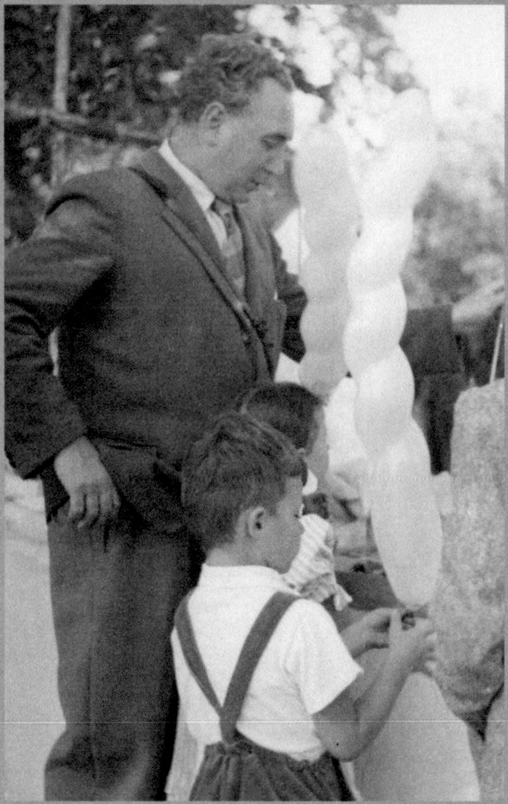

WERNER BERG BEI EINEM KIRCHTAGSSTANDL, UM 1956

Wir schreiben das Jahr 1965 und unsere Familie zieht im Winter von Neuhaus/Suha nach Einersdorf/Nonča vas. 15. August – Kirchtag in meinem neuen Heimatort. Wer ist dieser Mann auf dem Fahrrad? Auf seiner Schulter sehe ich eine mir unbekannte Tasche. Während der Prozession nütze ich als Ministrant die Zeit, die Menschen um mich herum zu beobachten. Da entdecke ich den Mann vom Fahrrad. Er steht an der Seite und zeichnet etwas in einen Block. Sein Blick, der die Menschen fasziniert beobachtet, seine schnellen Handbewegungen und seine große Statur ziehen mich an. Ich möchte unbedingt erfahren, wer das war. Die Menschen im Dorf reden viel und da bekomme ich mit, dass dieser Mann ein Künstler ist. Sein Name ist Werner Berg. Immer wieder kommt es zu zufälligen Begegnungen bei denen ich ihn aus der Ferne beobachte. 15. August – Kirchtag in Einersdorf/Nonča vas. Werner

Berg kommt wieder zum Kirchtag in meinen Heimatort. Inzwischen ministriere ich nicht mehr, sondern darf mit meinen 16 Jahren schon beim Gasthaus Edelbauer kellnern, um mir ein Taschengeld zu verdienen. Ich sehe, dass auch Werner Berg zum Mittagessen kommt. Ich nehme meinen ganzen Mut zusammen und gebe alles dafür ihn bedienen zu dürfen. Endlich bekomme ich die Gelegenheit, diesen Mann, der immer wieder in meinen Gedanken auftaucht, persönlich kennenzulernen.
Es ist mir eine große Ehre, dass ich wirklich die Chance habe, diese bekannte Persönlichkeit bedienen zu dürfen. Es kommt der Moment des Kassierens. Ich bin verblüfft. Werner Berg gibt mir 5 Schilling Trinkgeld. 5 Schilling! Das ist eine ganze Menge. Ich bin glücklich. Am Ende des Tages bin ich nicht nur erschöpft, sondern auch erfüllt, weil ich Werner Berg endlich persönlich getroffen habe und mit einem Berg voll Trinkgeld nach Hause kam. Dieses Erlebnis mit Werner Berg hat meinen Zugang zu seiner Kunst mitbestimmt. Seine Großzügigkeit sowie seine Offenheit und Wertschätzung beiden Volksgruppen gegenüber, haben mich schon damals bewegt.

Umetnika Wernerja Berga sem prvič videl kot mistrant v Nonči vasi. Ker smo se šele 65-ega leta preselili iz Suhe v Nončno vas, nisem vedel kdo je. Vedno se je vozil s kolesom in ob sebi imel posebno torbo v kateri je shranjeval svoje skice. Na vaškem žegnanju je stal nekje ob strani in opazoval množico. S svojim pogledom in hitro roko je ujemal vaška dogajanja. S 16. leti sem na žegnanju delal kot natakar, da bi zaslužil malo denarja. Tudi Werner Berg je prišel na kosilo. Vesel in ponosen sem bil, da sem mu smel prav jaz streči. Po kosilu mi je dal 5 šilingov napitnine. 5 šilingov! To je bilo v tem času veliko denarja. To srečanje mi je ostalo do danes v živem spominu.

Štefan Kramer

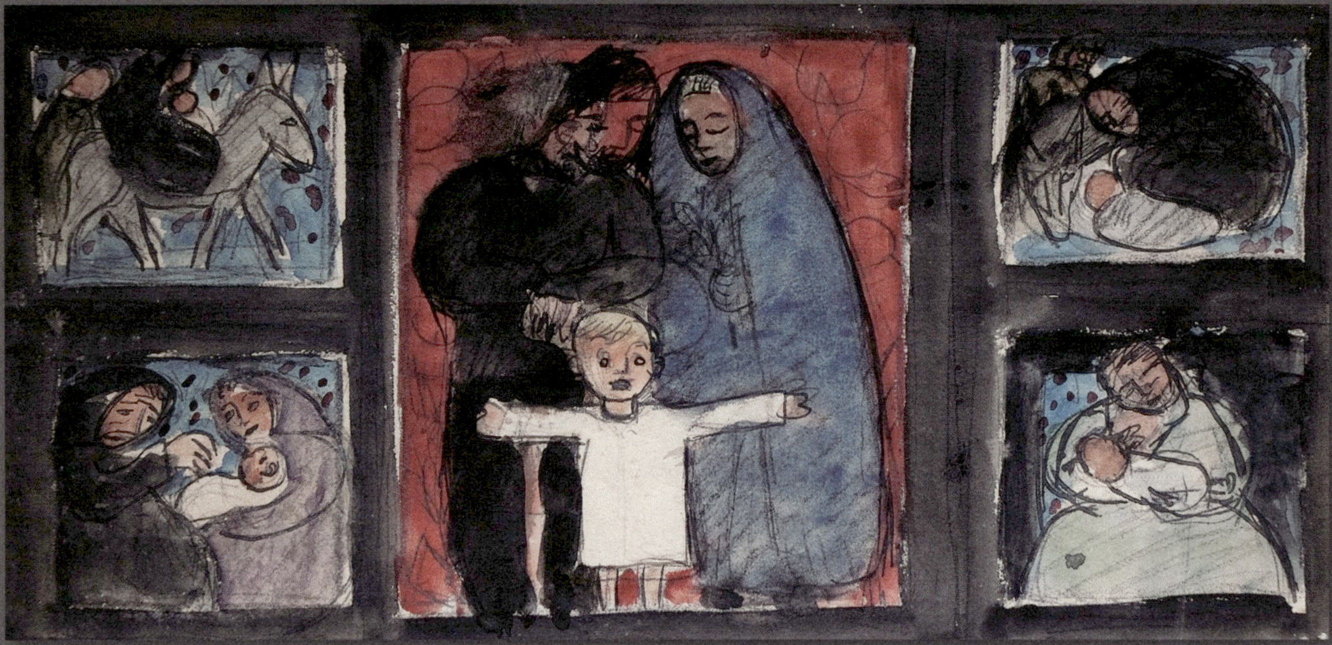

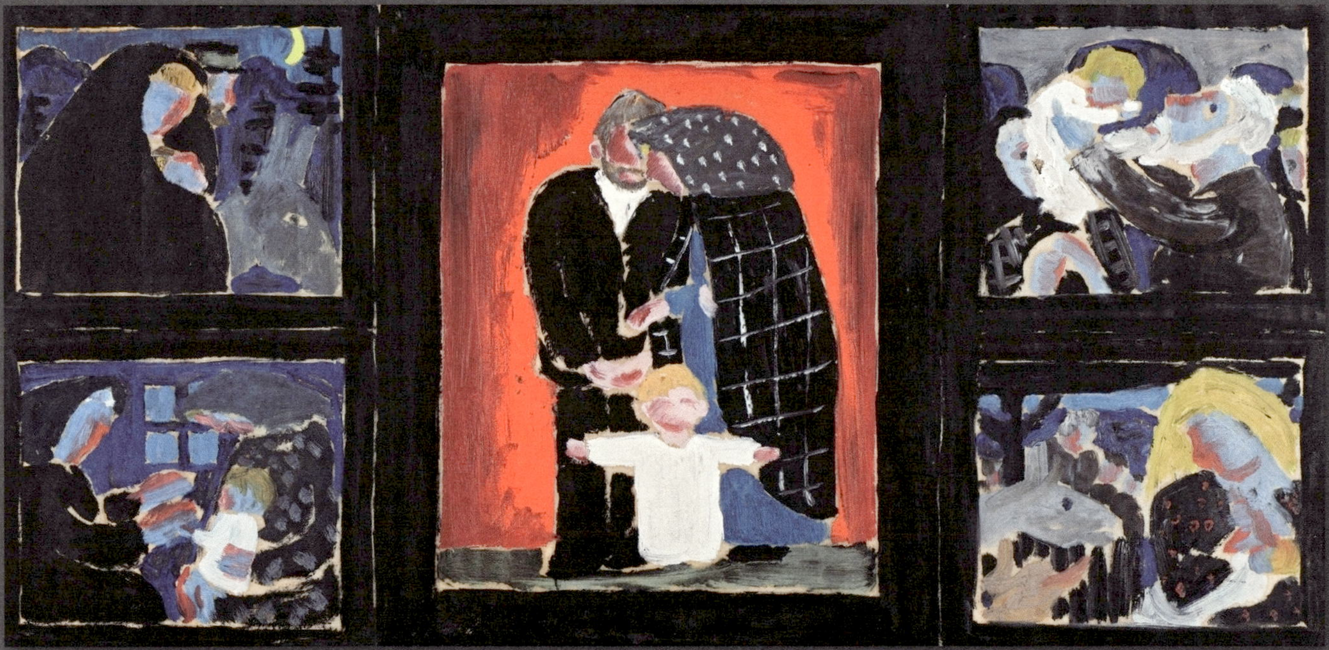

Der große fünfteilige Altar der Heiligen Familie ist künstlerischer Höhepunkt von Werner Bergs Auseinandersetzung mit der Volkskunst. Der Mittelteil des 1933 entstandenen Altars belegt eindrucksvoll wie sehr Bergs radikaler Weg zu einer flächigen Bildgestaltung von der plakativen Flächigkeit der Hinterglasmalerei inspiriert wurde. In diesem Werk erfolgt auch Werner Bergs stärkste Annäherung an Emil Nolde. Dennoch ist bei näherer Betrachtung Bergs Eigenheit vor allem in Bezug auf Form, Farbe und Flächigkeit unverkennbar. Der Altar zeigt in der Mitte die Heilige Familie als einfache Bauersleute, das Christuskind, symbolisch die Arme zur Kreuzform ausgebreitet, „taghell" vor intensiv rotem Hintergrund, umgeben von vorwiegend in Blau gehaltenen Nachtszenen. Der Altar entstand 1933 nach zahlreichen Vorstudien. Er war ursprünglich für ein Kloster in Bayern bestimmt gewesen, von den Nonnen aber als zu modern zurückgewiesen worden.

WERNER BERG
ALTAR DER HEILIGEN FAMILIE
Vorstudien, 1933

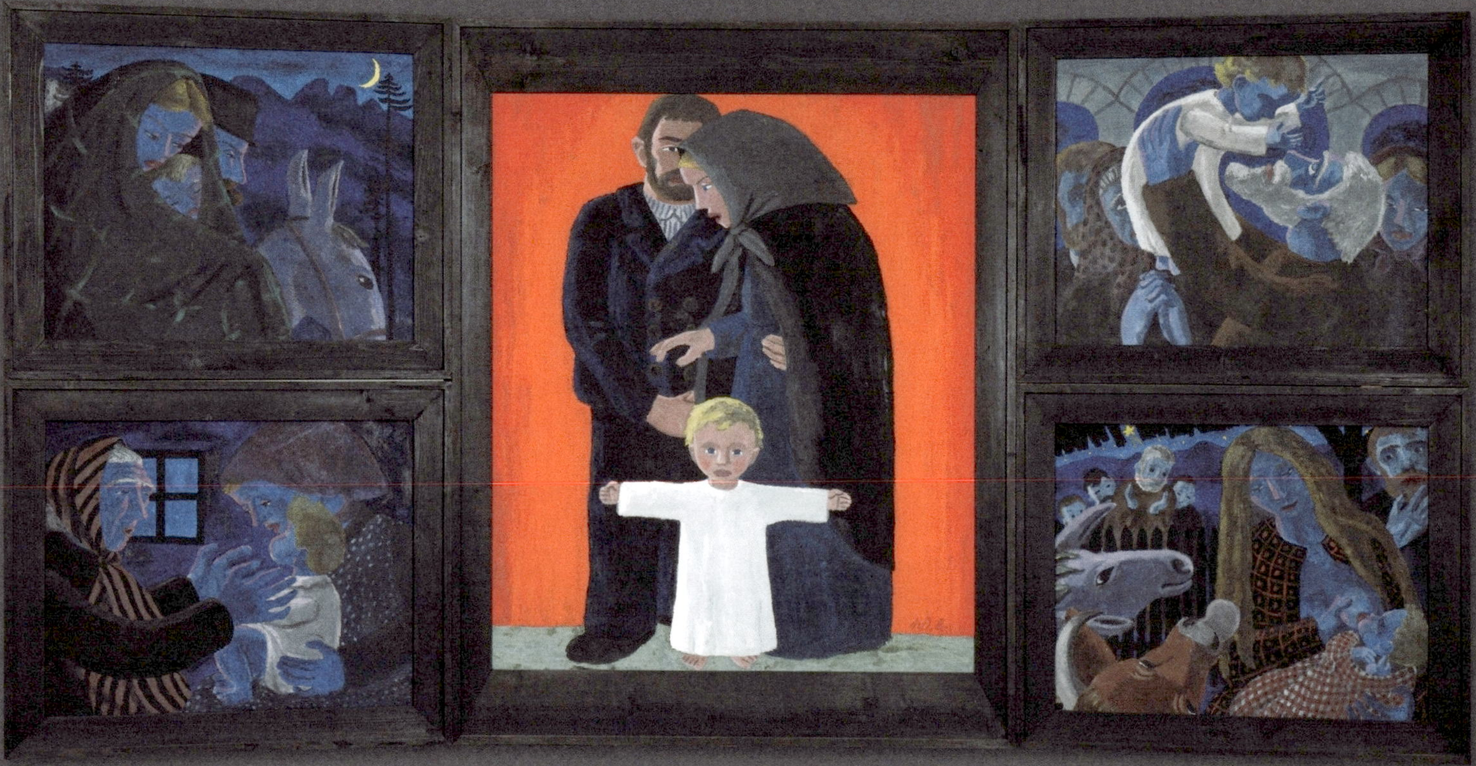

Werner Berg reichte den Altar im Entstehungsjahr zu einer Ausstellung moderner religiöser Kunst anlässlich eines Katholikentages in Wien ein. Doch auch dessen Jury verweigerte die Annahme des starkfarbig flächigen Werkes. Obwohl das Katholische, der betende Mensch in der Kirche, Kircheninterieurs und Priester eine bestimmende Rolle im weiteren Werk Werner Bergs behalten, wird er fortan kein biblisches Thema mehr behandeln und auch keine Auftragsarbeiten mehr annehmen. „Der Altar ist nicht eigentlich ein sakrales, sondern mehr ein menschliches Bild, wie ja die Heilige Familie das menschlichste Thema der biblischen Geschichte ist. Der Altar selbst ist auch ganz in der Fläche gehalten. Ich wollte auf der einen Seite das Überexpressive eben des Expressionismus vermeiden und auf der anderen Seite den barocken Überschwang einer ausgehenden alten österreichischen Kultur und habe aus meiner Sicht das in einfacher Anschauung farbig dargestellt“, erklärte Werner Berg.

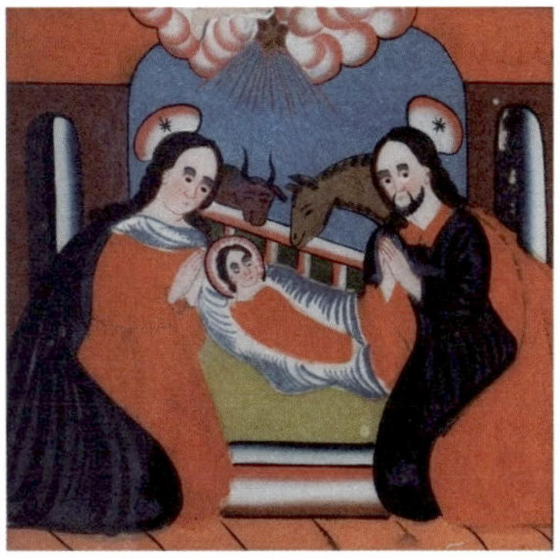

WERNER BERG
ALTAR DER HEILIGEN FAMILIE, 1933

WEIHNACHT
um 1800, Sammlung Kraut

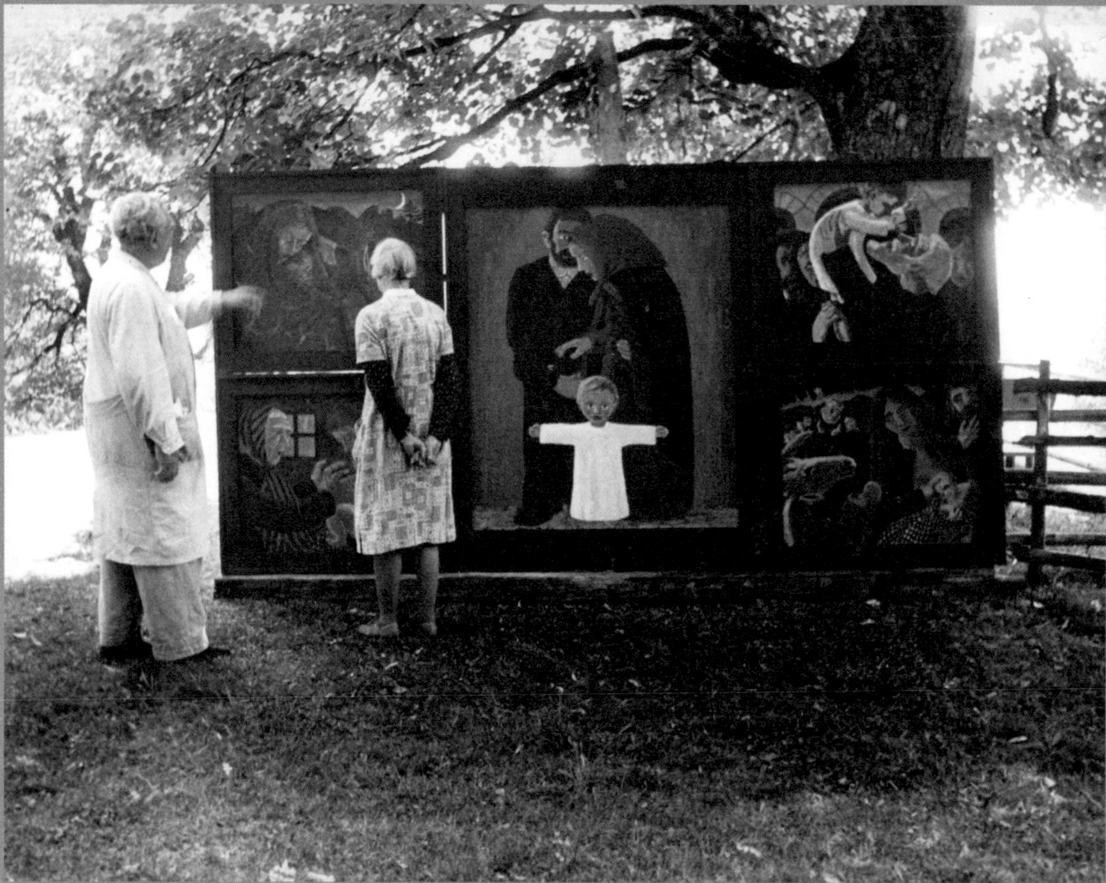

WERNER UND MAUKI BERG MIT DEM WIEDER AUFGEFUNDENEN ALTAR, 1968

Werner Berg besuchte alljährlich den Bleiburger Wiesenmarkt, ein ausgelassenes dreitägiges Volksfest, das die Menschen aus ganz Unterkärnten und der näheren und weiteren Umgebung zum Feiern und Einkaufen versammelte. Einmal, Anfang der 1970er Jahre begegnete der Künstler inmitten des Trubels einem jungen, einfachen Priester und grüßte diesen ehrerbietig mit „Guten Tag, Hochwürden". Der junge Priester verwehrte sich tiefstapelnd und verlegen scherzend gegen die Anrede mit „Hochwürden", diese sei doch zu viel der Ehre für ihn. Werner Berg erwiderte jedoch plötzlich ganz ernst geworden: „Ich ehre damit auch nicht Sie, sondern Ihre hohe Würde".

In der Nachbarschaft von Werner Bergs Rutarhof lebte eine alte Bäurin, die nur Slowenisch und kein Deutsch sprach. Wann immer Werner Berg, der selbst kein Slowenisch verstand, mit ihr zusammentraf, erzählte sie ihm viel und der Künstler hörte aufmerksam zu. Auf ihrem Sterbebett verlangte die Bäurin nochmals Werner Berg zu sehen. Man sollte ihn herbeiholen, denn mit keinem Menschen sonst in ihrem Leben habe sie sich so gut unterhalten können.

Werner Berg fuhr selbst nicht mit dem Auto, sondern meist mit dem Fahrrad und in späteren Jahren oft mit der Bahn nach Klagenfurt. Dabei zeichnete er die Pendler und Fahrgäste. Einem jungen Paar fiel das einmal auf und der Mann wandte sich generös an den Künstler: Da hast fünf Schilling – zeichne mei Alte!.

Gottfried Stöckl

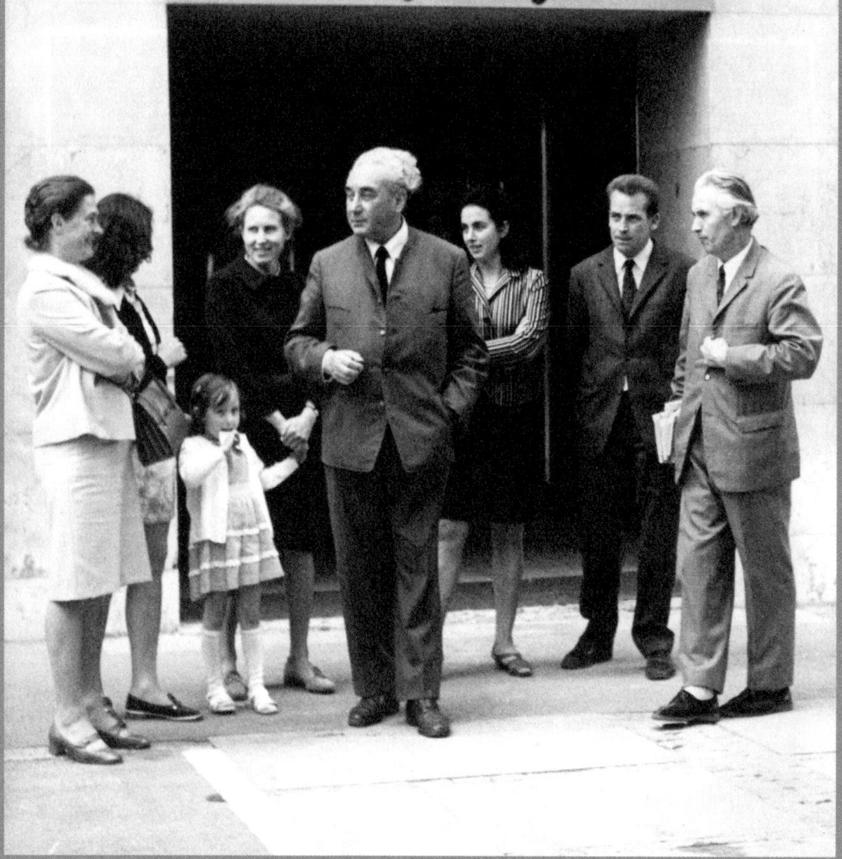

WERNER BERG MIT AUSSTELLUNGSBESUCHERN IN SLOVENJ GRADEC, 1971

Es war in meiner Volksschulzeit, ich glaube im dritten Jahr, als ich dem Maler begegnete. Mit dem schon verstorbenen Herrn Direktor Valentin Vauti besuchten wir jährlich die Werner Berg Galerie um uns die Bilder anzuschauen. Bei einem dieser Besuche war der Künstler anwesend. Er führte uns durch seine Ausstellung und erklärte uns seine Werke. Der Maler fragte einzelne Kinder, welches seiner Bilder uns am besten gefiele. Als er mich ansprach, antwortete ich: „Dieses“ und zeigte auf ein Frauenportrait. Er lachte und sagte, dass dies auch eines seiner Lieblingsbilder sei. Dann erzählte er uns die Geschichte des Gemäldes, ich erinnere mich noch gut an seine fröhliche Laune. Warmherzig führte er uns durch das Museum und erklärte uns seine Werke. Dabei erzählte er von seinem Bauernhof und den Blumen, die dort wuchsen.

Evelin Malle

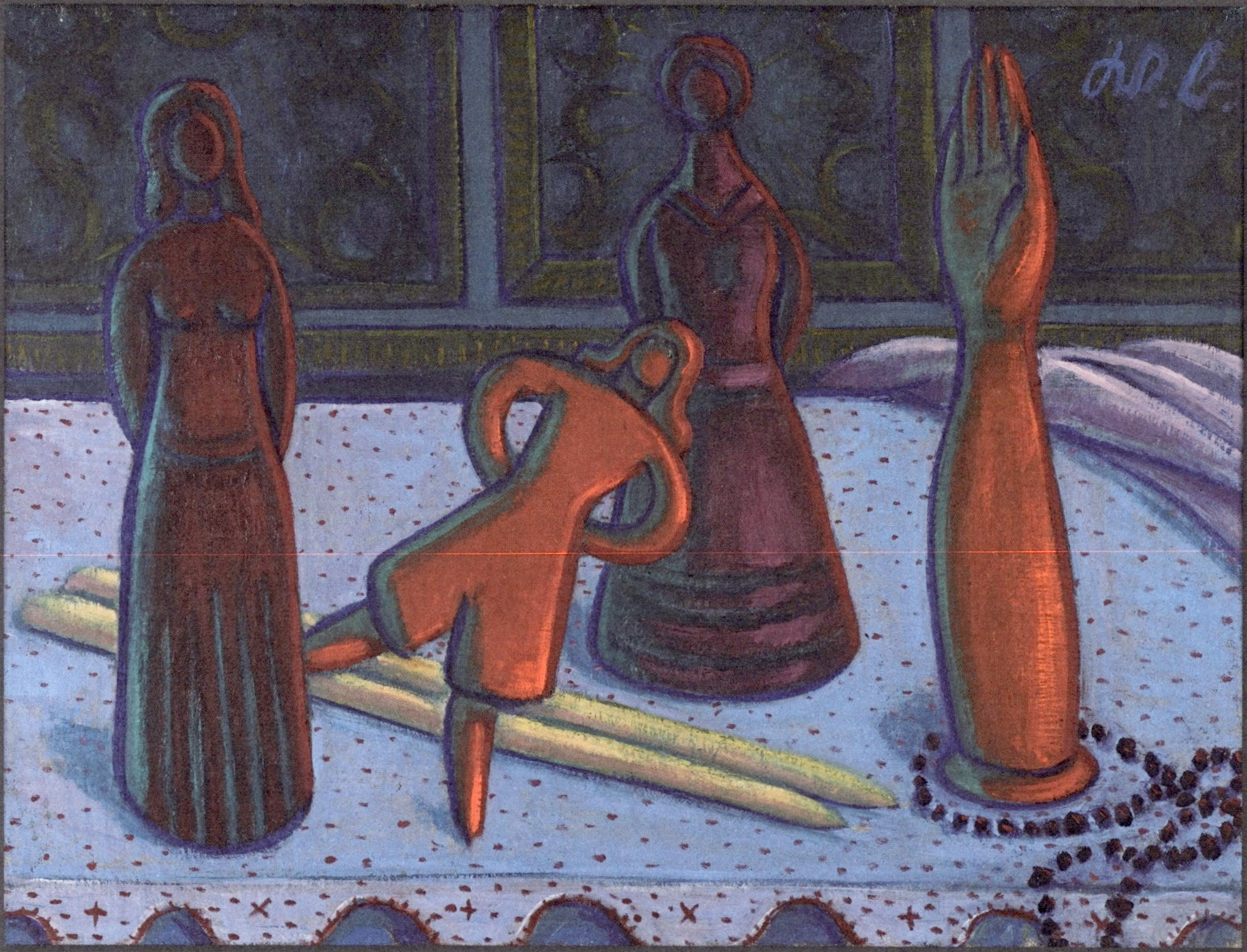

Stillleben

Die „Stube" von Werner Bergs Rutarhof schmückten ein selbstgeschnitztes Kruzifix, mehrere Hinterglasbilder, ein Schmerzensmann und ein Hl. Florian. Sie bilden meist das Inventar der seltenen Stillleben Werner Bergs. Als diese Gegenstände beim Putzen oben auf dem Bauernkasten abgestellt wurden, regte deren zufällige Zusammenstellung den Künstler zu einem seiner schönsten Stillleben an. Dabei verarbeitete er auch Eindrücke seines kurz zuvor erfolgten Besuches bei Gabriele Münter in Murnau (S. 143).

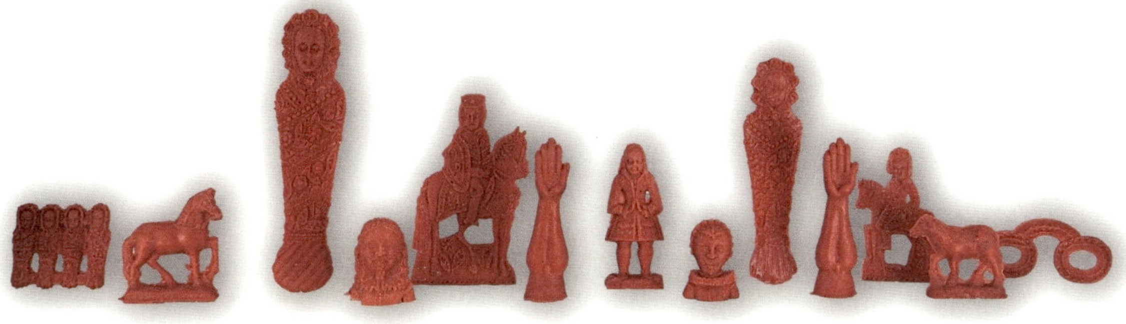

WERNER BERG
WÄCHSERNE LEGENDE, 1957
Privatbesitz

WÄCHSERNE VOTIVGABEN
Wachszieherei Stöckl

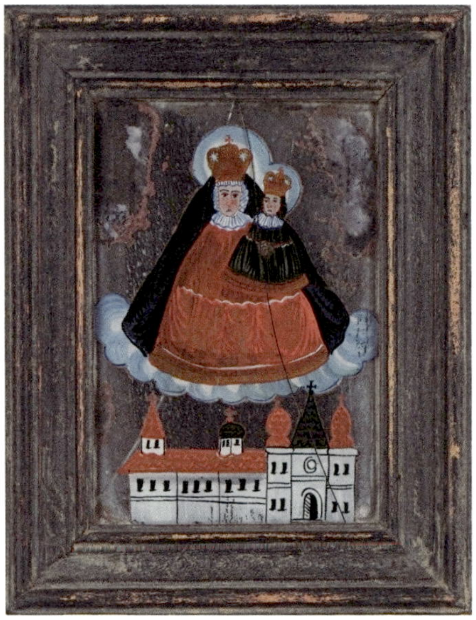

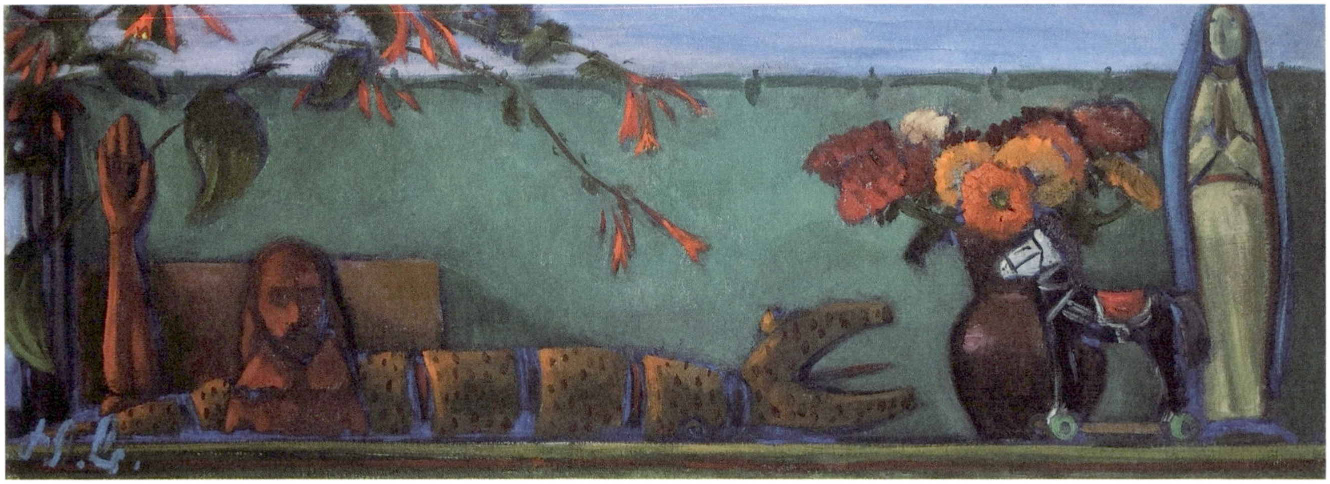

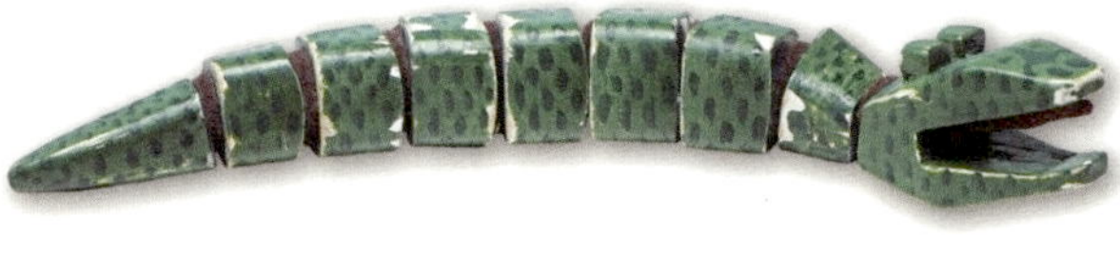

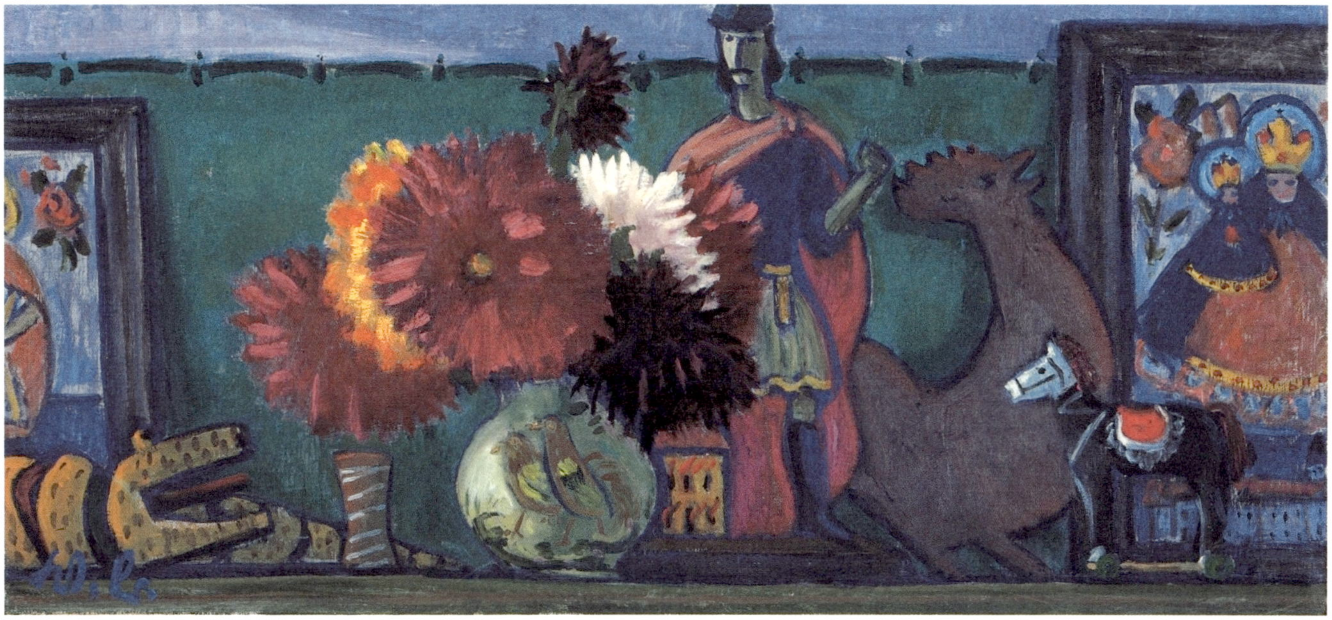

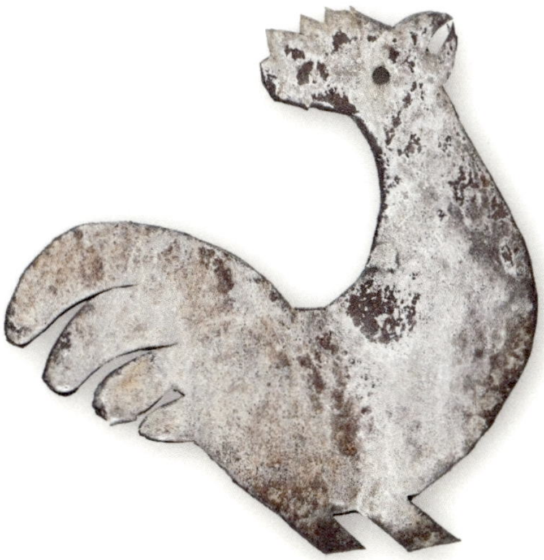

SCHUTZMANTELMADONNA
um 1750, Sammlung Kraut

WERNER BERG
STILLLEBEN MIT MADONNA, 1965
Privatbesitz

SPIELZEUGKROKODIL
Historisches Museum Glawar

STILLLEBEN MIT FLORIAN, 1965

WETTERHAHN
Historisches Museum Glawar

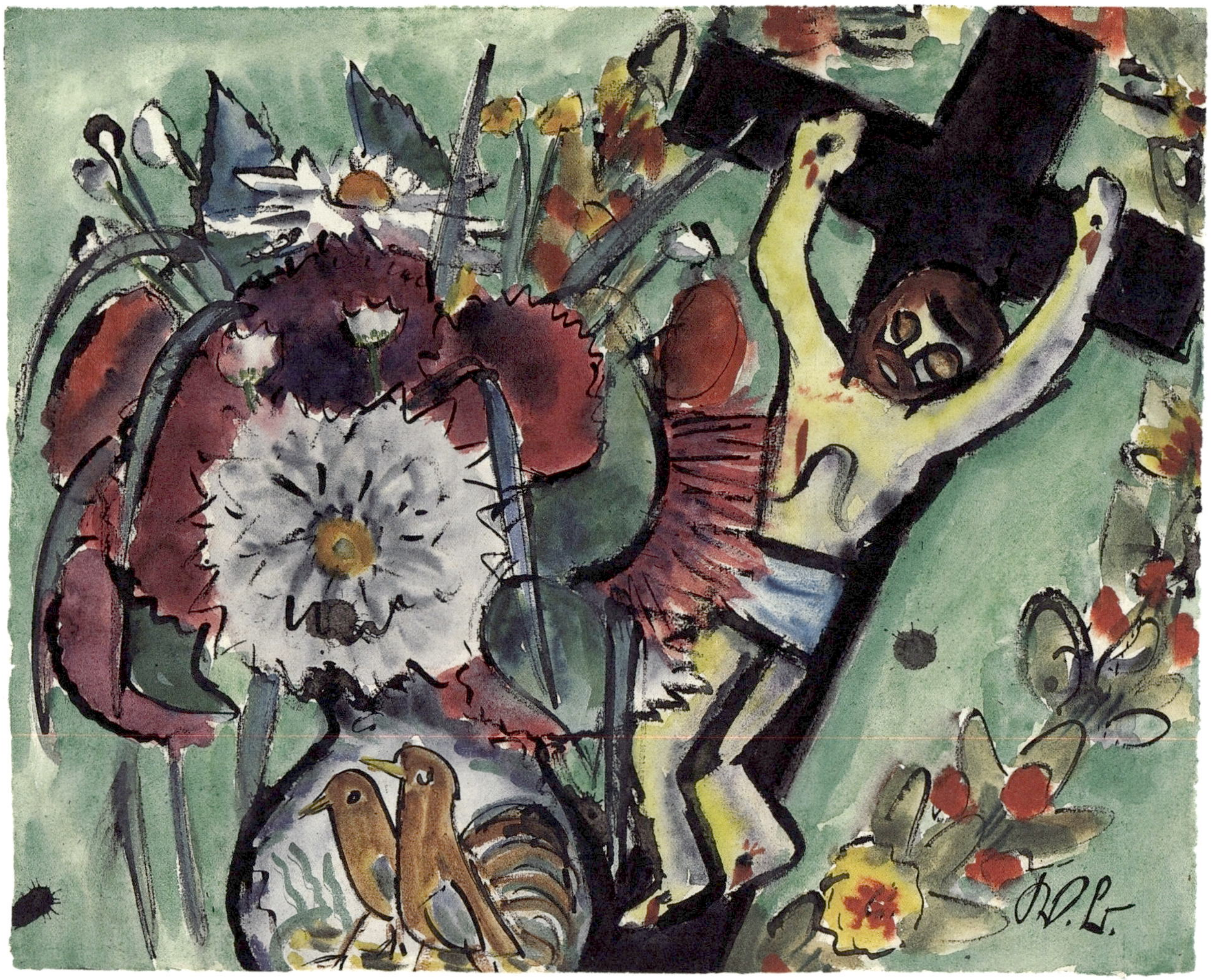

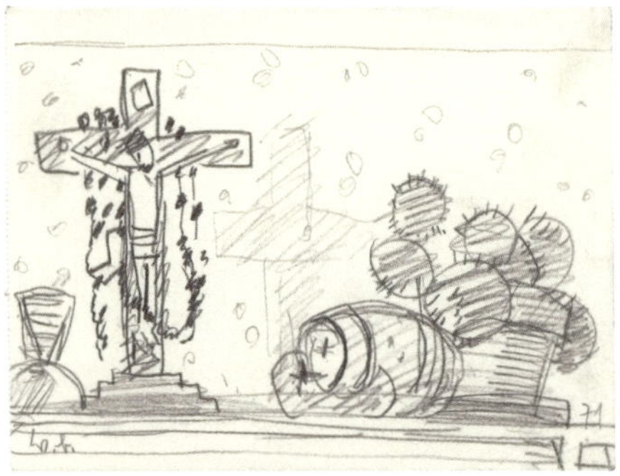

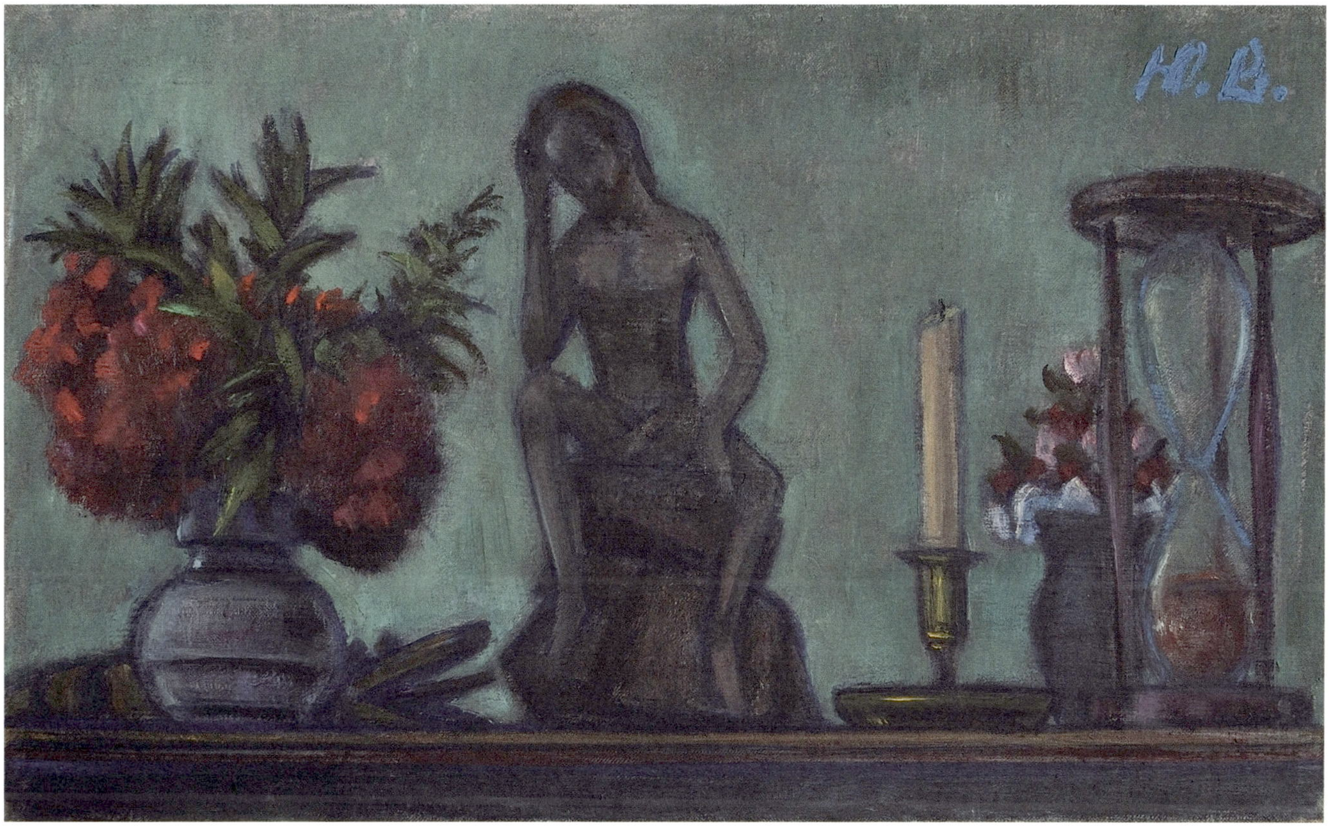

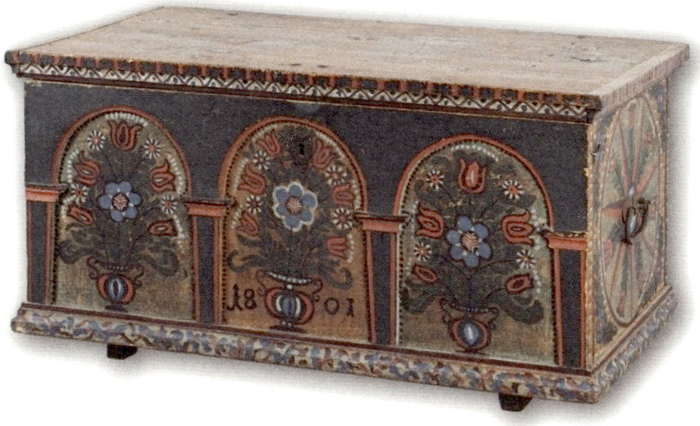

WERNER BERG
KRUZIFIX UND BLUMEN
1934, Privatbesitz

STILLEBEN MIT KRUZIFIX UND SCHNAPSFASS, 1971
STILLLEBEN MIT SCHMERZENSMANN, 1978

BAUERNTRUHE (vom Künstler 1932 bemalt)
Sammlung Scheicher

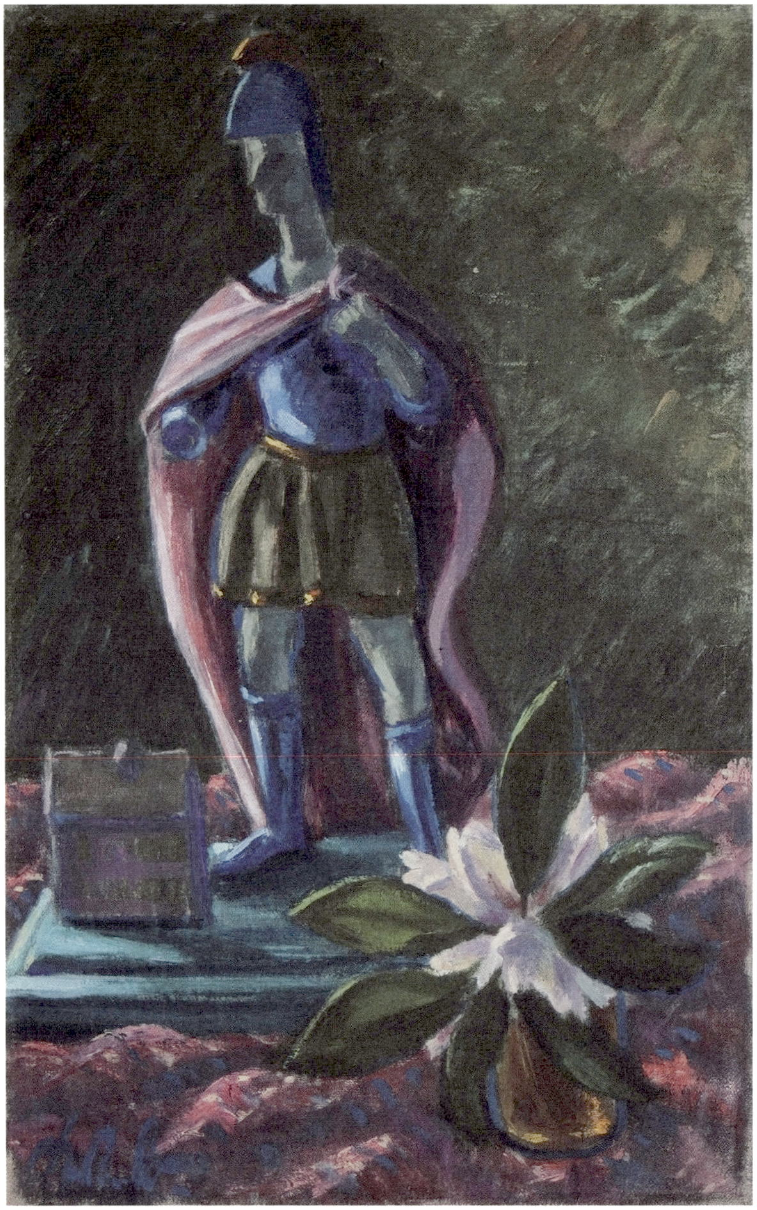

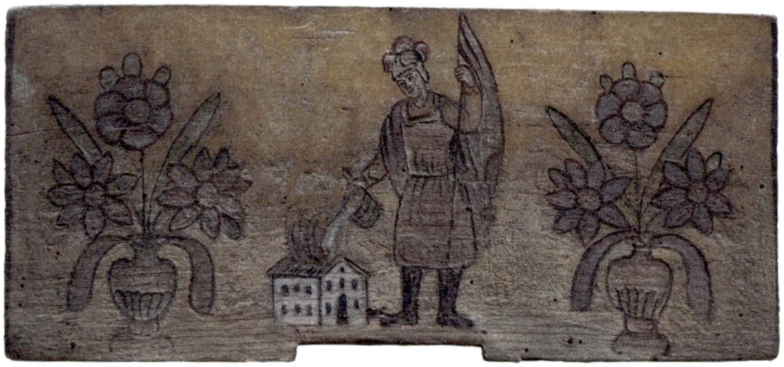

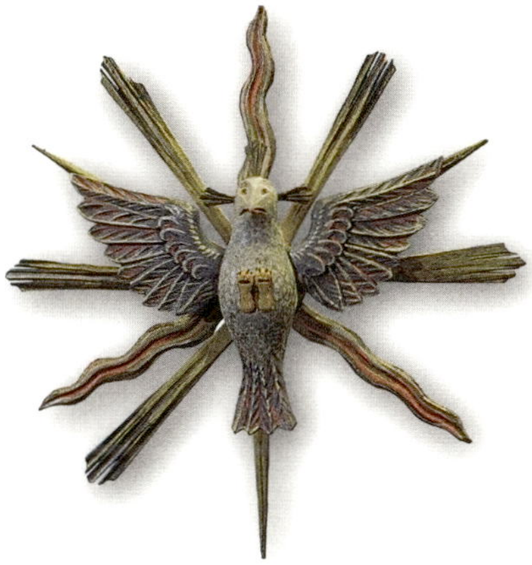

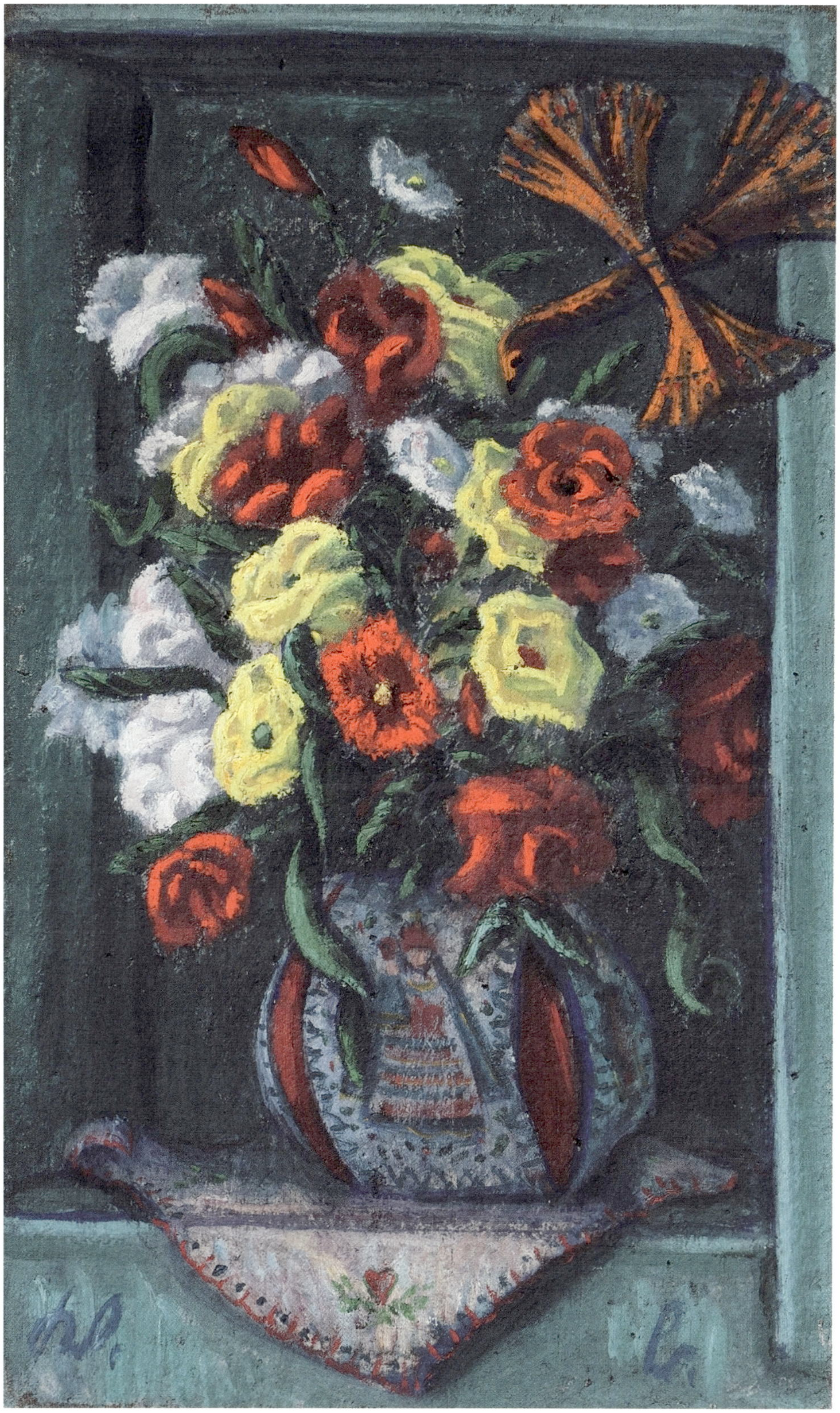

WERNER BERG
ST. FLORIAN MIT SCHNEEROSEN
1947, Privatbesitz

HL. FLORIAN
Sammlung Kraut

HL. GEIST TAUBE
um 1920, Landesmuseum für Kärnten

WERNER BERG
PAPIERBLUMEN
1950, Privatbesitz

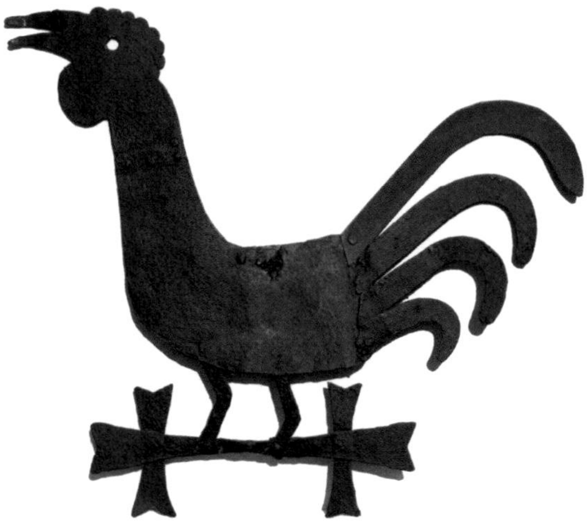

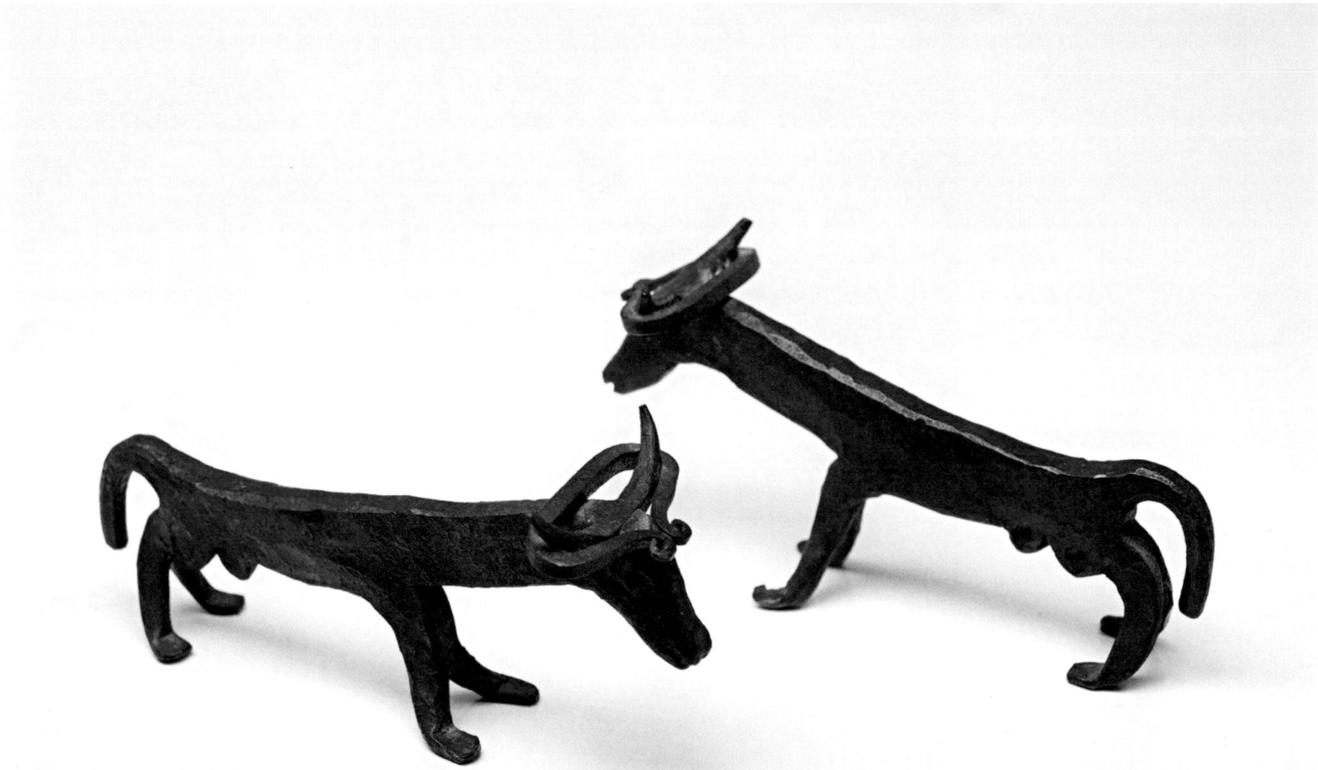

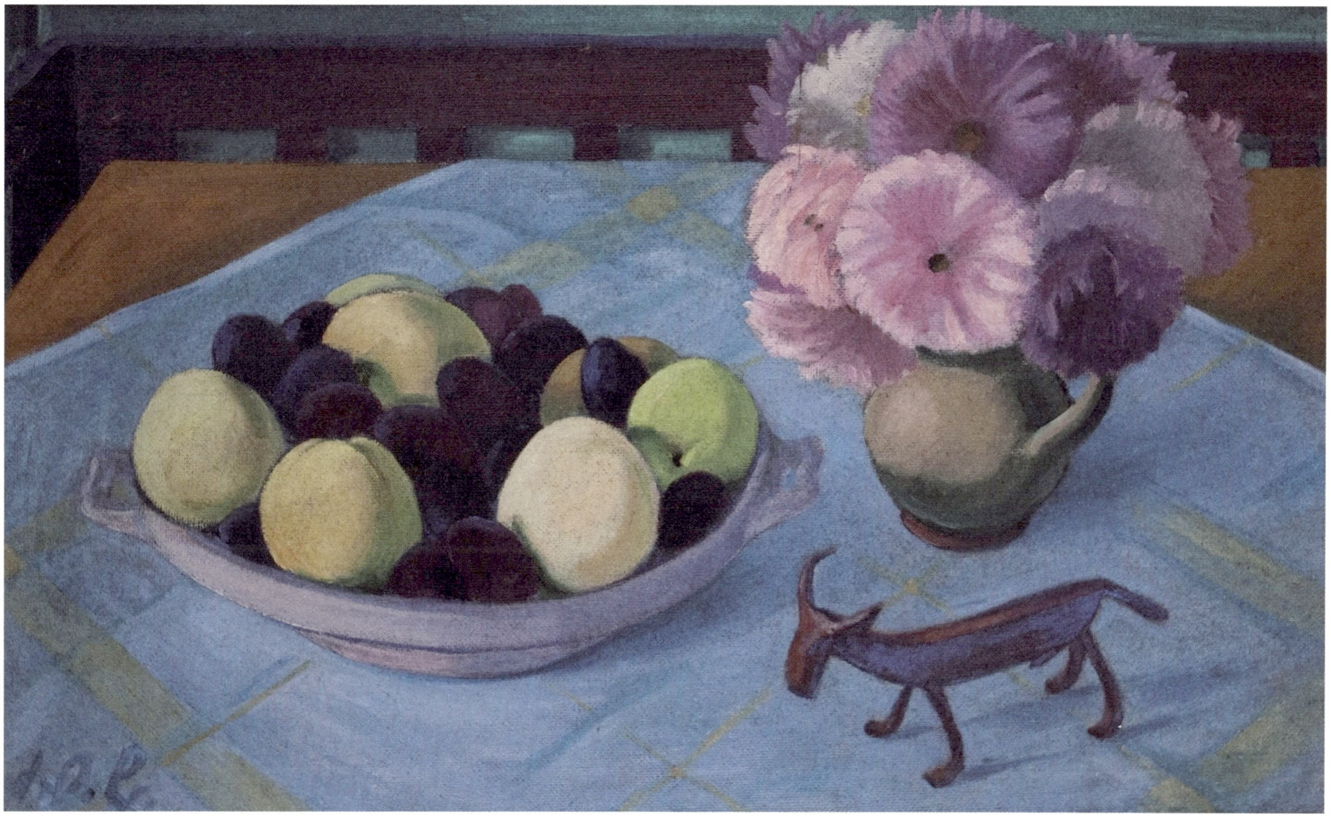

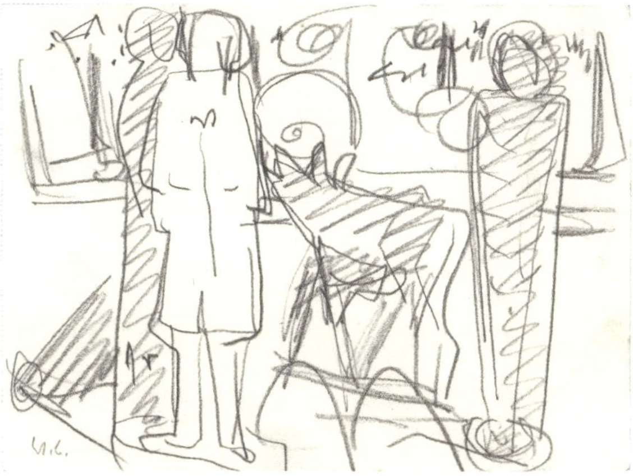

WETTERHAHN
um 1600, Sammlung Scheicher

VOTIVTIERE
um 1900, Privatbesitz

WERNER BERG
STILLLEBEN MIT VOTIVFIGUR, 1947
WÄCHSERNE VOTIVFIGUREN, 1957

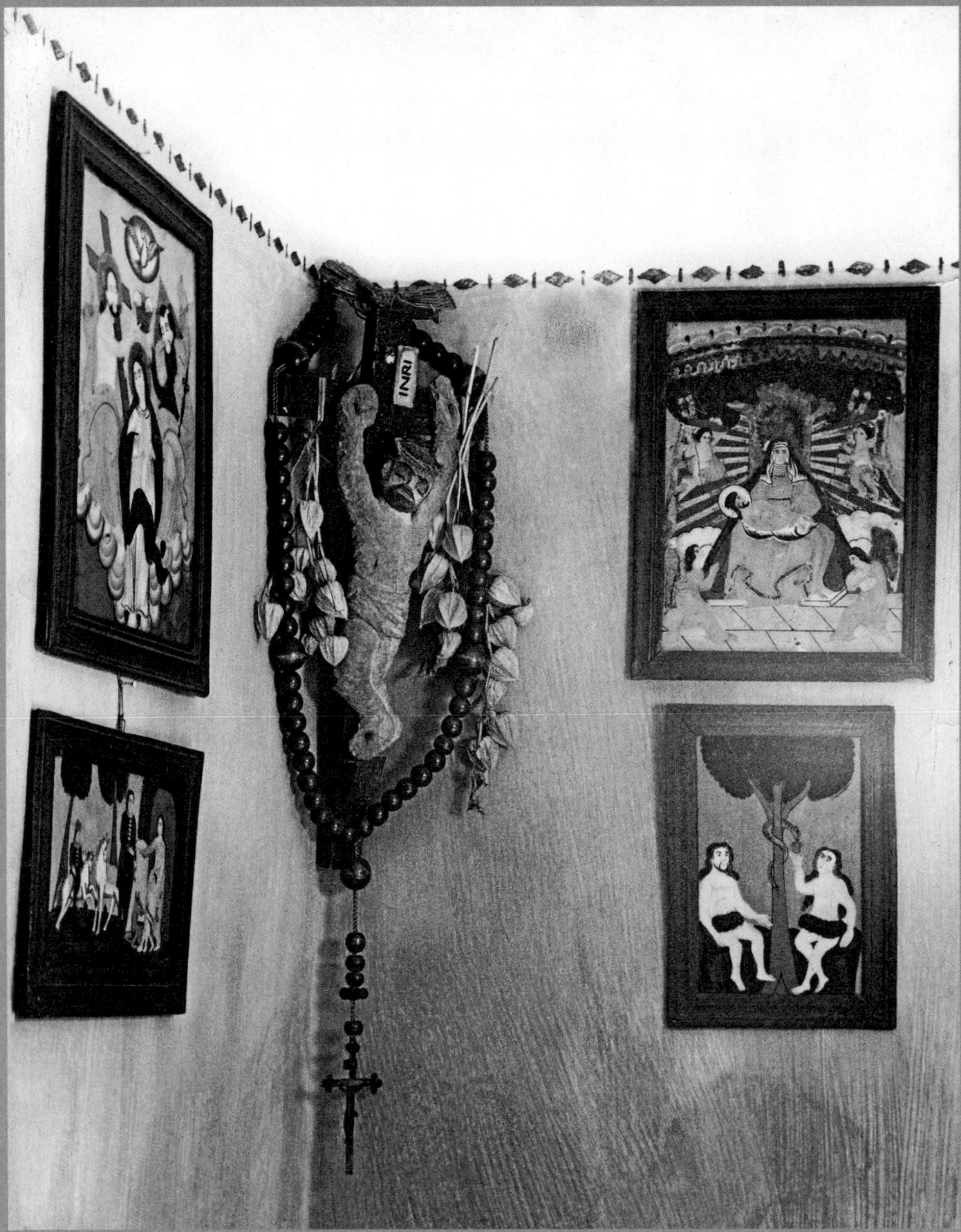

DER „HERRGOTTSWINKEL“ AUF DEM RUTARHOF MIT WERNER BERGS SELBSTGESCHNITZTEM KRUZIFIX, um 1970

Im März 1954 lernte ich den Maler Werner Berg kennen. Damals trat ich meine Lehrstelle im Kaufhaus Rutar in St.Veit im Jauntal an. WB war damals ein Kunde beim Kaufhaus Rutar. Ich konnte ihn sehr oft bedienen. Einmal hatte er mich beauftragt dem Pfarrer Kunstl zwei Liter Wein zuzustellen. Ich bekam damals für diesen Auftrag von WB ein Trinkgeld in der Höhe von 25,- Schilling. Verdient habe ich als Lehrling 51,- Schilling. Als ich dann ausgelernt war, hatten wir von 1958 bis 1962 wenig Kontakt, da ich damals bei meinem Bruder in Loibach beschäftigt war. Wie trafen uns nur zum Bleiburger Wiesenmarkt. Da WB immer mit Rucksack, Skizzen und Block anwesend war, bot ich ihm am Markt immer einen Schnaps an und verkaufte ihm Wollsocken.
Im Jahr 1962 pachtete ich das Geschäft meines Lehrherren. Da war WB mein Stammkunde. Es entwickelte sich eine Freundschaft zwischen uns. Ich musste ihn damals sehr oft am Rutarhof abholen und ihn zum Bahnhof Tainach/Stein bringen. Abends holte ich ihn wieder ab. Im Jahr 1964 wurde der erste Film, damals noch in schwarz/weiß gedreht. Das ORF-Team kam mit der Bahn aus Wien. Auch das ORF-Team habe ich am Bahnhof Tainach/Stein abgeholt. Ich besaß in dieser Zeit nur einen Kastenwagen. In diesen Wagen legte ich leere Holzkisten und Decken darüber. So fuhren wir zum Rutarhof. So entstand damals der Film „Gast bei Werner Berg".
Da es uns ein Anliegen war eine Kopie zu erhalten, mussten wir beim Büro vom Generaldirektor Bacher intervenieren. Dafür mussten wir eine leere Videokassette nachsenden. Meine Tochter Evelin hat WB eine Reportage des Kirchenblatts NEDELJA vom Slowenischen ins Deutsche übersetzt und bekam einen gerahmten Holzschnitt „Das Brautpaar" von WB überreicht.
WB hat auf Umwegen erfahren, dass ich mir einen Videorekorder wünschte. Sofort hat er einen für mich besorgt, welcher damals 20.000,- Schilling kostete. Wenn WB Geburtstag hatte, habe ich ihm einfach Blumen geschenkt. WB war sehr, sehr großzügig. Später habe ich WB sehr oft am Rutarhof abgeholt und nach Klagenfurt gebracht. Das Rad und den Rucksack verstauten wir im Kofferraum meines PKW. Abends holte ich ihn wieder in Klagenfurt ab. Treffpunkt für die Abholung war das Blumengeschäft NATEK (Heiliger-Geist Platz). Für meine Frau gab es immer Blumen und die Kinder bekamen ein Cornetto-Eis. Ich fuhr WB sehr oft, egal ob es

Sommer oder Winter war, nach Klagenfurt, ins Rosental, nach St. Veit an der Glan, Althofen und selbstverständlich oft in die Galerie nach Bleiburg und zum Wiesenmarkt, zu Kirchtagen und Primizen, nach Windischgraz zum Bürgermeister und zum Galerieleiter Pečko. Einmal hatten wir auf der Fahrt nach Windischgraz die Zeit verpasst, als wir die Grenzkontrolle passiert haben, sagte WB: „In Kürze läuft eine ORF-Übertragung von mir". Er sagte: „Diesen Beitrag möchte ich gerne sehen". Ich bog damals beim Gasthaus Hrust ab und fragte dann einen Nachbarn, ob sich WB den Film bei ihm anschauen könnte. Herr Tschamer bejahte sofort die Frage. Doch Herr Tschamer fand den Haustorschlüssel nicht und WB musste sich den Film vom Fenster aus anschauen. Wenn die Bleiburger Galerie etwas von WB brauchte, dann riefen sie bei mir an, ich fuhr dann anschließend zum Herrn Berg und überbrachte ihm die Nachricht. Auch andere Personen, die von WB eine Auskunft benötigten, haben sich bei mir gemeldet. Die Personalvertretung der BH-Völkermarkt hat mich gebeten, ich möchte mit WB in Kontakt treten und ihn fragen ob sie einen Holzschnitt für den scheidenden Bezirkshauptmann kaufen könnten. Als alles klar war, begleitete ich die Delegation zu WB. Diese suchte sich einen Holzschnitt aus. Als Frau Inge Hudelist nach dem Preis fragte, sagte WB: die Holzschnitte verkaufe ich um 6.000,-. Da dieses Geschäft von Herrn Blažej abgewickelt wurde, gebe ich Ihnen den Holzschnitt um Schilling 3.000,-. In den 1970er Jahren gab es in Altmittlern eine Primiz, wo auch WB anwesend war. Er entdeckte bei einem Bauernhaus eine alte Holztruhe. Diese musste ich für ihn holen. Habe WB nur zweimal einen Termin absagen müssen. Er wollte, dass ich ihn bei der Grenzstation Grablach abhole. Da damals mein Vater verstorben ist, habe ich mit meinem Schwager vereinbart, dass er WB abholt. Leider hat er darauf vergessen. WB kam zu Fuß von Grablach nach St. Michael zum Gasthaus Loser. Eine Angestellte holte mich und sagte, dass Herr WB unten auf mich wartet. Ich unterbrach das Totenmahl meines Vaters und fuhr WB zum Rutarhof. Selbstverständlich besuchten wir mit meiner Frau die zwei großen Ausstellungen in Windischgraz sowie auch die Landesausstellung in der Galerie Klagenfurt und eine Ausstellung in Spittal an der Drau.

Einmal wurde WB das Fahrrad, sein Rucksack mit den Skizzen sowie ein Sparbuch in Klagenfurt gestohlen. Das Fahrrad und den leeren Rucksack hat ein Nachbar von WB in Klagenfurt, der bei der Polizei seinen Dienst verrichtete, gefunden. Bei der Verleihung des großen Kunstpreises in Wien war ich auch anwesend. WB war wütend darüber, dass ihm diese große Auszeichnung kein Minister, sondern nur der Sektionsleiter übergab. Selbstverständlich war ich auch bei den Galerieeröffnungen dabei. Da hat uns WB im Zuge dieser Eröffnungen ins Gasthaus Kronwirt auf eine Saure Suppe eingeladen. Das war damals schon Tradition. Ich war für WB immer da. Er hat mich sehr oft angerufen... ja ich war einfach der Chauffeur von WB. Als Dankeschön hat mir der Maler eine kleine Galerie eingerichtet. Ich besitze mehrere Ölbilder, Holzschnitte, Skizzen, eine Holzplatte und 18 verschiedene Kalender. Drei Wochen vor seinem Tod, schenkte er mir noch weitere 5 Holzschnitte und sagte: „Damit Sie auch etwas für Ihre Kinder haben." Auch für die Fahrt zum Bleiburger Wiesenmarkt im September 1981 hatten wir schon einen Termin vereinbart. Es kam aber anders. Kurz davor hat er mir diese Fahrt abgesagt. Es sagte, dass er Besuch bekommt. Er verabschiedetet sich mit den Worten: „Herr Blažej, ich bedanke mich nochmals bei Ihnen, für alles was Sie für mich getan haben". Der Besucher dürfte der Pfarrer Kajžnik von Bad Kleinkirchheim gewesen sein. Am nächsten Tag fand ihn der Briefträger Andreas Mitsche tot am Boden liegen. Ich konnte mich von WB, der noch am Boden lag, verabschieden. Er hatte noch den Rucksack und einen dicken Überrock an. Werner Berg wurde anschließend nach Salzburg in die Feuerhalle gebracht und am Friedhof der Namenlosen beigesetzt.

Adolf Blažej

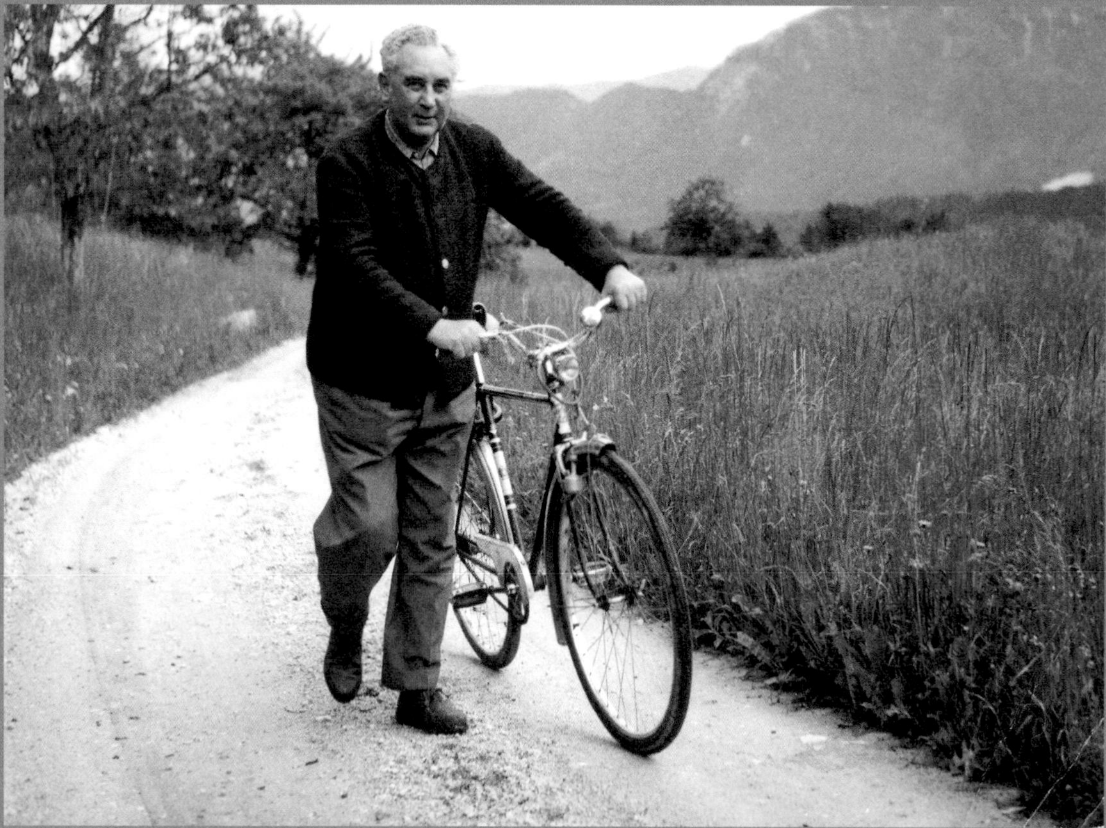

WERNER BERG MIT SEINEM FAHRRAD, 1964

Unser Vater, Adolf Blažej sen., hat den Herrn Professor viel chauffiert und wenn er nach einer Fahrt noch zum Einkaufen gekommen ist, sind wir Kinder Spalier gestanden, denn es gab immer ein gutes Eis oder er hat von der Konditorei Reinhart eine gute Torte mitgebracht. Im Winter, wenn viel Schnee lag und die Straße zum Rutarhof nicht oder sehr schlecht geräumt war, konnte es schon passieren, dass ich, wegen des Gewichtes, auf der Motorhaube sitzend mitgefahren bin. Oder ich musste das Auto aus irgendeinem Schneehaufen schieben, damit die Fahrt weiter gehen konnte. Und zum „Schappen", da bin ich schon frühmorgens mit meinen Cousins los, damit wir einige Ortschaften schafften und zum Schluß, kurz bevor man in den Ofen geschoben wird, waren wir am Rutarhof, wo wir von W.B. freundlichst empfangen und beschenkt wurden.
Als ich Schülerin der Frauenberufschule St. Jakob i.R. war, übersetzte ich einen slowenischen Artikel über W.B. aus der „Nedelja" ins Deutsche. Diese Übersetzung schickte ich ihm nach Salzburg, wo er auf Kur weilte. Einige Tage später erhielt ich eine Postkarte von ihm und als Dankeschön einen Holzschnitt mit persönlicher Widmung.

Evelin Blažej

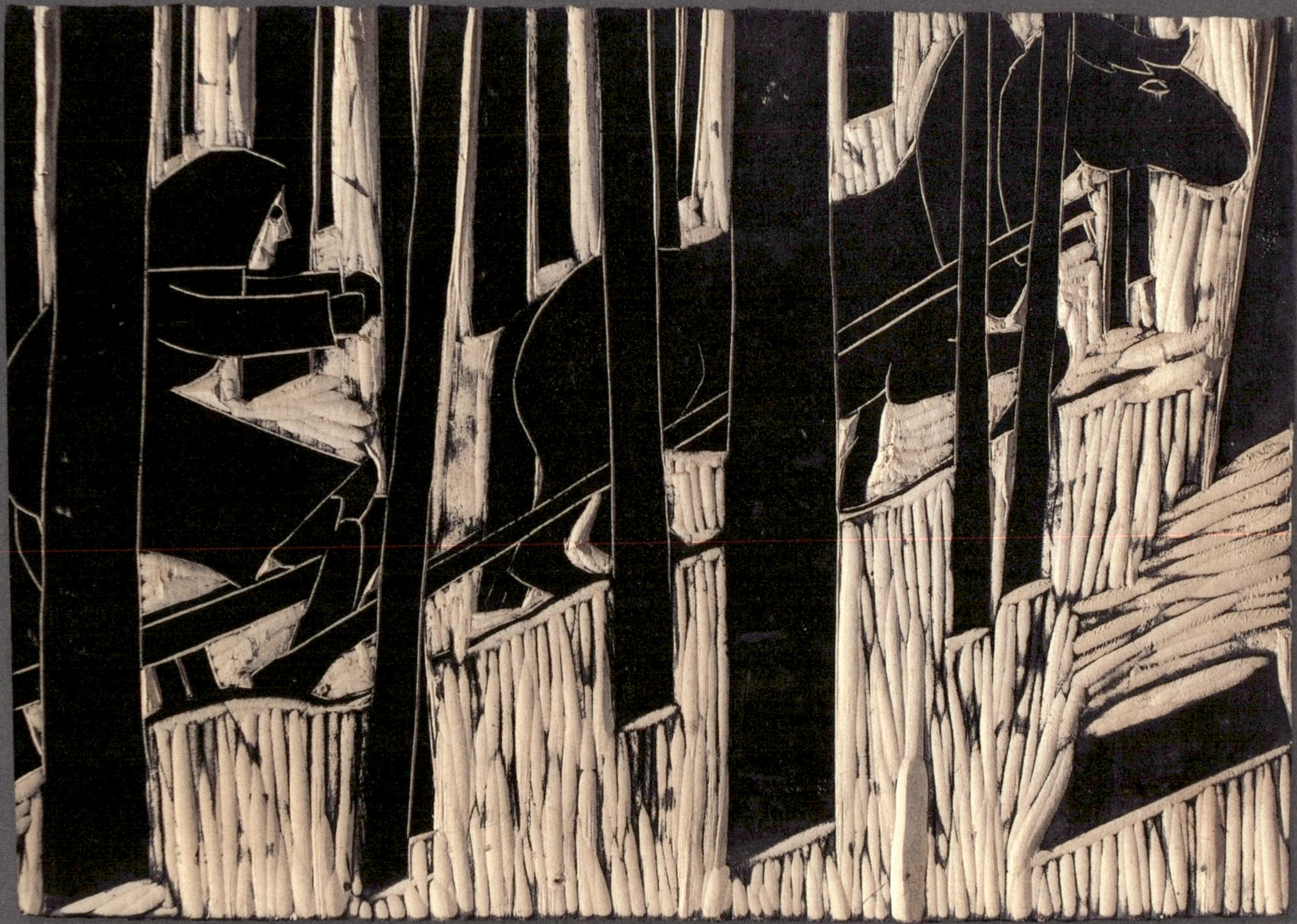

Bienenbrettchen

Für Südkärnten und das angrenzende Slowenien charakteristisch sind die bemalten Einflugbrettchen der Bienenstöcke. Diese bunt gestalteten, kleinformatigen Vorsteckbretter für den Bienenstand, in deren Unterkante viereckige Fluglöcher geschnitten waren, fanden sich nahezu auf jedem Bauernhof. Die einfachen Weichholzbretter waren meist mit figuralen Kompositionen versehen. Die einzelnen Bienenstöcke – flach liegende ca. ein Meter lange Kästen – waren in „Bienenhäusern" unter einem Schutzdach an- und übereinander gereiht. Zwei Brettchen zeigen den Imker vor seinem Bienenhaus, einmal mit der häufigen Darstellung des Bären als Honigdieb (S. 158/167).

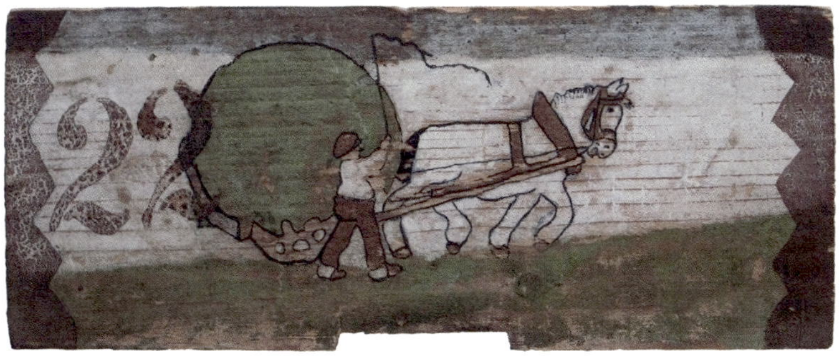

WERNER BERG
PFERDESCHLITTEN, 1932

HEUFUHRE
um 1900, Sammlung Dareb

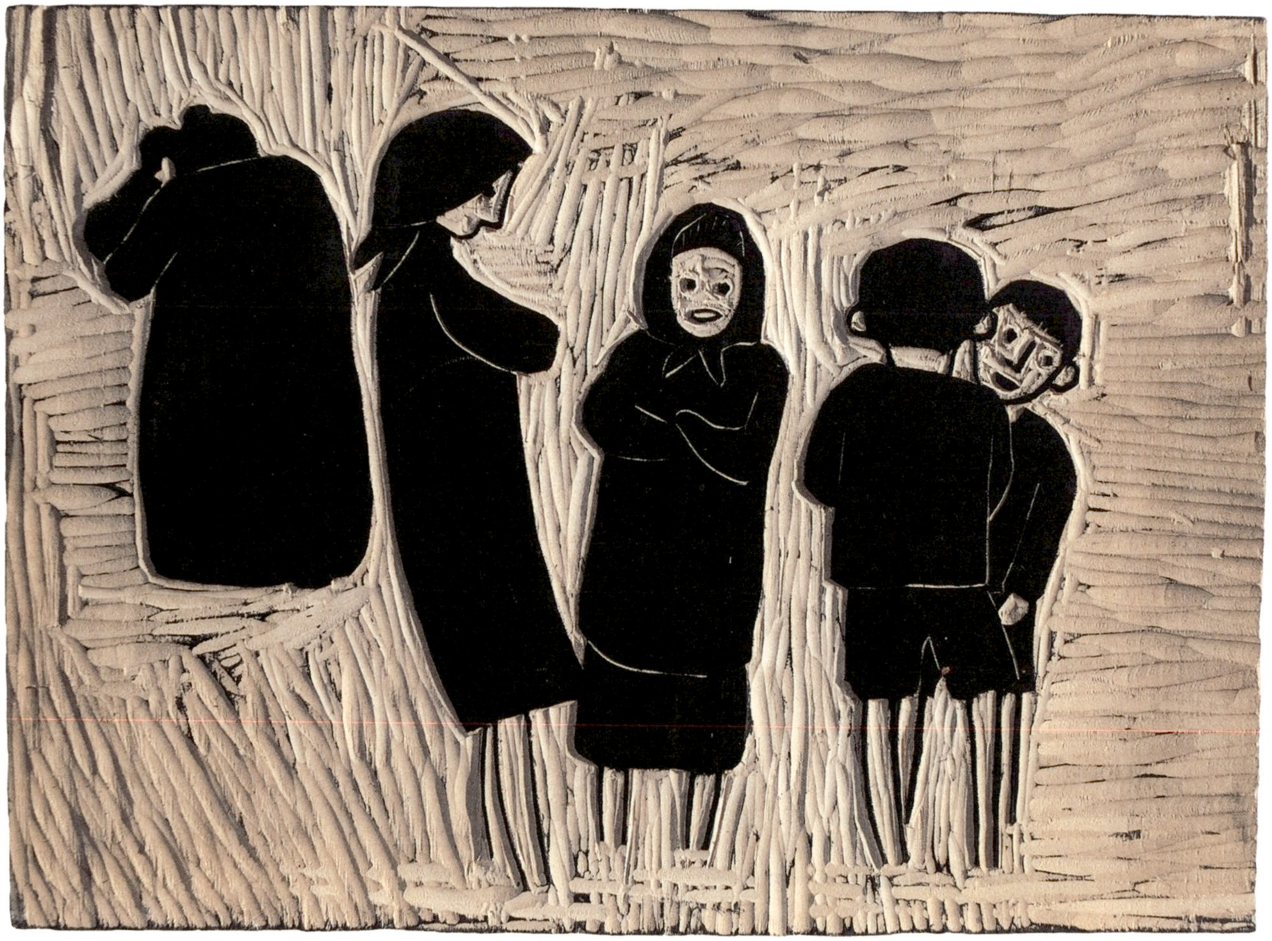

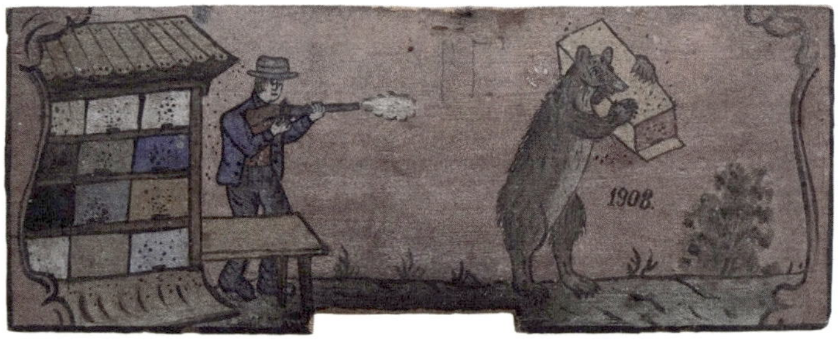
1908.

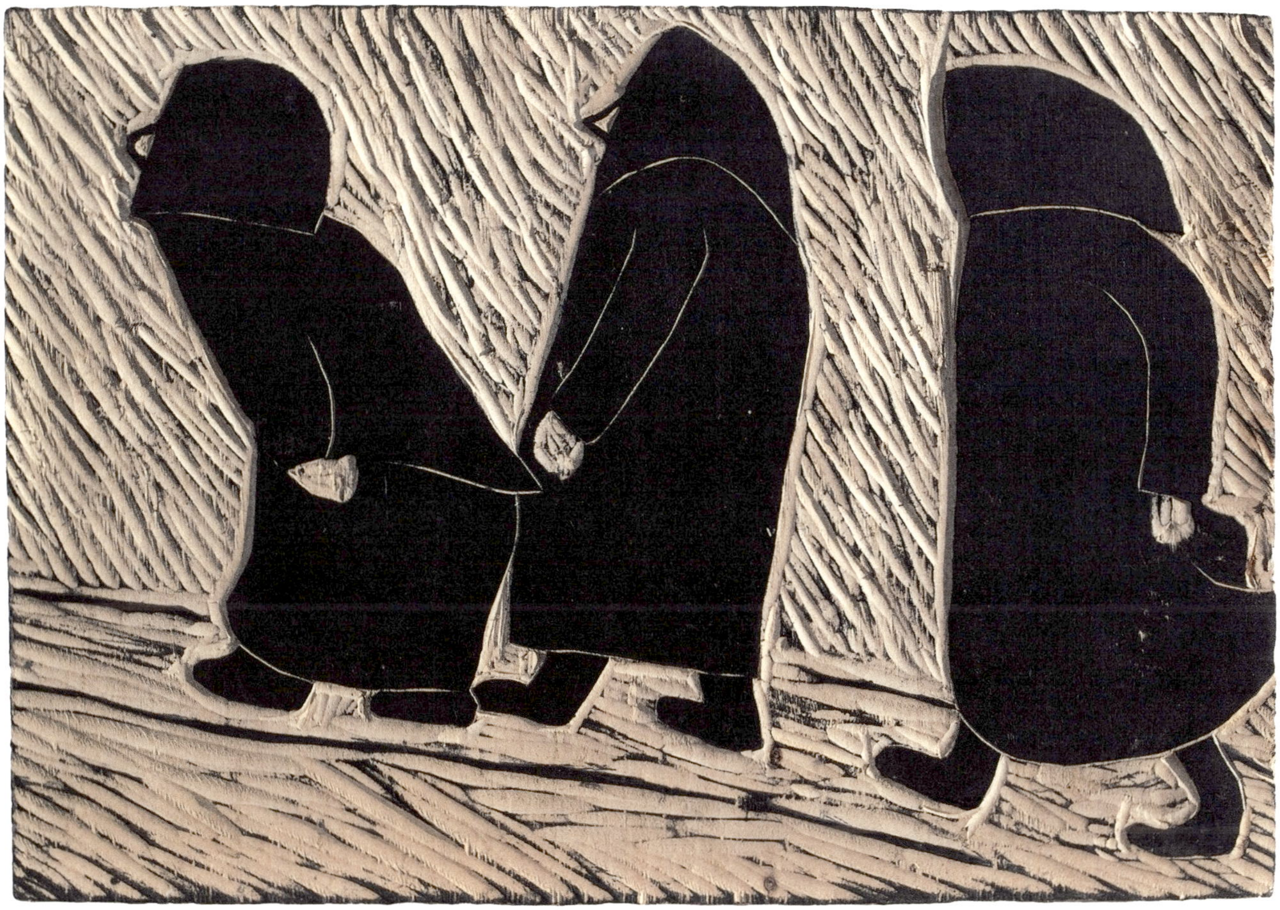

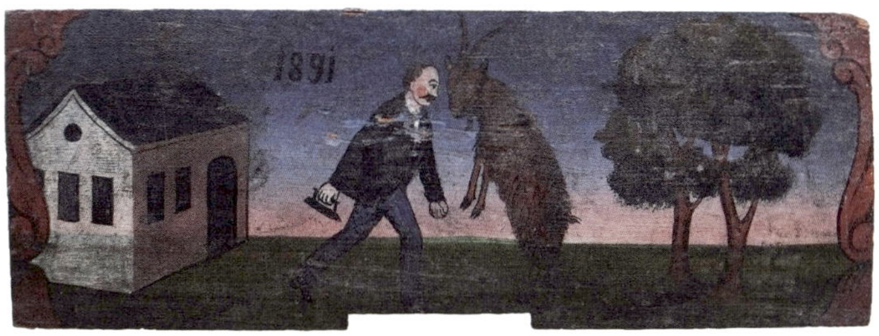

WERNER BERG
KINDER, 1933

DER BÄR ALS HONIGDIEB
1908, Sammlung Dareb

WERNER BERG
WEIBER UNTERWEGS, 1932

BOCKSKAMPF
1891, Sammlung Dareb

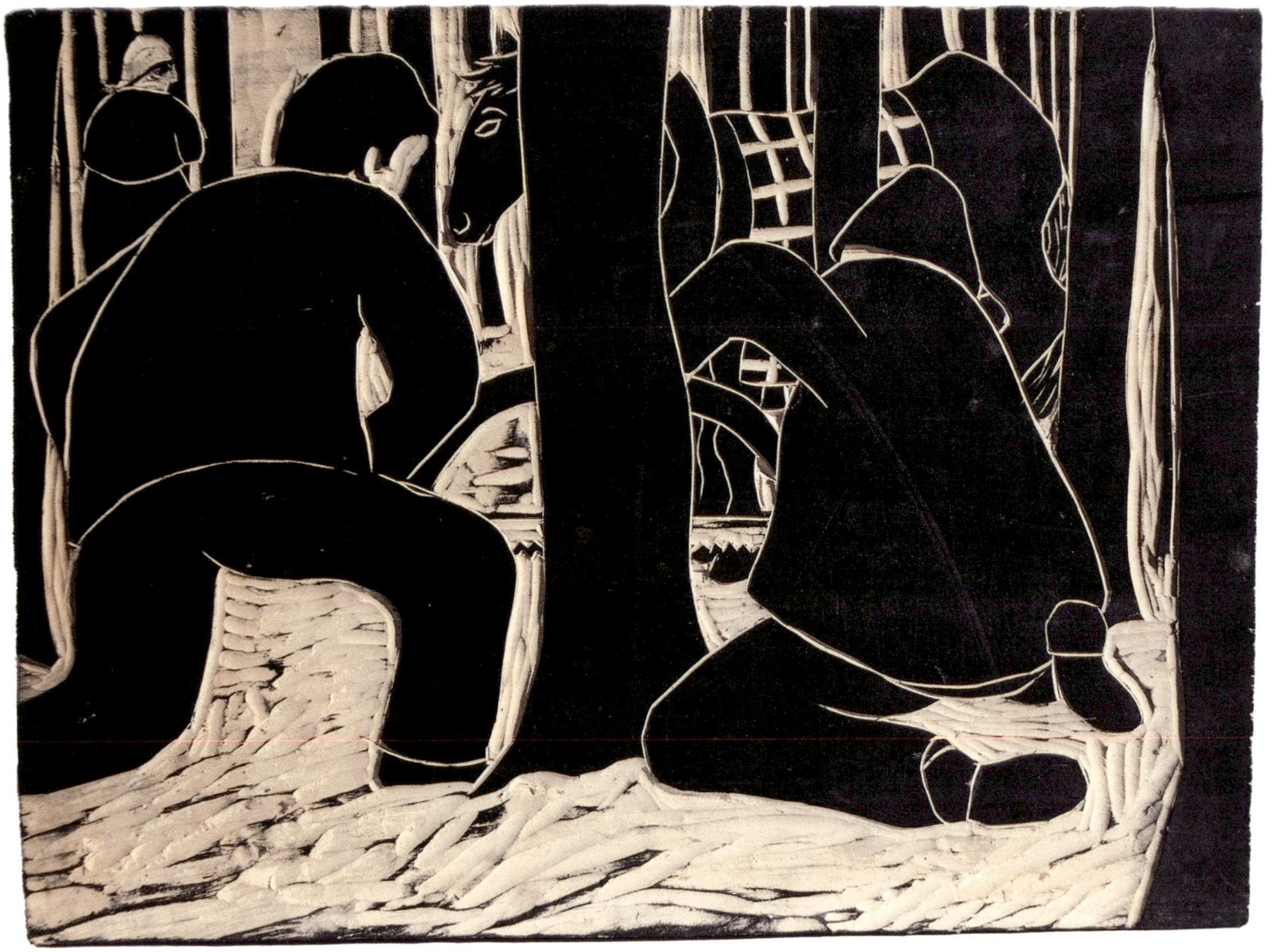

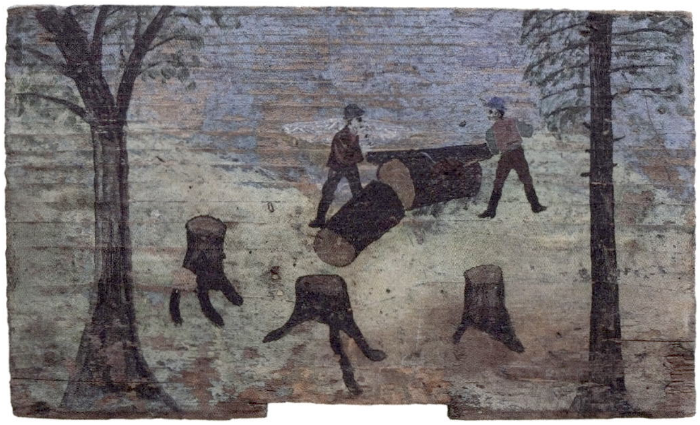

WERNER BERG
HOLZFÄLLER, 1934

HOLZFÄLLER
Sammlung Dareb

WERNER BERG
HOLZFÄLLER, 3 Skizzen, 1934
BAUERNEHE, 1933

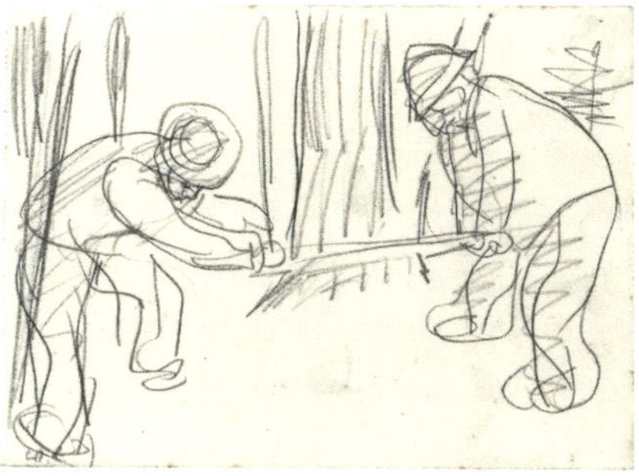

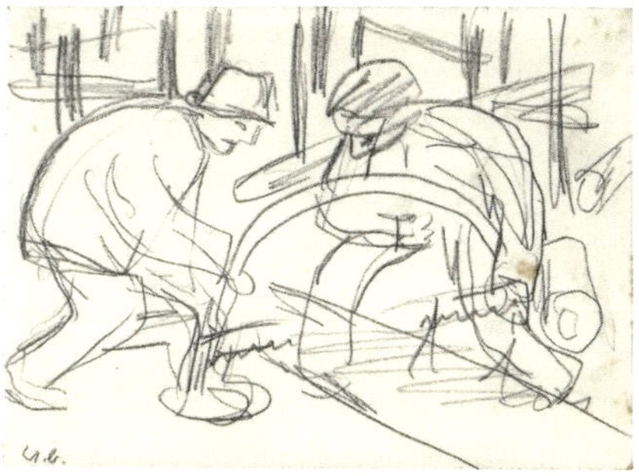

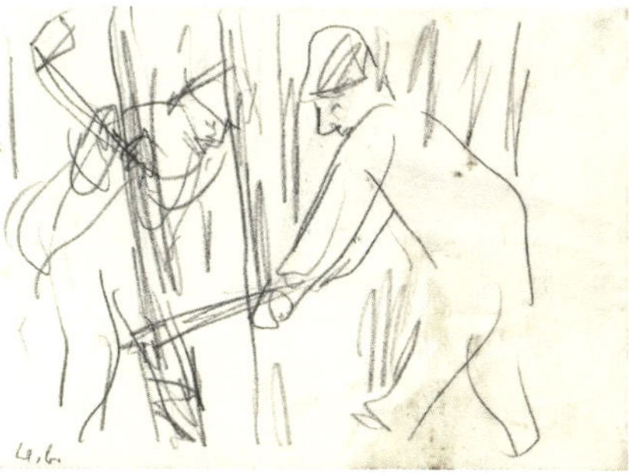

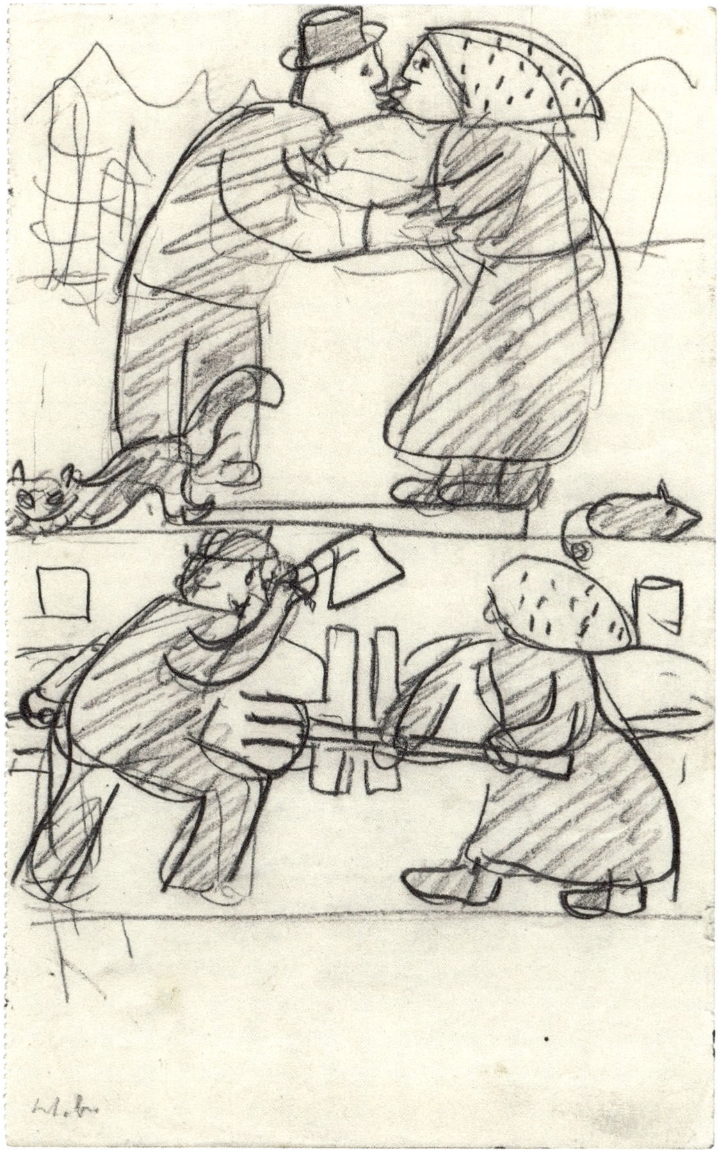

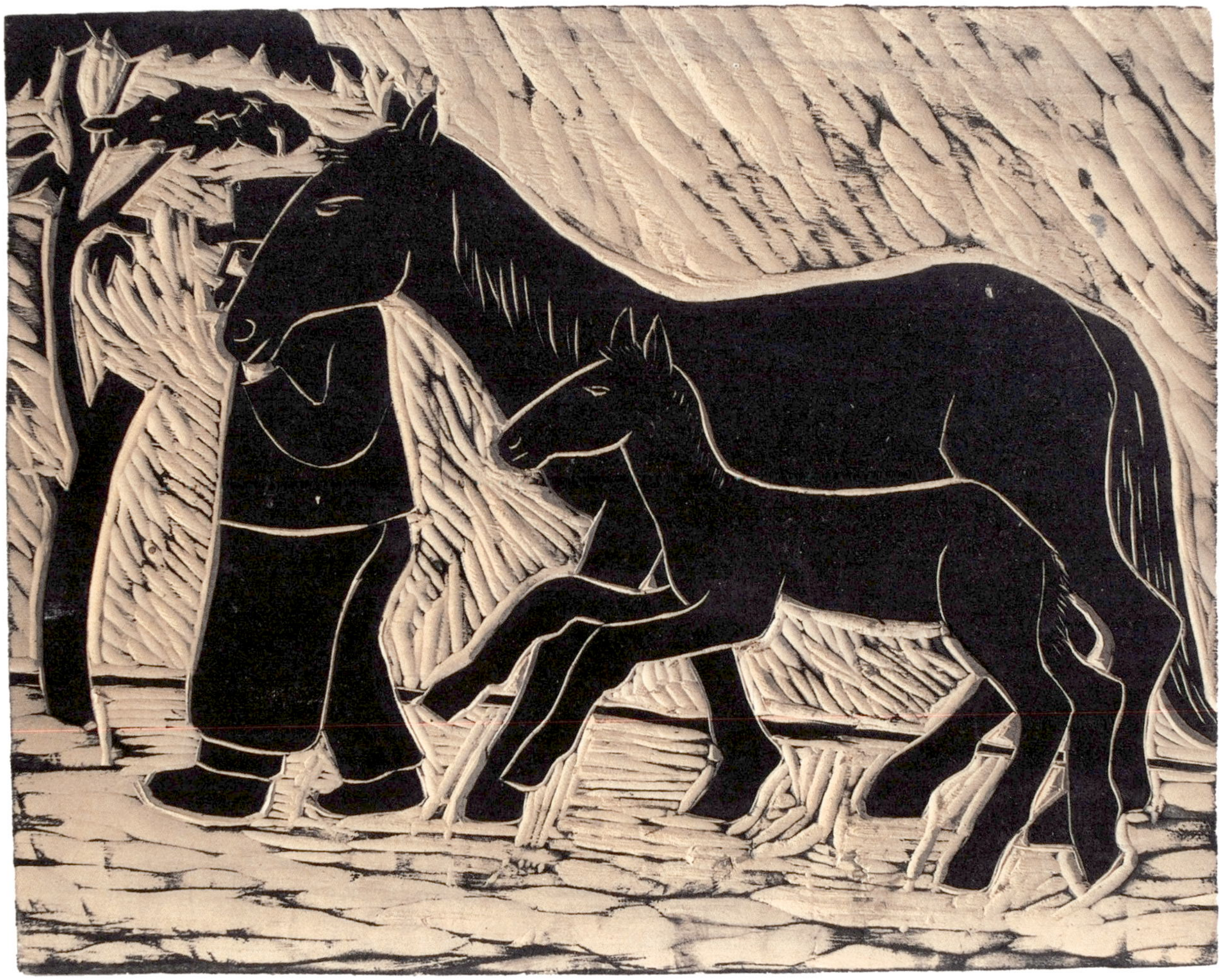

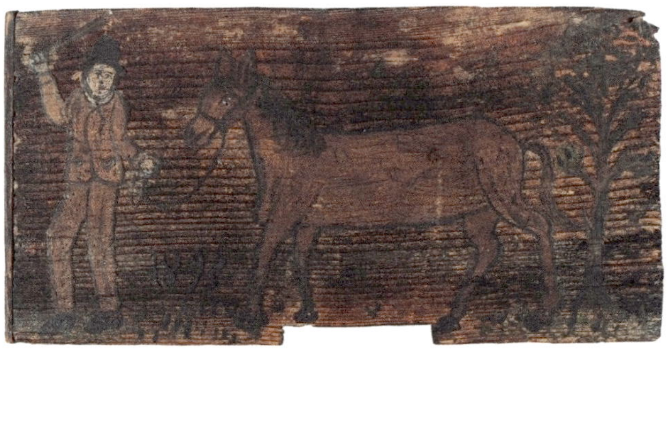

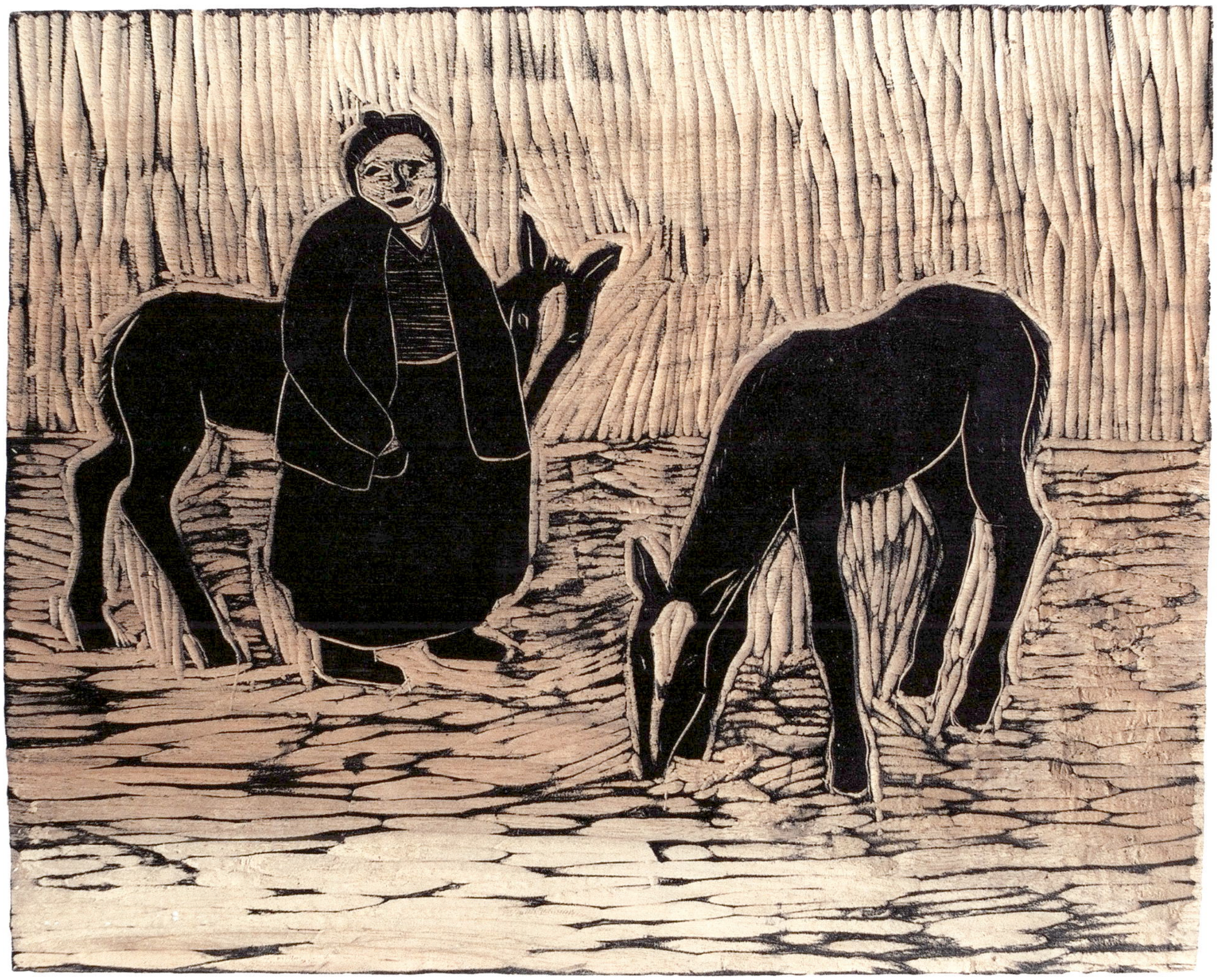

WERNER BERG
BAUER, STUTE, FOHLEN, 1934

BAUER UND PFERD
1893, Sammlung Scheicher

WERNER BERG
BÄURIN UND MAULTIERFOHLEN, 1936

PFLÜGENDER BAUER
1925, Sammlung Dareb

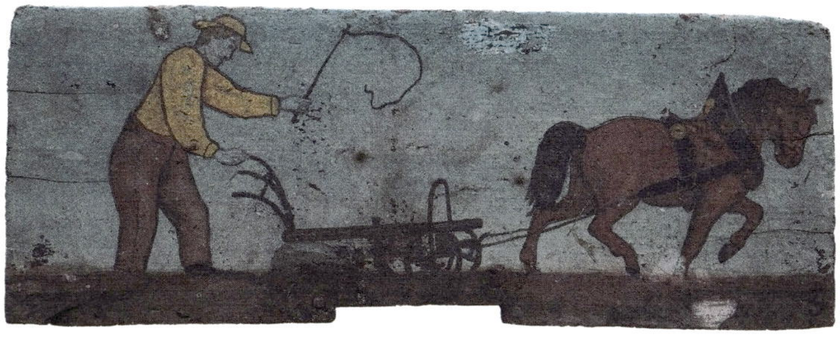

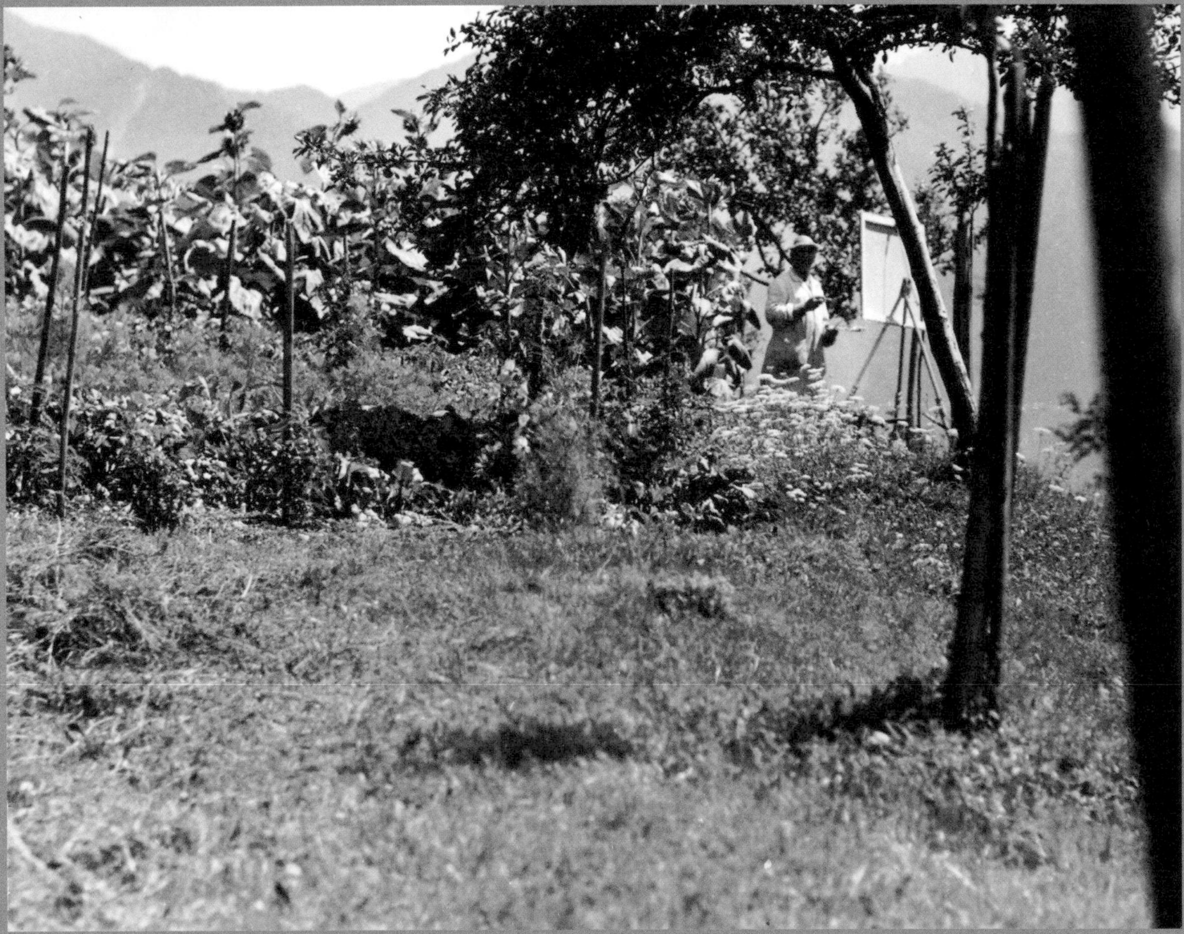

WERNER BERG MALT IM SONNENBLUMENFELD, um 1972

„Kinder!! Wenn ihr durch Österreich fahrt, dann bringt meinem Freund Grüße von mir. Wir korrespondieren schon so lange miteinander, doch persönlich gesehen haben wir uns bisher leider nie!", sagte mein Großvater, N. Dross. Wir, Mutter und Tochter, gingen also auf unsere lang geplante Reise und fanden wirklich den Rutarhof und wurden gleich zu einem Kaffee herzlich eingeladen. Nun leider war der Vater nicht dabei, denn er malte irgendwo in der Landschaft. Als wir aufbrechen mussten meinte die Tochter: „Könnten Sie nicht zu seiner Arbeitsstelle fahren? Er wäre zu traurig, wenn er hört, dass Tochter und Enkelin von Doktor Dross hier waren und er sie verpasst hätte." Wir sahen schon von weitem eine helle Leinwand und darunter die Beine des Malers. Anhalten und Aussteigen: „Verzeihung Herr Doktor Berg....." „-Oh! bitte nicht!" ertönte es hinter der Staffelei hervor. Wir verstanden und verzogen uns sofort. Seither blieb „Oh! bitte nicht!" bei uns oft verwendetes geflügeltes Wort. Wieder zu Hause in Frankreich angekommen lag ein Brief vor, mit großer Entschuldigung und Trauer uns nicht gesehen zu haben. Doch wir hatten alles verstanden; der Augenblick war unmöglich für ihn gewesen: Abenddämmerung, das heißt die Beleuchtung änderte sich und war kurz davor ganz zu verschwinden. – Da kommen zwei Frauen und nehmen mit Geschwätz die letzten Minuten. Schrecklich! – Doch für uns war die Bekanntschaft mit der Familie Berg ein wunderschönes Erlebnis, denn wir hatten uns sofort verstanden, da unsere Lebensumstände sich so stark ähnelten: Beide Familien im Rutarhof (Österreich) und im Colombié (Frankreich) arbeiteten schwer um eine Lebensgrundlage für sich und ihre Familien zu schaffen und beide liebten die Natur und die Kunst.

Blanche Piper

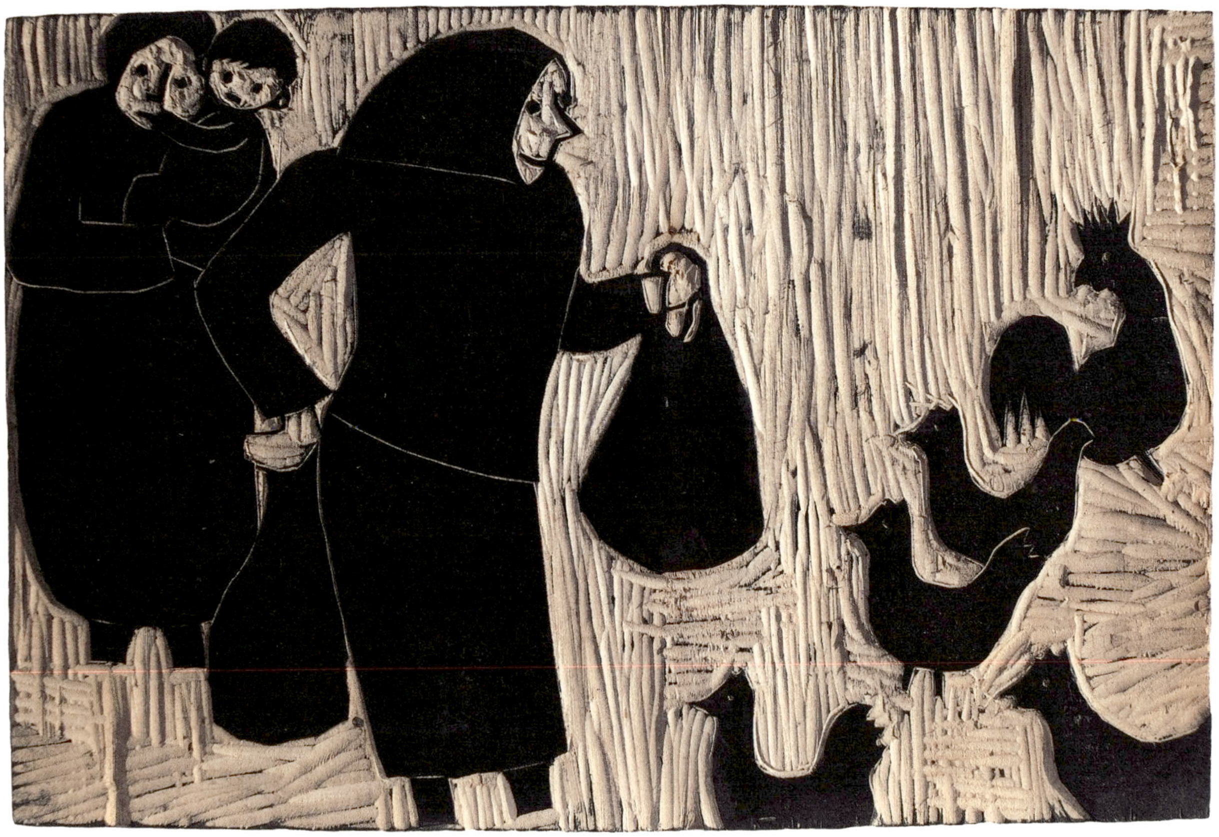

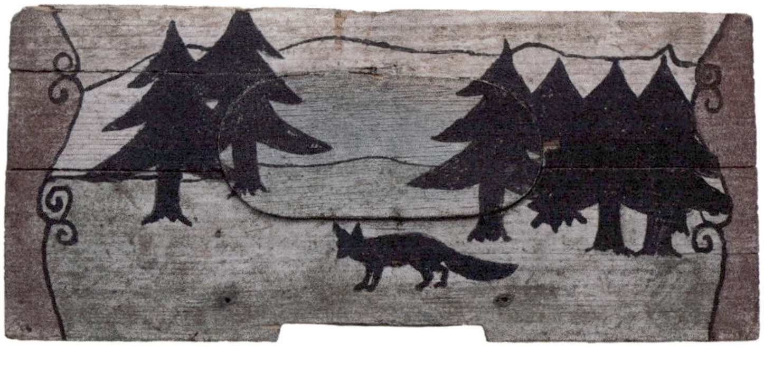

Da die Brettchen Sonneneinstrahlung und jedem Wetter ausgesetzt waren, sind die Farben oft abgewittert und der heutige Zustand erhaltener Brettchen kann selten eine Vorstellung von deren ursprünglich flächenhafter Buntheit und Eindringlichkeit geben, die Werner Berg zu Beginn der 1930er Jahre noch allerorts vorfand. Während die seltenen älteren Brettchen biblische Legenden oder Heiligenfiguren darstellen, machte sich im Laufe der Zeit eine immer erzählfreudigere Malerei breit, mit vielfältiger Schilderung von genrehaften Szenen aus Geschichte und dem bäuerlichen Alltag. Gleich Comics zeigen die Bienenbrettchen oft humorvoll und erzählfreudig skurril phantastische Anekdoten aus der Welt der Bauern. In der unverbildet auch unbekümmert äußere Einflüsse aufnehmenden Malerei einzelner Bienenbrettchen kann durchaus ein Beispiel ländlicher Art brut gesehen werden.

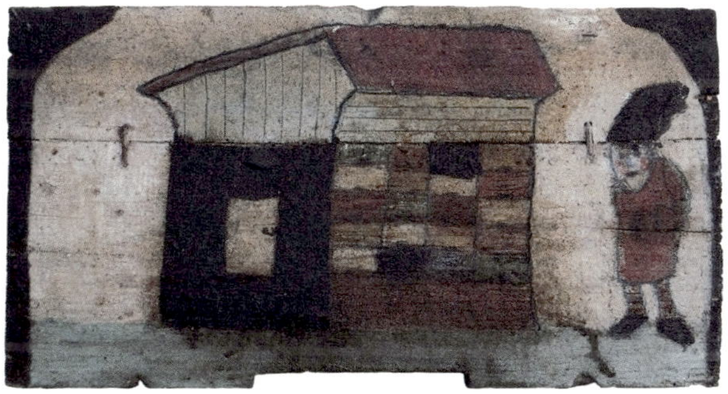

WERNER BERG
KRIPPERIN, 1933

FUCHS
um 1900, Sammlung Dareb

BIENENHAUS MIT IMKER
um 1900, Sammlung Kraut

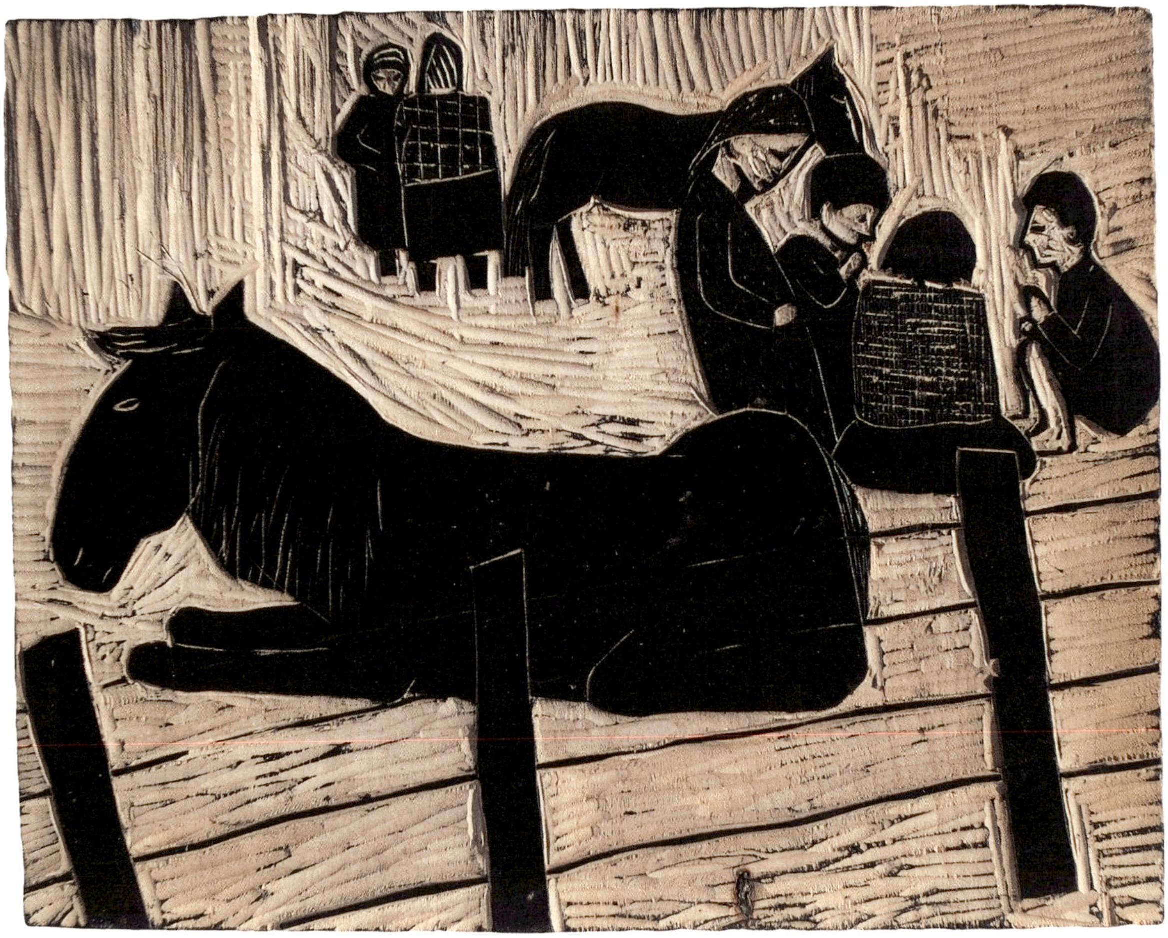

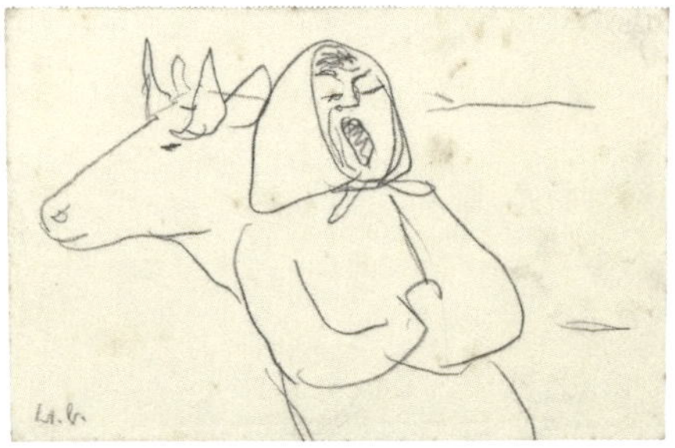

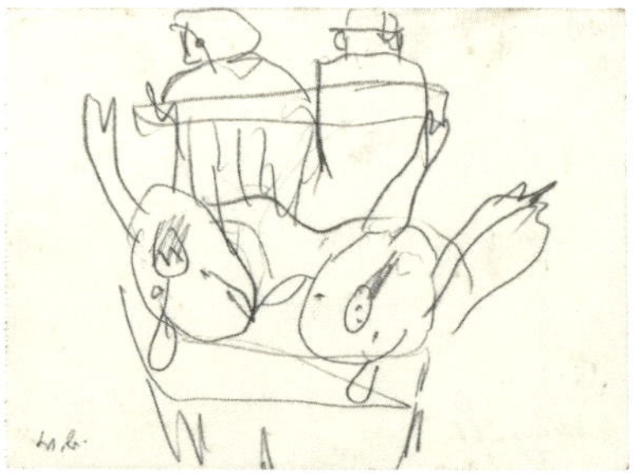

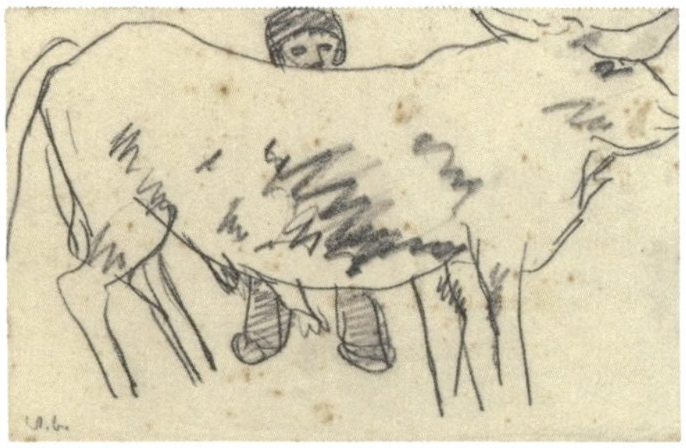

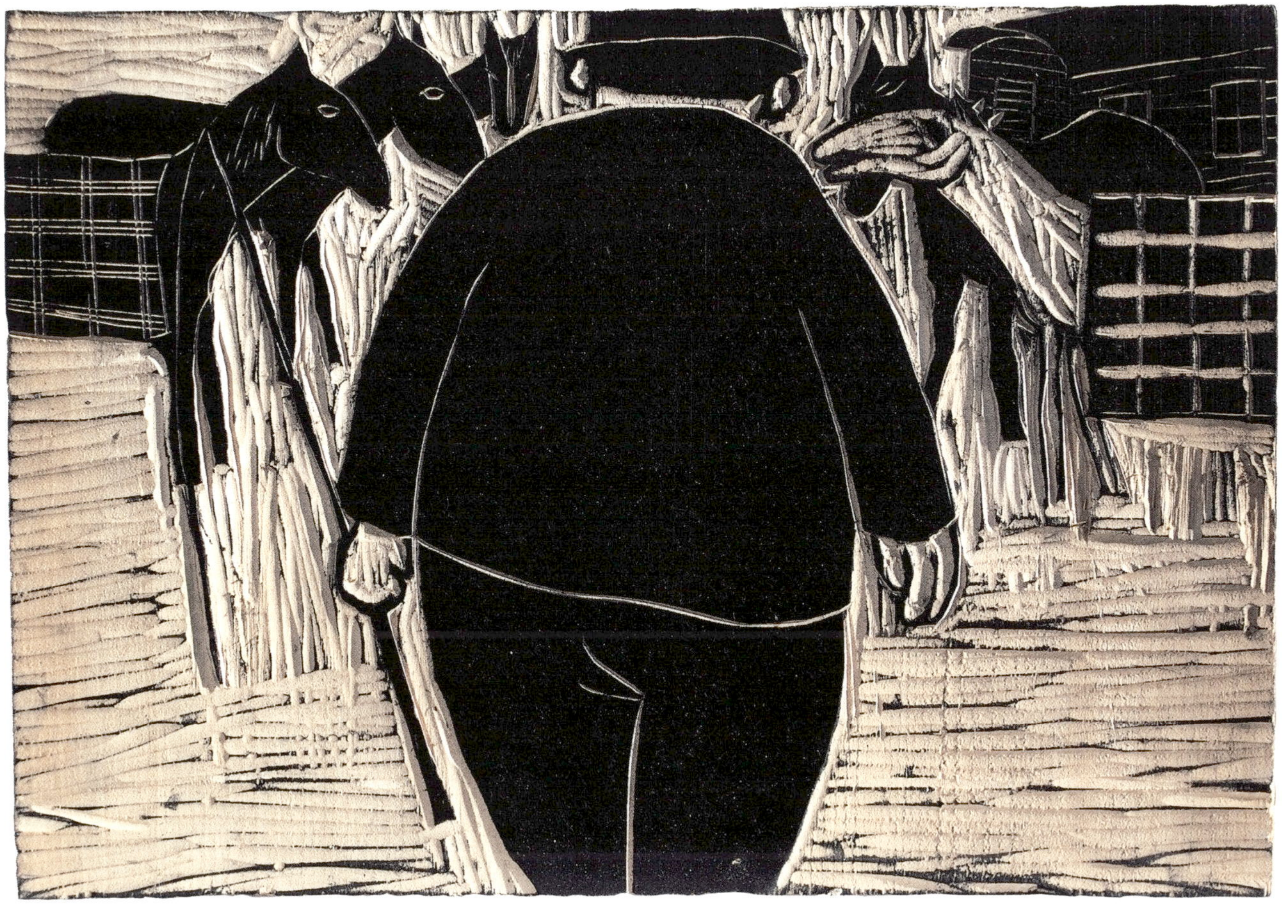

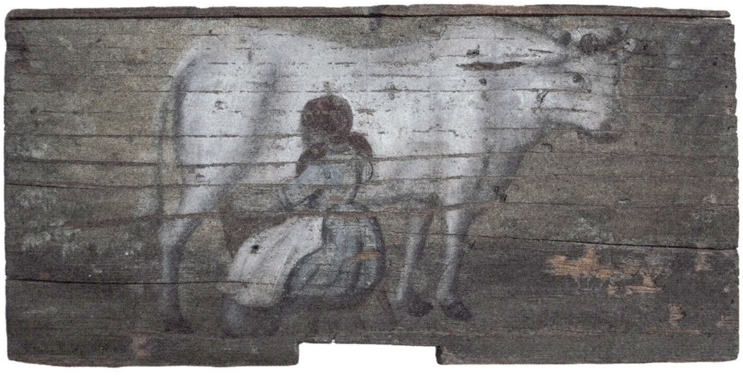

WERNER BERG
ZIGEUNERPFERD, 1933
GÄHNENDE BÄURIN, 1933
FAHRT ZUM SCHWEINEMARKT, 1933
BUB UND STIER, 1933
ROSSHÄNDLER, 1933

MELKENDE MAGD
um 1870, Sammlung Kraut

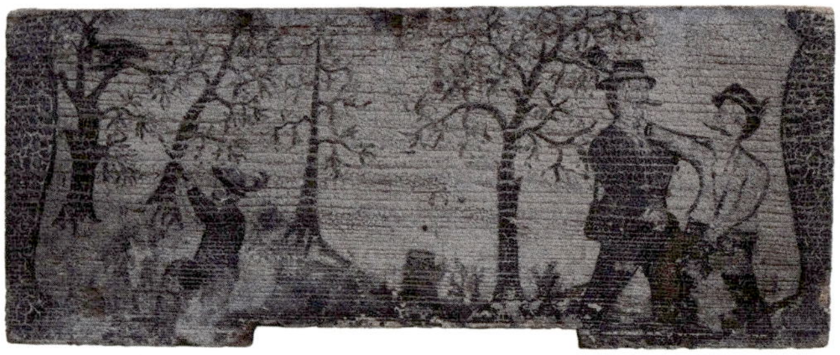

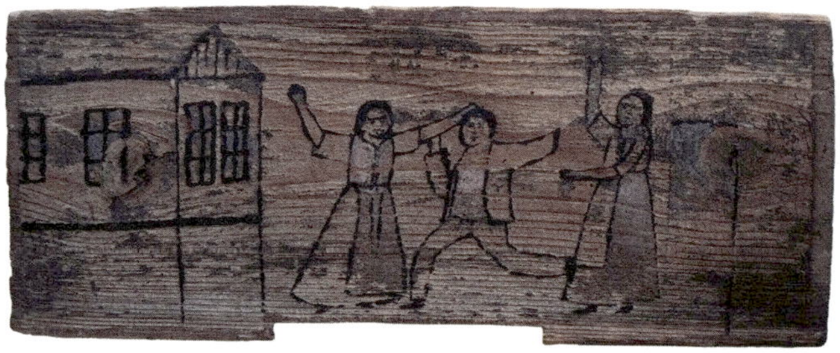

19 BIENENBRETTCHEN
ca. 1850 - 1920, Sammlungen Dareb und Kraut

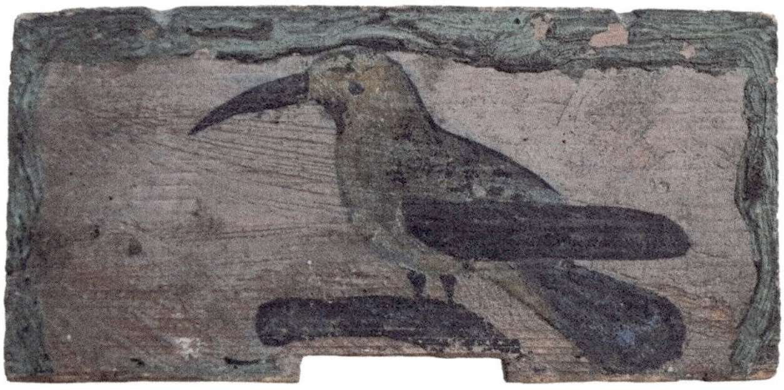

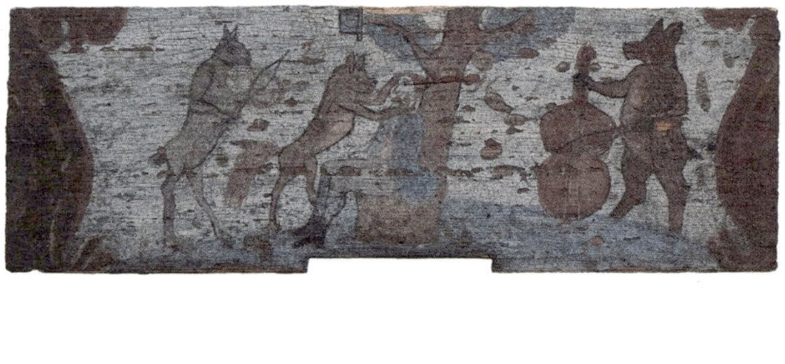

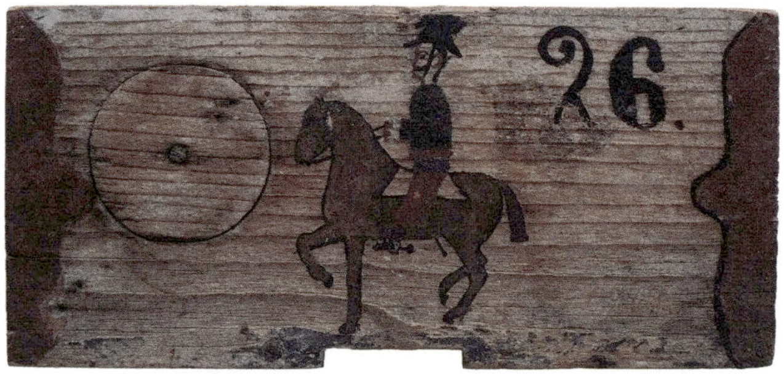

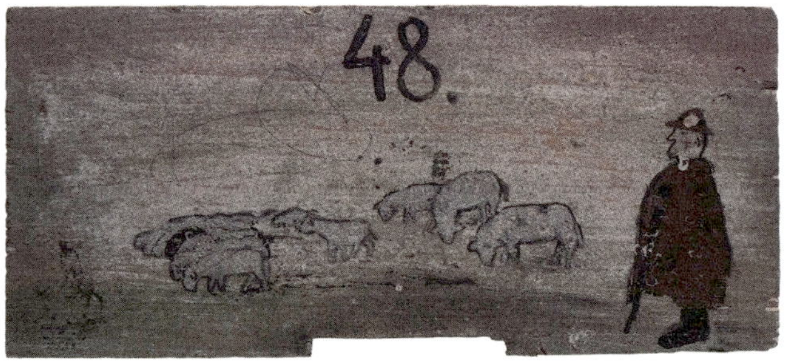

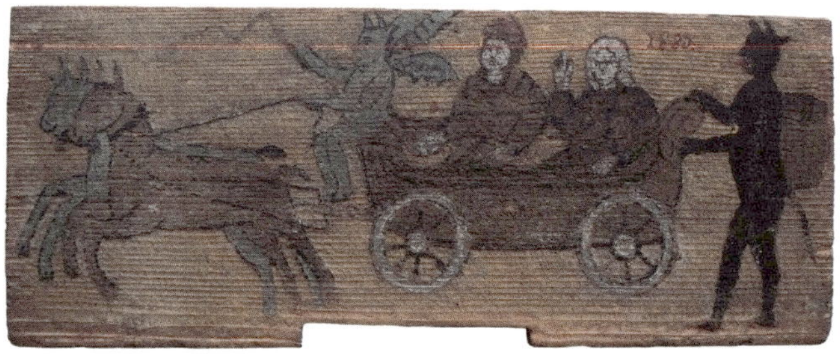

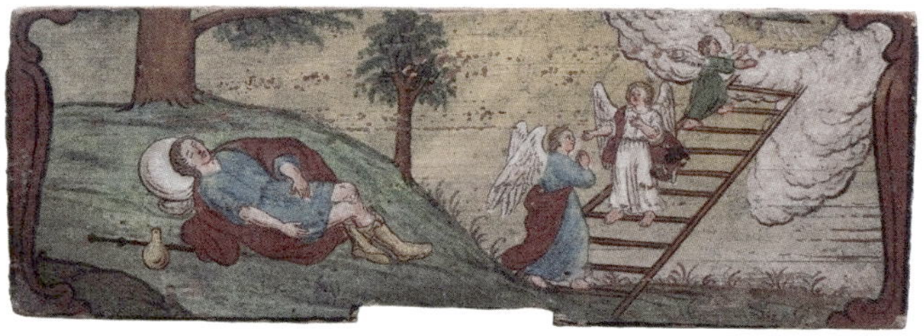

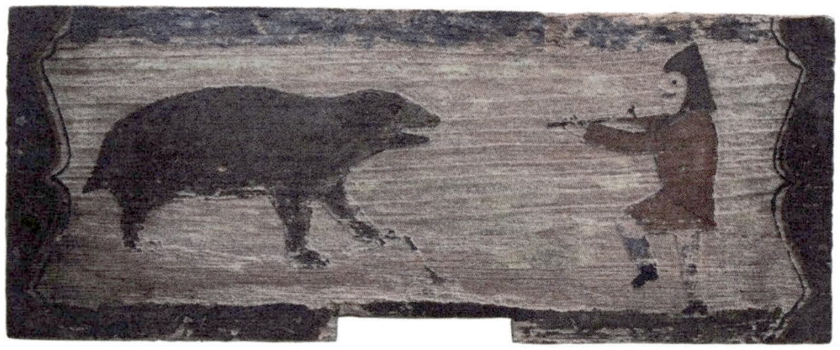

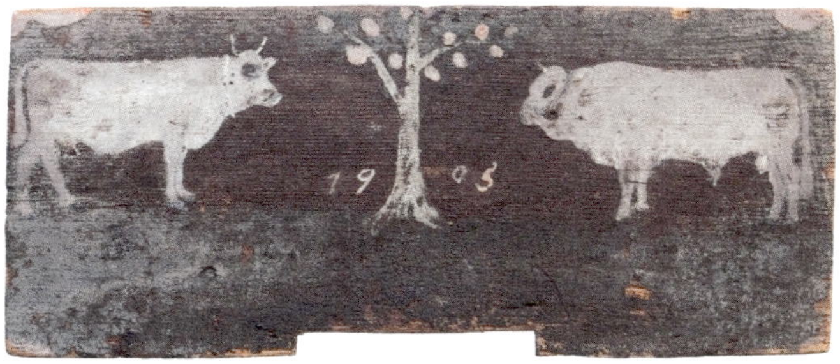
19 05

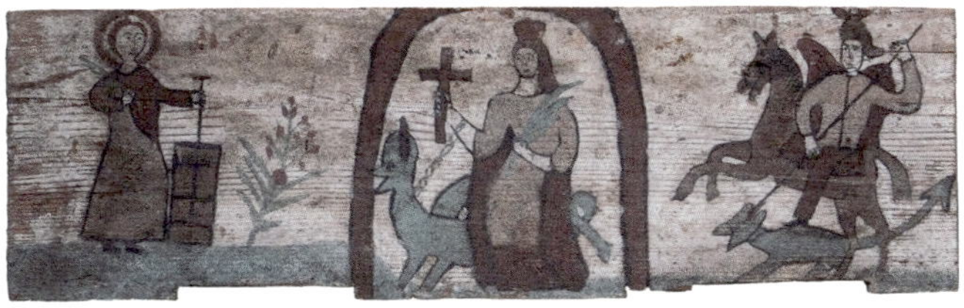

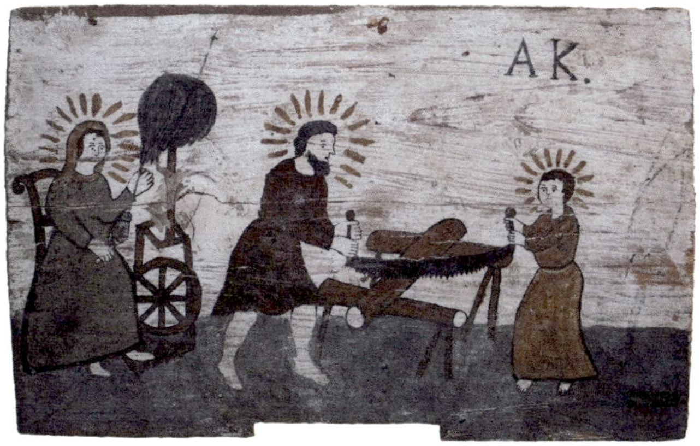
AK.

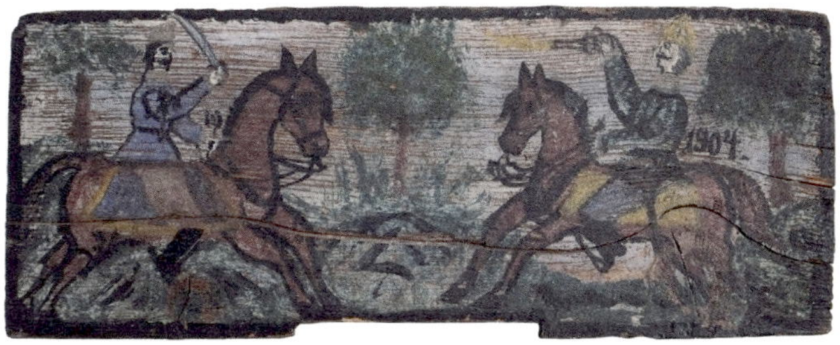
1904

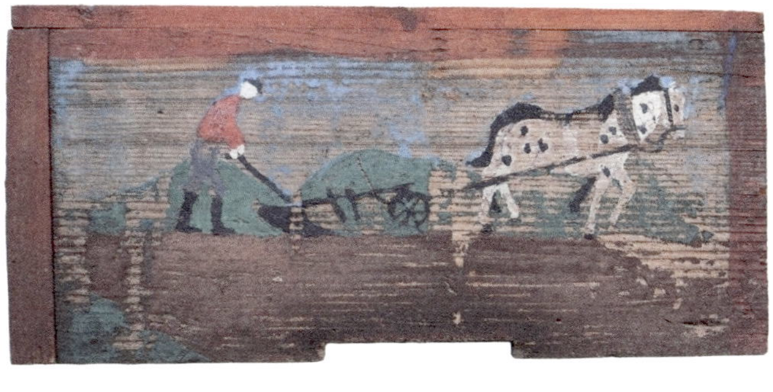

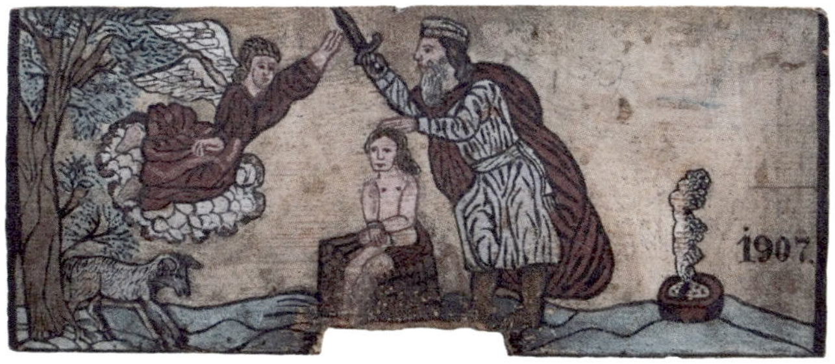
1907.

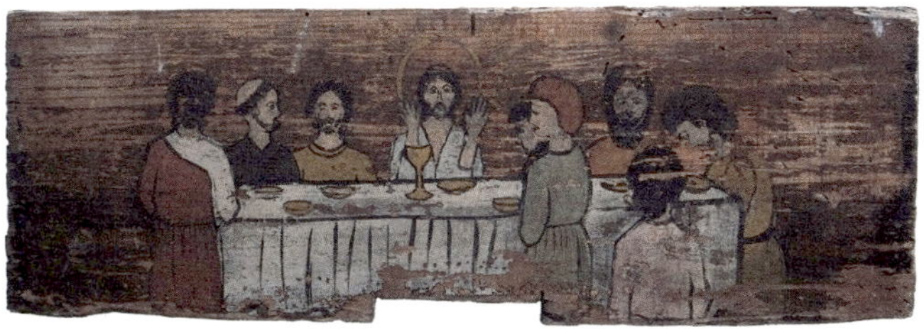

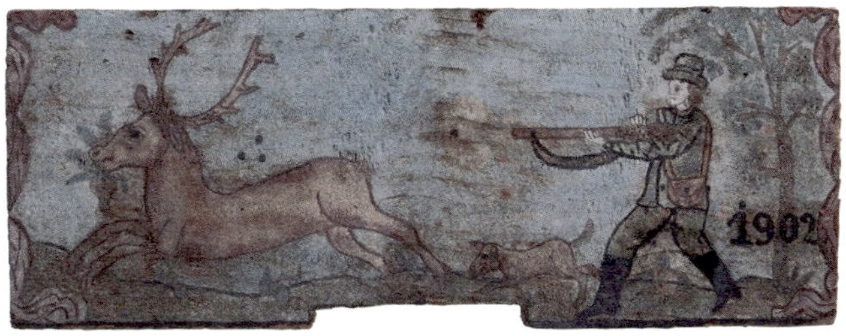
1902

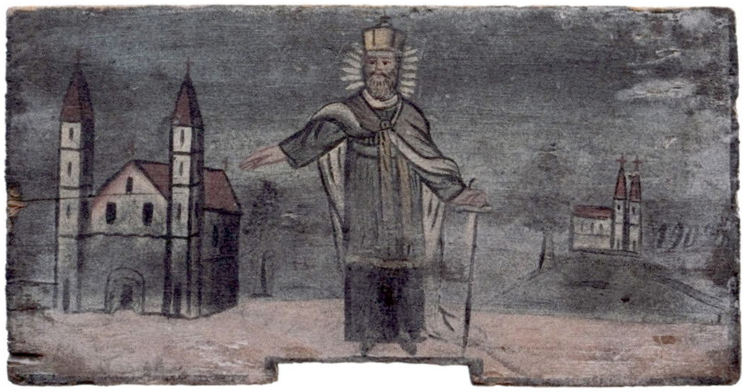

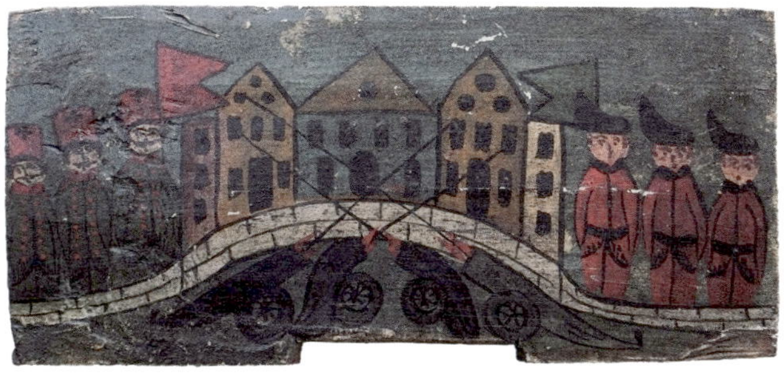

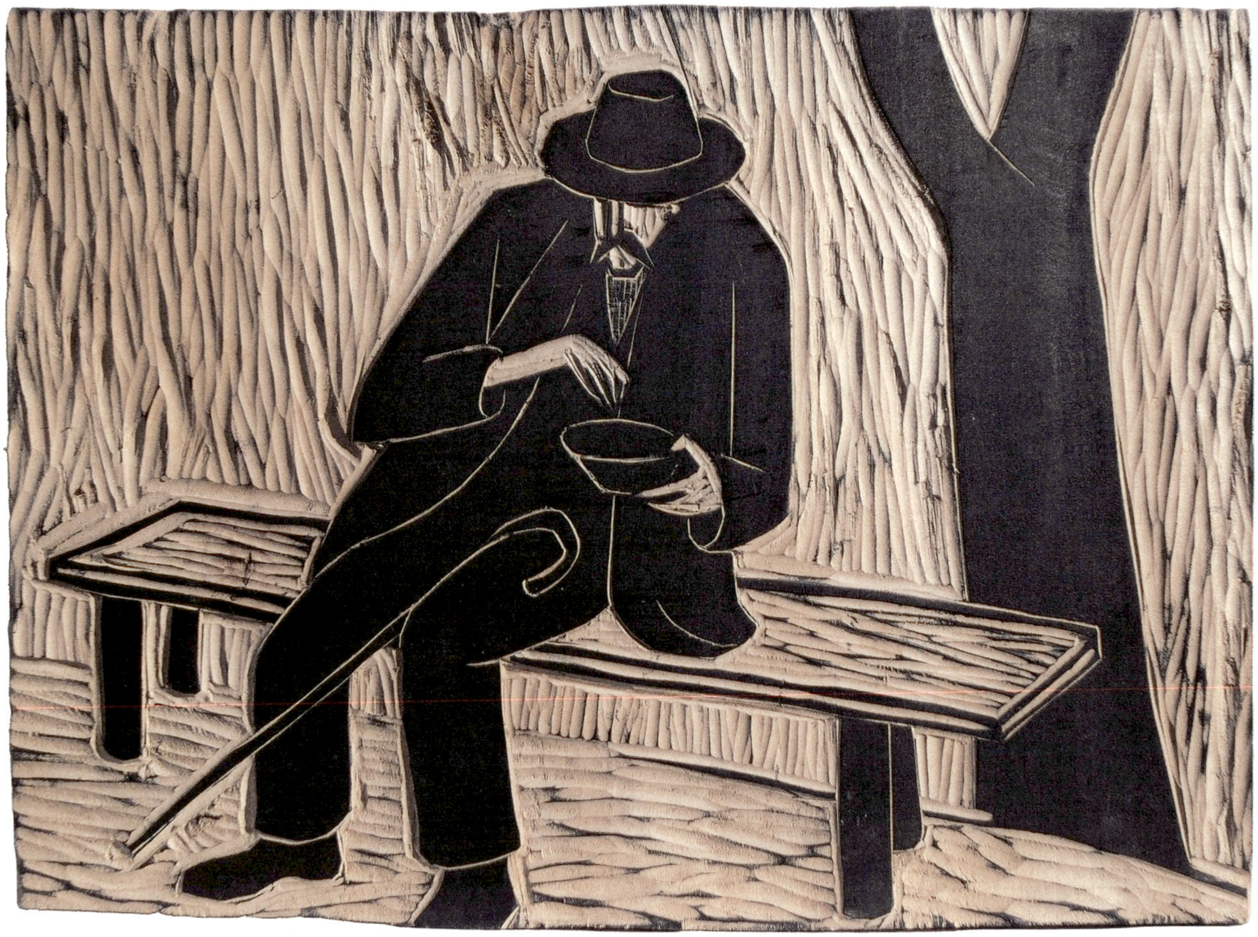

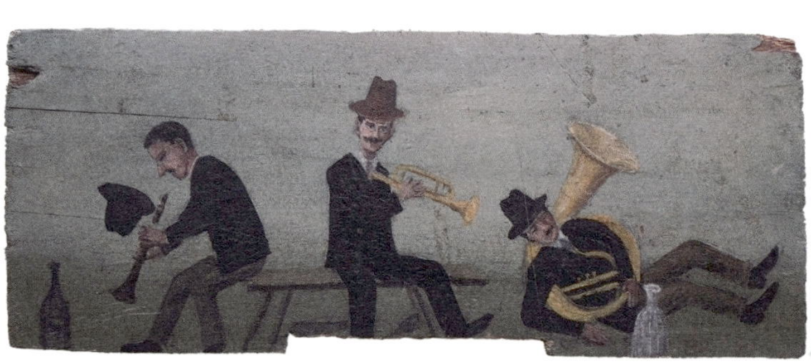

Kaum wurde bisher beachtet, wie viele Anregungen Werner Berg der Begegnung mit den bemalten Bienenbrettchen verdankt. Diese regten ihn zweifellos schon in seinen allerersten Jahren in Kärnten zu der ihm eigenen Schilderung kleinfigürlicher Szenen an. Von ihnen inspiriert fand er die für sich adäquate Ausdrucksform für die „bunte“ Schilderung bäuerlichen Lebens; – paradoxerweise gelang dies Werner Berg vor allem meisterhaft im strengen, flächigen Schwarzweiß seiner Holzschnitte. Die „bildhafte Begebenheit“, die Anekdote, die Legende wird dabei ohne Details allein durch Aneinanderreihung, Zueinander und Haltung der Figuren vermittelt. Diese, von der „Erzählweise“ der Bienenbrettchen weiterentwickelte Darstellung von Figurengruppen ist eine Errungenschaft, die er jahrzehntelang bis zur künstlerischen Perfektion entwickelte – bis etwa 1950 nahezu ausschließlich im Holzschnitt, danach vielfach auch im kleinsten Format seiner Ölbilder.

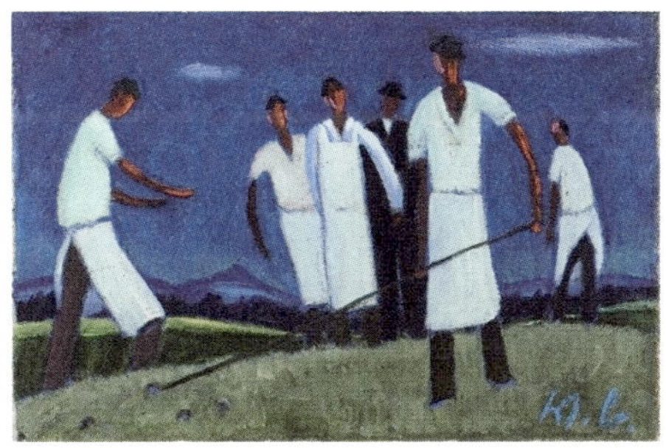

WERNER BERG
MANN MIT METSCHÜSSEL, 1950

MUSIKANTEN, Sammlung Dareb

WERNER BERG
BÖLLERER, 1966
Privatbesitz

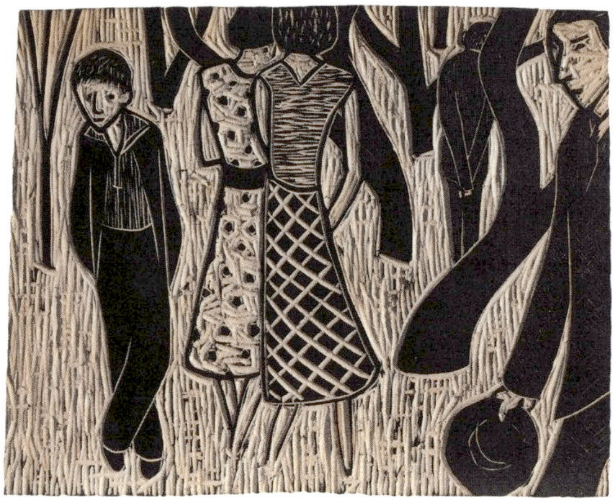

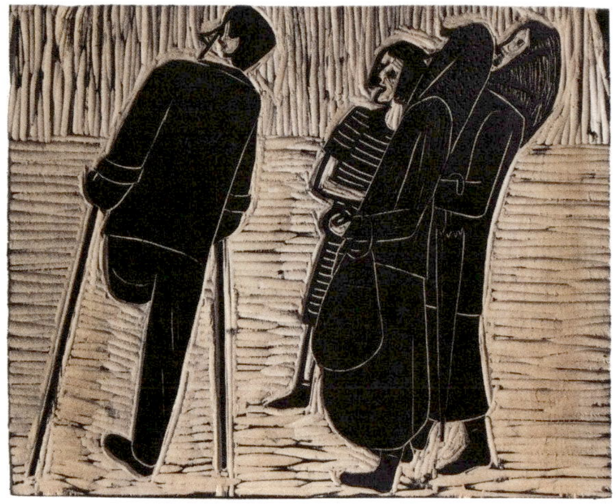

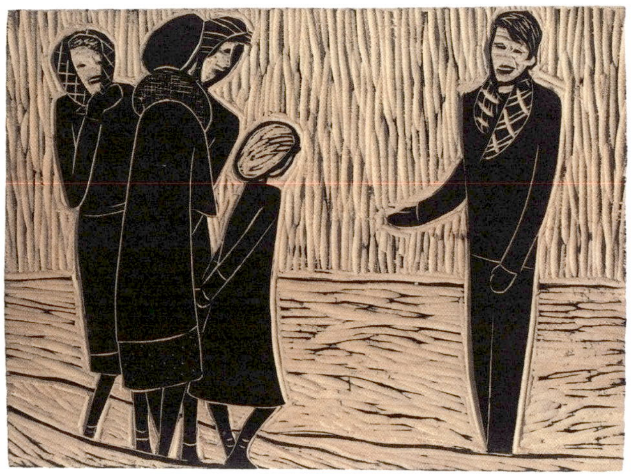

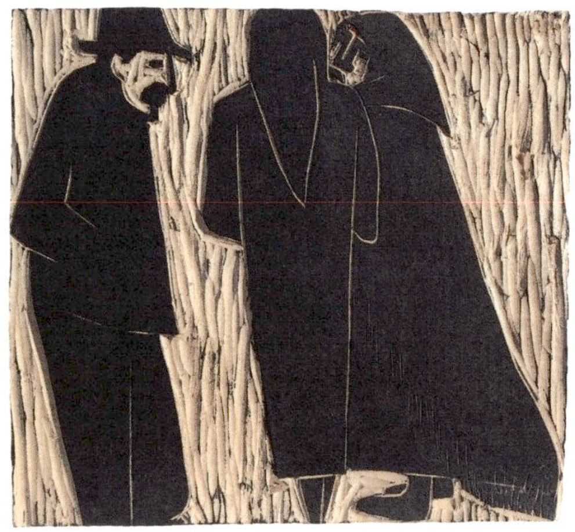

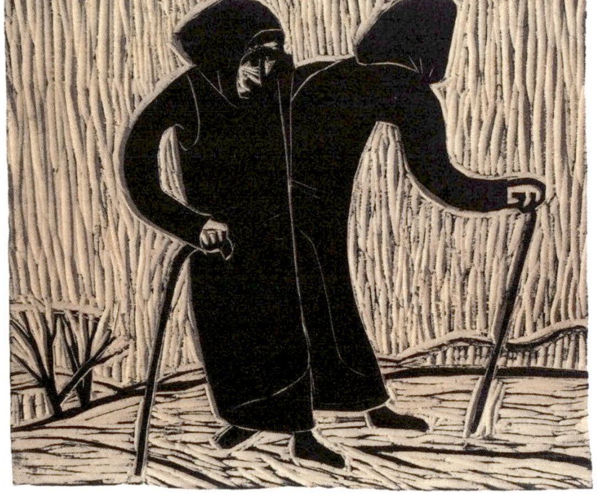

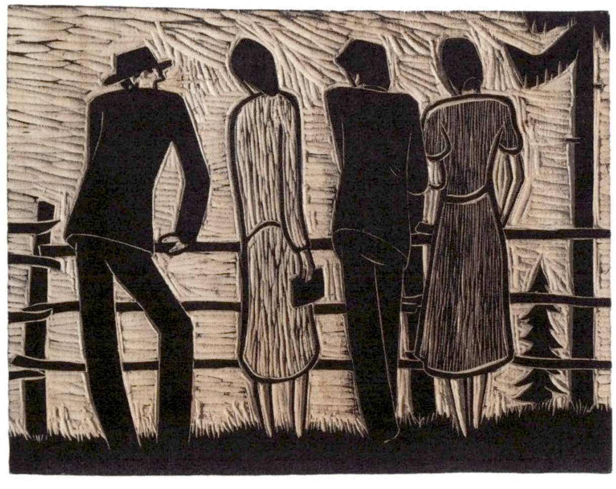

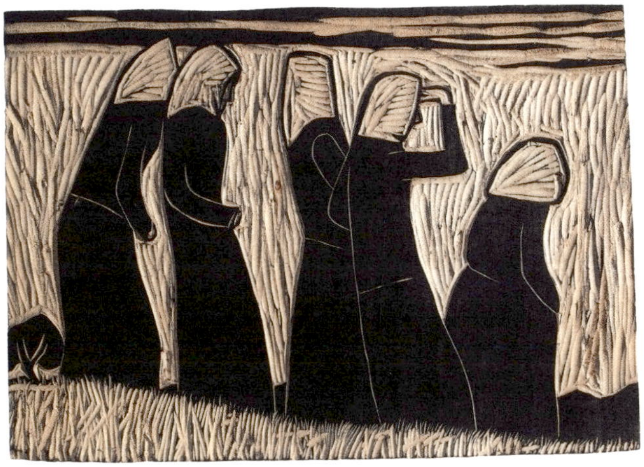

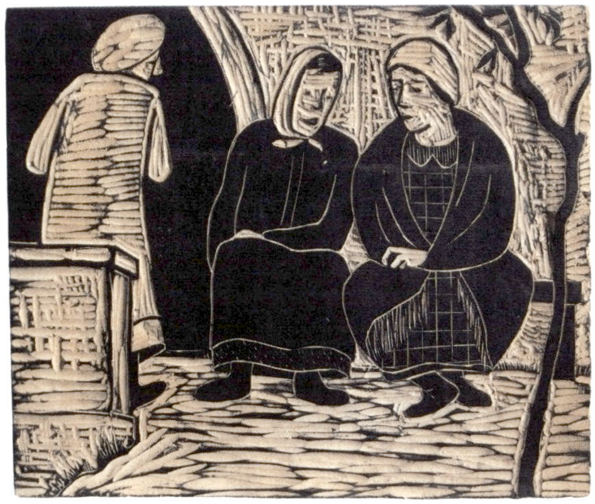

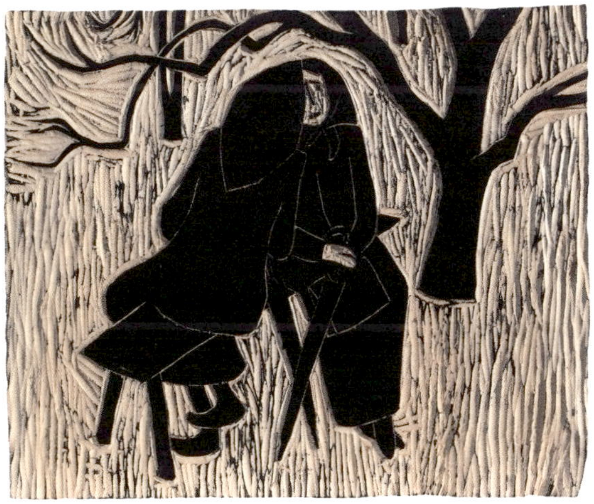

WERNER BERG
Von oben nach unten und links nach rechts:

FIGUREN UND OBSTBÄUME, 1959
GEPLÄNKEL, 1956
HUMPELNDE, 1952
ZUSCHAUER II, 1957
GESPRÄCH, 1956
AM GELÄNDER IV, 1950
PROZESSION, 1950
AUF DER BANK, 1949
SREČNO, 1962
VOR DER TÜRE, 1937
WARTENDE IM REGEN, 1959

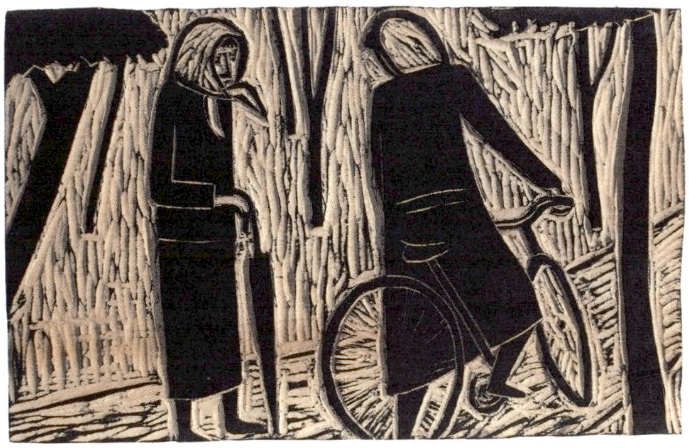

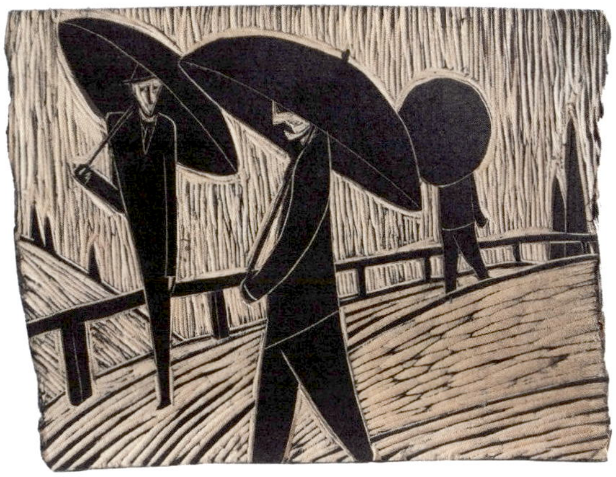

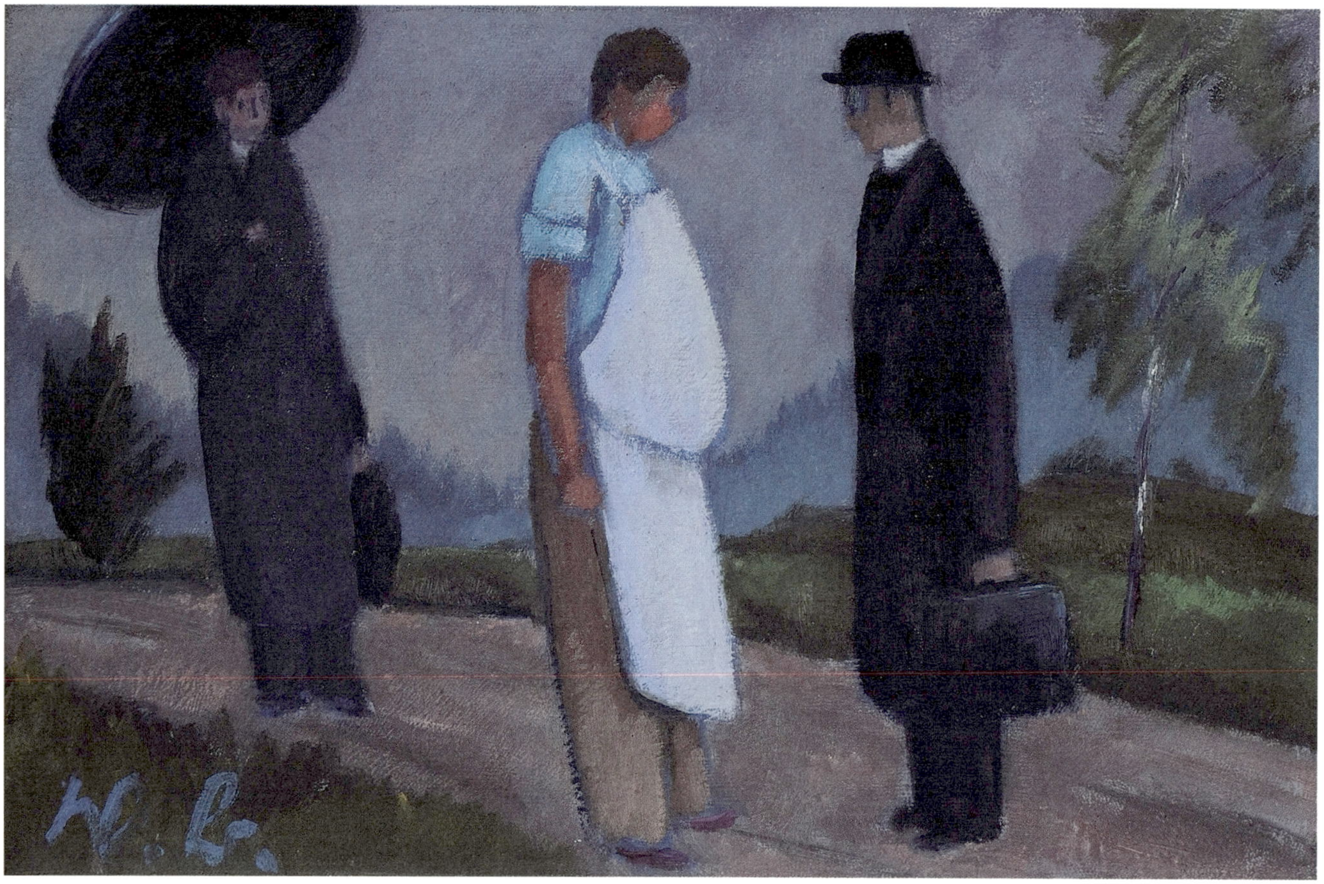

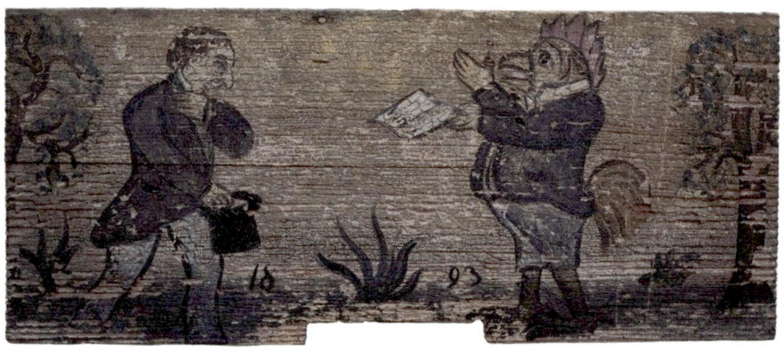

Mit einer einzigartigen Fülle an Bienenbrettchen kann deren große Bedeutung für die Entwicklung von Bergs Personalstil erstmals veranschaulicht werden – gerade auch in der Gegenüberstellung mit den hervorragend erhaltenen Holzstöcken von Werner Bergs Holzschnitten. Gleich Flachreliefs zeigen die Holzstöcke das handwerkliche Feingefühl Bergs im Schneiden der einfachen Bretter ebenso wie seine Fähigkeit zu signalhafter Aussage auf kleinstem Raum mit knappsten Gestaltungsmitteln.

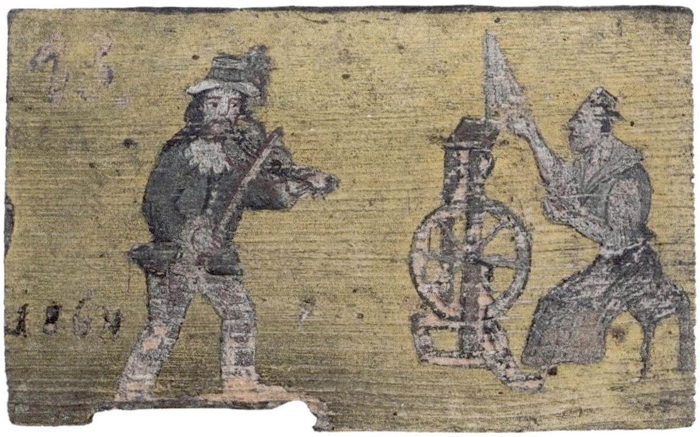

WERNER BERG
GESPRÄCH AM KIRCHTAG, 1973

SELTSAME BEGEGNUNG
1893, Sammlung Dareb

GEIGER UND SPINNERIN
1864, Sammlung Kraut

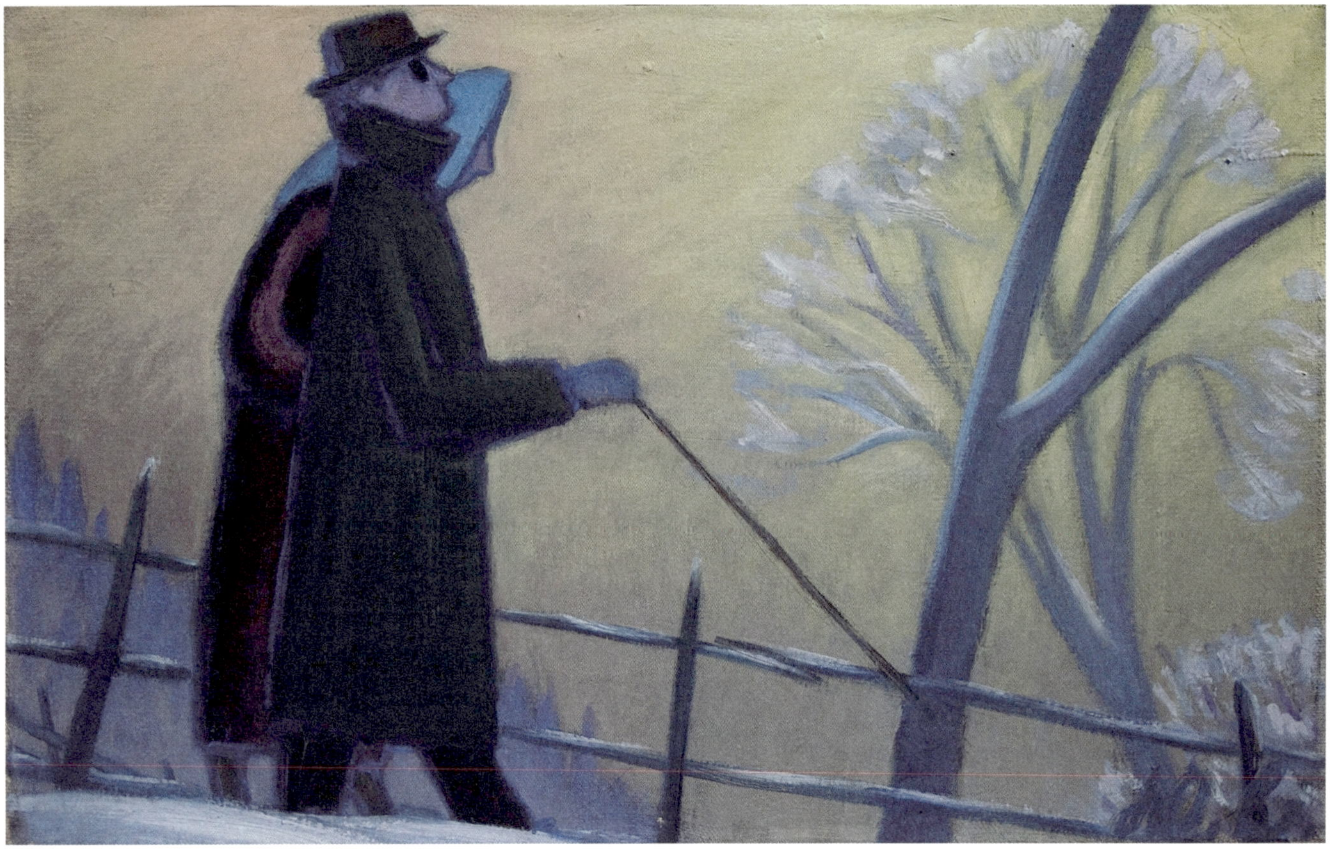

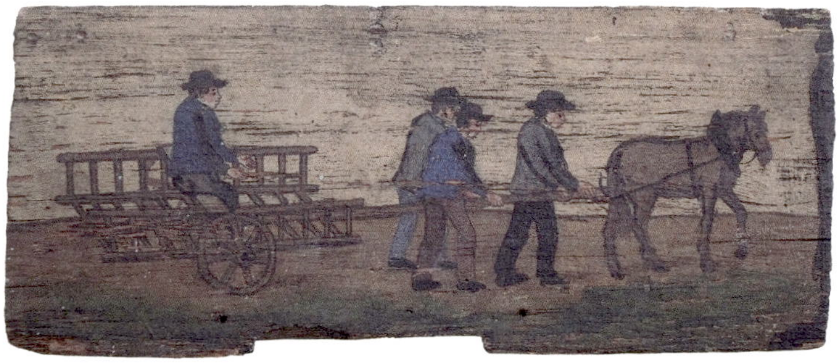

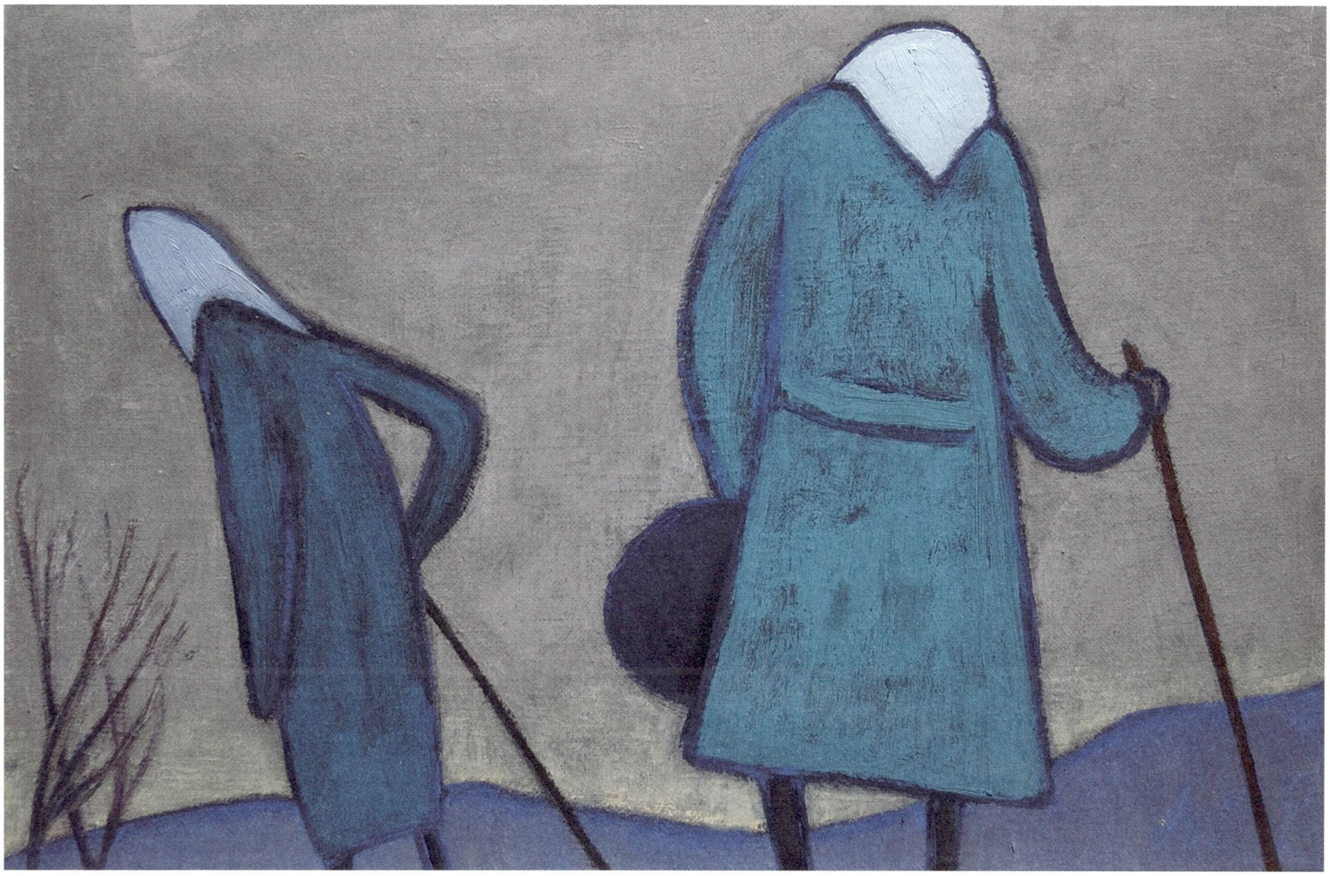

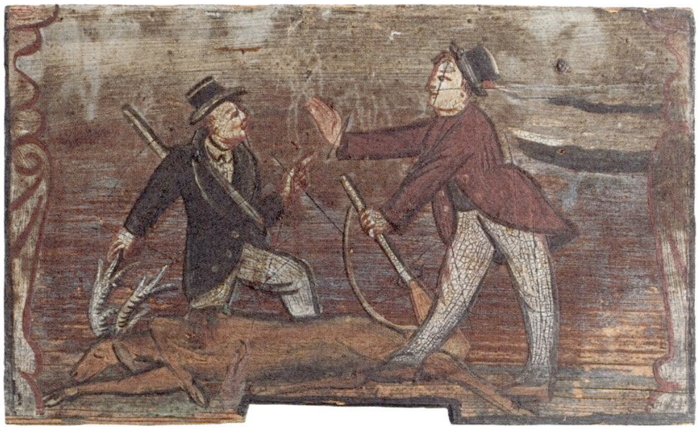

WERNER BERG
DER BLINDE ORGANIST IM WINTER, 1962
Privatbesitz

FUHRWERK
um 1890, Sammlung Kraut

WERNER BERG
BERGAB, 1965
Privatbesitz

DISPUT UNTER JÄGERN
um 1870, Sammlung Dareb

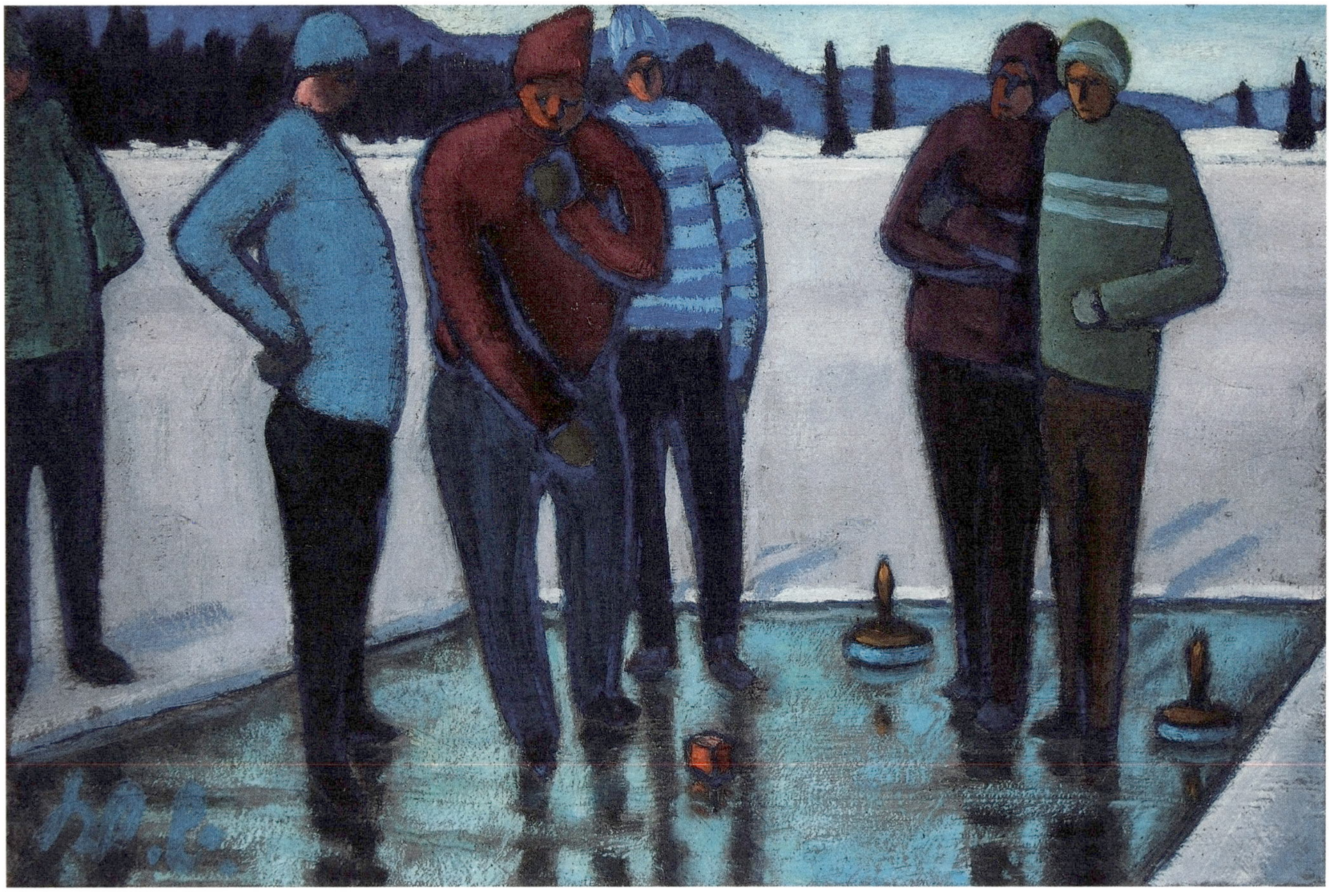

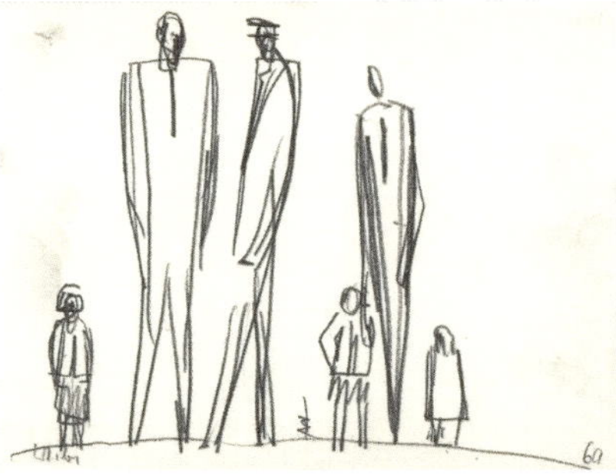

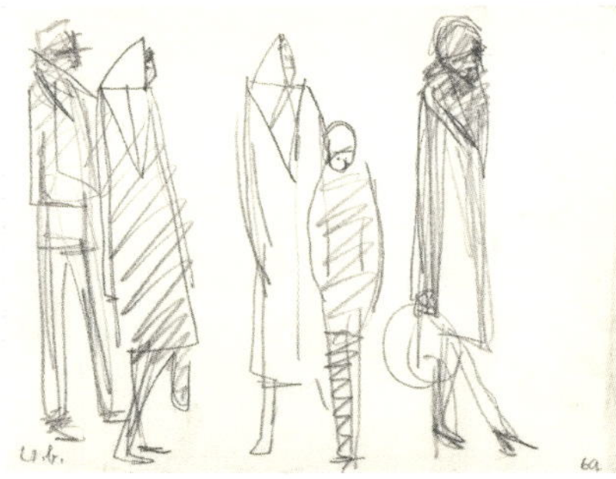

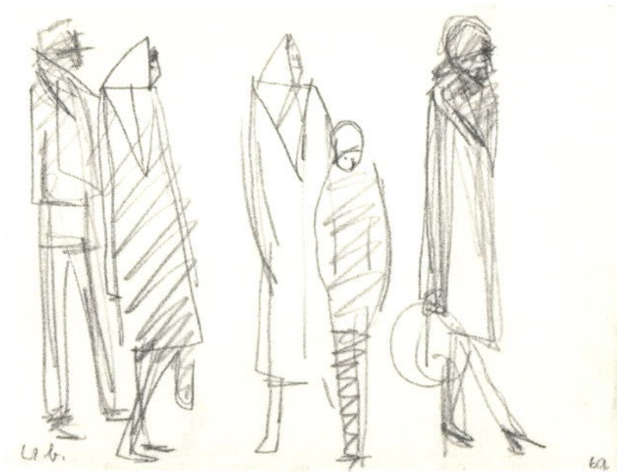

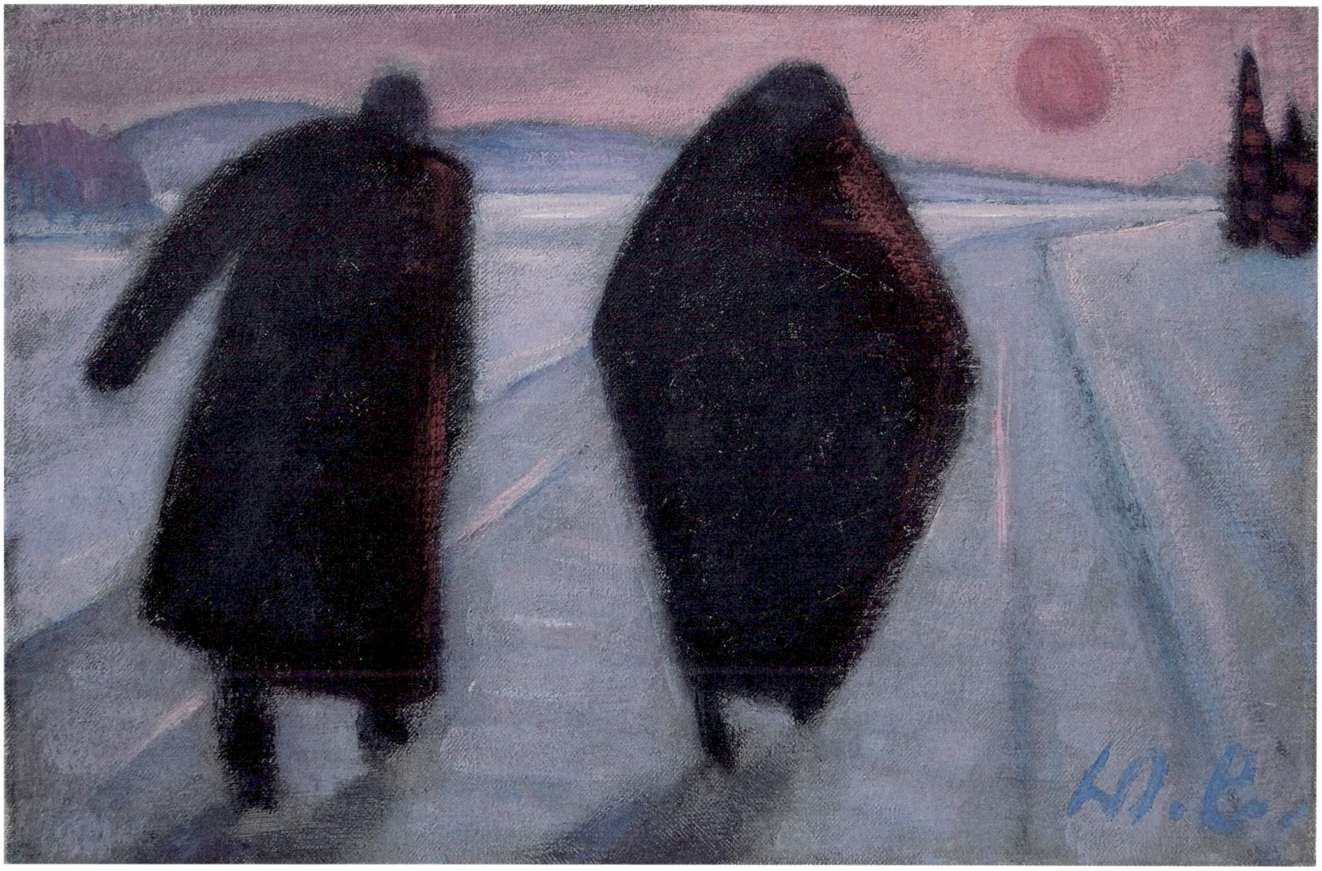

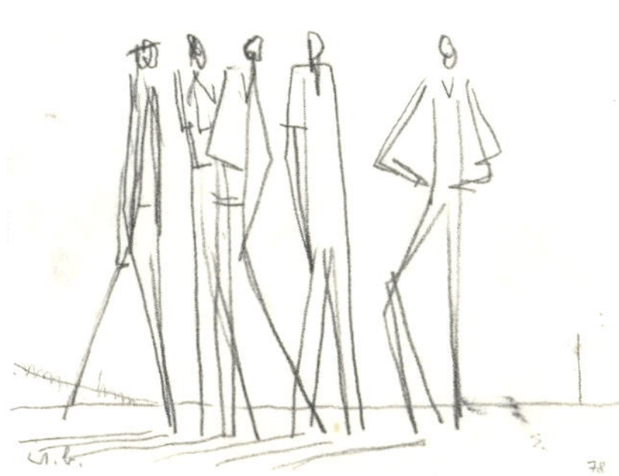

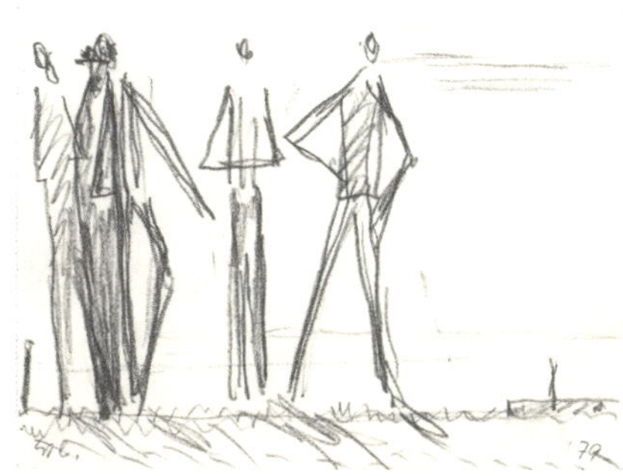

WERNER BERG
EISSCHÜTZEN, 1967
Privatbesitz

DAVONEILENDE IM FROST, 1978
Privatbesitz

STEHENDE, 5 Skizzen, 1968 - 1979

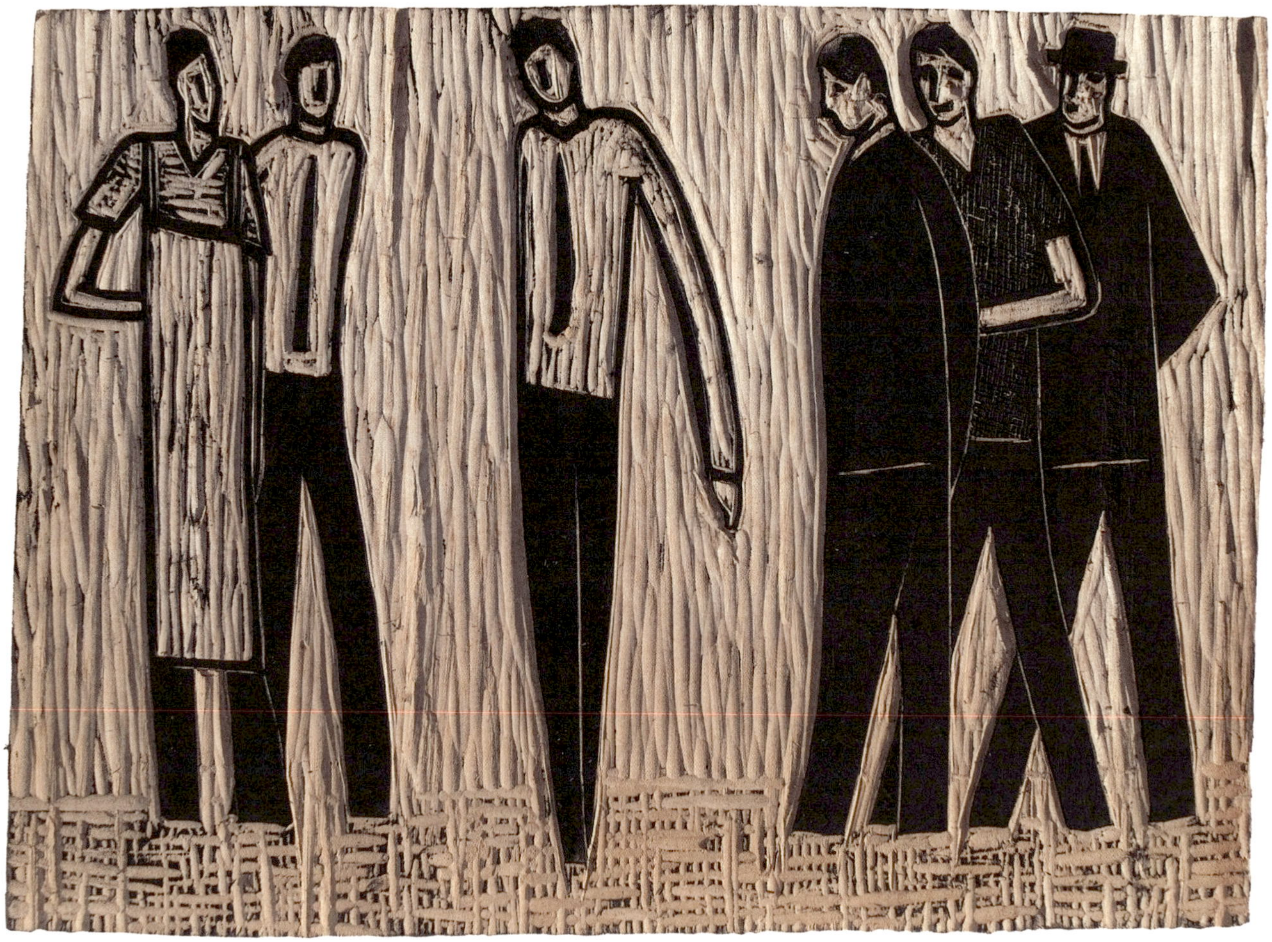

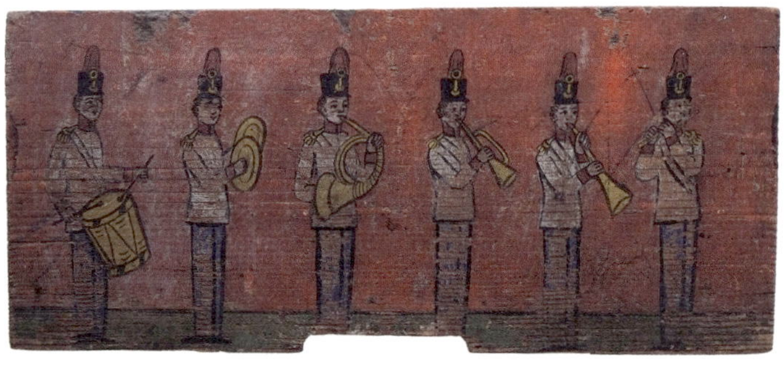

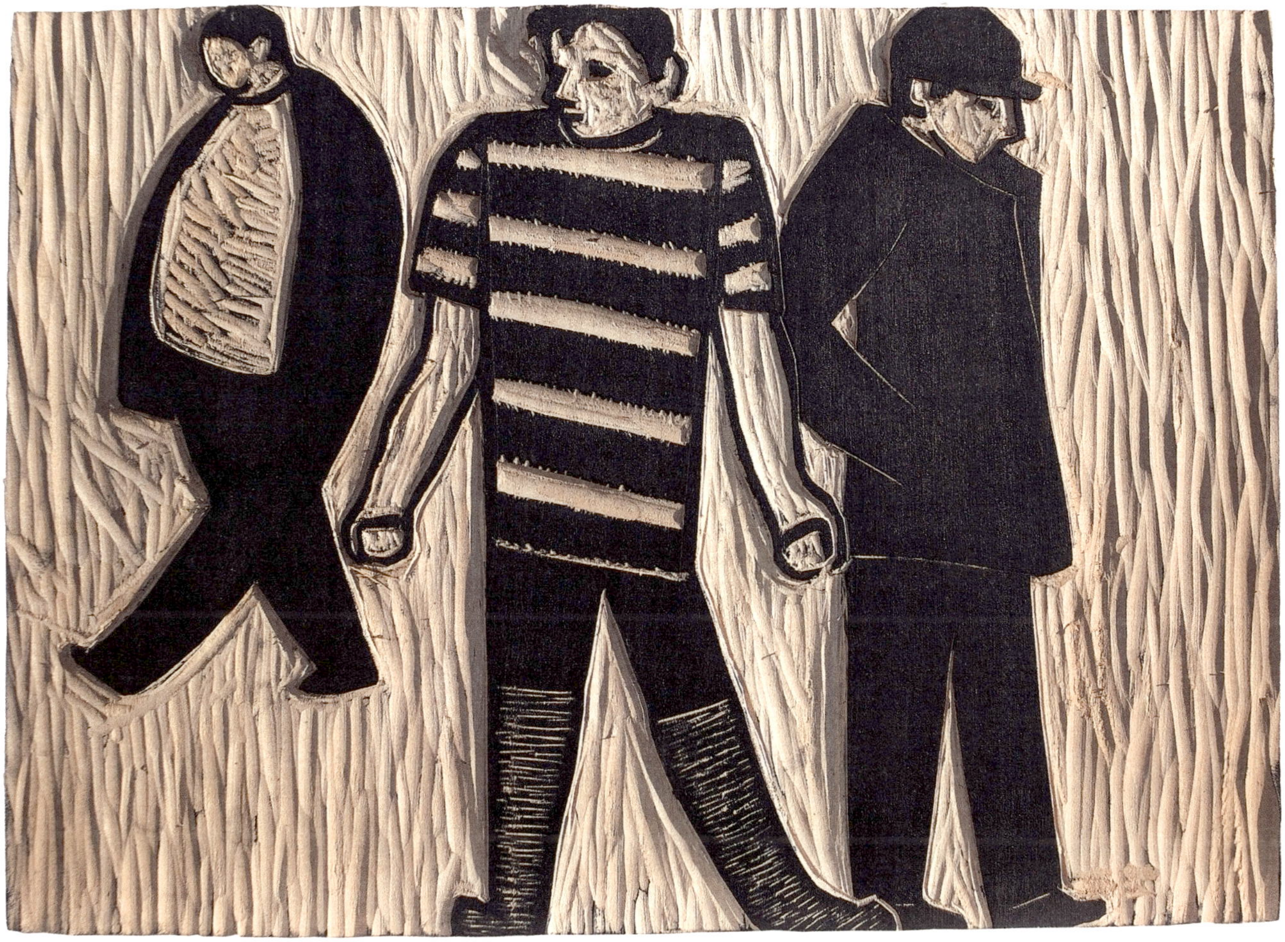

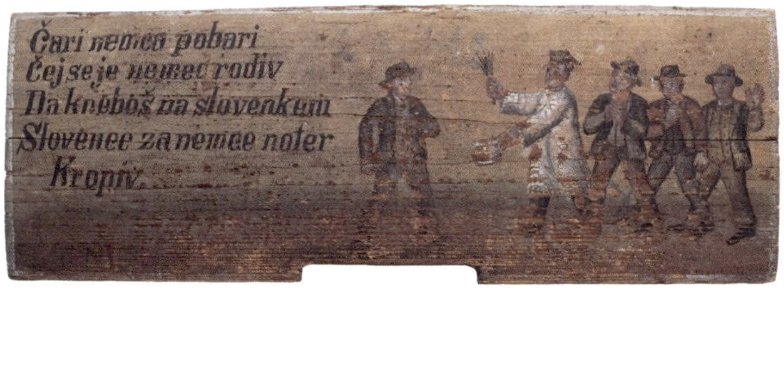

WERNER BERG
KEGLER, 1976

MUSIKKAPELLE
um 1900, Sammlung Dareb

WERNER BERG
ARTISTEN UND BOSS, 1980

SPRUCH
um 1910, Sammlung Dareb

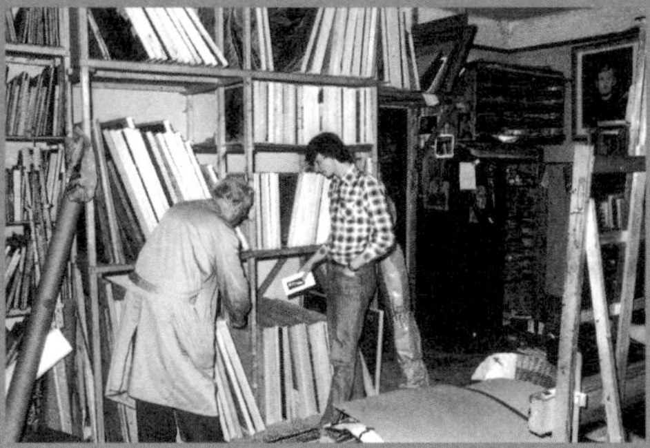 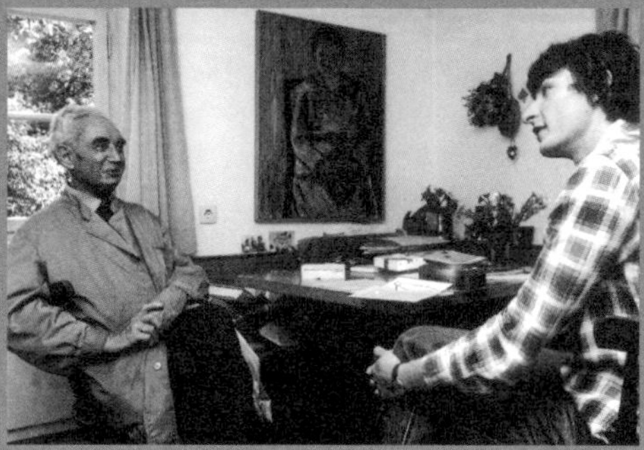 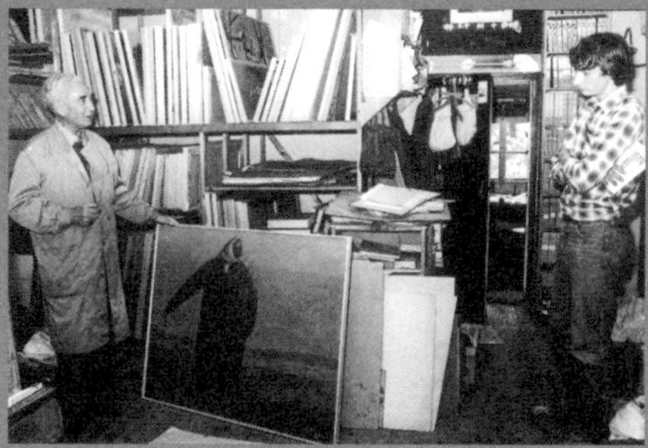

WERNER BERG MIT RUDI BENETIK IM ATELIER, 1981

„Ich sagte ihm, dass meiner Meinung nach seine Bilder und Holzschnitte manchmal bis zum Äußersten abstrahiert sind. Es kann nichts mehr weggenommen werden, denn sie würden dadurch uninteressant, für den Betrachter weniger anziehend. Aber man müsse auch nichts mehr hinzufügen. Er stimmte dieser Beurteilung zu, doch ihm schien der Ausdruck der Bilder wichtiger zu sein – die Expression. So ist es ihm z.B. wichtig, dass bei den Bildern, aber insbesondere bei den Holzschnitten, die Leere nicht bloß Leere bleibt, sondern dass sie zur Form wird für das Ausdrücken von Weite und Offenheit. Für Holzschnitte verwendet er Linden- oder Fichtenholz. Natürlich ist es leichter, in Lindenholz zu arbeiten, die Fichte lässt sich nicht so frei gestalten. Sie hat aber auch ihre Besonderheiten, es ist möglich, die Struktur des Holzes auszunutzen: Wenn man z.B .die Jahresringe berücksichtigt, kann man an Ausdruck gewinnen. Ich fragte ihn auch, wie er den Druck bewerkstelligt und welche Maschinen er benutzt. Er druckt ausschließlich händisch, so wird jeder Holzschnitt farblich voller, es zeigt sich stärker die adrige Struktur des geschnitzten Holzes. Jeder Abdruck ist einzigartig, denn nach jedem Abdruck arbeitet er weiter, er verändert die erste Form, gestaltet sie aus und verbessert sie, sodass er am Schluss mehrere Variationen eines Holzschnittes hat. Als ich ihn fragte, was ihn so stark zum künstlerischen Schaffen bewegt, meinte er, dass ihn das Sinnbild der menschlichen Urangst noch immer ergreife, beispielsweise die Gestalt der betenden Bäuerin: starr, ernst und hoffnungsvoll. Mit seiner Arbeit versucht er jedoch auch die tiefsten Schichten der menschlichen Natur aufzuspüren, jene Schichten, die noch heute Triebkräfte der menschlichen Entwicklung sind."

Heute noch scheint es mir, als wären erst ein paar Tage seit meinem ersten Zusammentreffen mit Werner Berg vergangen. So präsent ist der Geruch des Leinöls und der gebrauchten Ölfarben in meiner Erinnerung an ihn. Es ist ruhig in dem Haus und es spielt keine Radiomusik. Er steht direkt vor mir, Werner Berg, der Künstler und Landwirt, 77 Jahre alt, lächelnd, topfit in einem lang geschnittenen Arbeitsmantel. Den weißen Holzmaßstab hält er in der linken Hand und zieht behutsam, aus einem prallgefüllten Bilderregal, das Ölbild Ebersprung (1959, 75 x 120 cm) hervor. (Foto links). Es ist halb elf am Vormittag. Ein warmer sonniger Tag am Rutarhof. Es ist der 17. Juli 1981. Sie sind alle da. Sie, die gemalten, gezeichneten, gedruckten Bilder. In allen Größen und Formaten, wohin ich schaue Bilder und alle ordentlich geschlichtet. Das Lebensbild von Werner Berg beindruckt mich am meisten! Kurze Zeit später sitzen wir am Küchentisch. Wir unterhalten uns und lachen. Bei unserem Gespräch über Edvard Munch glitzern unsere Augen unaufhaltsam, wie bei Kindern, die in einer Sandkiste mit den glatten gelben Plastikenten spielen (Foto Mitte). Wir sprechen über Malerei und stehen vor dem deckenhohen Bilderregal. Vor dem Ölbild Große Stehende (1979, 95 x 120 cm). Ich bin am Gehen. Noch ein kurzes Gespräch. Zwei, drei Fragen kommen von mir (Foto rechts), aber dann muss ich gehen und ich verabschiede mich mit großer Freude im Herzen und einem „Herzlichen Dank, mögen sie gesund sein und leben Sie wohl“ von Werner Berg. Er selbst fuhr danach ins Tal, etwas in Eile, mit seinem Waffenrad. Ich sehe ihm noch nach. Diese Begegnung mit Werner Berg war für mich ein besonderes Erlebnis. Die Erinnerung ist immer noch sehr stark. Ich habe für mich persönlich sehr viel mitgenommen. Ich sehe Parallelen zwischen uns. Auch ich bin ein Suchender und arbeite täglich in und an meiner Kunst. Ich bin ein Suchender und ein Zweifelnder zugleich. Ich habe noch viel vor und suche (geistige) Orte, an denen die Offenheit für das Erstaunen und das Überraschende existieren. Begründet wurde dieses Interesse damals am Rutarhof. Etwas ist (da) in mich gefahren.

Rudi Benétik

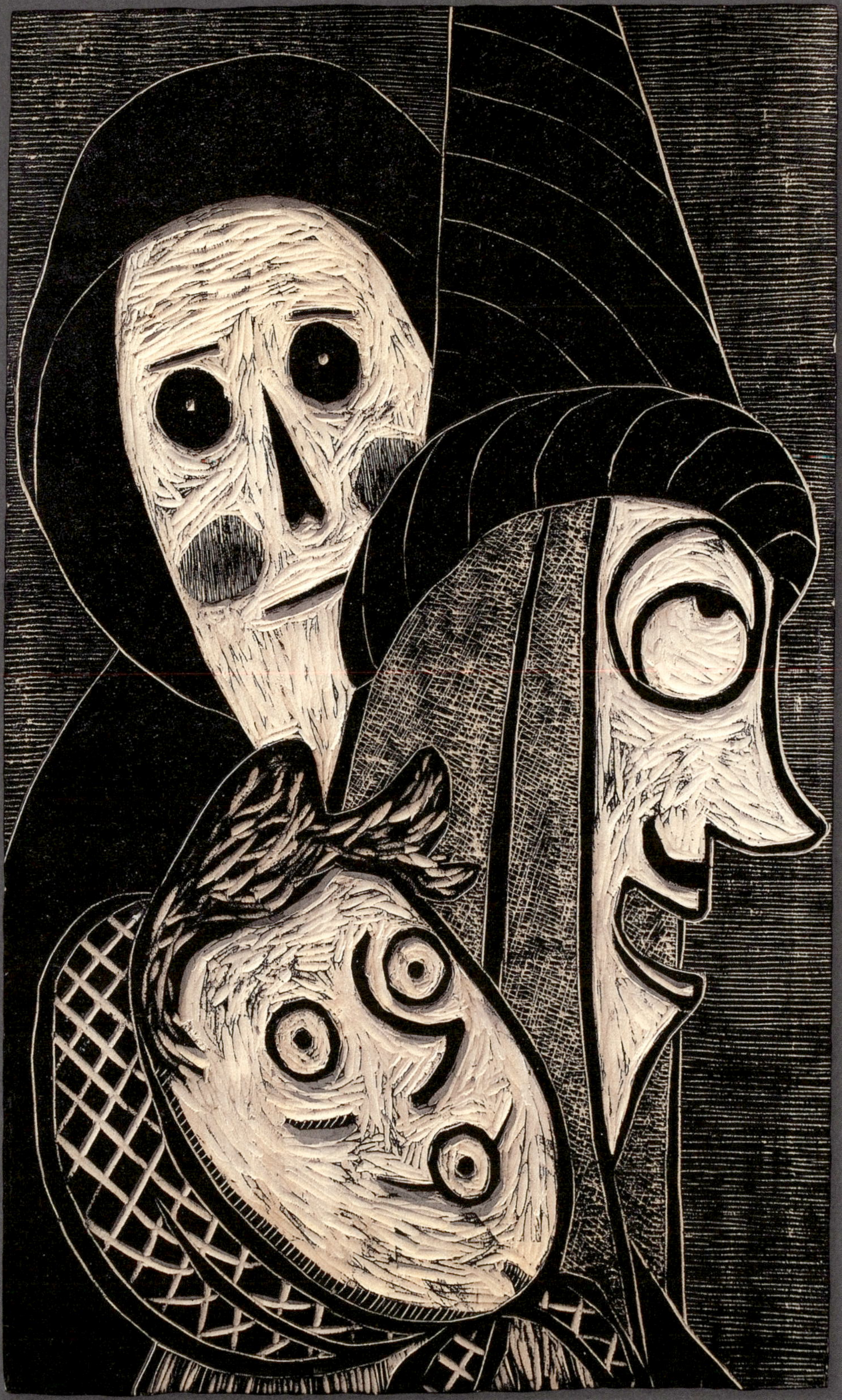

Masken und Tod

In der Volkskunst Kärntens existiert ein großer Reichtum verschiedener Masken. Bekannt sind die vielen Krampus- oder Saubartlmasken, in denen als höllische Gesellen Verkleidete den Hl. Nikolaus begleiteten. Hier finden sich oft fließende Übergänge zu den in den Ostalpen vielfach getragenen Perchtenmasken. Auch im weit verbreiteten religiösen Dreikönigsbrauchtum zu Jahresbeginn wurden offensichtlich früher geschnitzte Gesichtsmasken getragen. Die kontinuierliche Verwendung von speziellen Faschingsmasken kann in unserer südlichen Alpenregion nur sehr verspätet und in eher bescheidener Form nachgewiesen werden. Die vielen Masken tragenden Kinder skizzierte Berg erst nach dem Zweiten Weltkrieg. 30 Jahre später entstanden dazu zwei Ölbilder und Holzschnitte. Dabei fällt auf, wie sich die Todesthematik der harmlosen Masken bemächtigt. Dies lässt die späten Maskenbilder Bergs unheimlich und bedrohlich wirken.

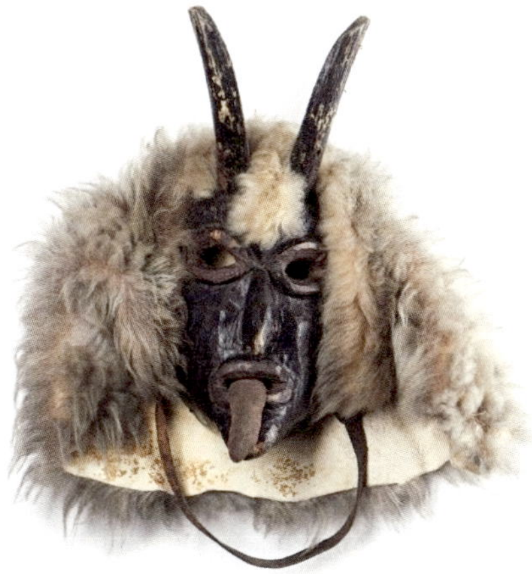

WERNER BERG
MASKEN 81: TRIO, 1981

BARTLMASKE, um 1890
Landesmuseum für Kärnten

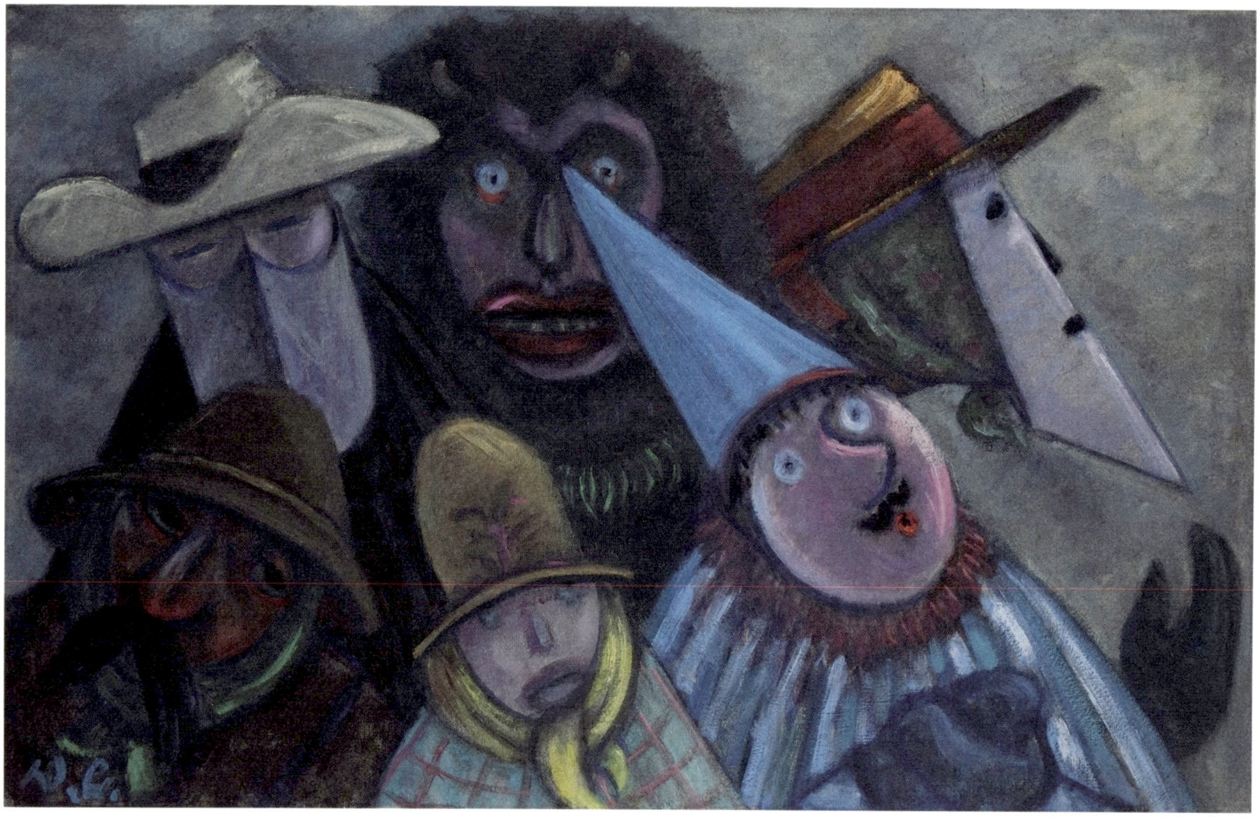

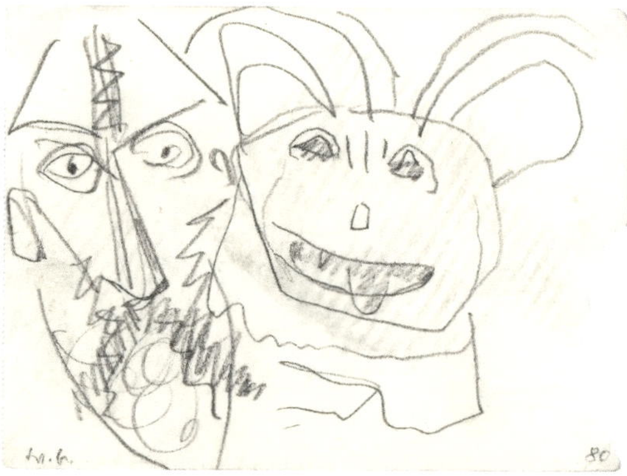

WERNER BERG
MASKEN, 1980
NIKOLO- UND KRAMPUSMASKE, 1980

BARTLMASKE
um 1850, Landesmuseum für Kärnten

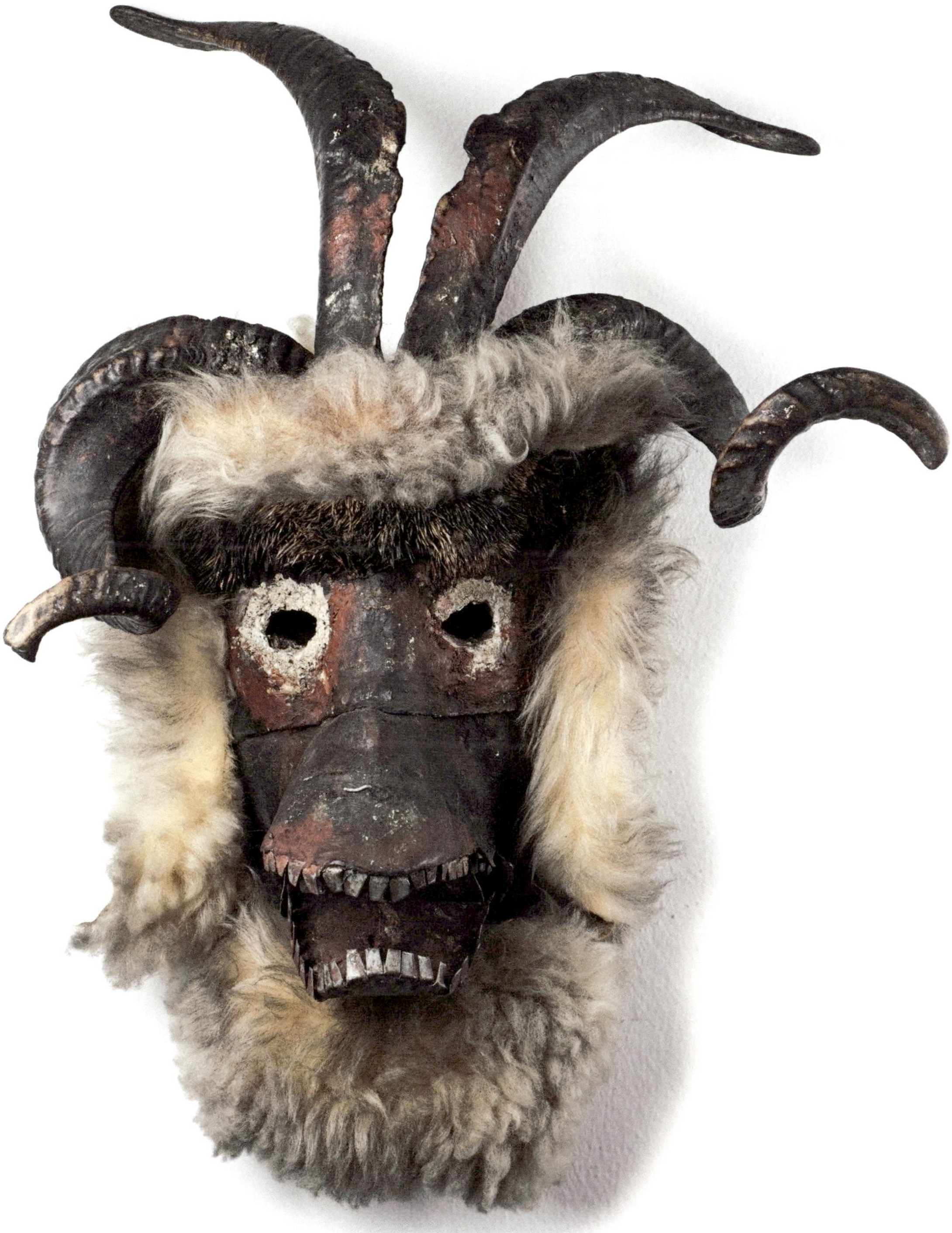

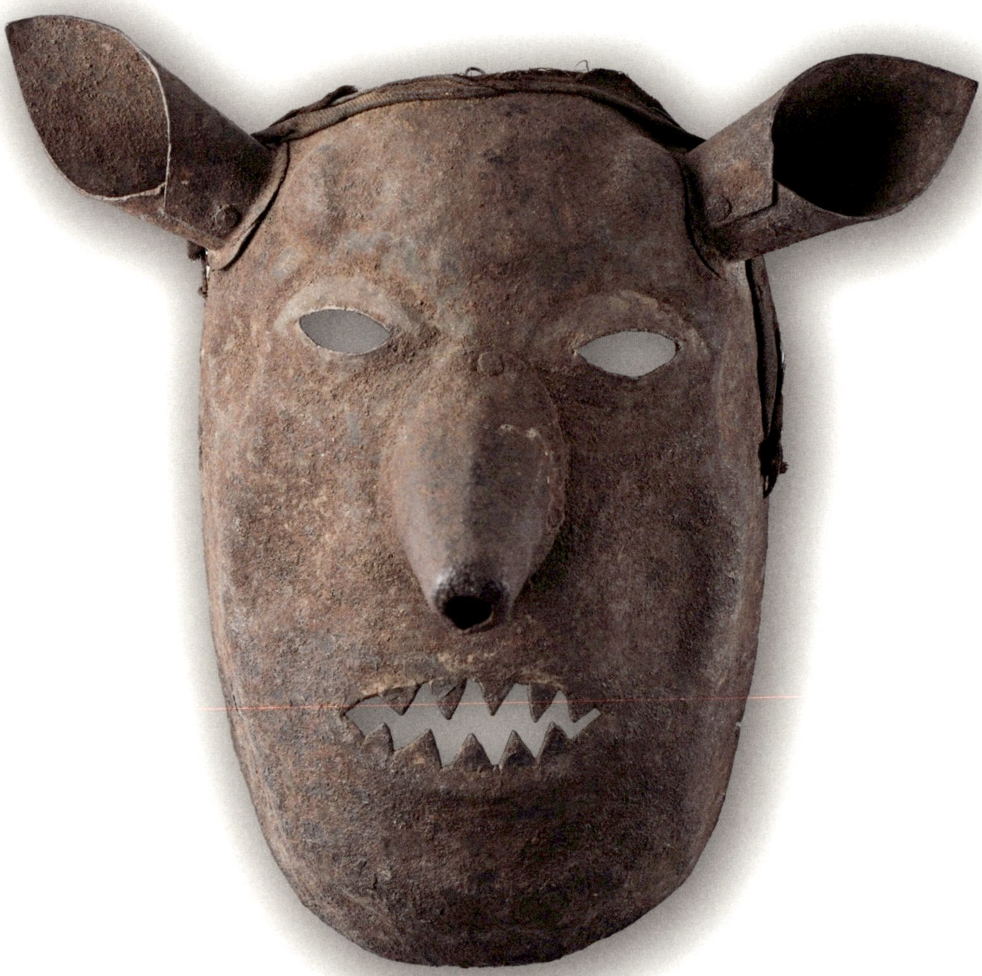

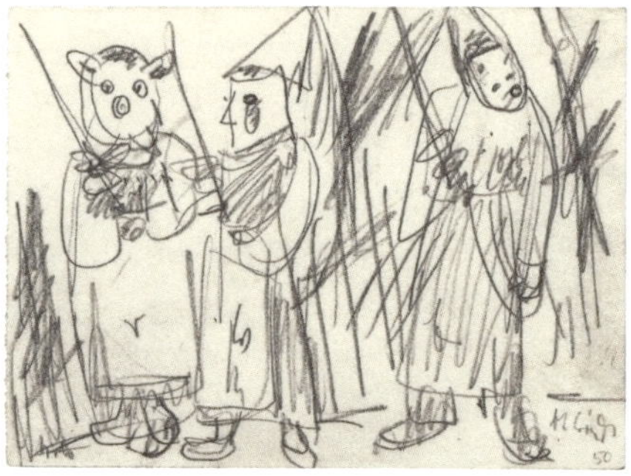

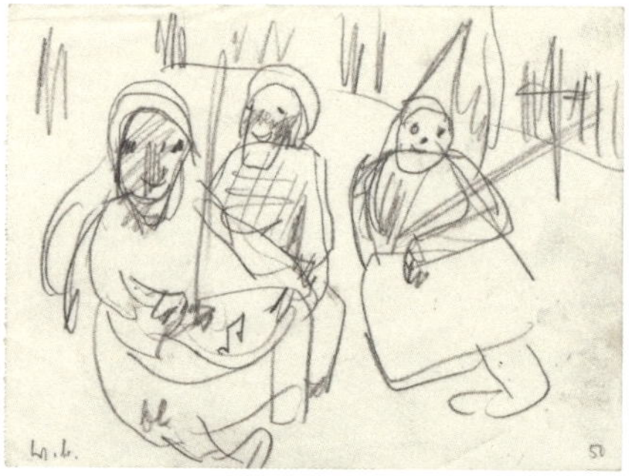

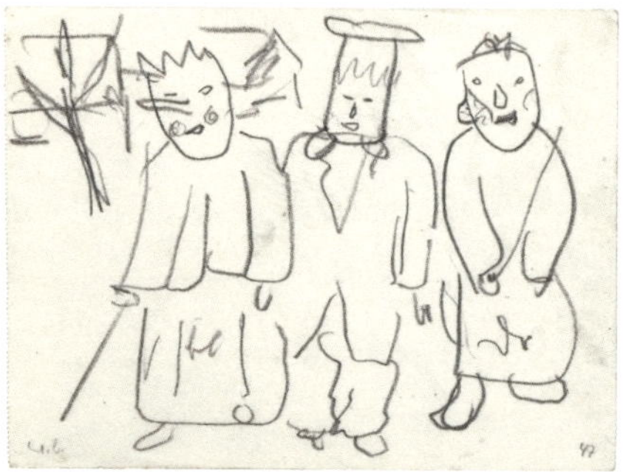

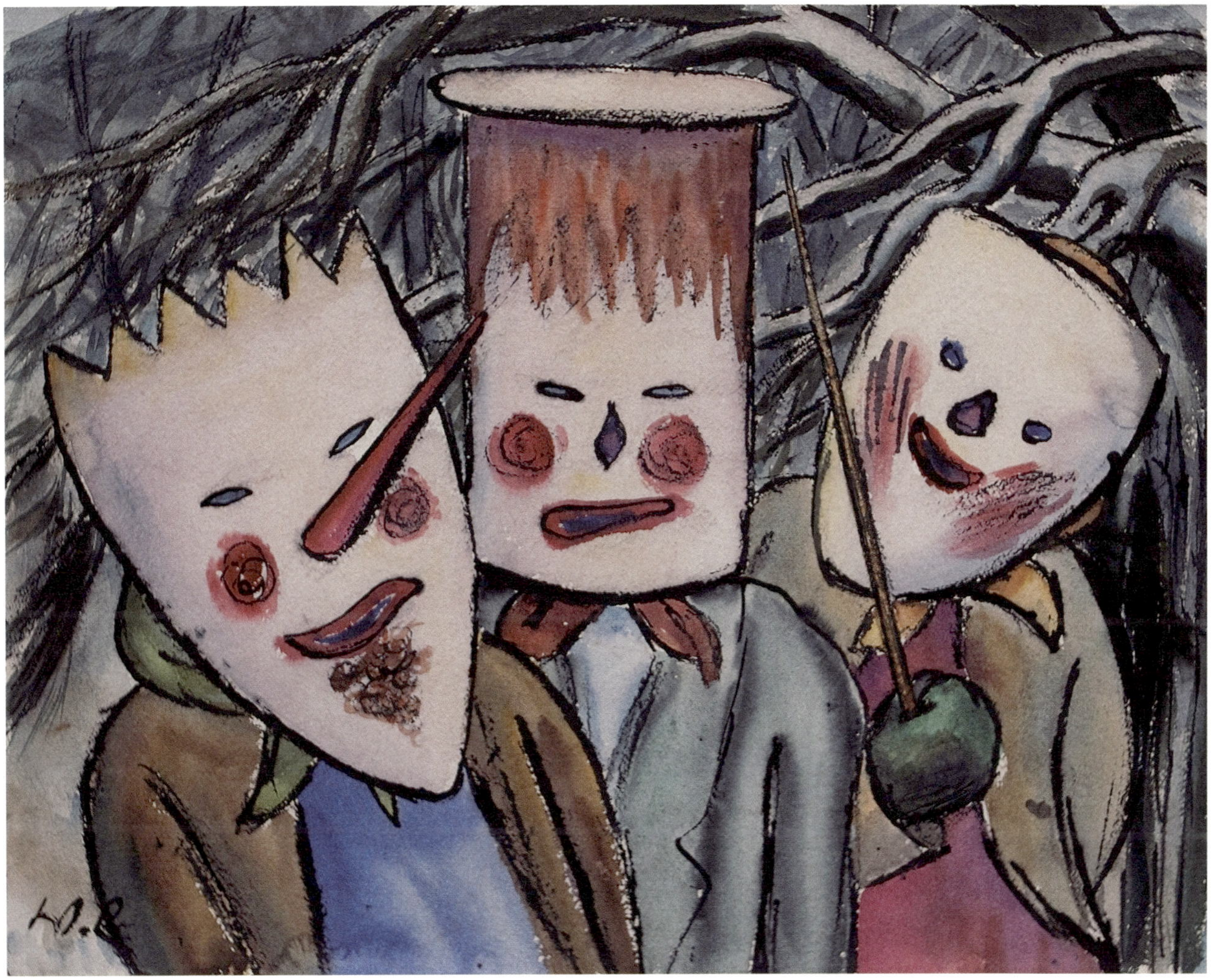

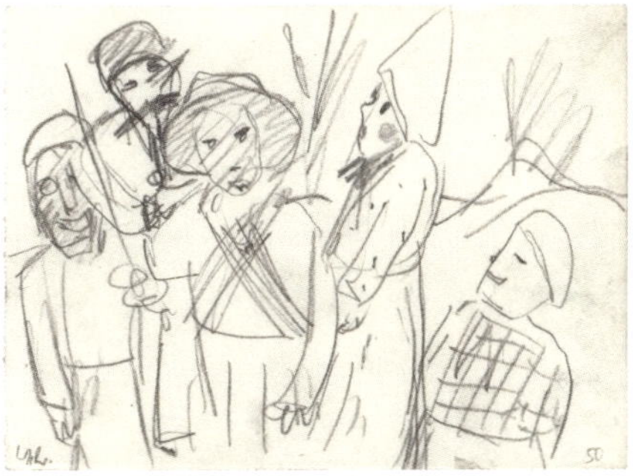

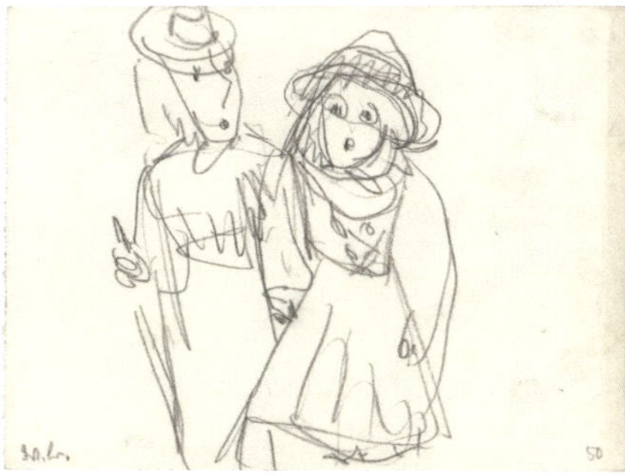

BARTLMASKE MIT SCHWEINSOHREN
um 1850, Landesmuseum für Kärnten

WERNER BERG
MASKERER, 5 SKIZZEN, 1947-1950
PUSTE, 1948

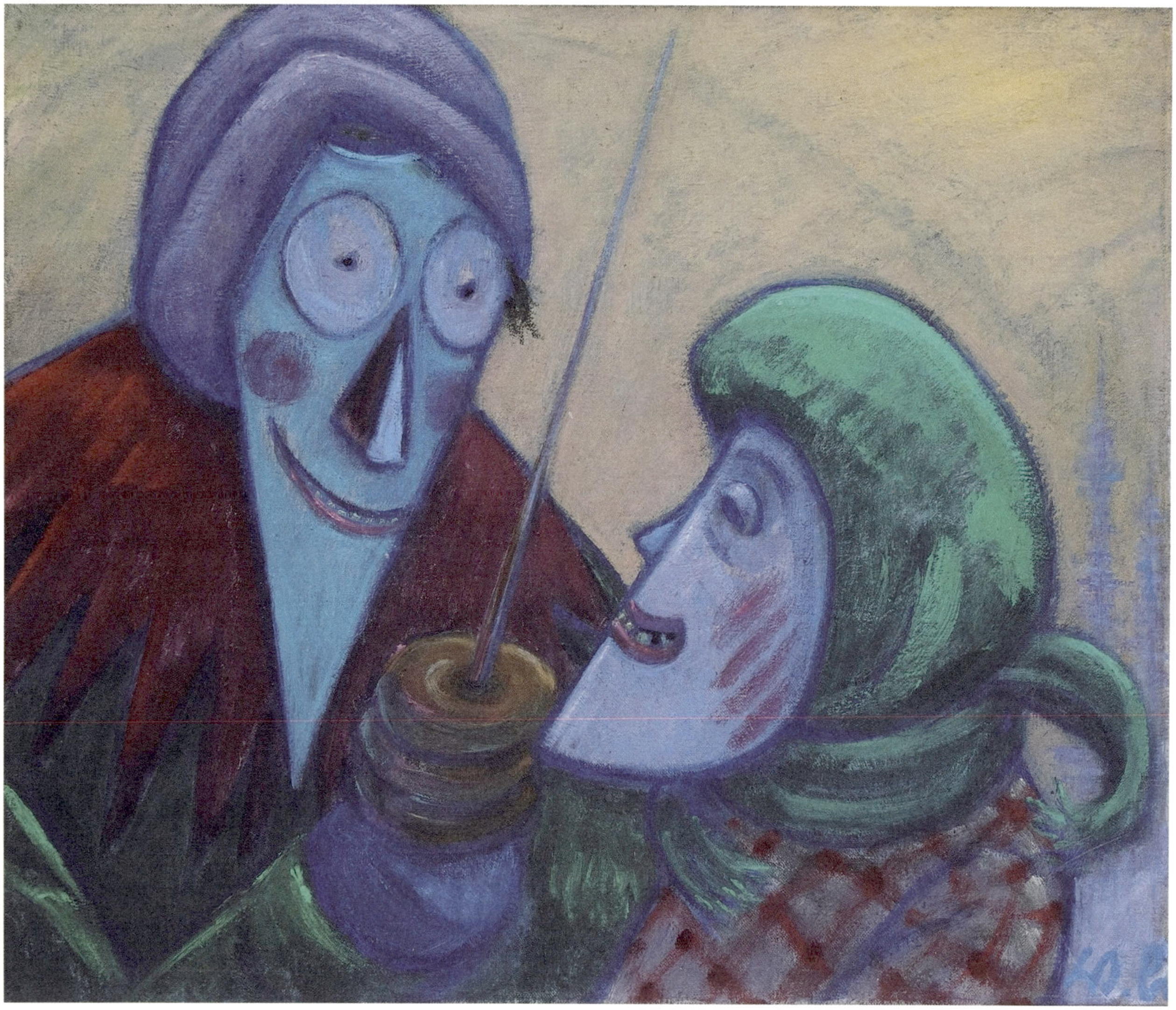

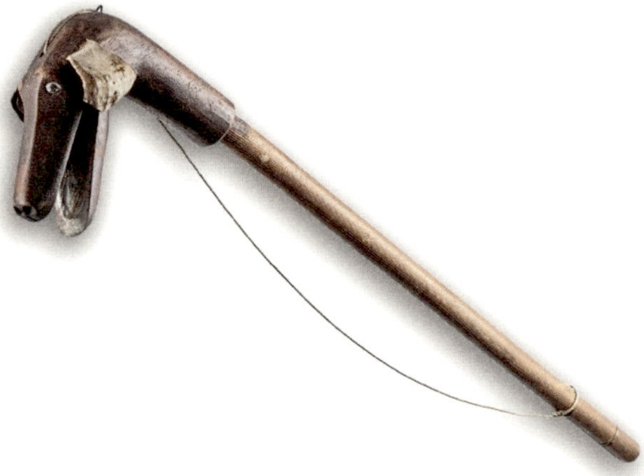

WERNER BERG
ZWEI MASKERER, 1980

KRAPFENSCHNAPPLER
um 1900, Landesmuseum für Kärnten

MASKE FÜR EIN VOLKSSCHAUSPIEL
um 1850, Landesmuseum für Kärnten

WERNER BERG
ZWEI MASKERER, 1950
MASKEN, 2 Skizzen, 1980

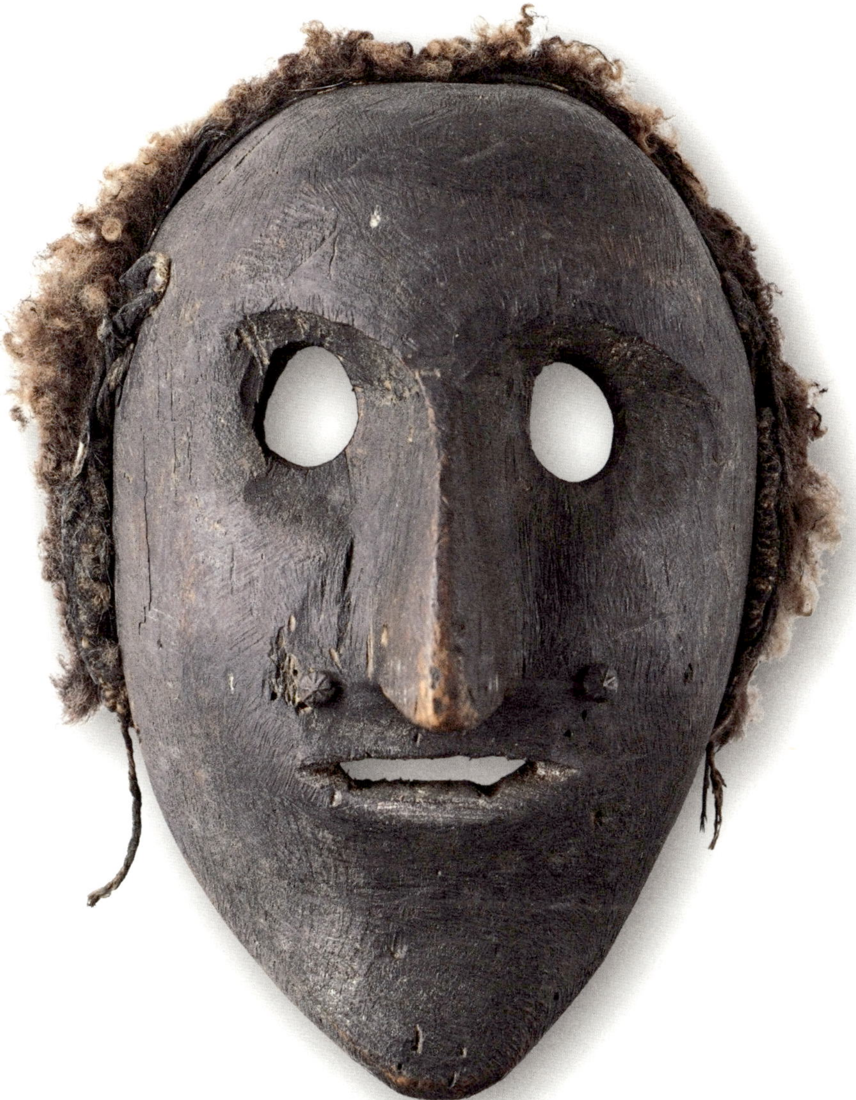

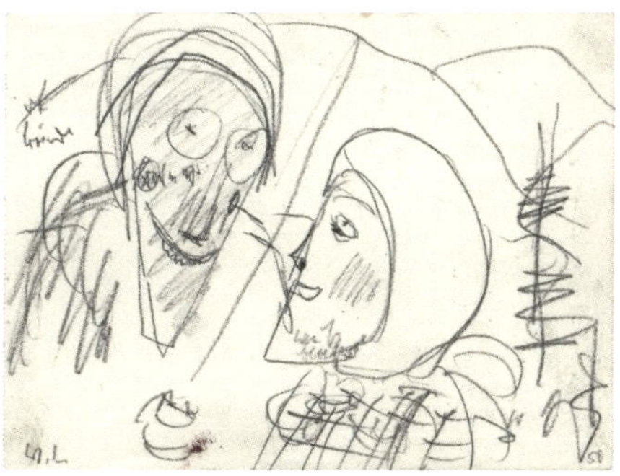 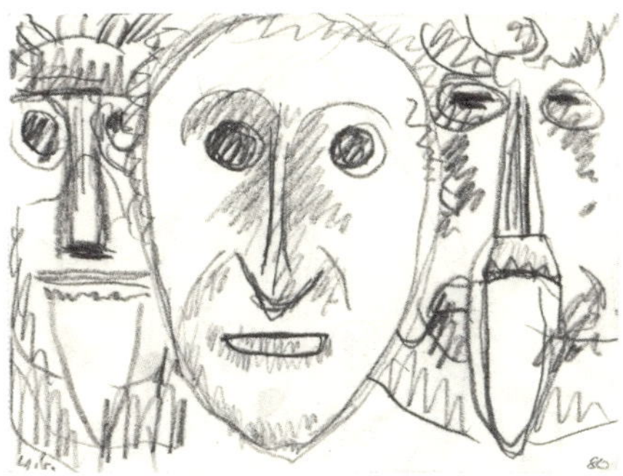 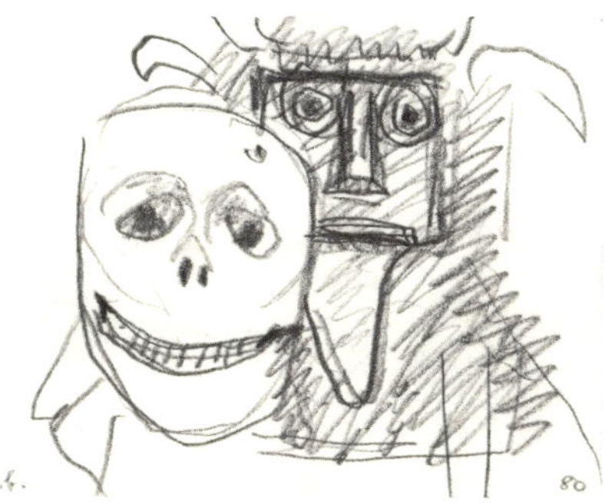

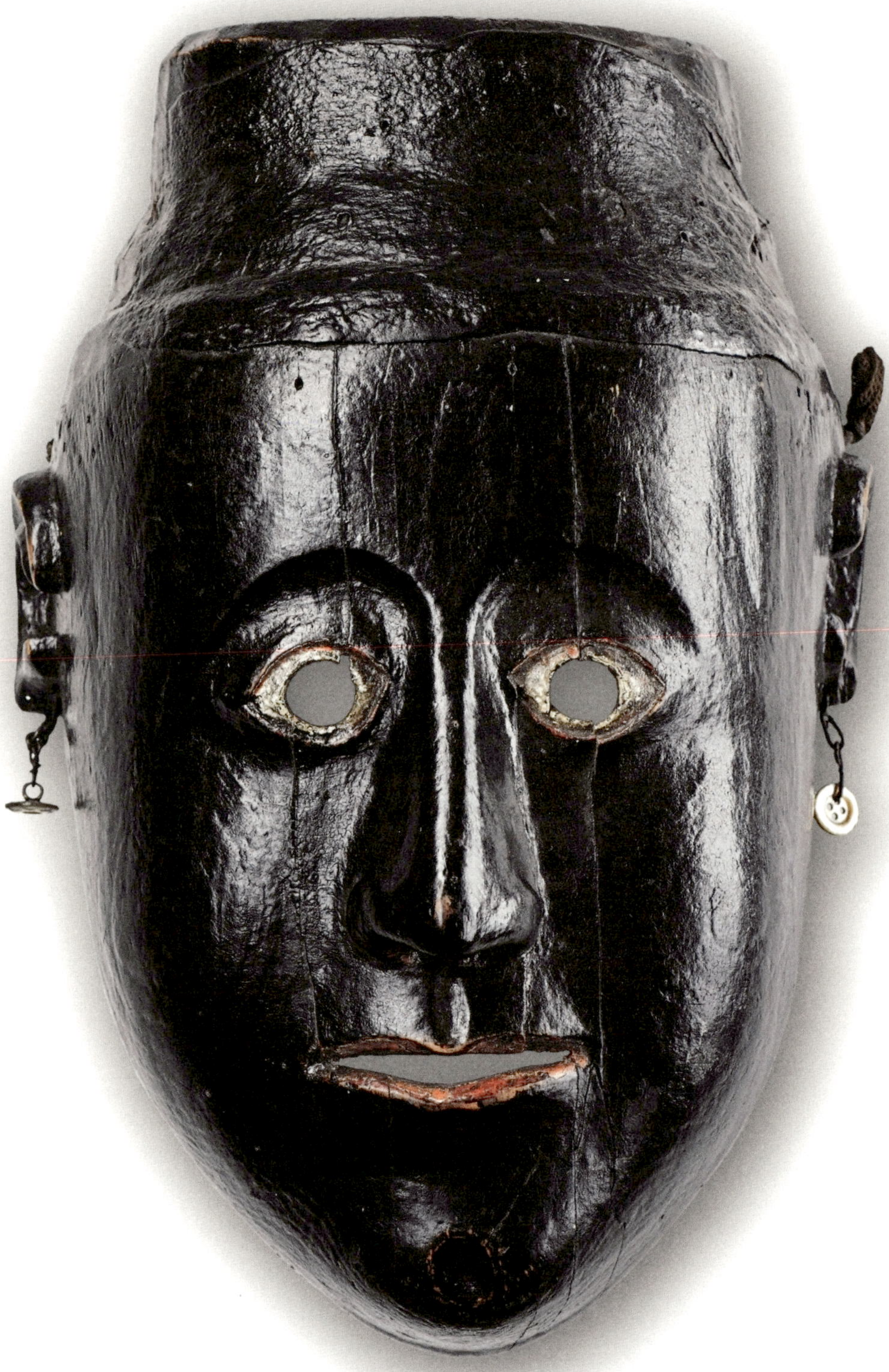

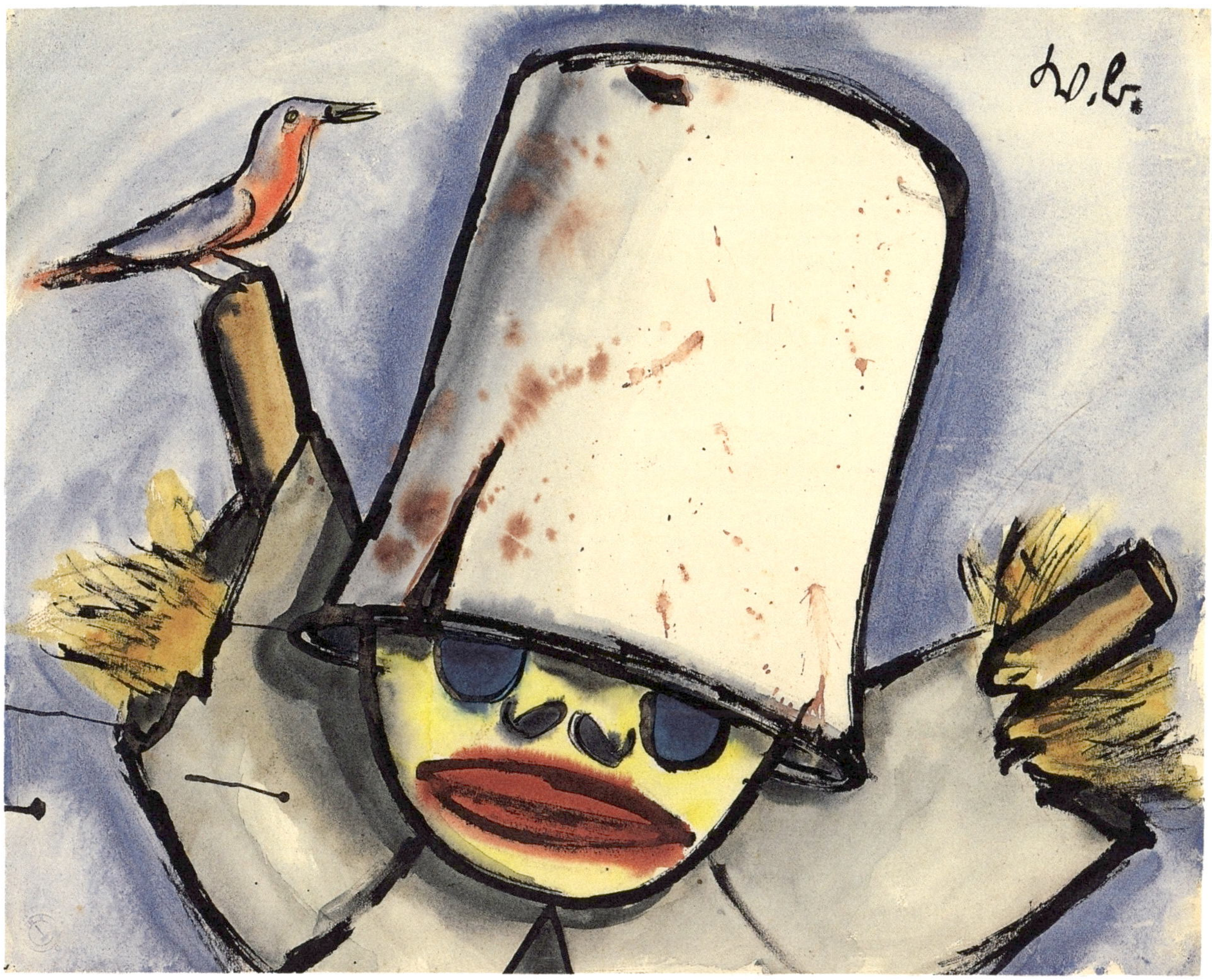

CASPAR
um 1850, Landesmuseum für Kärnten

WERNER BERG
VOGELSCHEUCHE, 1934

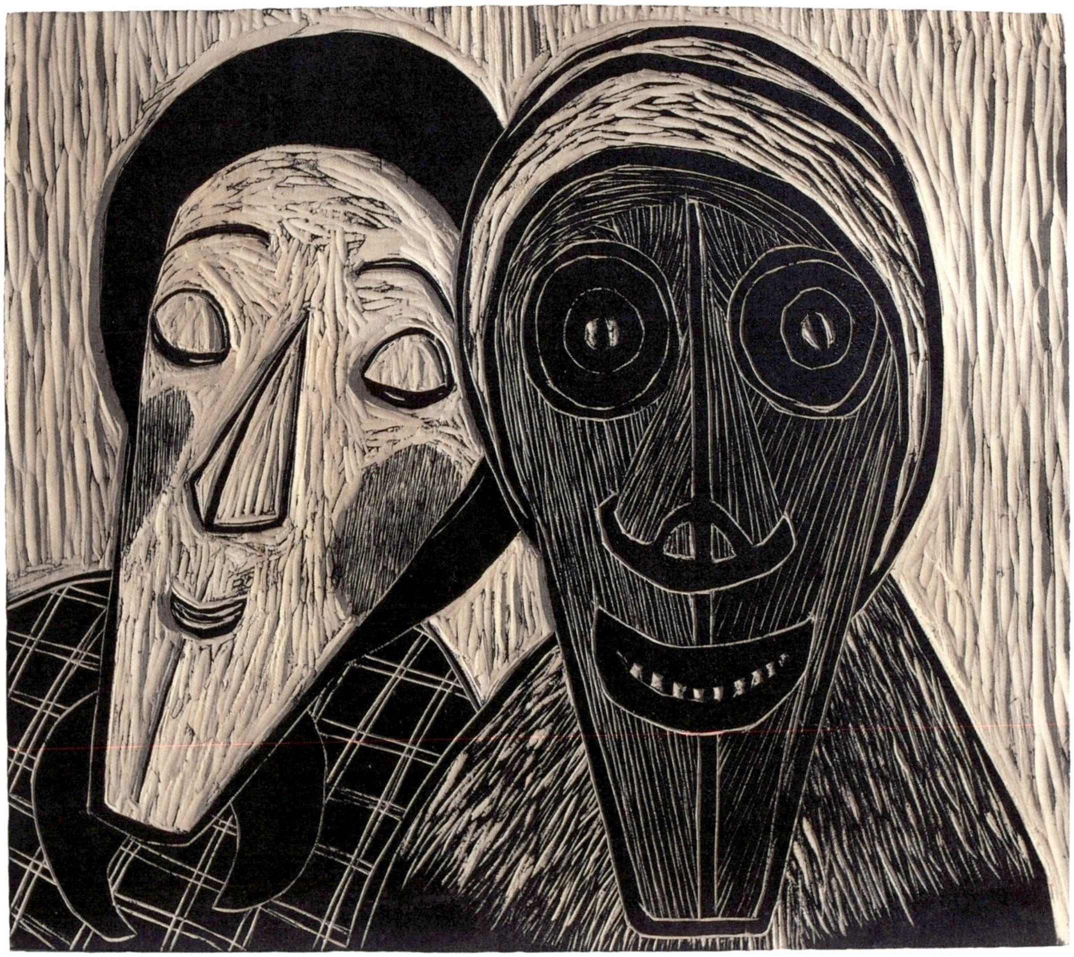

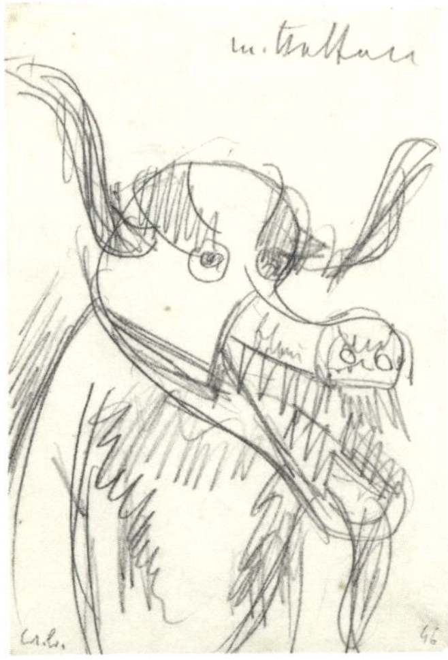

WERNER BERG
MASKEN 81: DUO, 1981
SAUBARTLMASKE, 1946

SAUBARTL UND KRAMPUS
um 1910, Landesmuseum für Kärnten

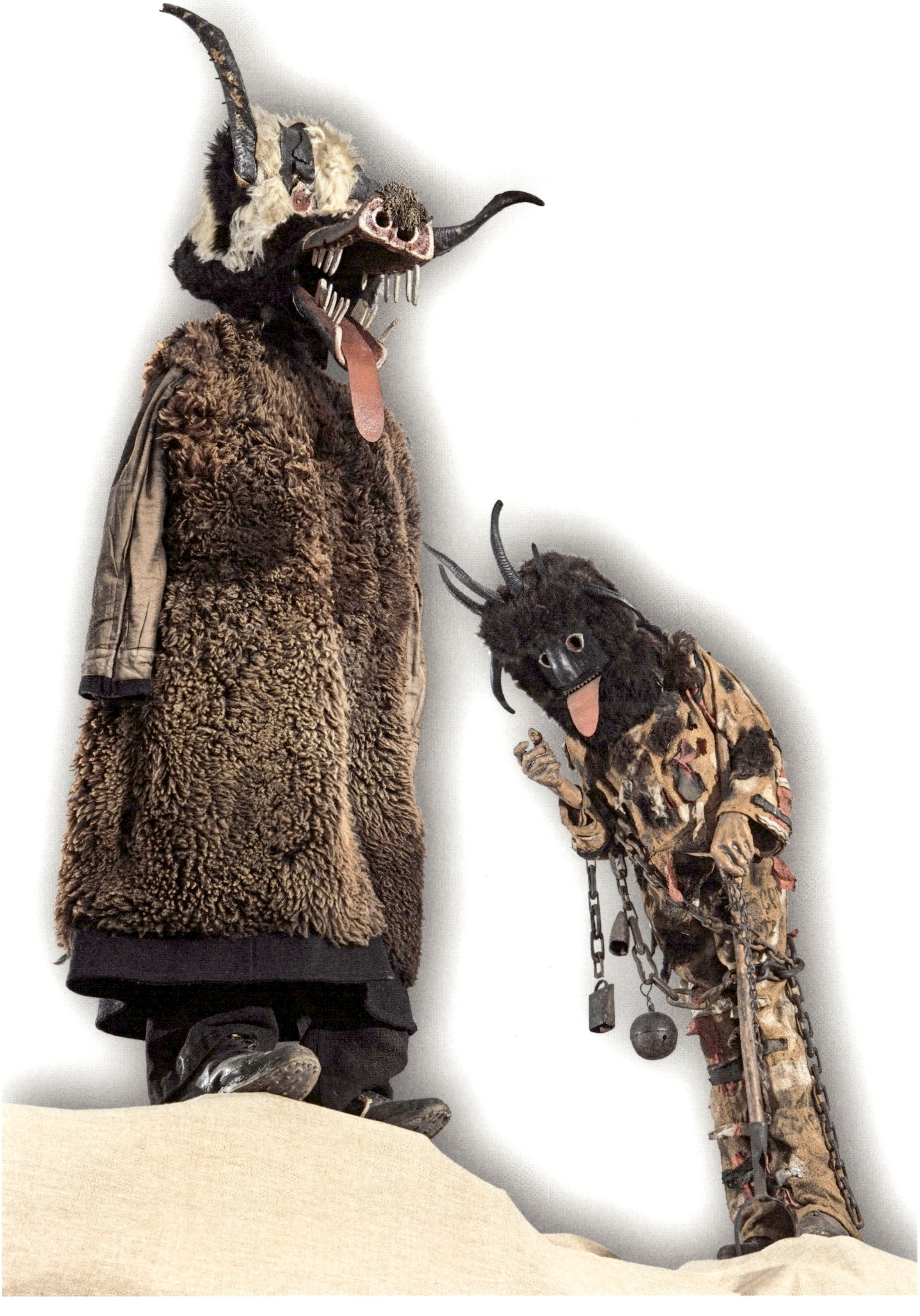

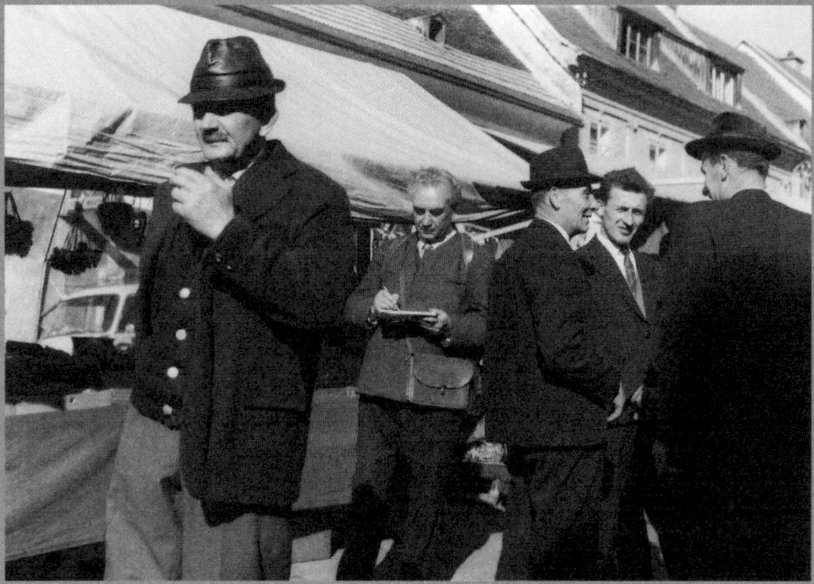

WERNER BERG SKIZZIERT AUF DEM MITTFASTENMARKT IN BLEIBURG, 1968

Es muss damals, so um das Jahr 1962, gewesen sein, als ich ein Knabe von ca. 8 Jahren war. Mein Vater, ein Unternehmer, der Stalleinrichtungen verkaufte, hatte mich und meine Mutter zum Rutarhof im Jauntal mitgenommen. Mein Vater hatte dem Besitzer des Rutarhofes, dem bekannten Maler Professor Werner Berg, eine Stalleinrichtung samt Einbau derselben, verkauft. Vater musste noch ein paar Details mit dem Rutarhof-Bauern klären. Nach dem geschäftlichen Teil und einer guten Jause, die uns seine Frau gerichtet hatte, führte uns der Herr Professor in sein Atelier, das er über einem alten Schafstall erbaut hatte. Das war nicht selbstverständlich, denn Fremde bekamen das Atelier selten zu Gesicht, aber der Herr Professor und mein Vater verstanden sich gut und so machte er eine Ausnahme. Ich war ganz beeindruckt von den vielen Bildern, die hier herumstanden und von der ganz eigenen Atmosphäre dieses Raumes. Meiner Mutter und meinem Vater ging es wahrscheinlich ebenso, sie waren zuerst sprachlos, dann heftete sich der Blick meiner

Mutter auf ein Gemälde mit Sonnenblumen, das sie nicht mehr losließ. Mutter brauchte lange, bis sie sich ein Herz fasste und den Herrn Professor fragte, ob das Bild verkäuflich sei. Werner Berg war damals schon ein sehr bekannter Maler und seine Bilder erzielten schon gute Preise. Mein Vater war ebenso begeistert von dem schönen Bild, das wunderbar in unser neu errichtetes Haus in St. Andrä gepasst hätte. Er machte also dem Herrn Prof. Berg auf der Stelle ein Angebot, von dem Vater meinte, das müsse ihn überzeugen. Vater schlug vor, einen größeren Teil des Preises der Stalleinrichtung im Gegengeschäft für das Bild als Bezahlung herzunehmen. Das wären mehrere tausend Schillinge gewesen, für die damalige Zeit eine hohe Summe, die auch Vater geschmerzt hätte. Mutter sah das Bild wahrscheinlich schon in unserem Wohnzimmer hängen und nutzte ihren ganzen diplomatischen Charme, um den bekannten Maler zu überzeugen, uns das Bild zu verkaufen. Zu ihrer und Vaters Überraschung wies jedoch der Herr Professor das Angebot ab mit den Worten: „Ich weiß, dass ihr beide das Bild gerne haben wollt, und es ist ein wirklich gutes Angebot, das ihr mir da macht. Aber ich verkaufe das Bild nicht, da es mir am Herzen hängt und es wäre so, als ob ich meine eigenen Kinder verkaufen müsste". Somit war das Geschäft geplatzt und ich sah meiner Mutter die Enttäuschung im Gesicht an. Vater war, glaube ich, eher froh, dass das Geschäft nicht zustande gekommen war, denn er hätte es nur Mutter zuliebe abgewickelt. So gingen wir zurück in das Haus, in die Küche, und wir verabschiedeten uns alle recht herzlich vom Herrn Professor und seiner Frau. Noch einige Jahre später, als mein Vater schon verstorben war, erzählte Mutter allen, die zu uns auf Besuch kamen, die Geschichte mit dem Bild, wie gut es in unser Wohnzimmer gepasst hätte und wie eigensinnig der Herr Professor damals gewesen wäre.

Michael Hatzenbichler

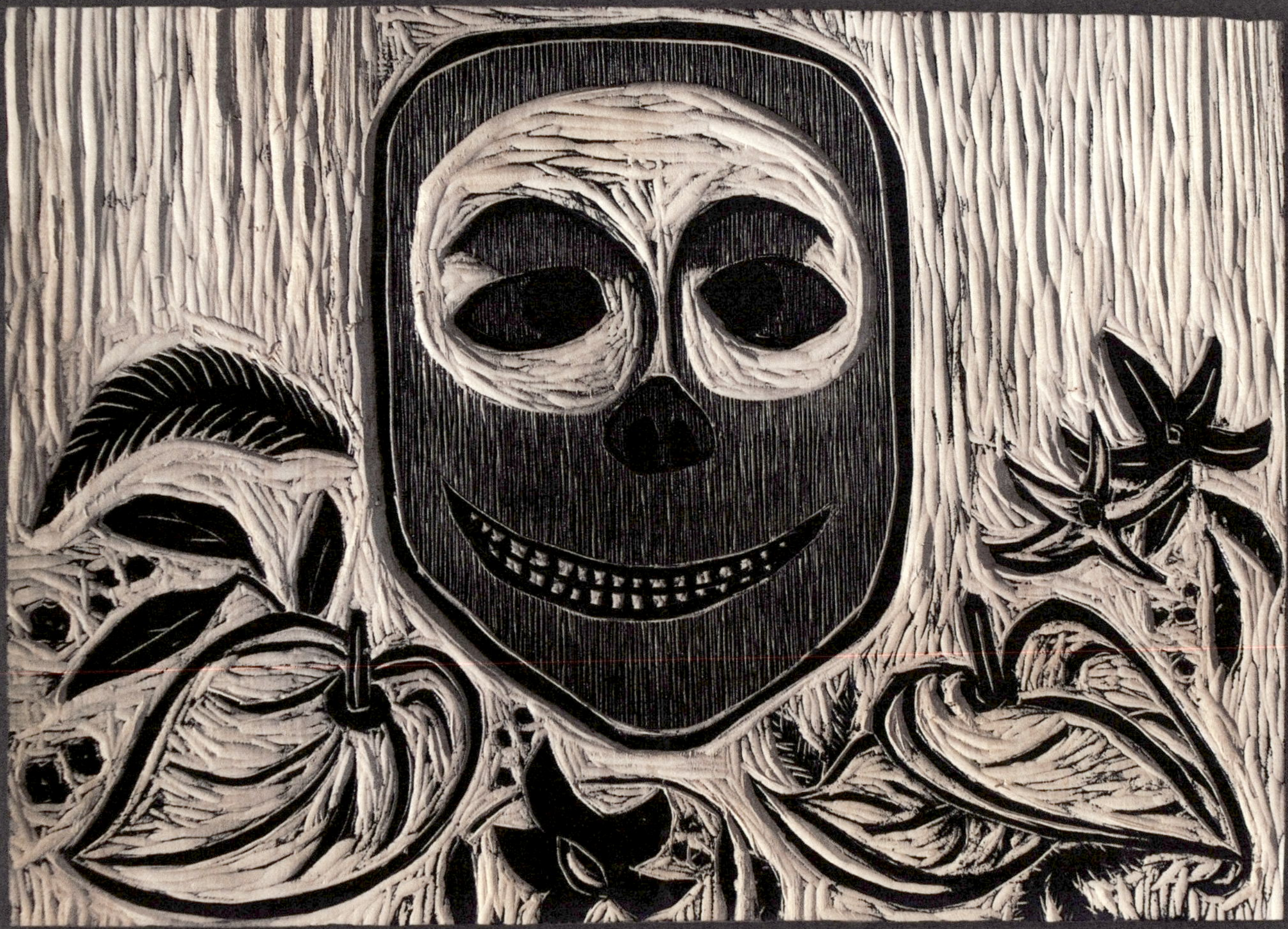

Totentanzspiel

1935 zeichnete Berg mehrere Szenen aus einem „Totentanzspiel“ und schuf dazu eines seiner eindrucksvollsten Aquarelle (S. 5). Bei diesem seltenen Volksbrauchtum, unter anderem dokumentiert in der kleinen Ortschaft Pleßnitz im Liesertal, werden zwei als Tod und Tödin maskierte Gestalten durch schreiende Buben unter einer Brücke herausgelockt. Diese stellen den Buben bis zur nahen Kirche nach. Eine solche, bei einem Volksschauspiel vom „Tod“ getragene hölzerne Gesichtsmaske aus dem 19. Jahrhundert, wird im Landesmuseum Klagenfurt verwahrt (S.4). In seinem letzten Lebensjahr zeichnete Werner Berg diese Maske mit Totenkopfmotiv mehrfach – allein und im Ensemble mit anderen Masken. Sie zeigt auch der Holzschnitt „Maske 81: Solo“.

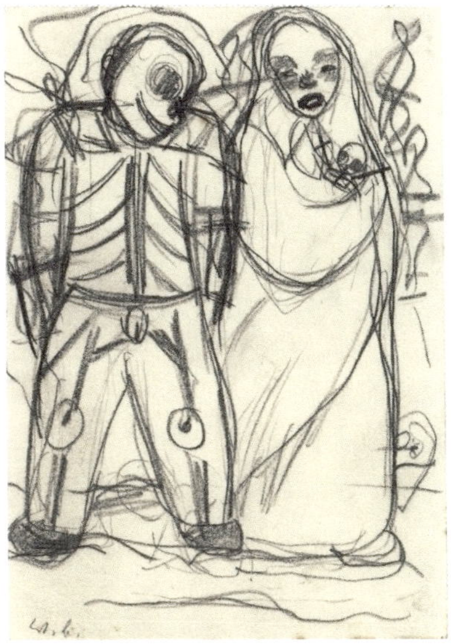

WERNER BERG
MASKEN 81: SOLO, 1981
TOTENTANZSPIEL, 1935

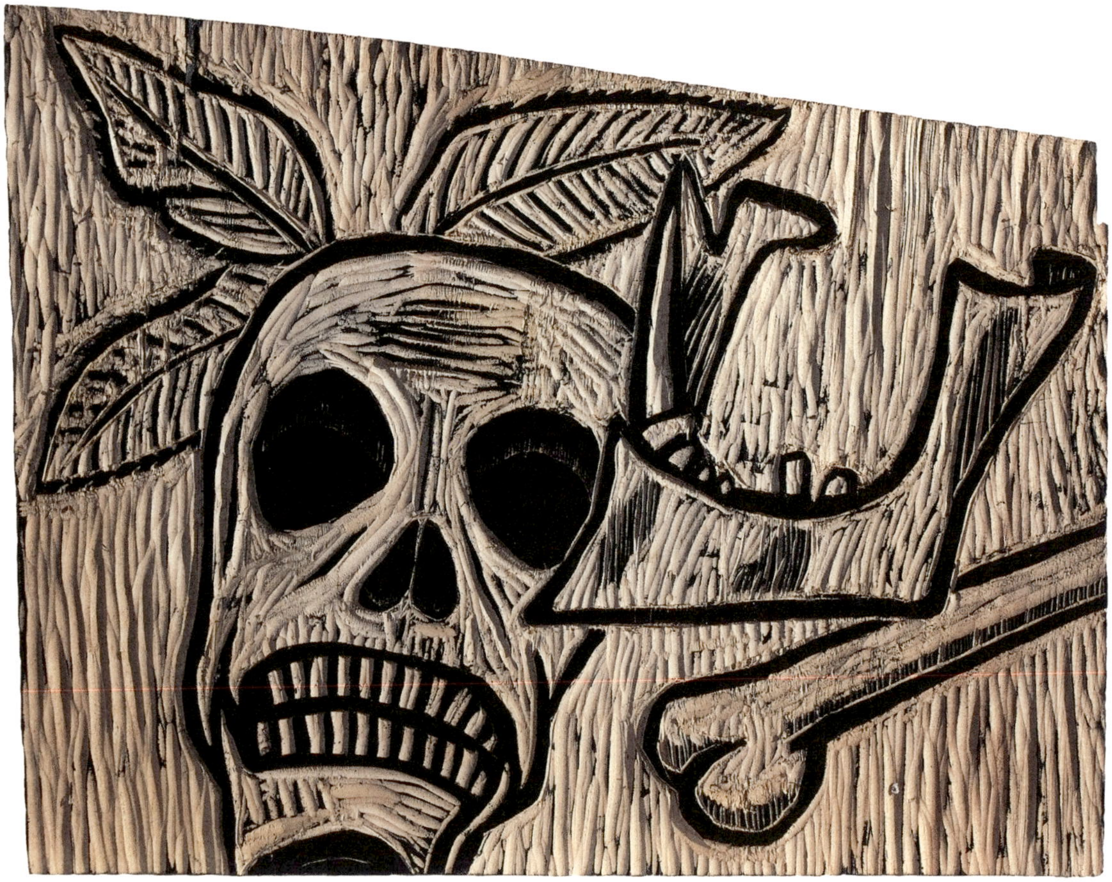

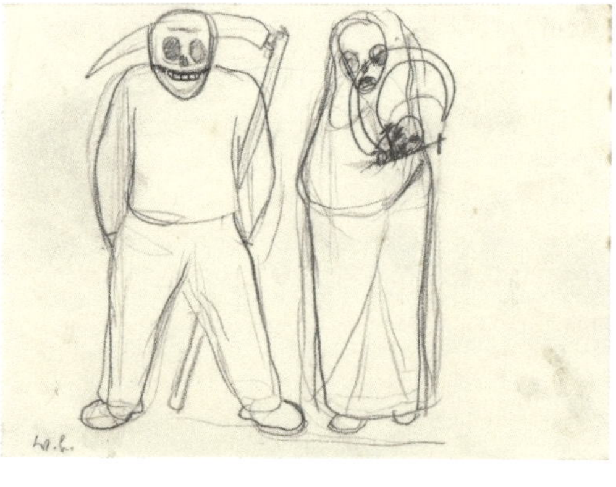

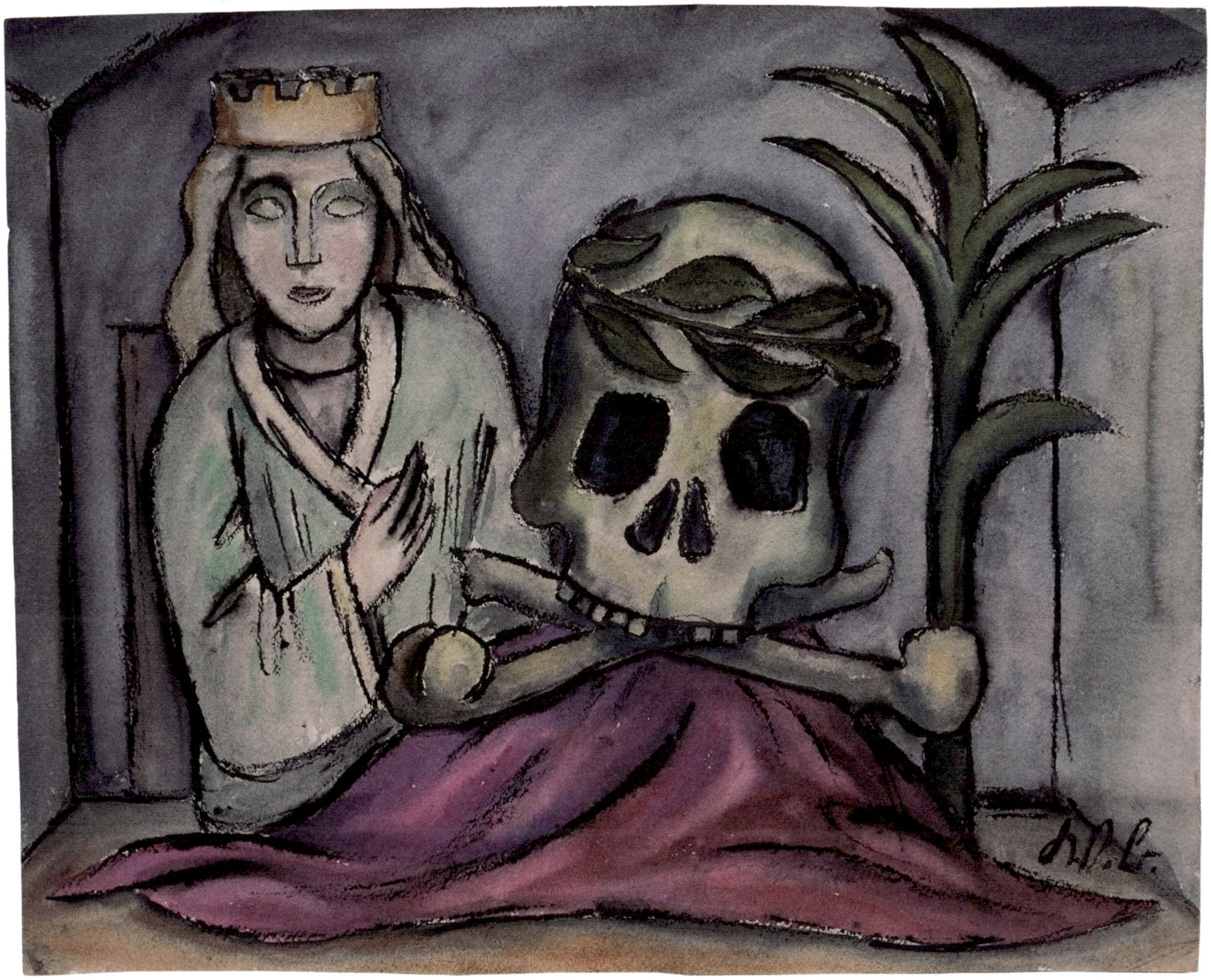

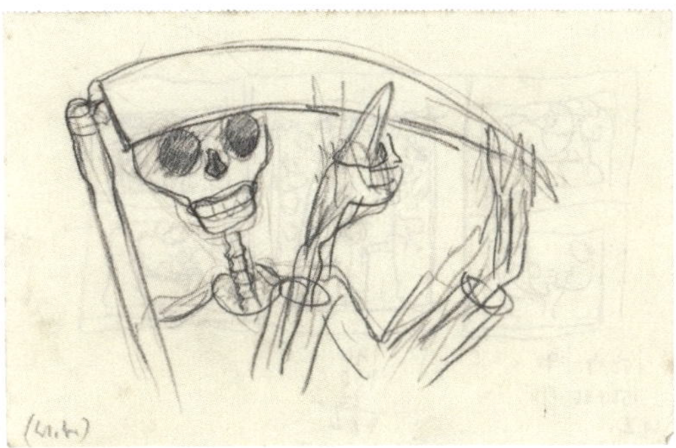

WERNER BERG
GEBEIN, 1972
TOTENTANZSPIEL, 1935
HL. KATHARINA VON SIENA, 1946
SENSE WETZENDER TOD, 1933

Künstler sind nicht immer von Sanftheit bestimmte Wesen. Sie können auch explodieren, vor allem, wenn ihnen der gebührende Respekt verweigert wird. Die folgende Episode ereignete sich Mitte der Siebzigerjahre, als ich freie Mitarbeiterin, beziehungsweise Volontärin in der Kärntner Tageszeitung war und meine journalistischen Erfahrungen sammelte. Der dortige Kulturchef Karl Newole musste sich mit einer Kulturredaktion begnügen, die mit einem Raummaß von drei mal zweieinhalb Meter das Ausmaß eines kleinen Badezimmers hatte. Sie lag am Ende eines langen Ganges, an dessen anderen Ende die Toiletten zu finden waren… wenn man sie suchte. Mit den weiteren Redaktionsräumen befand sie sich im dritten Stock – ohne Lift, wohlgemerkt. Also mussten die Redakteure und Besucher viele der steilen und schmalen Stufen emporklettern, um ihr Ziel zu erreichen. Erst aber mussten alle vor dem Aufstieg an der Portiersloge im Parterre vorbei, wo der aufmerksame Portier saß und mögliche Problemfälle („Da Poldi Wagner kummt", „die Polizei ist im Anflug") warnend der Redaktion meldete. Karl Newole war dabei, mir einen wichtigen Einführungsvortrag in Sachen Literaturkritik („Vor Lesungen sollte man nix trinken, sonst schlaft ma ein") zu halten, als ihn der Portier sich mit einem Warnruf meldete: „Der Werner Berg ist grad mit rotem Schädel und fluchend an mir vorbei" warnte er den Kulturchef, der sofort handelte und mich bat: „Seins lieb zu ihm und sagen´S, ich sei bei an Termin. Ich versteck mich im Klo und wart, bis er verschwunden ist" sprach Newole und verschwand. Drei Minuten später stürmte der große Künstler in beängstigender Gemütsverfassung die Kulturredaktion. Sein Gesicht war tatsächlich knallrot, was ich der Aufregung und dem anstrengenden Aufstieg zuschrieb. Besser gesagt: Ich kannte Berg nur im Zustand der Hypertonie, des Bluthochdrucks. Wie eine Anklage traf mich sogleich Bergs Frage: „Wo ist der Newole, der feige Hund?" ließ Bergs laute Künstlerstimme die kleine Kulturredaktion erbeben. Eingeschüchtert und auftragsgemäß sagte ich dann mein G´satzl auf: „Der Herr Newole ist bei einem Termin". Doch der Künstler war im Bilde: „So nennt man heut das Klo? Ich hab dort noch einen Zipfel von ihm gesehn". Dann erzählte er mir, etwas sanfter geworden, den Grund seines Unmuts. Vier Wochen warte er nun auf Newoles Bericht über seine Ausstellung, die in drei Tagen abgehängt werde. „Geht man so mit Künstlern um?" donnerte Berg und erklärte mir, dass er durch diese Nachlässigkeit einen finanziellen Verlust erleide, weil er nichts mehr verkaufen könnte. Und das, obwohl ihm Karl Newole, der ja selbst Künstler war, bei der Vernissage die baldige Besprechung versprochen habe. „Ich werde alles dem Herrn Newole mitteilen und er wird die Kritik sofort schreiben, damit sie morgen in der Zeitung steht" wollte ich Werner Berg besänftigen. Aber der Beschwerdeführer explodierte abermals: „Was, g´schrieben hat er die Kritik aaaa noch nit? Das ist die Höhe! Was ist das für´n Journalist???" Türenschlagend verließ der Maler die Redaktion. Just in diesem Moment ging die Klotüre am anderen Gangende, von neugieriger Hand bewegt, einen Spalt auf, aber sofort wieder zu. Berg lief auf sie zu und donnerte mit seiner Faust gegen die nun wieder versperrte Tür: „Newole, ich nehme Sie beim Wort, Sie hatten mir eine baldige Kritik versprochen!" Aus dem Inneren der Toilette presste zaghaft eine dünne Männerstimme das Wörtchen „beseeeetzt!" heraus. Mit verärgertem „Ja, ja" polterte Werner Berg sodann die vielen Stufen hinab ins Freie.

Postscriptum: Es gab keine Episode, die mir in meinen Lehrjahren das angespannte Verhältnis von Künstlern und Kunstkritikern besser vorführen konnte, als diese. Sie zeigt vor allem die Abhängigkeit der Künstler von Kritiken. Den Kritikern ist es andererseits gar nicht bewusst, was sie Künstlern antun, wenn ihre Ausstellung nicht in Zeitungen erwähnt wird. Werner Berg befand sich damals in einer Krise und fühlte sich gekränkt, betroffen und geschädigt durch die mangelnde Aufmerksamkeit der Presse. Karl Newole, ein überaus sanftmütiger und verständnisvoller Kulturjournalist, war zu diesem Zeitpunkt überfordert, weil die Terminflut ihn periodisch überrollte und er die vielen Ereignisse auch im Großformat der damaligen KTZ nicht unterbringen konnte. Das erzeugte Wut und Widerwillen bei den Betroffenen, die sich dadurch existenziell geschädigt fühlten.

Ilse Gerhart

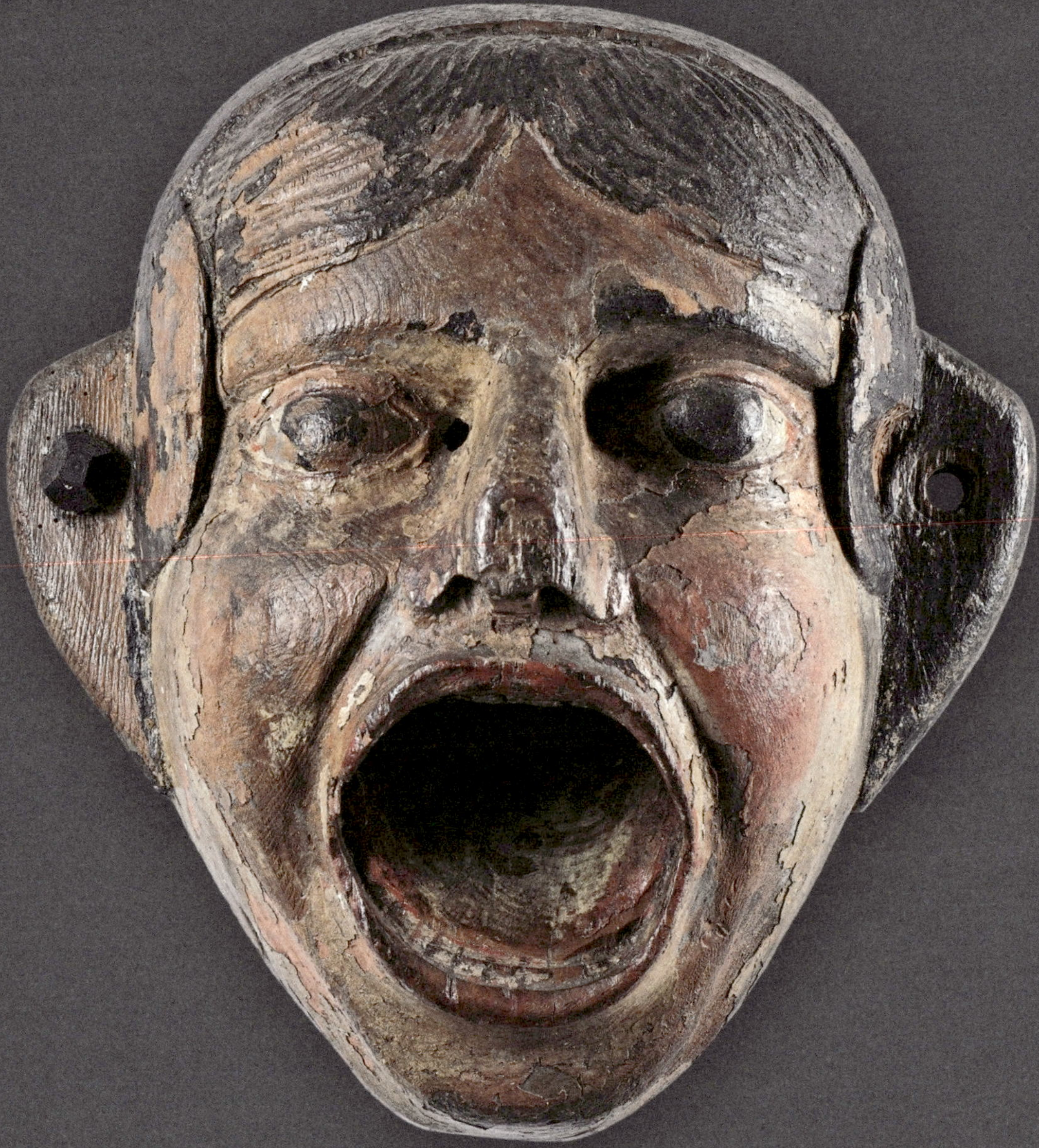

Kleibenspeiber

1937 entdeckte Werner Berg auf einer seiner Fahrten in Glantschach einen eindrucksvollen „Kleibenspeiber“ als Bestandteil einer ehemaligen Mühle, vermutlich des 18. Jahrhunderts. Aus diesem wurde die beim Mahlen des Kornes zurückbleibende Kleie ins Freie geleitet. Werner Berg erwarb den grotesken und früher bunt bemalten Kopf und schenkte ihn dem Landesmuseum. Dort zeichnete er den Kleibenspeiber nochmals 1946.

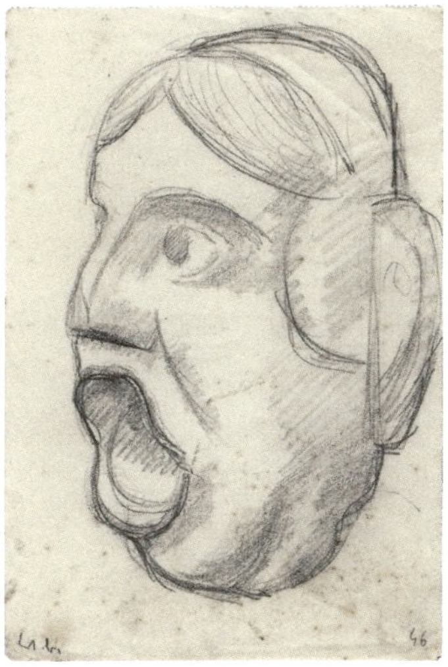

KLEIBENSPEIBER
um 1750, Landesmuseum für Kärnten

WERNER BERG
KLEIBENSPEIBER, 1946

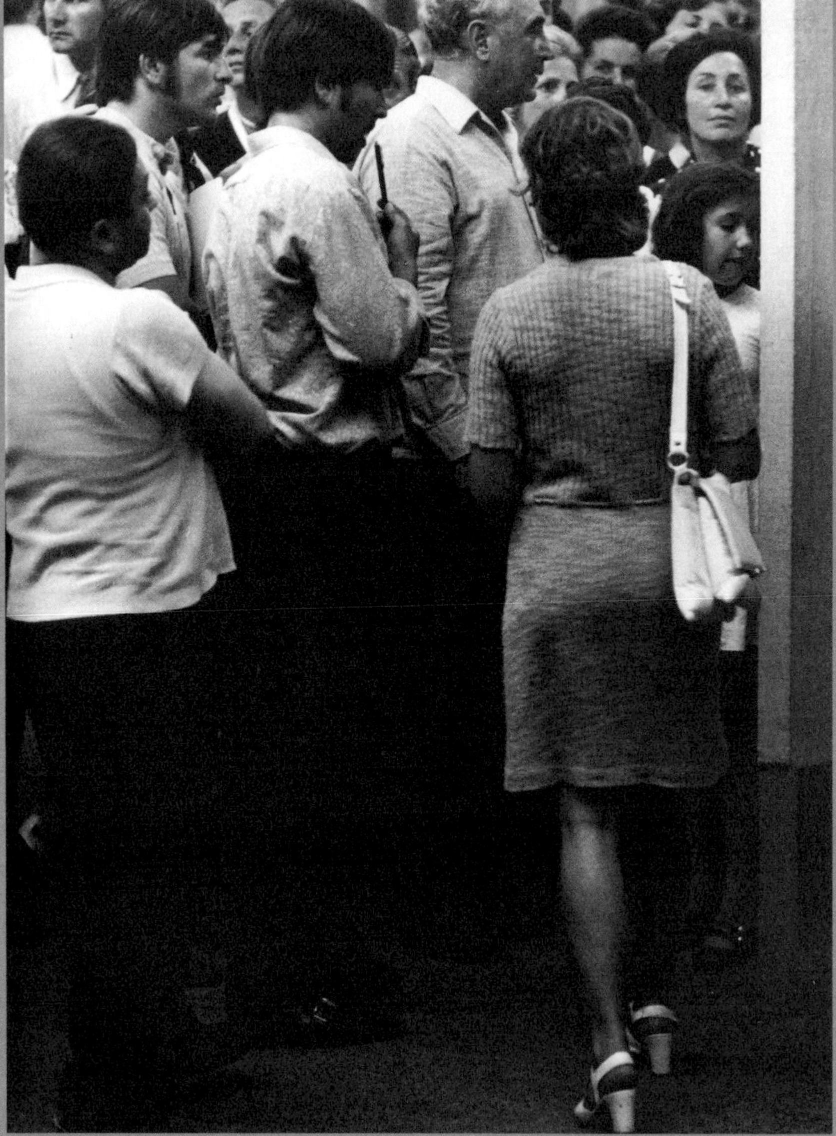

WERNER BERG FÜHRT DURCH SEINE AUSSTELUNG IN SLOVENJ-GRADEC, 1971

Es war im Jahr 1969, als die Werner Berg Galerie gerade wenige Monate bestand: Einige Kärntner Lehrer waren nach Bleiburg gepilgert, um diese seltene Präsentation eines lebenden Künstlers zu bestaunen. Werner Berg ließ es sich nicht nehmen – oder er war dazu sanft gedrängt worden – die Lehrer persönlich zu empfangen und sie in seine Kunst „einzuführen". Das tat er dann ohne große Umschweife… und die Lehrer hatten auch was davon. Besonders danach im Wirtshaus am unteren Platz. Nach ein paar kräftigen Schlucken legte der Maler los: Wie die Politik zu den Künstlern stehe. Und wie ahnungslos Politiker der Kunst begegnen. Dass auch die Lehrer vom Kunstunterricht nichts verstünden und ihren Schülern nur Irrelevantes beibrächten. „Wir Künstler sind ja keine Trotteln, aber wir werden als Trotteln gehandelt" polterte Berg los und schnauzte einen Junglehrer an, der wissen wollte, ob und was er sich beim Malen denke: „So was beantworte ich nicht!" „Ich habe mir den Berg viel sensibler vorgestellt" piepste eine schon etwas ältliche Kollegin, als der Künstler schnaubend die pädagogische und dennoch etwas ratlose Schar verließ.

Ilse Gerhardt

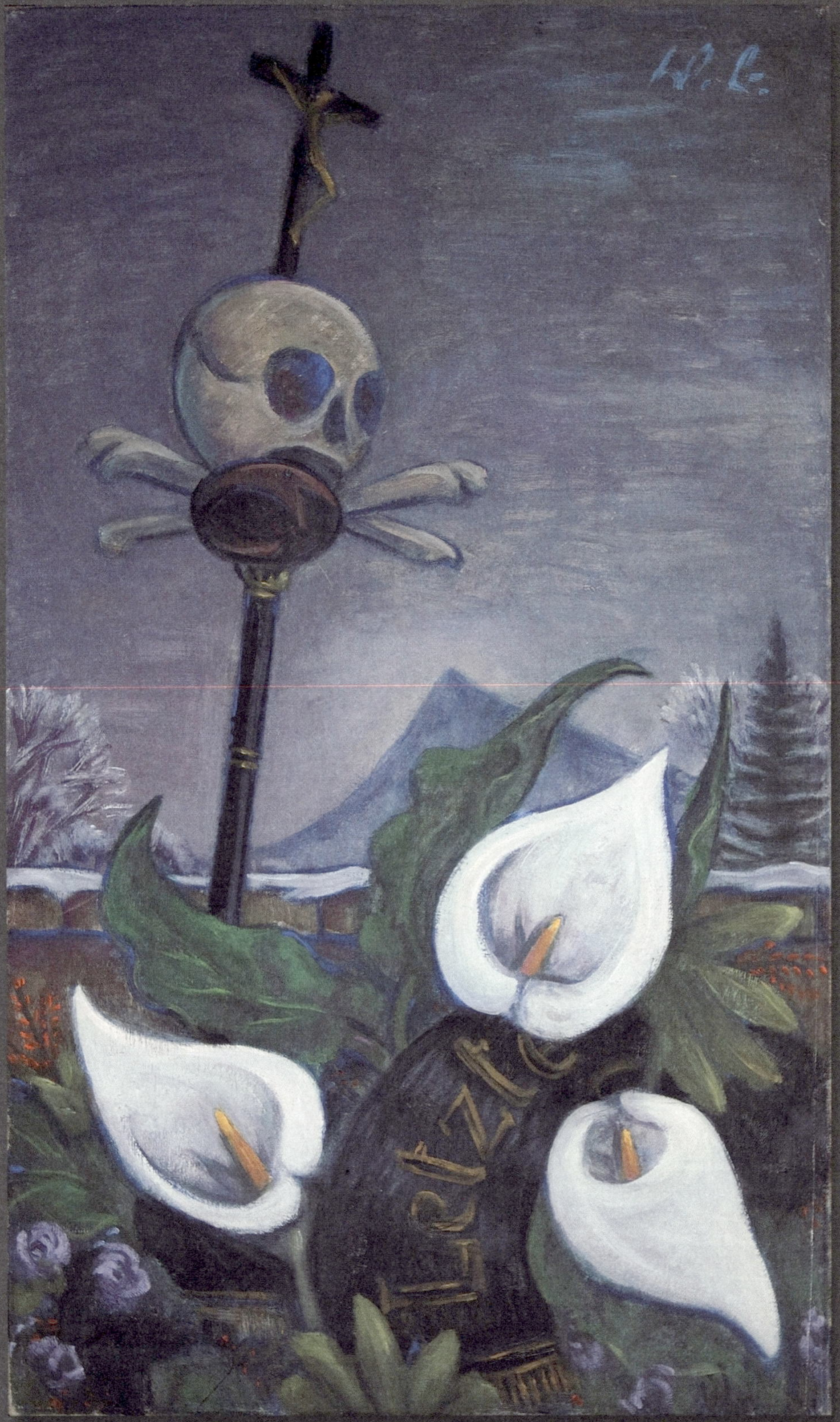

Grabkreuze

Lange Zeit bestimmten Holz- und Eisenkreuze den Charakter der Dorfkirchhöfe. Ab den 1930er Jahren kamen zunehmend Grabsteine auf. Bei den Begräbnissen wurde ein auf einem Totenkopf aufsitzendes Vortragskreuz vor den Trauernden getragen. Werner Berg stellte die Grabkreuze in vielen Zeichnungen, zwei Aquarellen und einem späten Holzschnitt dar (S. 215). Die Thematik von Tod und Abschied beschäftigte den Künstler lebenslang und er schuf zu diesem Thema einige seiner eindrucksvollsten Werke.

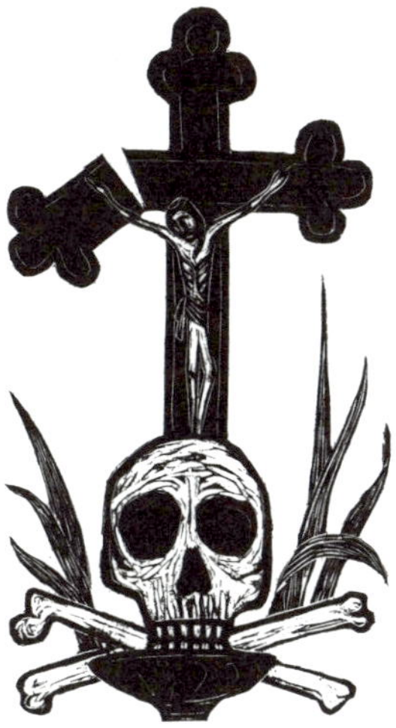

WERNER BERG
FRISCHES GRAB, 1973
GEBROCHENES TOTENKREUZ, 1980

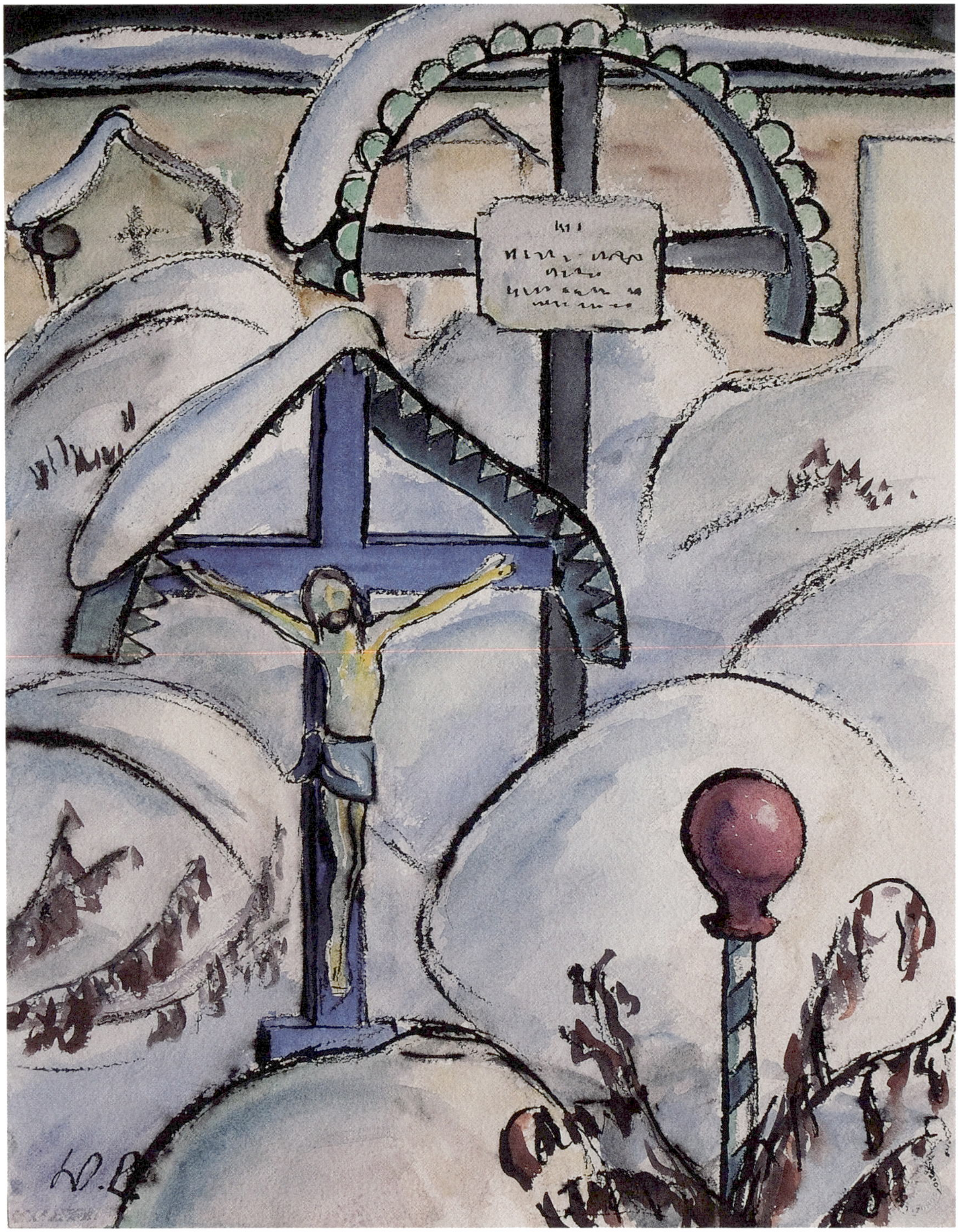

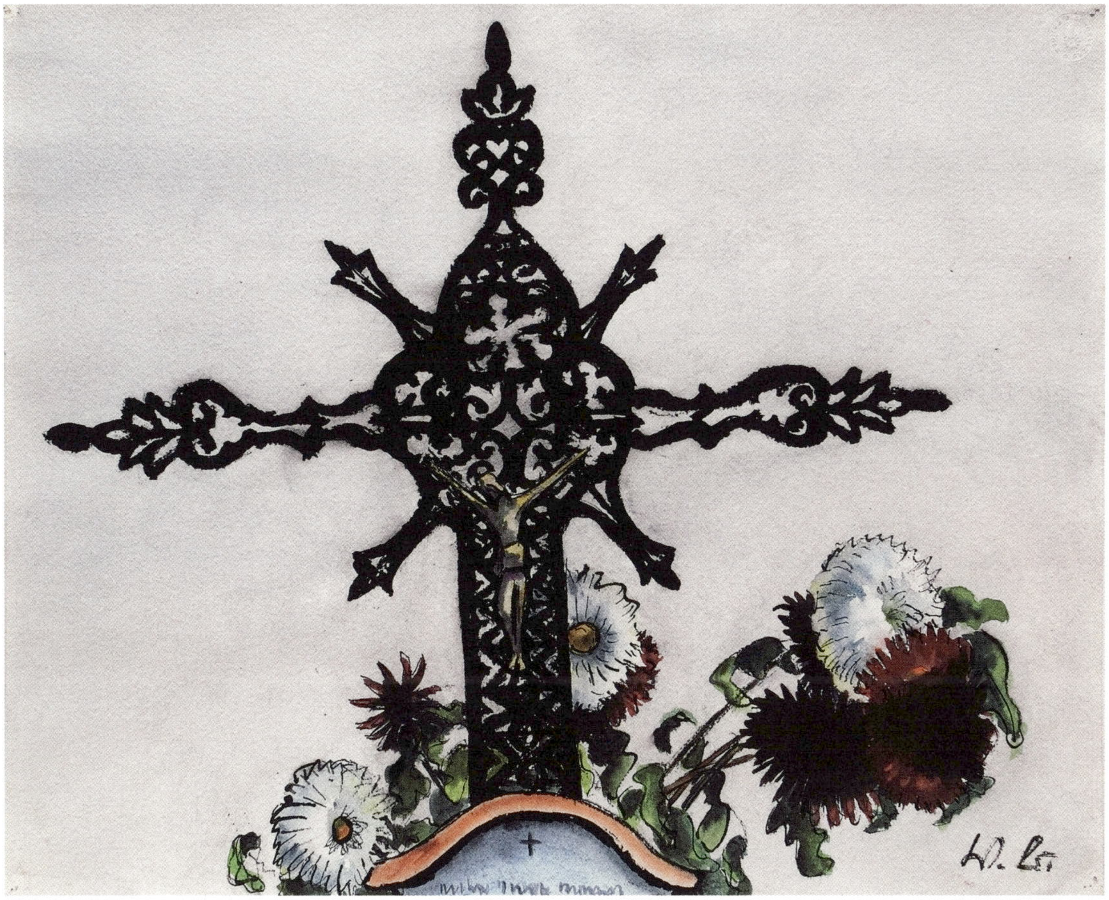

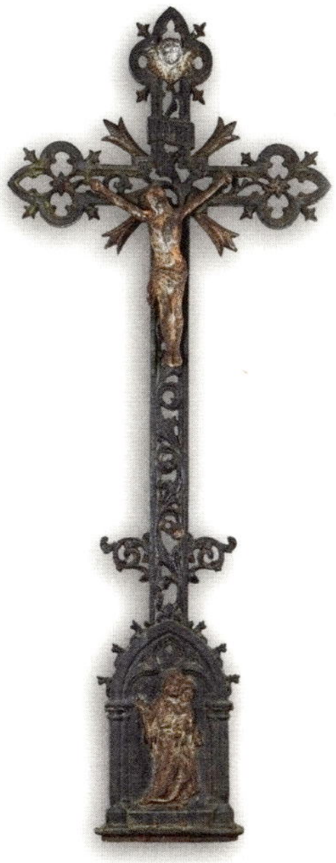

WERNER BERG
VERSCHNEITE GRABKREUZE, 1947
GRABKREUZ, 1947

GRABKREUZ, um 1890

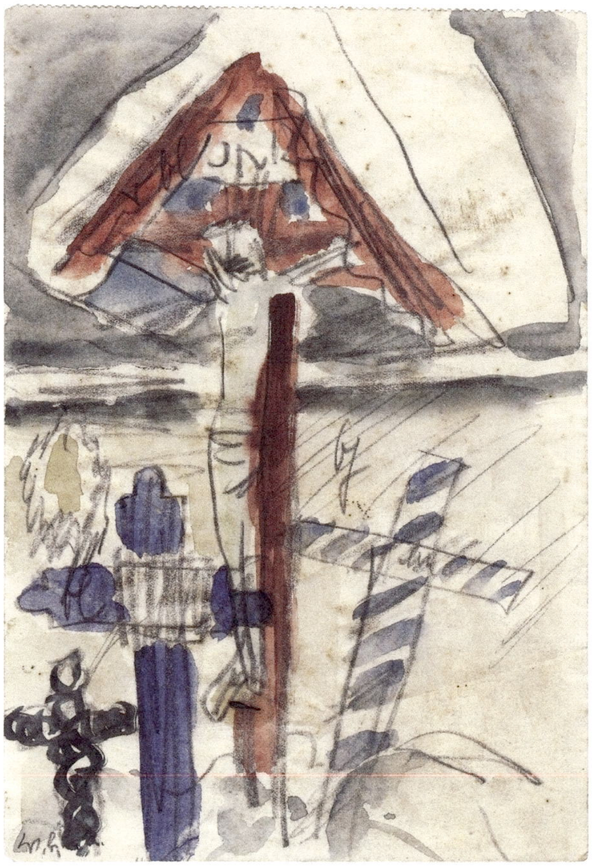

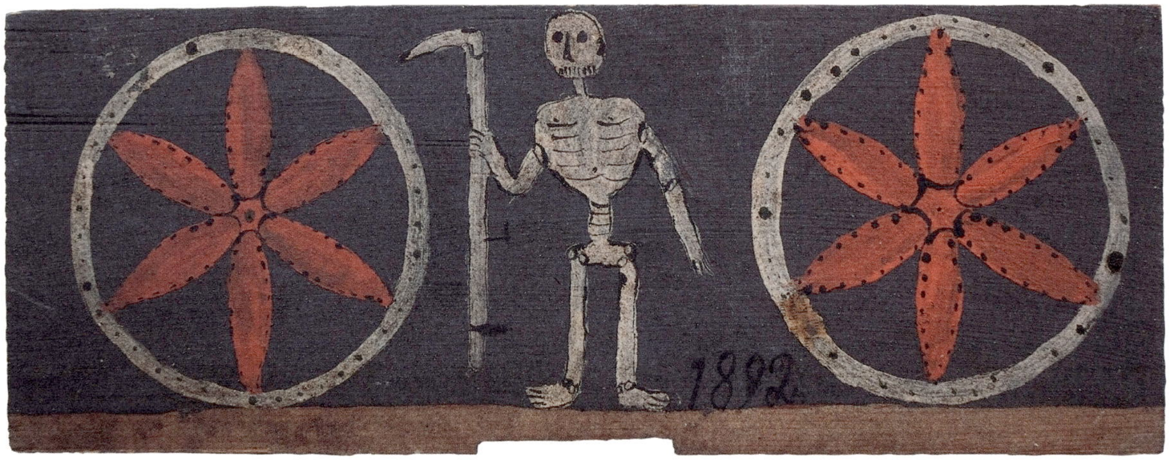

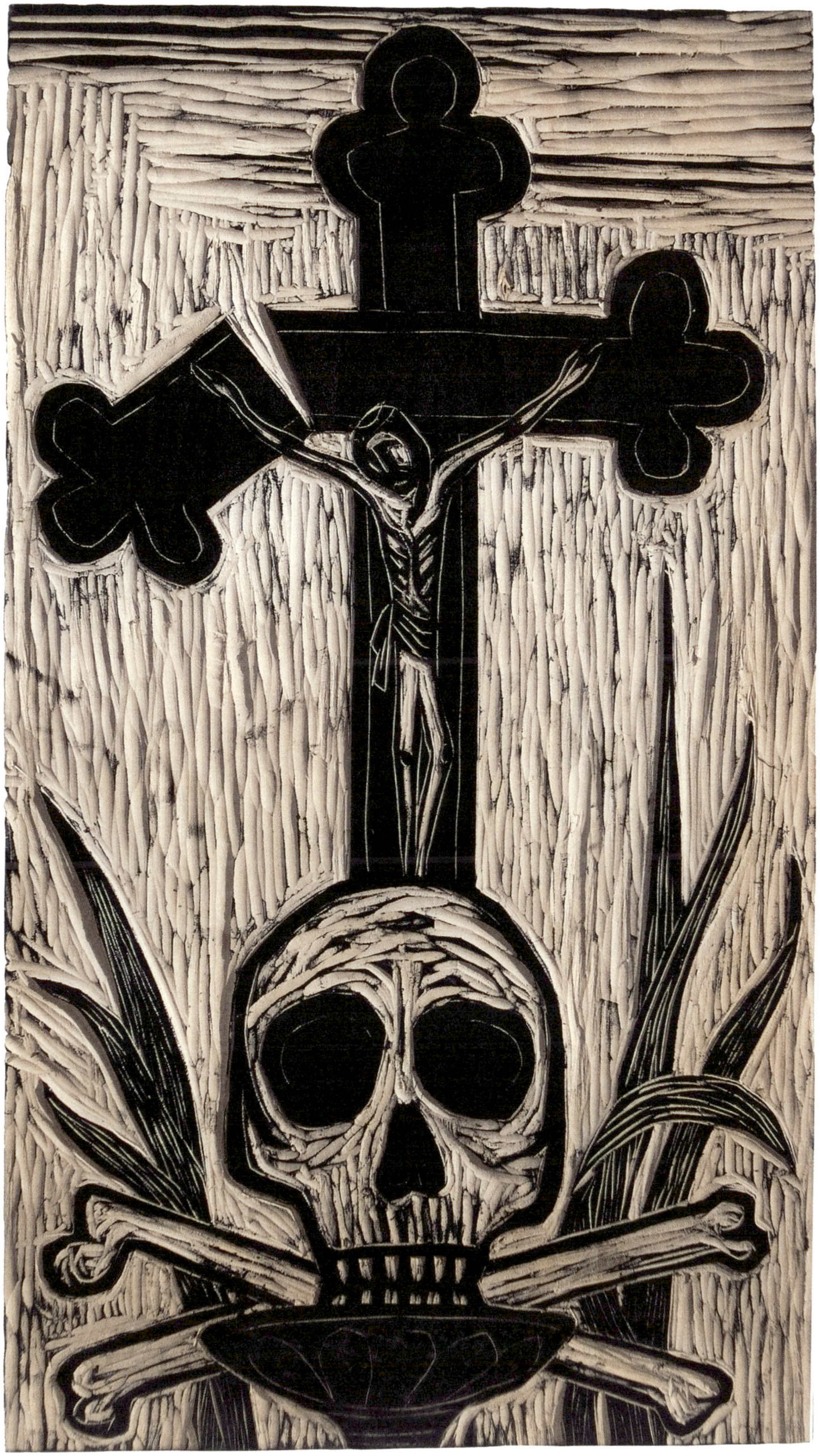

WERNER BERG
VERSCHNEITE GRABKREUZE, 1936

TOD
Sammlung Dareb

WERNER BERG
GEBROCHENES TOTENKREUZ, 1980

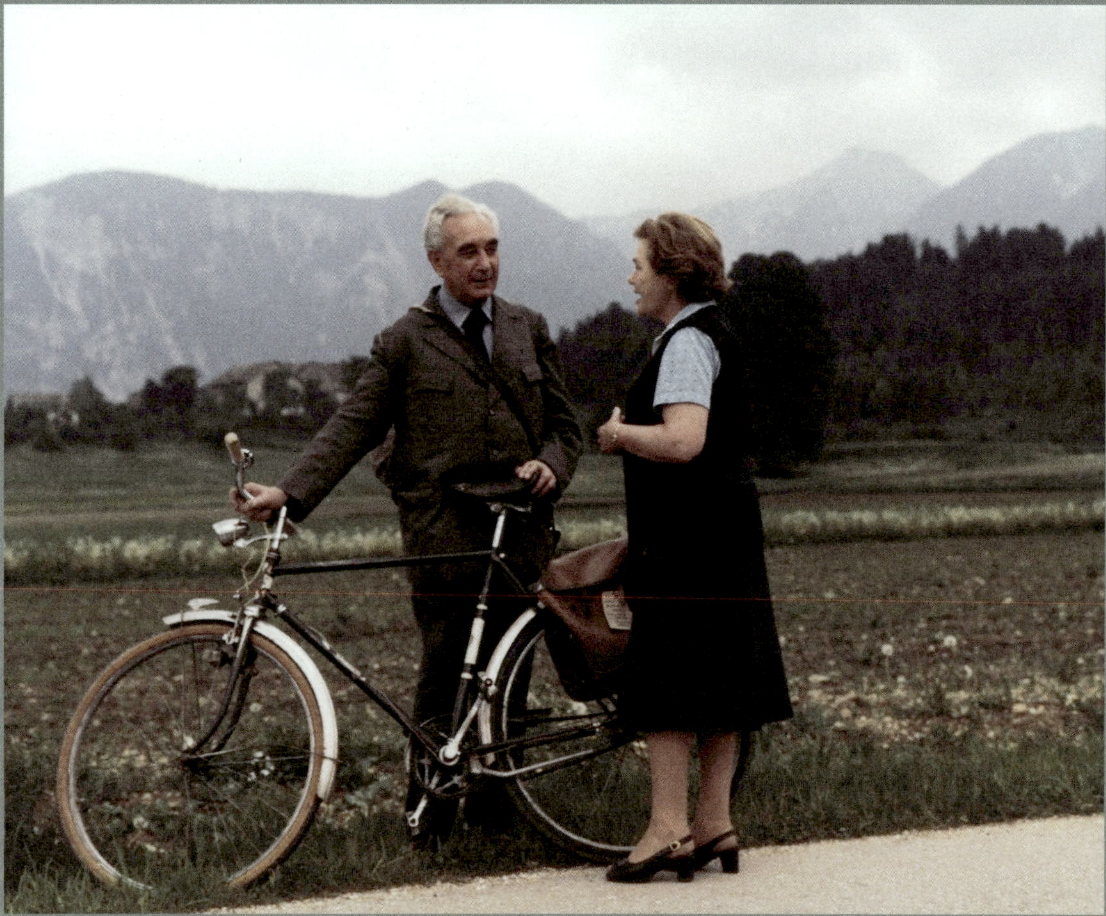

WERNER BERG IM GESPRÄCH UNTERWEGS, um 1978

So wie es heute aussieht, wird das liebenswerte Völkchen der Windischen nur mehr in den eindrucksvollen Bildern des Künstlers Dr. Werner Berg weiterleben. Denn „nur der Künstler schafft Ewiges" (Bischof Kapellari).
Berg lebte wohl stets in seelischer Spannung. Nur einmal erlebte ich ihn gelöst, als es mir durch Zufall gelang, den kongenialen Alfred Kubin, „den Einsiedler in Zwickledt", auf den Rutarhof zu bringen. Die beiden bescherten Primarius Rainer, der uns mit dem Auto hinaufbrachte, und mir einen wunderbaren europäischen Kulturnachmittag in der Stube des Rutarhofes. Der Primarius und ich, wir beide waren fasziniert von der Kraft der Darstellung in der Rede und dem Wissen der beiden über europäische Kultur. Über die europäischen „Werte" eben. Nicht lange Zeit danach schenkte mir Berg seine Freundschaft, bis ich mich bei ihm erkundigte, warum er auf das Angebot der ÖDK, das Turbinenhaus des Draukraftwerkes unter dem Rutarhof auszuschmücken, nicht geantwortet habe. Da schnauzte er mich an: „Ah, Ihnen habe ich das zu verdanken. Ich bin kein Malermeister, dem man die Malerei vorschreiben kann! Was sich der Draukraftdirektor Dr. Kugler eigentlich vorstellt! Eine Frechheit mir vorzuschreiben, was ich malen soll. Weil sie viel Geld haben, glauben sie die Künstler dirigieren zu können!", sprach's und zeigte mir, dass er auf keine Antwort wartete. Auf Nachfrage bei Dr. Kugler erfuhr ich, dass er in seinem Angebotsbrief für ein Gemälde in der Maschinenhalle gemeint habe, er könne sich so etwas wie das Bild eines Sonnenaufganges in der Werkshalle vorstellen. Dr. Werner Berg hat auf das Angebot der Draukraftwerke nicht reagiert. Die zwei Promille des Aufwandes für das Kraftwerk Gallizien hat ein anderer Künstler bekommen. Ein weiterer Schnitzer von mir: Als ein hoher Diplomat mit mir Dr. Berg besuchen wollte, rief ich vorher beim Gendarmerieposten Gallizien an, ob sie zufällig wüssten, dass Berg zu Hause sei, weil ich einen hohen Besuch hinbringen sollte. Der Posten antwortete unverzüglich, es sei nicht bekannt, dass Dr. Berg weggegangen wäre. Mit dieser Antwort war ich zufrieden und dankte dem Gendarmen. Wir fuhren also zum Rutarhof. Berg empfing den hohen Besuch freundlich. Mein Gast war sehr angetan über das interessante Ambiente dieses Künstlers. Auch beim Abschied des Herrn Botschafter war Dr. Berg herzlich. Ich ging als Letzter aus dem Haus.

Da fauchte der Künstler hinter mir her: „Unglaublich, mir die Gendarmerie auf den Hals zu hetzen!" Offenbar wollte sich der Posten nachher noch versichern, dass die Auskunft, die er mir bei Anruf gab, richtig war und ist bei Dr. Berg vorbeigegangen. Vielleicht wollte er Berg nur verständigen. Das Schicksal wollte es, dass mich der Künstler noch einmal am Kolhof besuchte. Da entdeckte er einen seiner Holzschnitte, „Heimweg", den er mir vor langer Zeit einmal geschenkt hatte, als ich noch „unschuldig" war. Damals lebte ich mit sechs Kindern in drei Zimmern am Kolhof. Als ich einmal nach Hause kam, bemerkte ich, dass ein Kleinkind mit dem großen Blatt des handgedruckten Holzschnittes spielte. Aus Furcht es könne dem Holzschnitt etwas passieren, steckte ich ihn in einen zu kleinen Rahmen, so dass zwar die Zeichnung gut zum Ausdruck kam, aber das Blatt als Ganzes nicht zu sehen war. Dann hängte ich das Bild an bevorzugter Stelle auf, damit der Holzschnitt vor den Kindern sicher war. Dr. Berg erblickte im Gehen das Bild, blieb stehen und ging wortlos weiter. Seine Miene war sehr eindeutig. Diesen Kunstfehler, das geschöpfte Blatt umzubiegen und die Widmung zu verstecken, verzieh er mir wohl nie. Er hielt es für eine persönliche Beleidigung. Ich aber dachte mir, besser umbiegen als von einem Kleinkind zerreißen lassen. Trotzdem hat mir der Künstler später sieben weitere Holzschnitte zu einem sehr günstigen Preis verkauft, um die ich ihn zur Ausschmückung meiner Parteikanzlei gebeten hatte. Als er dann mit einem Protestmarsch der Kommunisten in Klagenfurt mitmarschiert war, sagte ich zu ihm: „Das haben aber Sie nicht nötig gehabt!" Darauf kam keine Antwort mehr. Und er hat mich wohl aus der Liste seiner Freunde abgeschrieben. Ich denke aber immer in liebender Verehrung an ihn: Ich kenne nicht den Hintergrund seiner Kränkung durch Boeckl, die den Selbstmordversuch und den langen Krankenhausaufenthalt verursachte. Dr. Seidler wurde zu dem bereits Röchelnden gerufen und hat ihn – am damals noch fast unzugänglichen Rutarhof – auf einen Pferdeschlitten, der normal zum Mistausbringen verwendet wird, auf Stroh gebettet. Die Zunge des Röchelnden hat er herausgezogen und mit einer Sicherheitsnadel an die Wange geheftet, damit der Bewusstlose nicht an der eigenen Zunge erstickt. So hat er den im Koma liegenden per Schlitten nach Gallizien gebracht. Das war 1955. Von Gallizien wurde Berg mit der Rettung nach Klagenfurt geführt. Im letzten Moment. Der zweite Selbstmordversuch 1981 ist leider gelungen. Das alles zeigt Werner Berg als einen äußerst empfindsamen, verletzlichen Menschen, der Zwangsaufenthalt beim „Barras" (Deutsche Wehrmacht 1944) muss eine echte Qual für ihn gewesen sein. Auch das tägliche zwischenmenschliche Geschiebe und Gereibe hielt er wahrscheinlich nicht aus. In manchen seiner Bilder, die er als Kriegsmaler gezeichnet hat, kann man den Schrecken, der gerade auf ihn fiel, erahnen. Es ist kein Zufall, dass Werner Berg sich schließlich in seinem Schaffen ganz der slowenischen Volksgruppe gewidmet hat. Den „Windischen" haben die deutschen Nationalisten und die slowenischen Scharfmacher ihre Identität angezweifelt und schlecht gemacht, ja verboten, so wie die „tausendjährige" Herrschaft Hitlers Werner Bergs künstlerische Art und Identität schlecht gemacht und verboten hat (1937/38 entartete Kunst, Bilderverbrennung, Berufsverbot für Dr. Berg). In beiden musste das dieselben Selbstzweifel bewirken, in dem kleinen Volk der Windischen wie in dem großen Künstler Werner Berg. So ist die innige Verbindung zwischen dem Volk an der Grenze und dem Künstler zu erklären. Beide sind seelisch geschunden worden und daher überempfindlich.

Wolfgang Mayrhofer-Grünbühel

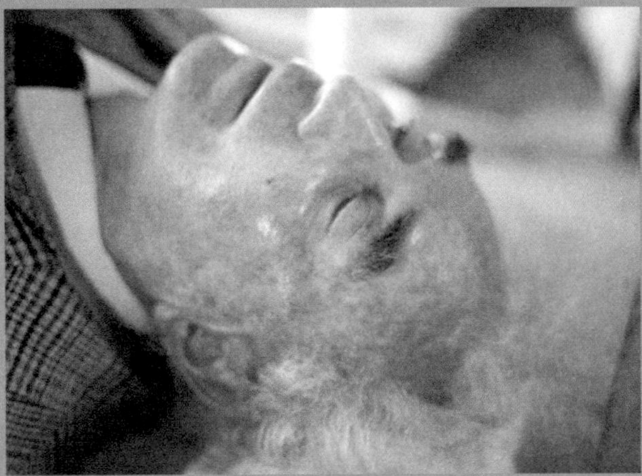

WERNER BERG †

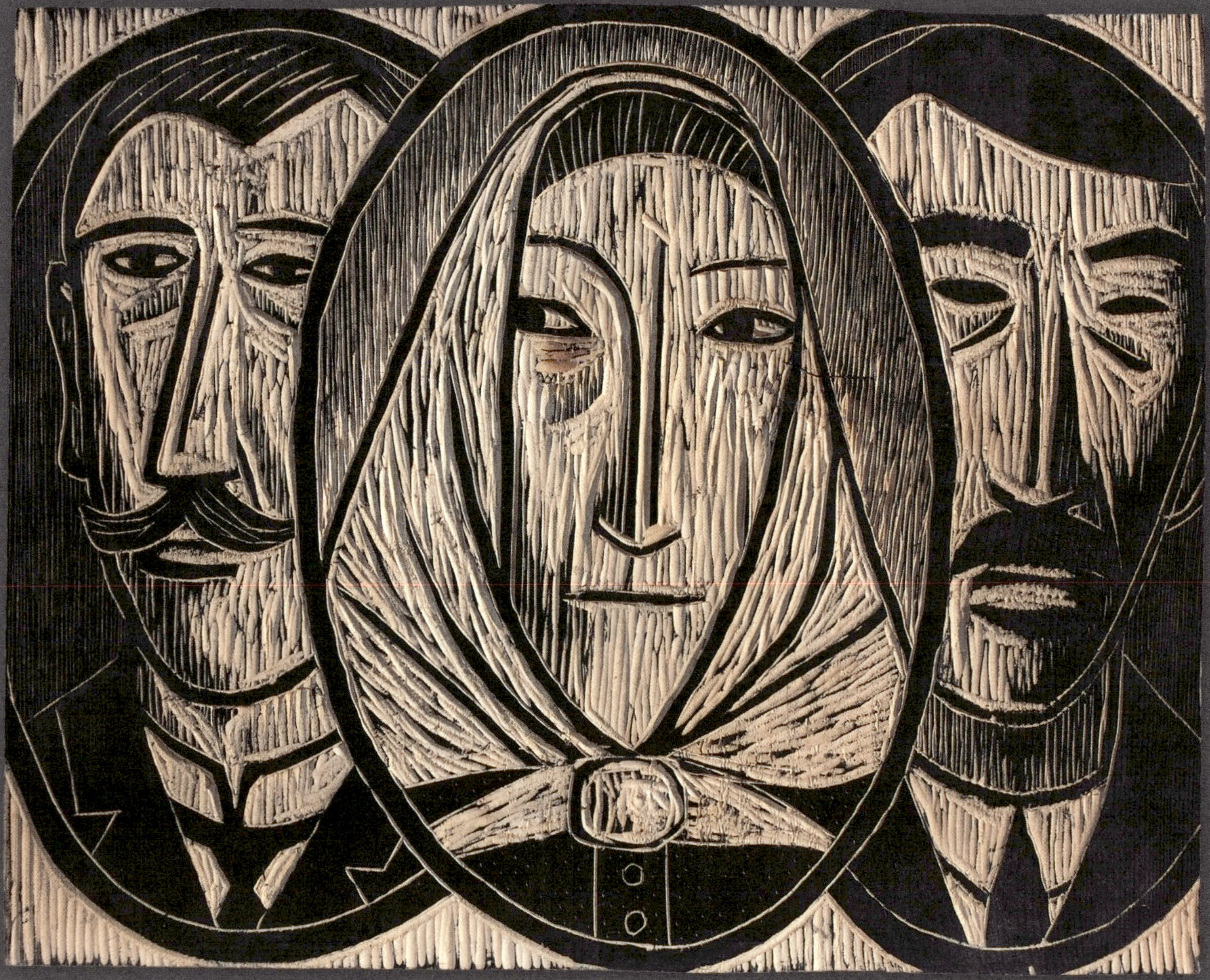

Grabsteinfotos

Stellvertretend für die meist anonymen Schöpfer der Volkskunst stehen die Menschen auf den Zeichnungen und Holzschnitten Werner Bergs nach Grabsteinfotos. Die Grabsteinfotos – zunehmend die alten Grabkreuze ersetzend – interessierten den Künstler wie so viele Äußerungen der Volkskunst. Sie sind bedeutende Zeugnisse früher fotografischer Alltagskultur. Ortsgebunden sind sie naturgemäß nicht in eine Ausstellung transportierbar. In ihrem Nebeneinander auf den Kirchhöfen erlauben sie mit den begleitenden Grabinschriften einen soziokulturellen Blick in eine vergangene Zeit.

In Werner Bergs Werkreihe der „Grabsteinfotos" kommt die Ambivalenz zwischen persönlicher Eigenheit und der ritualisierten Starrheit der fotografischen Situation meisterhaft zum Ausdruck.

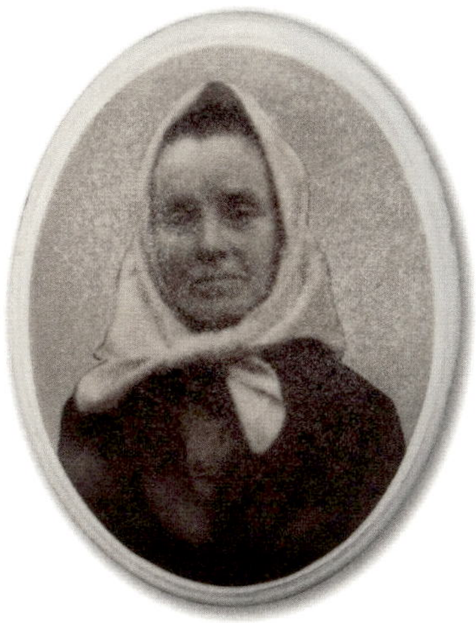

WERNER BERG
REQUIESCANT, 1959

GRABSTEINFOTO, um 1930

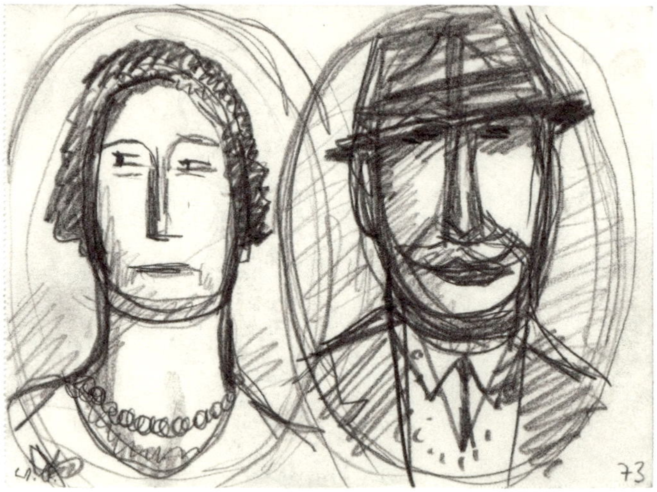

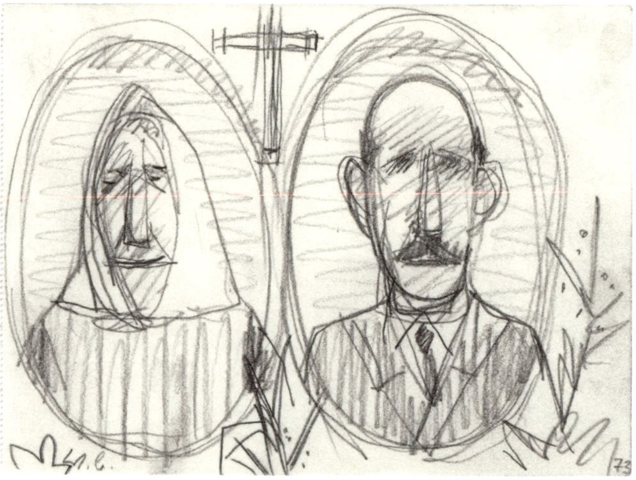

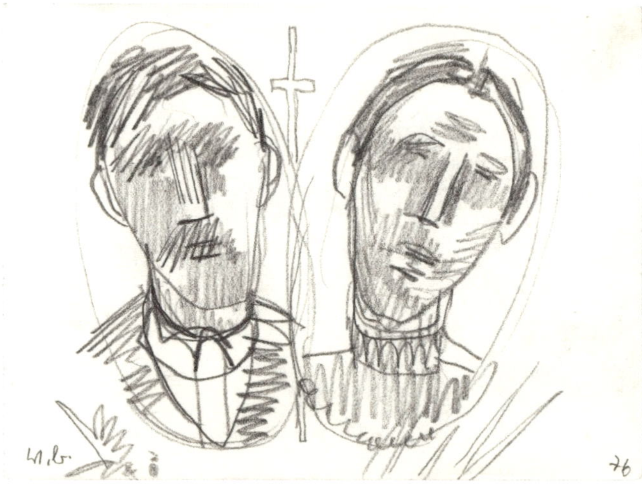

WERNER BERG
GRABSTEINFOTOS, 3 Skizzen, 1958-1976
GRABSTEINFOTOS, 1959

GRABSTEINFOTO, um 1930

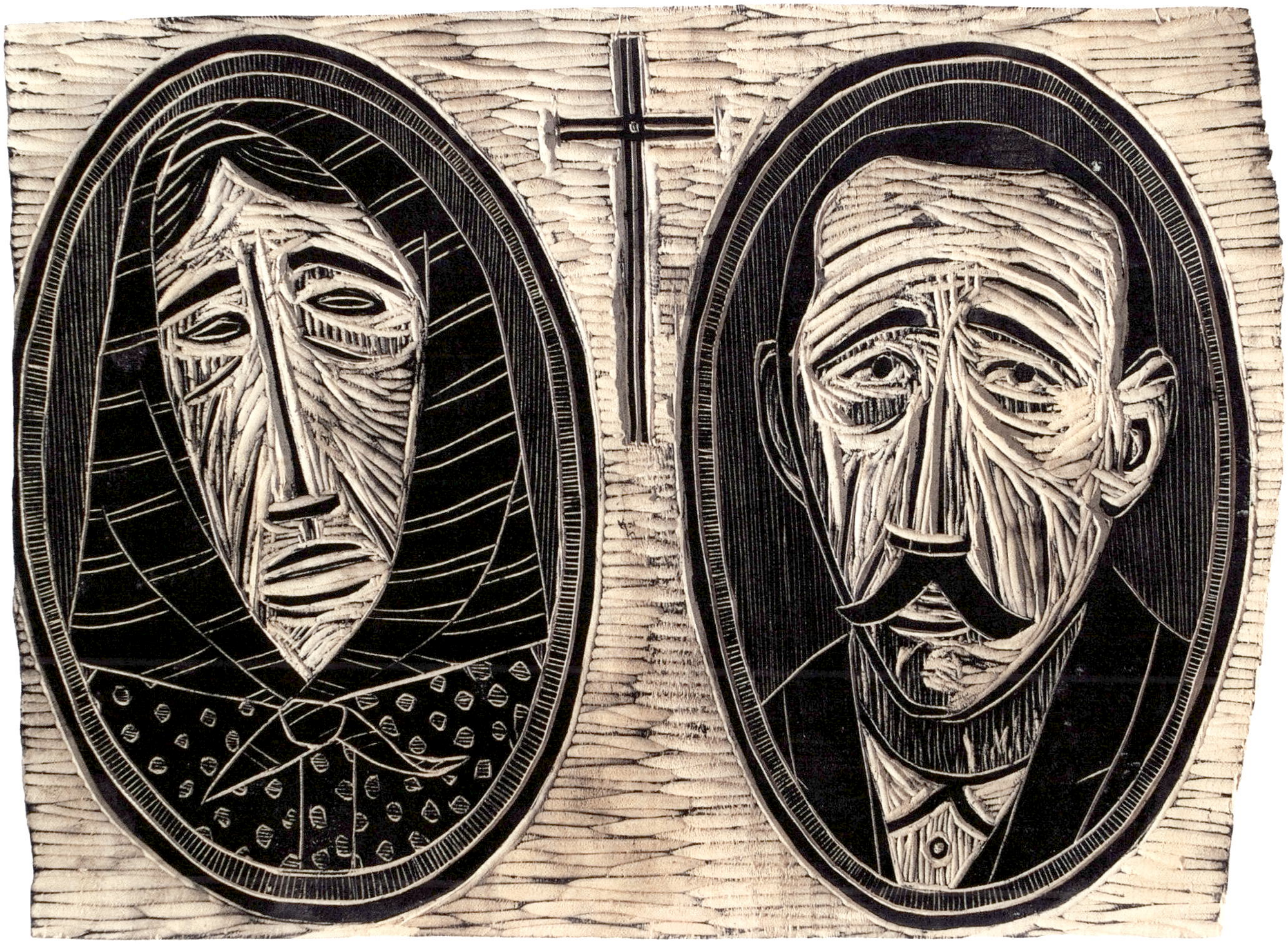

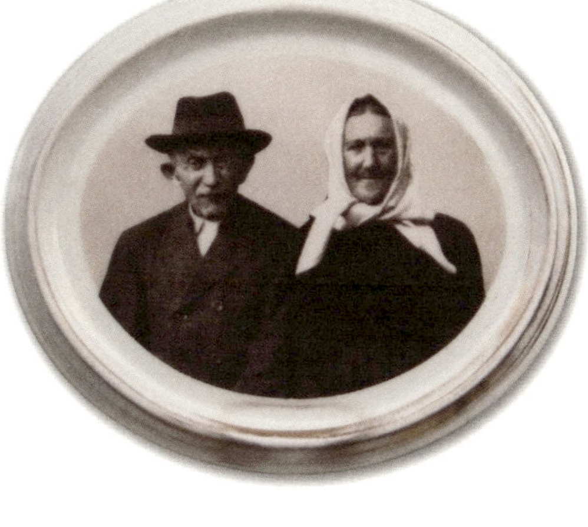

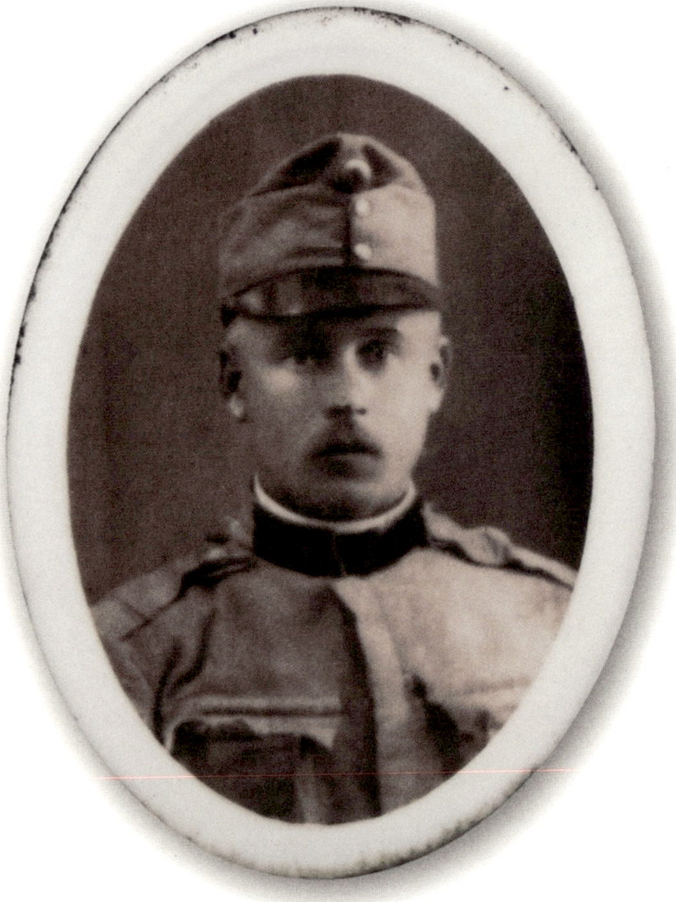

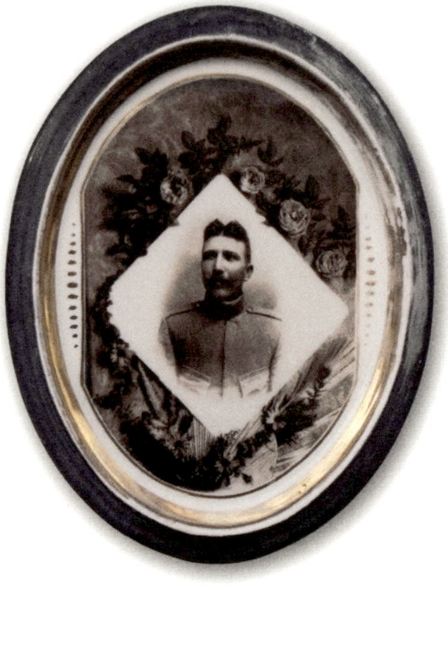

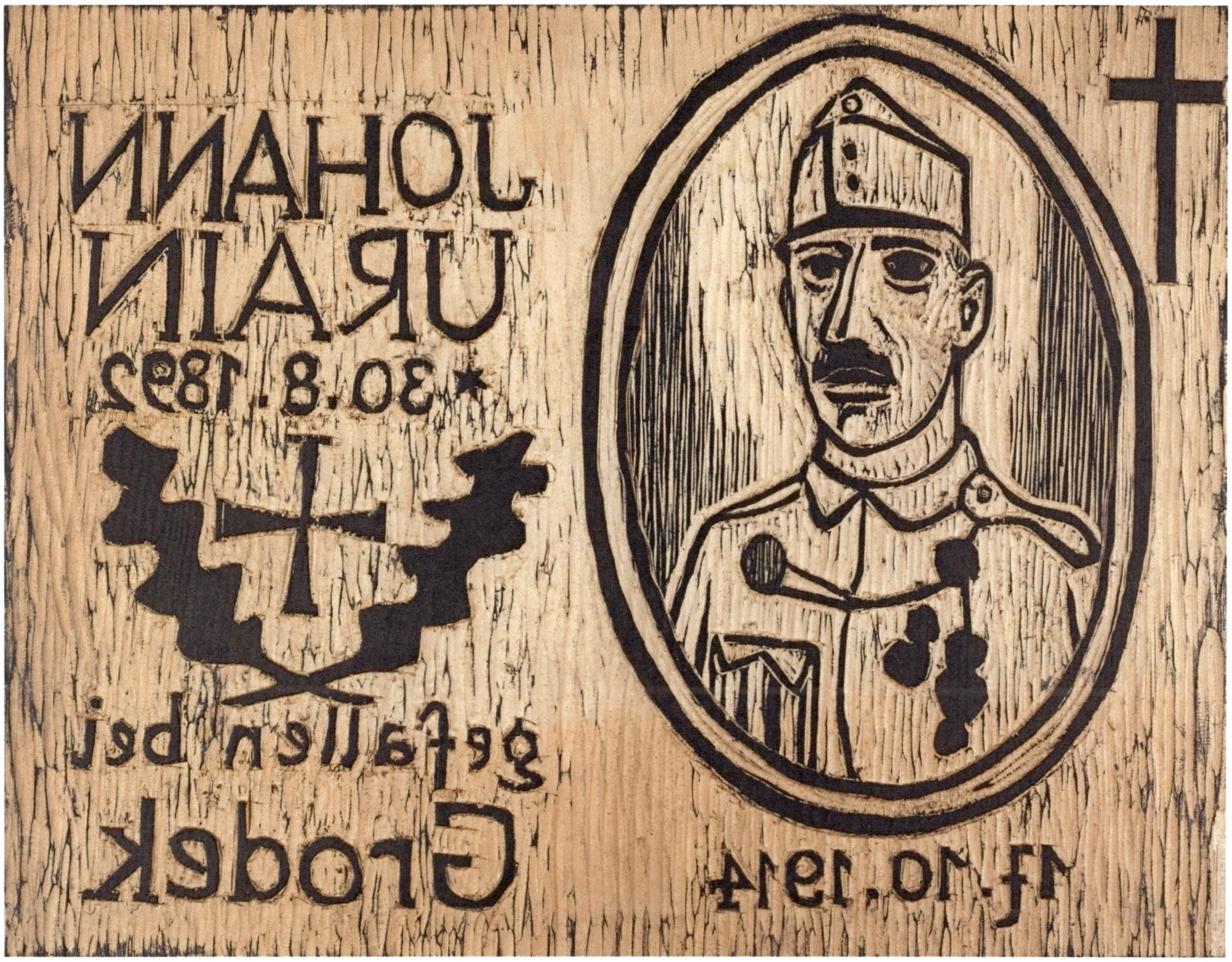

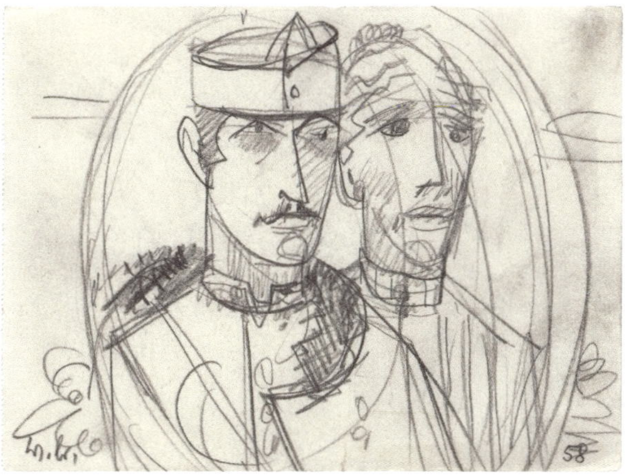

2 GRABSTEINFOTOS, 1914

WERNER BERG
GRODEK, 1967
GRABSTEINFOTO, 1958

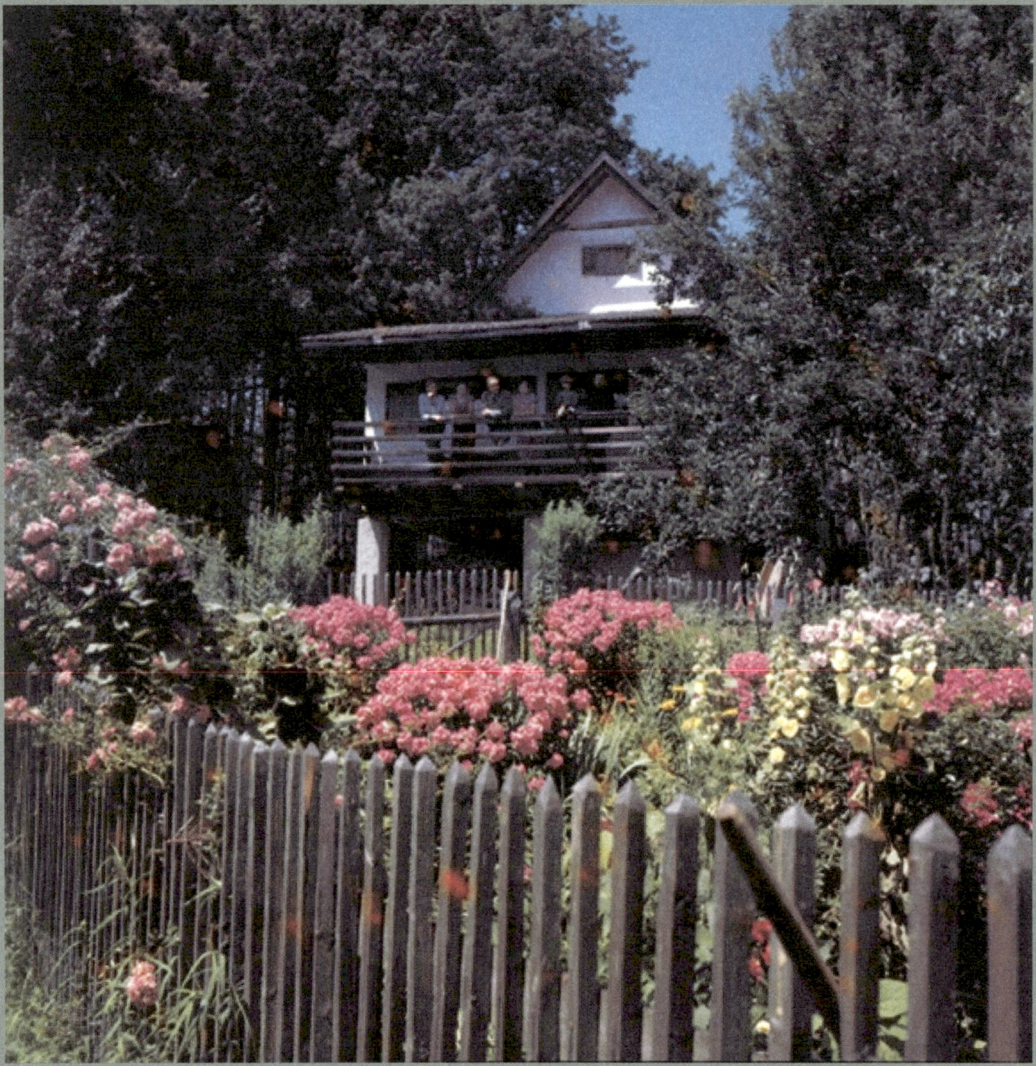

DER BLUMENGARTEN AUF DEM RUTARHOF – IM HINTERGRUND
WERNER BERG MIT GÄSTEN AUF DEM BALKON SEINES ATELIERS

Im Frühsommer 1961 schrieb ich an Werner Berg, ob ich ihn gemeinsam mit meinem Freund Walter Prankl auf dem Rutarhof besuchen dürfte. Uns hatte sein unverwechselbarer Malstil seit langem sehr beeindruckt. „Ja kommt bloß auf gut Glück – das klappt immer am besten", war seine Antwort. Kurz darauf machten wir uns auf den Weg per Autostop und das letzte Stück zu Fuß den Weg hinauf zum Rutarhof wandernd, andächtig die wunderbare Unterkärntner Landschaft genießend. Die Begegnung mit Werner Berg war sehr beeindruckend, seine Herzlichkeit, seine Bereitwilligkeit uns viele seiner Ölbilder, die er für uns auf die Staffelei stellte, zu zeigen, war wohl beflügelt von unserer Begeisterung für sein Werk. Besonders erinnere ich mich an den Eindruck, den das Gemälde „Die Kirchgeherin" auf mich machte: die große Form und die kostbare Farbigkeit. Rätselhaft wie er das fertigbrachte. Wir waren ja noch sehr jung, hatten beide kaum Geld übrig, trotzdem konnten wir jeweils drei Holzschnitte erwerben. Man spürte, dass Werner Berg erfreut war, bei angehenden Künstlerkollegen solchen Anklang zu finden. Zwei der Holzschnitte bekam ich zu günstigen Preisen, den dritten als „Draufgabe" von wegen eines Kaffehäferlflecks am Rande des Japanpapieres. Noch grösser war meine Freude, als ich erfuhr, dass Werner Berg einige Tage später mein „Bildnis Walter Prankl", ausgestellt im Klagenfurter Künstlerhaus, erworben hatte. Auch zwei weitere Besuche mit meiner Frau Kim waren immer ganz besondere Erlebnisse. Seine alljährlichen, persönlichen Weihnachtsgrüße machten auch nach meiner Übersiedlung nach Dänemark viel Freude.

Adi Holzer

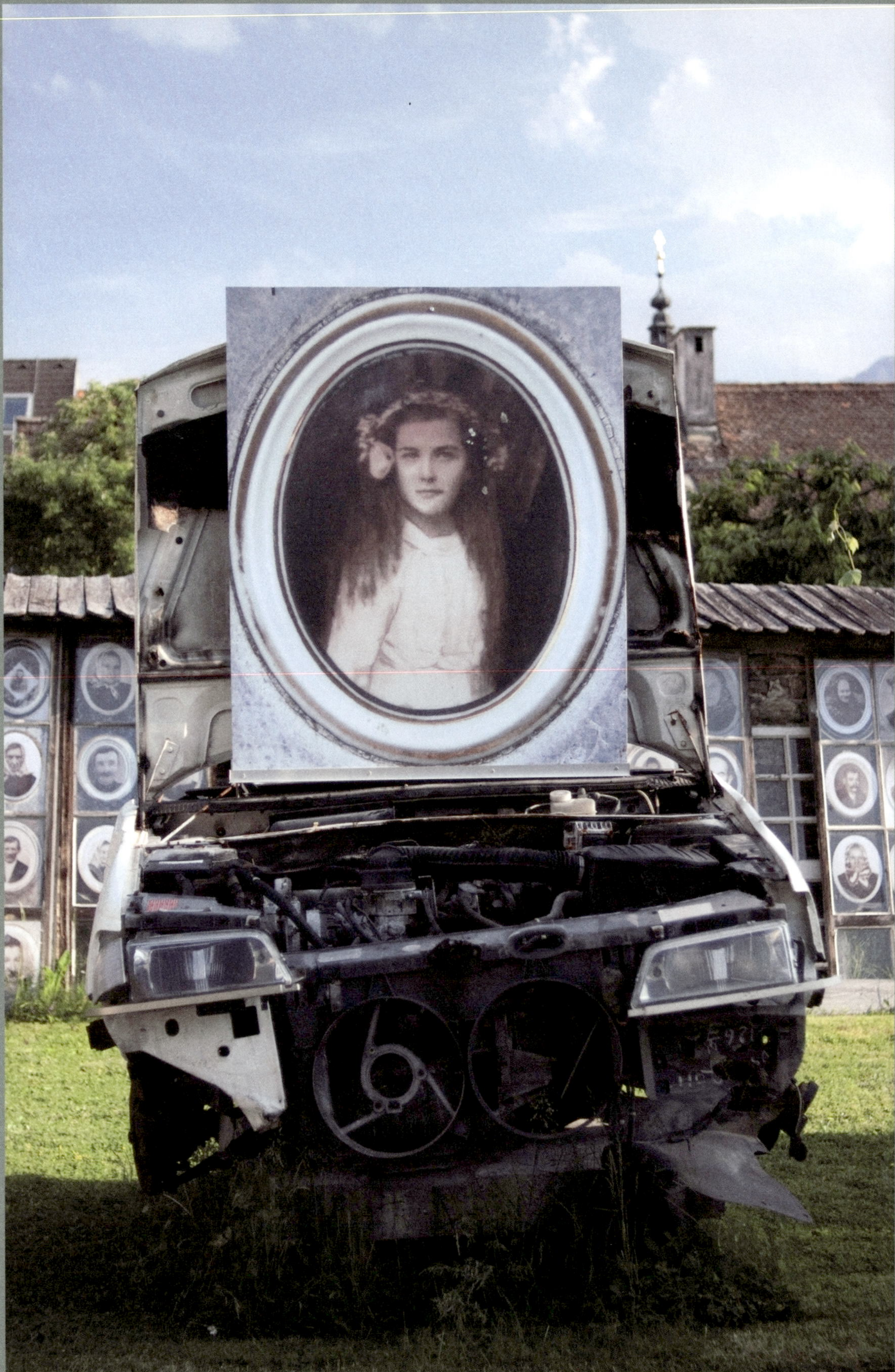

Počivajo v miru

Die im unmittelbaren Konnex zur Ausstellung entstandene Installation im Skulpturengarten des Werner Berg Museums zeigt Grabsteinfotos, die auf Friedhöfen Unterkärntens fotografiert wurden. Diese Fotos zeigen, wie die Menschen jener Zeit den Nachgeborenen in Erinnerung bleiben wollten und dokumentieren deren Selbstbild und Selbstverständnis.
In ihrer Zusammenstellung entsteht das Bild einer bäuerlichen Kultur in letztem „Präkontakt" mit Moderne und Industrialisierung.
Die Grabsteinfotos sind ambivalent zu sehen – selbst Zeichen der ins Dorf dringenden Modernisierung, hatten sie – zunächst auf weißen, später meist auf schwarzen Grabsteinen angebracht – die alten Grabkreuze zunehmend ersetzt. Die Bildnisse der auf ihnen Dargestellten mit Kopftüchern, Hüten und Schnauzbärten zeigen jedoch letztmals eine verschwindende Daseinsweise. Heute ist diese Welt so sehr Vergangenheit, dass man geneigt sein mag, die Authentizität ihrer Schilderung durch Werner Berg anzuzweifeln. Doch die Fotos zeigen, dass sich die Darstellung der Menschen durch den Künstler mit deren Selbstbild deckte.

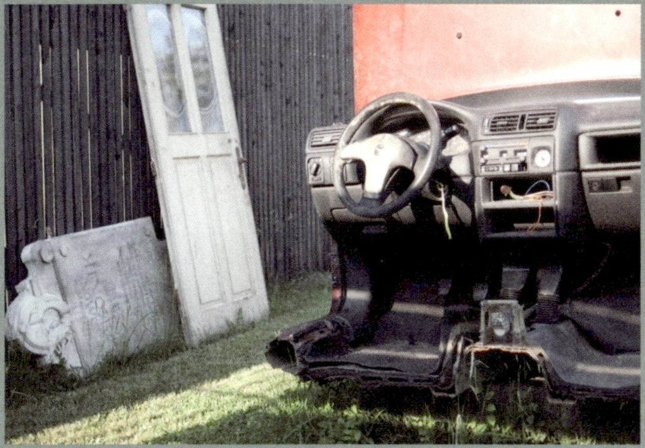

HARALD SCHEICHER
POČIVAJO V MIRU – GRABSTEINFOTOS
Installation im Skulpturengarten
Werner Berg Museum Bleiburg/Pliberk, 2015

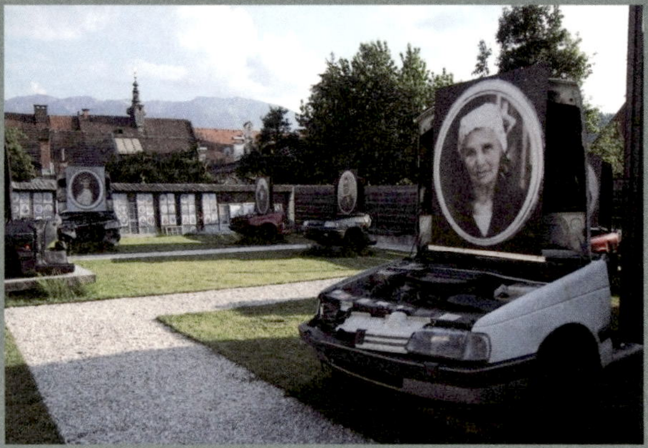

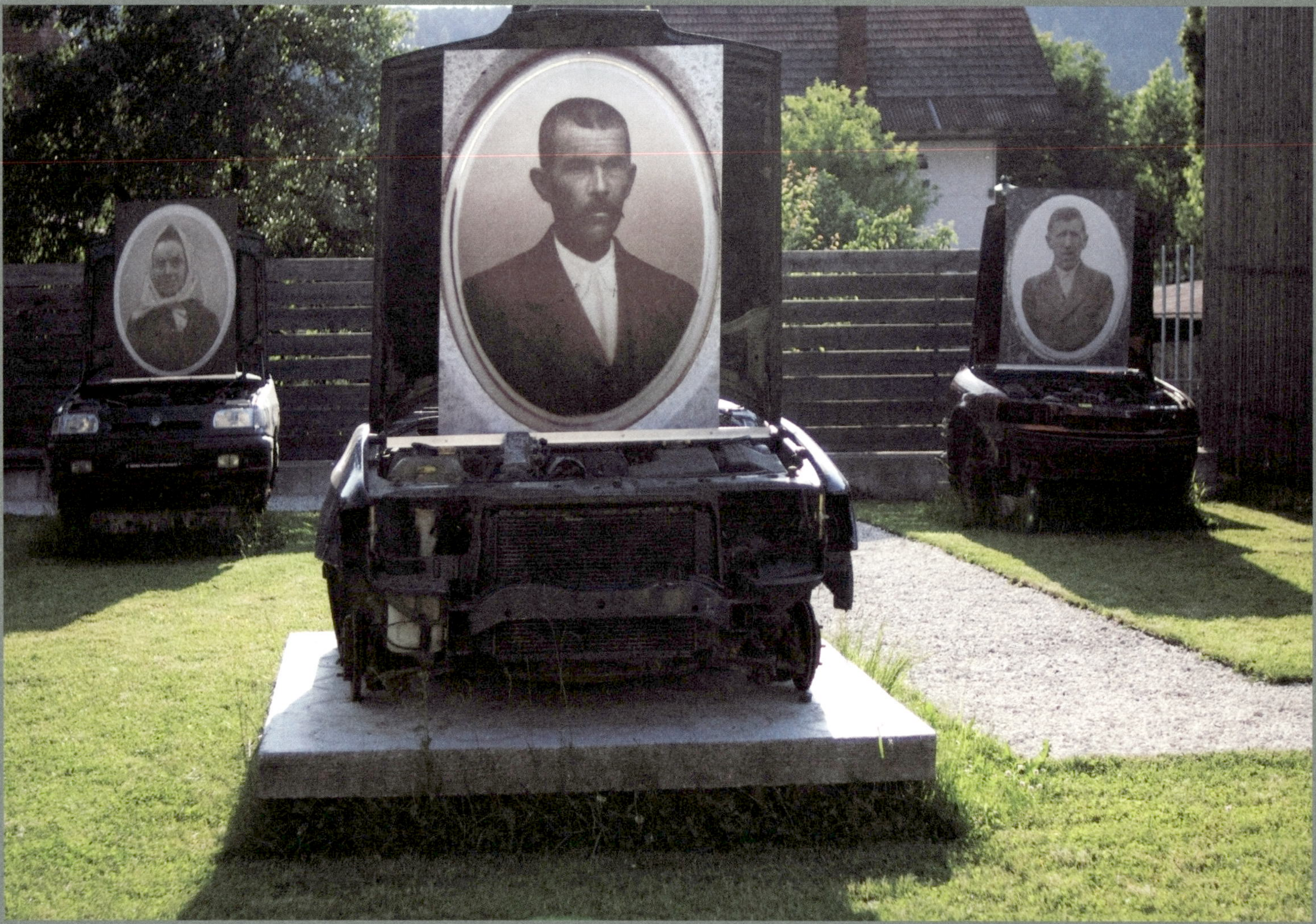

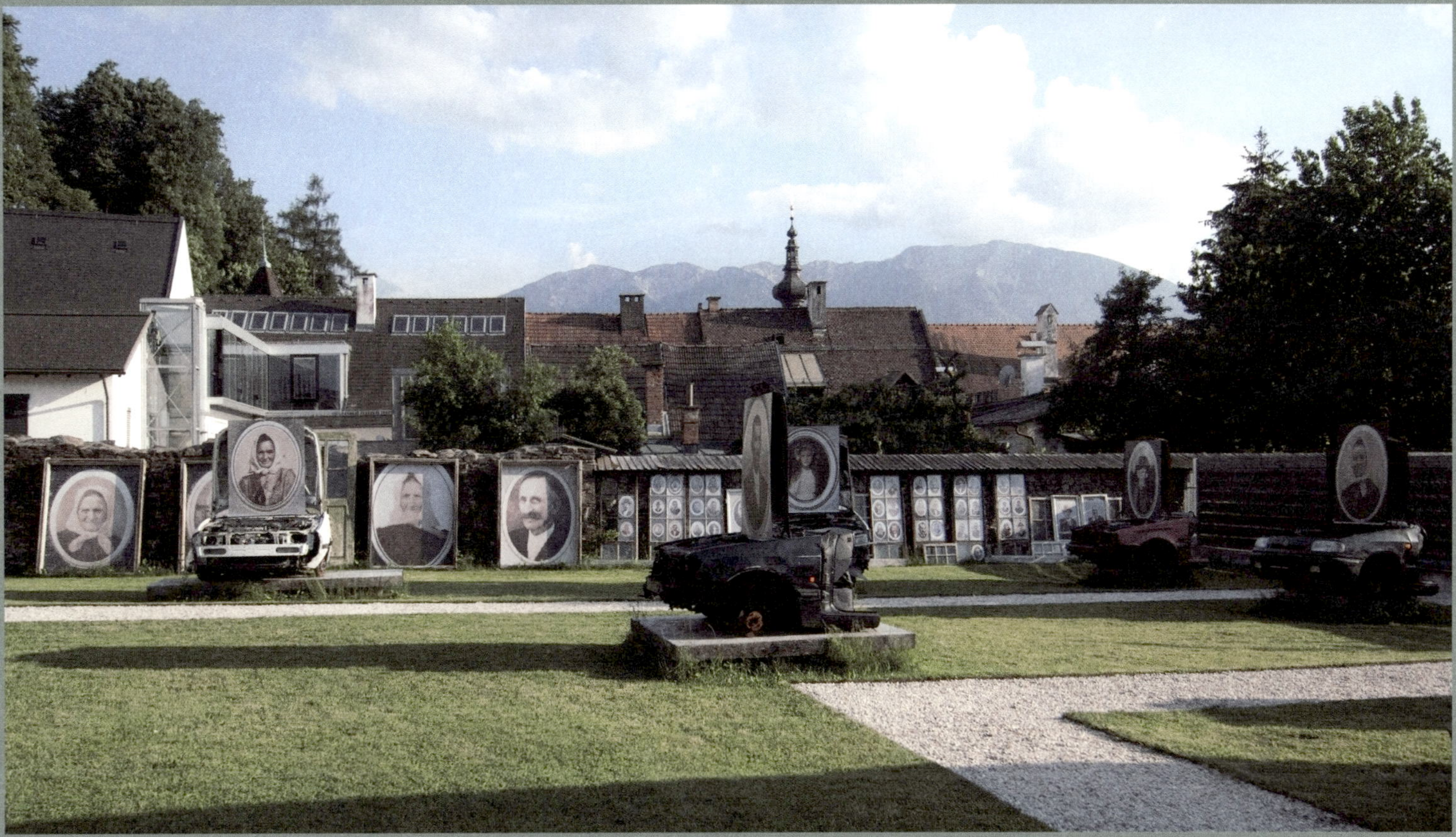

Heute ist das vielfach durch Armut, Bräuche, Riten und Zwänge bestimmte Leben jener vorvergangenen Zeit den zweifellosen Errungenschaften der Moderne gewichen – persönliche Freiheit, Wohlstand und soziale Sicherheit bestimmen eine weitgehend globalisierte Alltagskultur. Dennoch bleibt der Blick zurück vom Bewusstsein eines Verlustes geprägt. Ergänzend zur Museumsausstellung thematisieren die Grabsteinfotos im Kontext mit Abbruchmaterial aus der ehemaligen Brauerei Sorgendorf und ausrangierten Autoteilen Aspekte des Erinnerns und Verschwindens.

HARALD SCHEICHER
POČIVAJO V MIRU – GRABSTEINFOTOS
Installation im Skulpturengarten
Werner Berg Museum Bleiburg/Pliberk, 2015

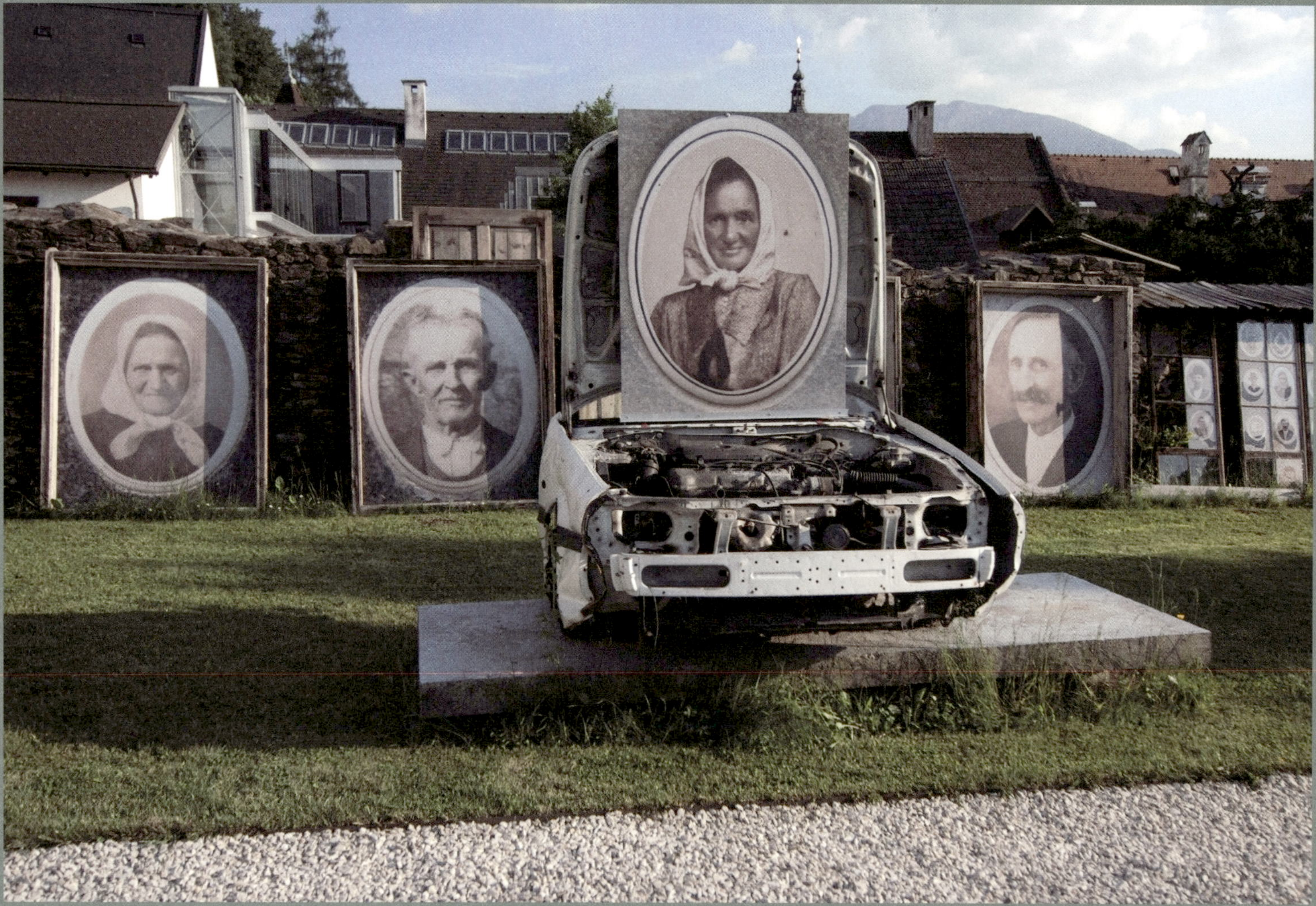

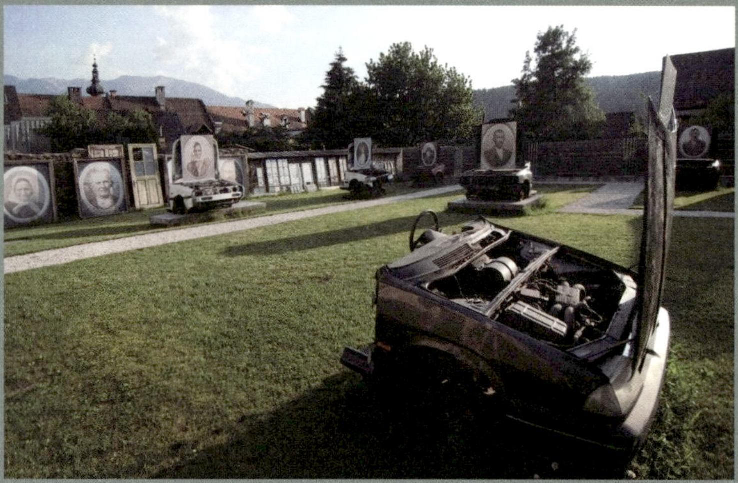

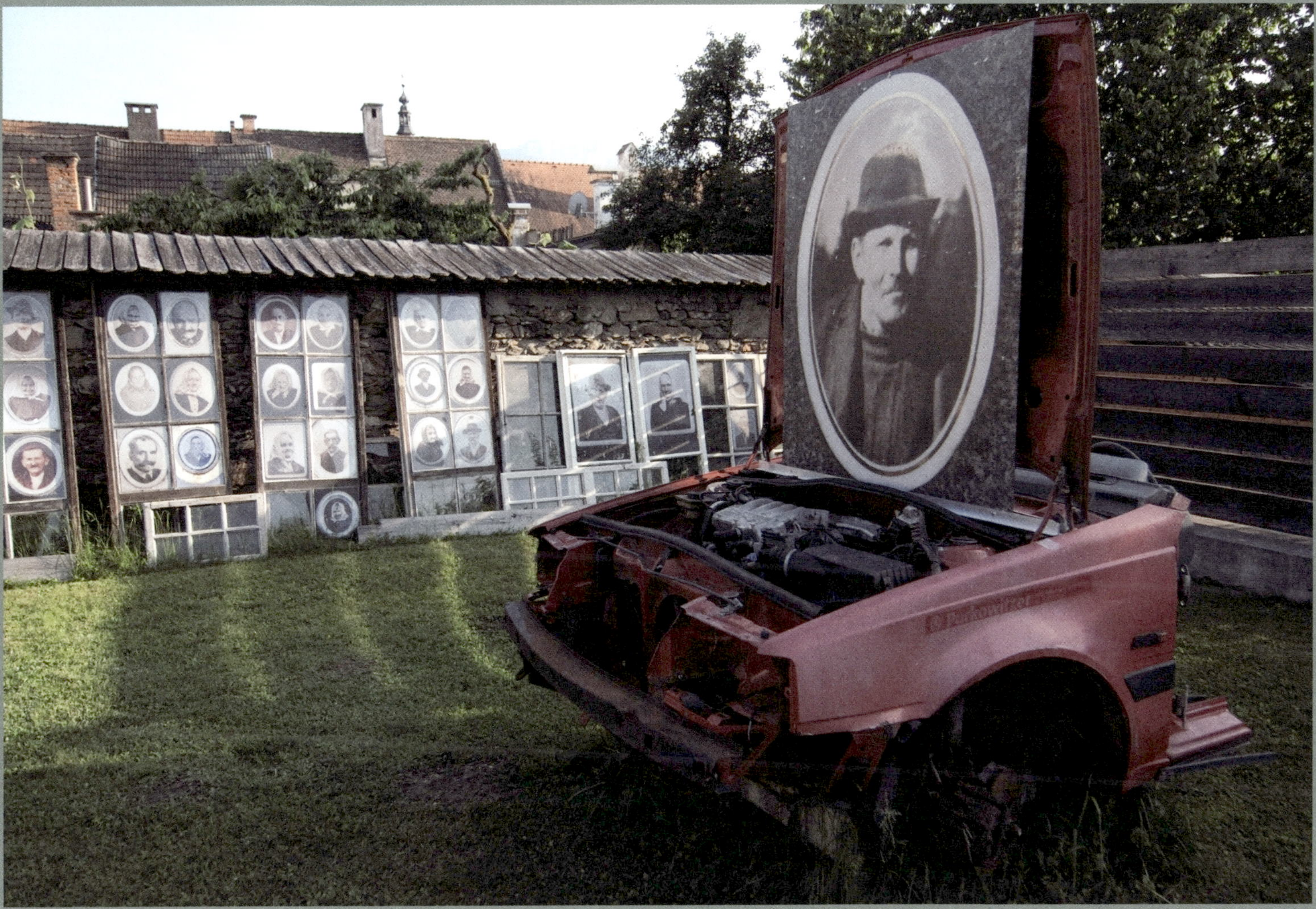

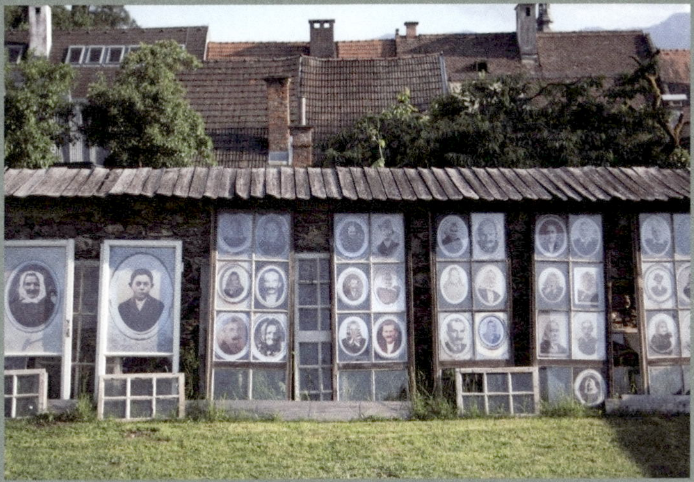

HARALD SCHEICHER
POČIVAJO V MIRU – GRABSTEINFOTOS
Installation im Skulpturengarten
Werner Berg Museum Bleiburg/Pliberk, 2015

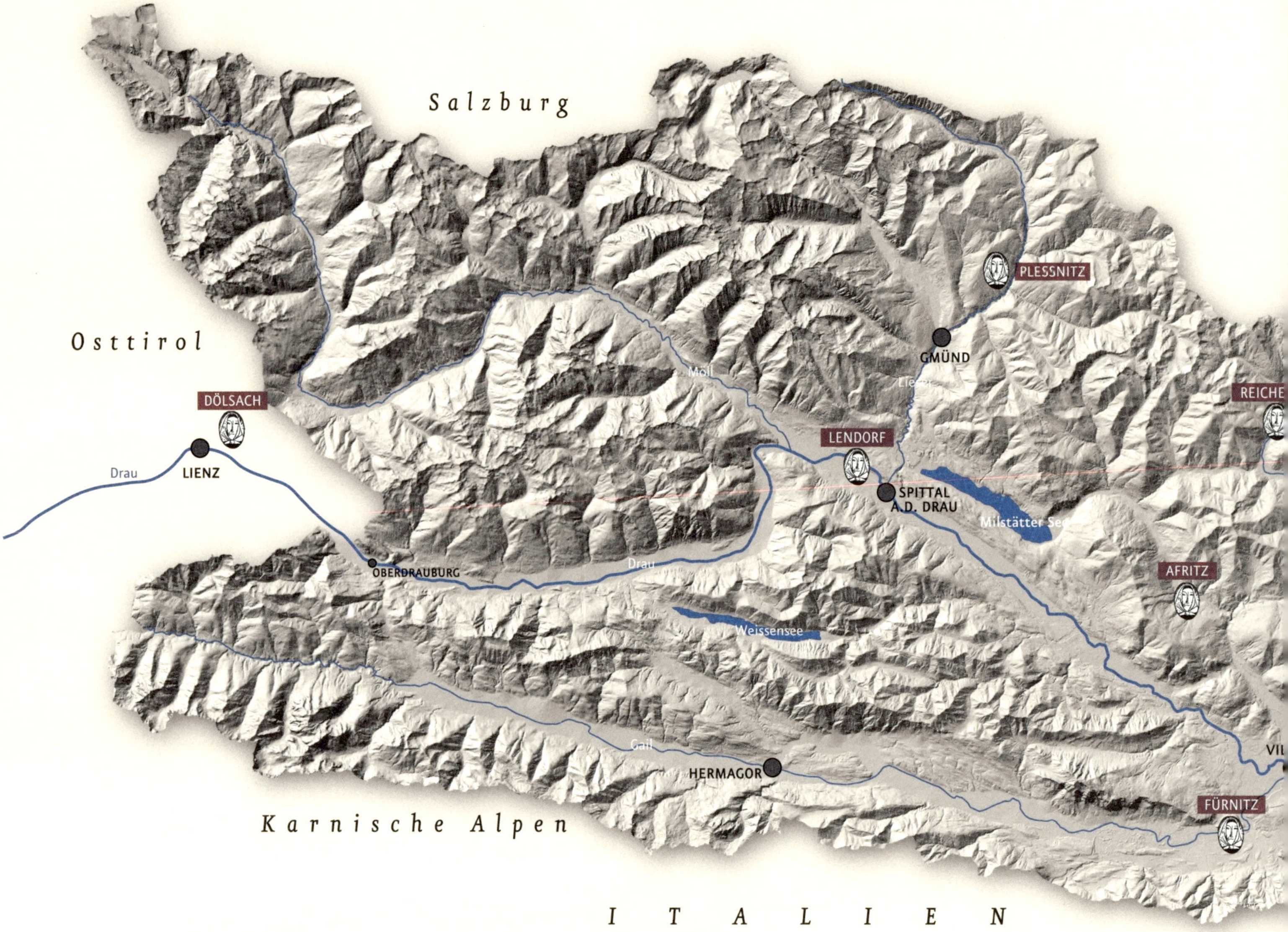

Herkunftsorte der Exponate bzw. der Motive Werner Bergs

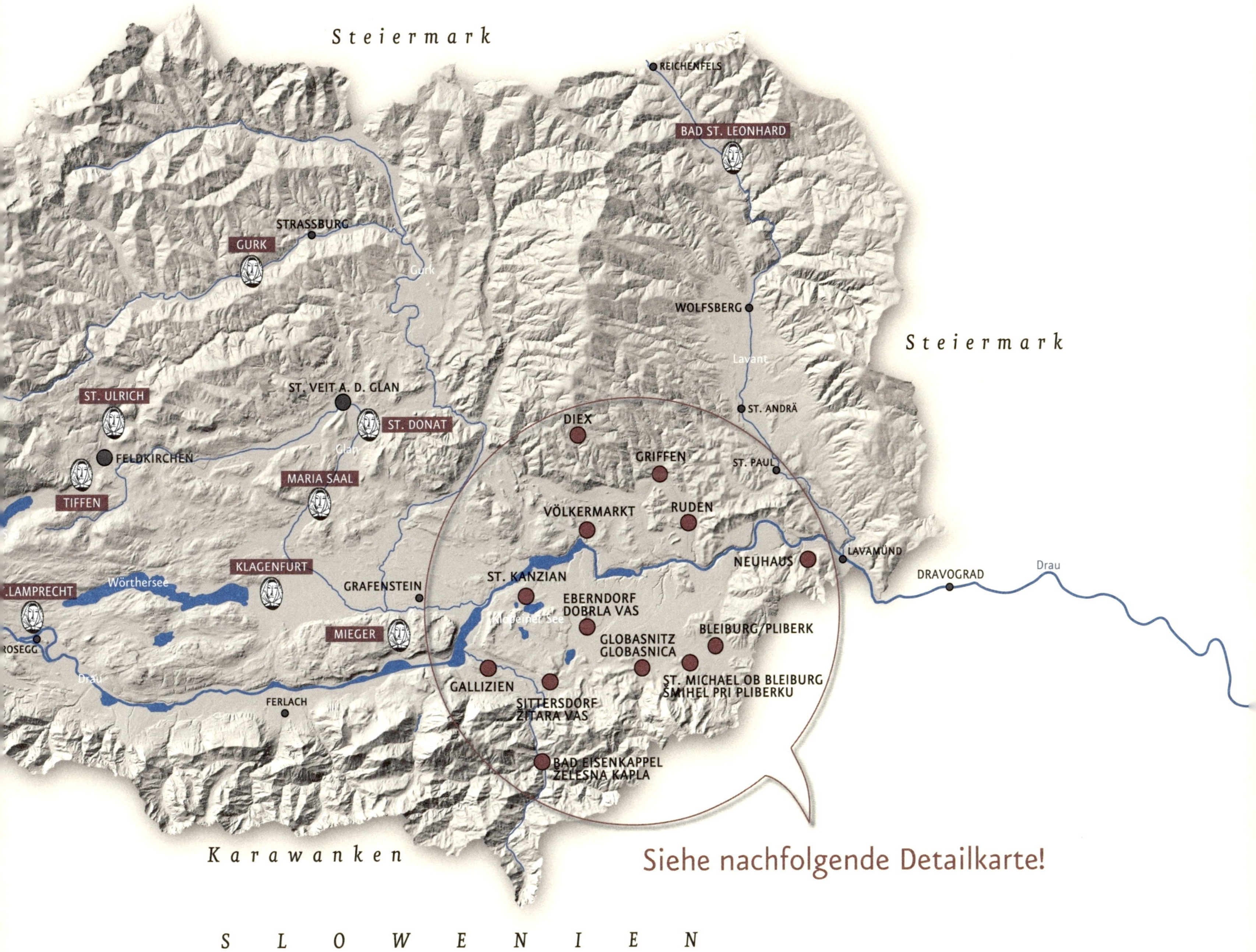
Steiermark
REICHENFELS
BAD ST. LEONHARD
STRASSBURG
GURK
Gurk
WOLFSBERG
Steiermark
Lavant
ST. VEIT A. D. GLAN
ST. ULRICH
ST. DONAT
ST. ANDRÄ
DIEX
FELDKIRCHEN
Glan
GRIFFEN
ST. PAUL
MARIA SAAL
TIFFEN
VÖLKERMARKT
RUDEN
LAVAMÜND
NEUHAUS
DRAVOGRAD
Drau
KLAGENFURT
Wörthersee
.LAMPRECHT
GRAFENSTEIN
ST. KANZIAN
EBERNDORF
DOBRLA VAS
Klopeiner See
MIEGER
ROSEGG
GLOBASNITZ
GLOBASNICA
BLEIBURG/PLIBERK
Drau
GALLIZIEN
ST. MICHAEL OB BLEIBURG
ŠMIHEL PRI PLIBERKU
FERLACH
SITTERSDORF
ŽITARA VAS
BAD EISENKAPPEL
ŽELESNA KAPLA
Karawanken
Siehe nachfolgende Detailkarte!
SLOWENIEN

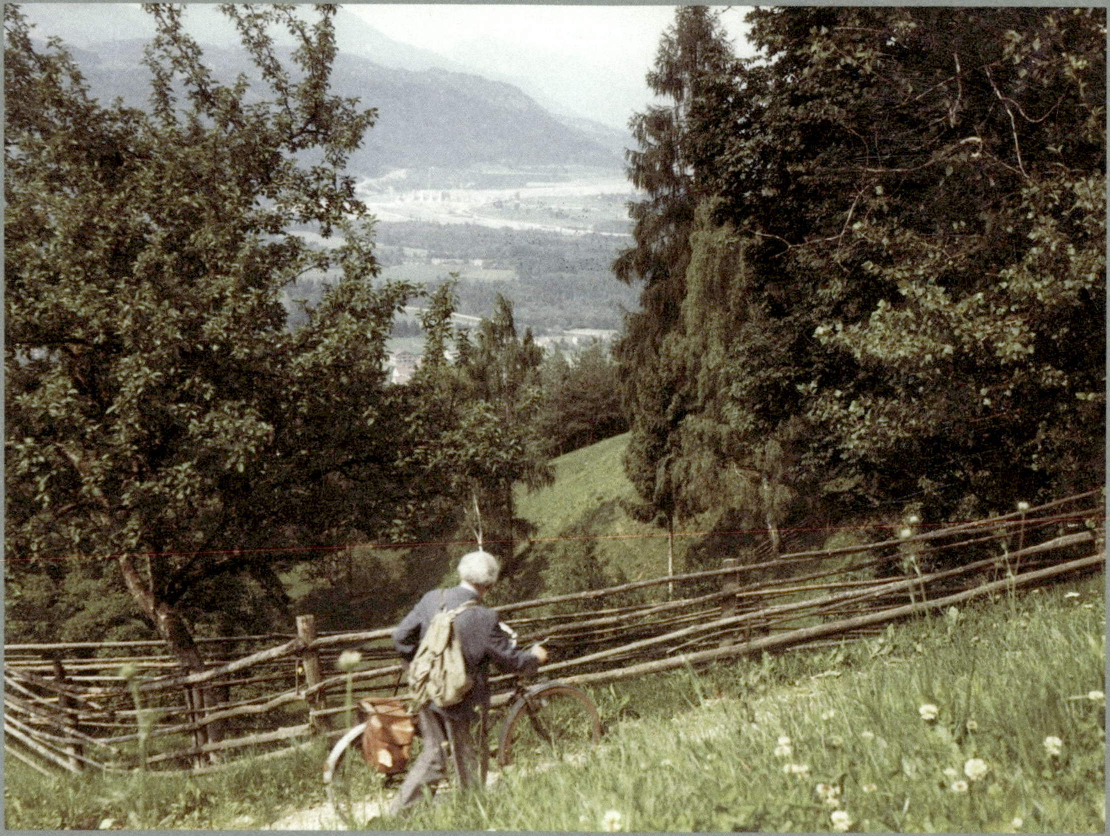

WERNER BERG MIT SEINEM FAHRRAD, um 1978

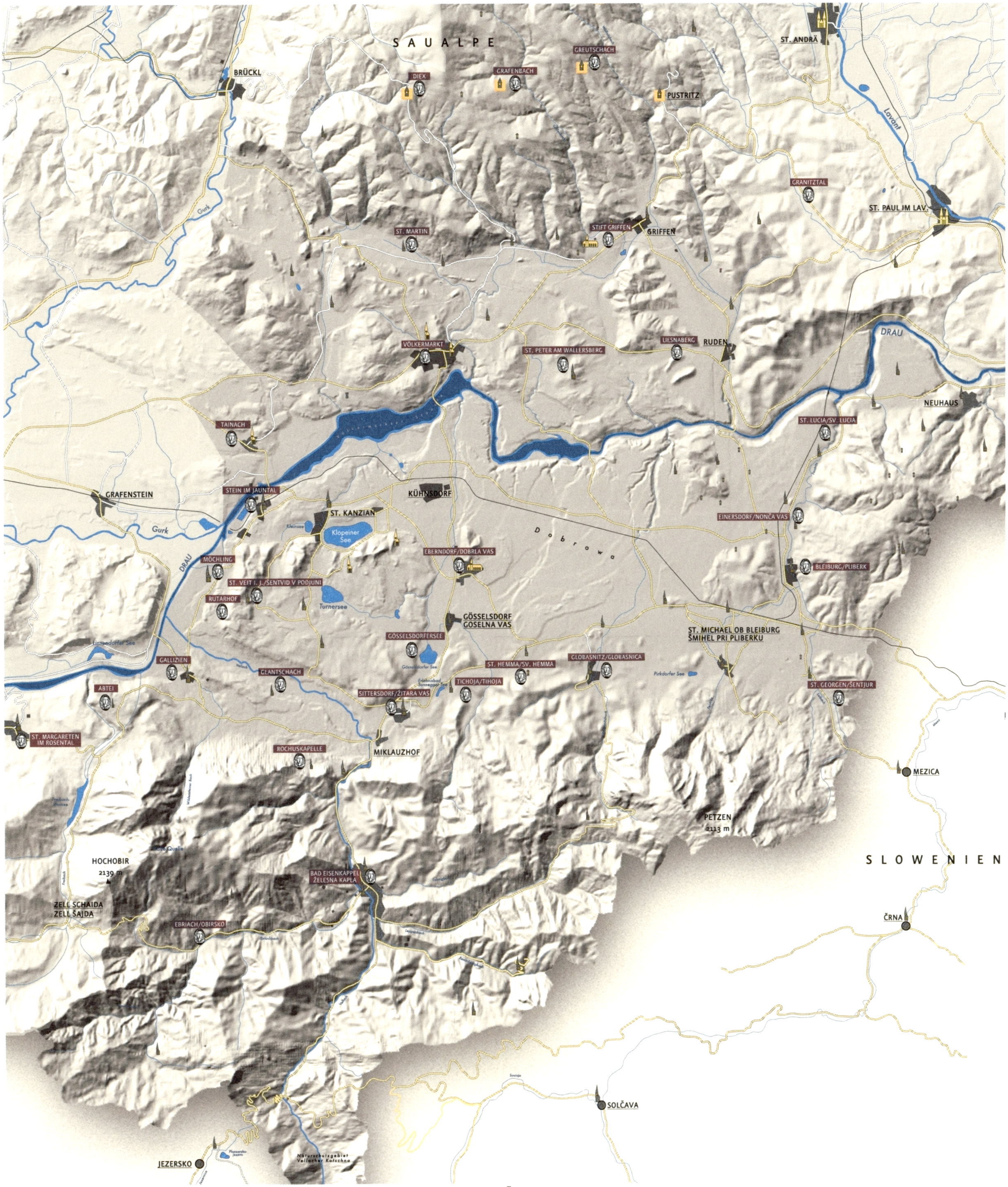
SAUALPE
BRÜCKL
DIEX
GRAFENBACH
GREUTSCHACH
PUSTRITZ
ST. ANDRÄ
Lavant
GRANITZTAL
ST. PAUL IM LAV.
ST. MARTIN
STIFT GRIFFEN
GRIFFEN
VÖLKERMARKT
ST. PETER AM WALLERSBERG
LIESNABERG
RUDEN
DRAU
NEUHAUS
TAINACH
ST. LUCIA/SV. LUCIA
GRAFENSTEIN
STEIN IM JAUNTAL
KÜHNSDORF
ST. KANZIAN
Klopeiner See
Gurk
EINERSDORF/NONČA VAS
Dobrowa
MÖCHLING
EBERNDORF/DOBRLA VAS
BLEIBURG/PLIBERK
ST. VEIT I. J./ŠENTVID V PODJUNI
RUTARHOF
Turnersee
GÖSSELSDORF
GOSELNA VAS
ST. MICHAEL OB BLEIBURG
ŠMIHEL PRI PLIBERKU
GÖSSELSDORFERSEE
GALLIZIEN
GLANTSCHACH
ST. HEMMA/SV. HEMMA
GLOBASNITZ/GLOBASNICA
ABTEI
TICHOJA/TIHOJA
SITTERSDORF/ŽITARA VAS
ST. GEORGEN/ŠENTJUR
ST. MARGARETEN IM ROSENTAL
ROCHUSKAPELLE
MIKLAUZHOF
MEZICA
PETZEN
2113 m
HOCHOBIR
2139 m
SLOWENIEN
BAD EISENKAPPEL
ŽELESNA KAPLA
ZELL SCHAIDA
ZELL ŠAJDA
EBRIACH/OBIRSKO
ČRNA
SOLČAVA
JEZERSKO
Naturschutzgebiet
Vellacher Kotschna

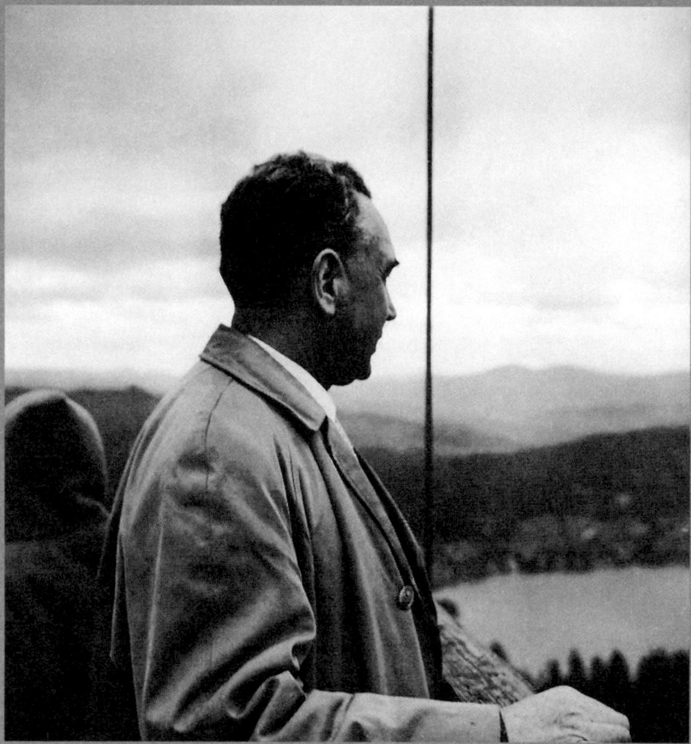

WERNER BERG AM PYRAMIDENKOGEL, um 1954

Werner Berg wurde 1904 in Elberfeld, dem heutigen Wuppertal, geboren. Der Vater besaß einen Elektro- und Installationsbetrieb, die Mutter führte später ein großes Spielwarengeschäft im Zentrum der Stadt. Nach dem Abitur absolvierte Werner Berg eine Handelslehre in einem Industriebetrieb in Elberfeld/Somborn. 1923 begann er, noch einem Wunsch der Mutter folgend (der Vater war 1917 gestorben), ein Studium der Staatswissenschaften in Köln, das er ab 1924 in Wien fortsetzte, wo er 1927 promovierte. Er bekam eine Assistentenstelle angeboten, die Hochschullaufbahn schien vorgezeichnet. Da brach die alte, lang unterdrückte Sehnsucht, Maler zu werden, wieder in ihm auf. Er studierte bei Karl Sterrer an der Wiener Akademie der Bildenden Künste und ab 1928 als Meisterschüler bei Karl Caspar an der Münchener Kunstakademie. Ausgedehnte Wanderungen führen ihn mit seiner Frau und Studienkollegen durch das südliche Österreich.

Damals schon stand sein Entschluss fest, sich später mit seiner Frau, die ebenfalls ihr Studium der Staatswissenschaften abgeschlossen hatte, auf dem Land anzusiedeln.

Im Jahr 1930 erwarb Werner Berg den Rutarhof, einen abseits gelegenen Bauernhof im Kärntner Unterland. Gerade die bescheidene, in alten Traditionen verlaufende Lebensform der überwiegend slowenischen Landbevölkerung zog in an. Er hoffte, durch das Leben als Bauer ökonomische Unabhängigkeit zu erringen und das Fundament für eine künstlerische Existenz zu legen. Eine Existenz, die er „nahe den Dingen" führen wollte, in einem von konkreter Anschauung gesättigten ländlichen Lebenskreis.

1932 bis 1934 suchte Werner Berg mehrfach Emil Nolde in Berlin auf, der ihn freundschaftlich förderte. Nach ersten Ausstellungserfolgen in Deutschland wurde 1935 eine Ausstellung seiner Bilder im Kölner Kunstverein polizeilich als „nicht dem gesunden Volksempfinden entsprechend" gesperrt. Er zählte zu den „entarteten Künstlern".

1941 wurde Werner Berg als Sanitätssoldat eingezogen, 1942 kam er als Kriegsmaler an die Eismeerfront nach Skandinavien. Im Herbst 1945 kehrte er auf den Rutarhof zurück.

1951 lernte Werner Berg die Dichterin Christine Lavant kennen, deren herausragende Bedeutung er als einer der ersten erkannte. Infolge schwerer Konflikte im eigenen Lebensbereich kam es 1955 zum psychischen Zusammenbruch. Danach fand er jedoch, wiederum gefestigt, zu neuer unverminderter Schaffenskraft. Es folgten eine Reihe größerer Ausstellungen.

1968 wurde die „Werner Berg Galerie der Stadt Bleiburg" – eines der ersten monografischen Museen in Österreich – eröffnet. In seinem Testament vermachte der Künstler deren reichen Bilderbestand als Stiftung der Öffentlichkeit.

Nach dem Tod seiner Frau 1970 war Werner Bergs letztes Lebensjahrzehnt von zunehmender Vereinsamung aber auch ungebrochener Schaffenskraft geprägt. 1981 starb Werner Berg auf dem Rutarhof.

Bei allem formalen Anspruch sind die Bilder Werner Bergs zugleich Dokumente: Sie geben Zeugnis von einem Menschenschlag an der Grenze zwischen deutschem und slawischem Sprachraum und sie halten eine sich nur zögernd und allmählich aus alten agrarischen Bindungen lösende Lebensform fest an der Wende der Zeiten.

Begleitbuch zur Ausstellung:
WEGE DURCHS LAND - WERNER BERG UND DIE VOLKSKUNST
Werner Berg Museum Bleiburg/Pliberk
8. Mai bis 8. November 2015

Gestaltung: Gerhard Messner

Lektorat: Nani Frosch

Fotografie: Harald Scheicher, Tomo Jeseničnik, Landesmuseum für Kärnten, Heimo Kuchling, Archiv Werner Berg

Papier: Munken Lynx, 150 g/m²

Schrift: Nicolas Cochin, Frutiger

Druck und Bindung: Buch.Bücher Theiss GmbH, Wolfsberg

Printed in Austria

Bibliografische Information der Deutschen Nationalbibliothek
Die Deutsche Nationalbibliothek verzeichnet diese Publikation in der Deutschen Nationalbibliografie; detaillierte bibliografische Daten sind im Internet über http://dnb.d-nb.de abrufbar.

ISBN 978-3-7774-2547-4

www. hirmerverlag.de

UMSCHLAG

WERNER BERG
DAS HAUPT DES JOHANNES, 1962
MASKEN 81: TRIO, 1981

TITELEI

JOHANNESSCHÜSSEL
um 1400, Bezirksheimatmuseum Völkermarkt

WERNER BERG
WEIBER UNTERWEGS, 1932

MASKE MIT TOTENKOPFMOTIV
um 1780, Landesmuseum für Kärnten

WERNER BERG
TOTENTANZSPIEL, 1935

WERNER BERG
SCHWANGERE, KIND UND MANN, 1932

DER STREIT UM DIE HOSE
um 1890, Sammlung Dareb

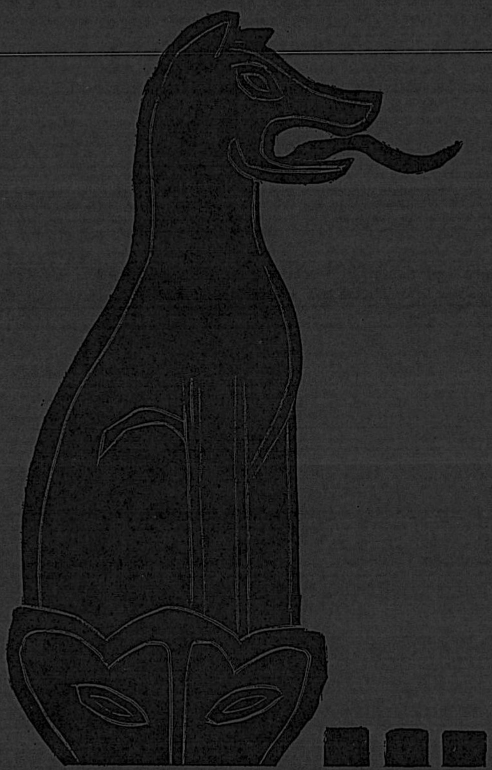